OEUVRES

COMPLÈTES

DE PIGAULT-LEBRUN.

TOME II.

—

LES BARONS DE FELSHEIM.

DE L'IMPRIMERIE DE FIRMIN DIDOT,
IMPRIMEUR DU ROI, DE L'INSTITUT ET DE LA MARINE,
RUE JACOB, N° 24.

PIGAULT - LE BRUN

OEUVRES

COMPLÈTES

DE PIGAULT-LEBRUN.

TOME SECOND.

A PARIS,

CHEZ J.-N. BARBA, LIBRAIRE,

ÉDITEUR DES OEUVRES DE M. PICARD ET DE M. ALEX. DUVAL,
PALAIS-ROYAL, N° 51, DERRIÈRE LE THÉATRE-FRANÇAIS.

1822.

LES BARONS DE FELSHEIM.

> Si la volupté est dangereuse, des plaisanteries ne l'inspirent jamais.
> VOLTAIRE.

PREMIÈRE PARTIE.

CHAPITRE PREMIER.

Ce que c'est que les barons de Felsheim. Les campagnes, les exploits et la retraite de Ferdinand xv.

A QUELQUES lieues de Lunebourg, en Saxe, au milieu des bois, des montagnes et des ravins, existait encore, il y a quelques vingt années, un château gothique, bâti, selon les propriétaires, qui probablement se trompaient, par le fameux Witikind, lors de l'invasion de Charlemagne.

Ferdinand xiv, baron de Felsheim, descendant en ligne directe de ce même Witikind, bien plus noble que l'empereur, et beaucoup plus fier que lui, habitait le château du contemporain de Charlemagne, et il contemplait, avec un plaisir toujours nouveau, ces donjons ruinés, qui lui rappelaient l'antiquité de sa race.

Son fils unique, Ferdinand xv, fut destiné, dès sa naissance, à la profession des armes, la seule qui convînt à un arrière-petit-fils de Witikind. Il apprit de très-bonne heure qu'il avait des parens dans tous les chapitres nobles, dans l'ordre Teutonique, et à la tête des armées. C'est à peu près à cela que se borna son éducation, et, dans le fond, il n'est pas nécessaire d'en savoir davantage pour se faire tuer.

Le papa Felsheim écrivit successivement à toutes les puissances d'Allemagne, et leur demanda à chacune un régiment pour monsieur le Baron son fils. Personne ne jugea à propos de lui répondre, et Ferdinand xv fut trop heureux d'obtenir enfin une compagnie dans les troupes de l'électeur de Brandebourg, qui n'était pas encore roi de Prusse.

La veille du départ, Ferdinand xiv manda Ferdinand xv dans une salle enfumée, que décoraient les portraits de ses illustres aïeux. Tous y figuraient, depuis Witikind jusqu'à lui, à l'exception cependant de Ferdinand vii, tué, à la fleur de l'âge, au siège d'Antioche par les Croisés, en 1098. Ce petit accident fut cause que la tête vénérable de Ferdinand vii ne passa pas à la postérité ; mais Ferdinand xiv avait remplacé le tableau qui manquait par une inscription honorable, qu'un moine de Franconie avait arrangée en mauvais vers latins.

Ce fut au milieu de ces ancêtres chéris que le papa Baron rappela à son fils ce qu'il devait à son illustre naissance : « Vos pères vous regardent, lui « dit-il avec noblesse, et leurs mânes vous suivront « au milieu des combats. » Après cette courte, mais énergique harangue, Ferdinand xv se mit à genoux par ordre de Ferdinand xiv. Il reçut l'accolade ; on lui ceignit l'épée, et on lui chaussa les éperons. La soirée se passa dans des lectures analogues à la circonstance. Le papa lut à son fils les hauts faits de Tancrède et de Godefroi de Bouillon. Il lisait avec tant d'onction et de chaleur, qu'il ne s'aperçut pas que Ferdinand xv s'était endormi dès les premières pages.

A la pointe du jour, on lui amena son cheval de bataille, derrière lequel on attacha une valise qui renfermait sa garde-robe exiguë. Le papa lui fit présent de deux cents florins et de sa bénédiction, et le jeune homme partit, bien décidé à soutenir l'honneur de sa race.

Monsieur le Baron, qui savait boire, fumer et jouer, mais qui d'ailleurs était indisciplinable, ne convint pas du tout à Frédéric-Guillaume. Son colonel lui notifia que s'il ne changeait de conduite, on le renverrait dans sa gentilhommière. Monsieur le Baron trouva mauvais qu'on traitât aussi lestement un descendant de Witikind, et il ne se corrigea point. On lui tint parole, et on le pria d'aller chercher fortune ailleurs. Il jura que Frédéric-Guillaume n'était pas digne d'avoir un homme comme lui à son service, et il passa à celui de l'électeur d'Hanovre.

Monsieur le Baron conserva au service de l'électeur d'Hanovre les petites habitudes qui l'avaient fait congédier en Brandebourg, et on le mit en prison. Il eut un petit démêlé avec le geôlier, et le rossa vigoureusement ; on le mit au cachot. Son nouveau colonel prit la peine d'y descendre, et lui fit une vive mercuriale. Monsieur le Baron, qui avait vidé quelques vidercomes, et dont les humeurs étaient aigries par le traitement qu'il éprouvait, prit le colonel par les oreilles, le poussa dans le fond du cachot, et en ferma la porte ; rossa une seconde fois le geôlier, prit ses clefs, sortit de la ville, et revint boire et fumer chez Ferdinand xiv, qui ne concevait pas que les puissances ne s'accommodassent point d'un jeune homme aussi accompli, et qu'il avait formé lui-même.

Ferdinand xv, de retour au château de ses pères, chercha à occuper utilement ses loisirs. Il chassait la bête fauve dans les montagnes, les jeunes filles dans la plaine ; battait les vassaux de monsieur son père, et s'enivrait régulièrement tous les jours.

Le papa Baron, malgré son extrême indulgence, fut bientôt aussi fatigué de la présence de monsieur son fils, que l'avaient été Frédéric-Guillaume et l'électeur d'Hanovre. Il sollicita et obtint pour lui de l'emploi dans les troupes bavaroises, et il lui notifia à son départ qu'il ne voulait le revoir que général. Le ciel ne lui réservait pas de si hautes destinées.

Monsieur le Baron, qui craignait encore un peu monsieur son père, et qui était instruit par sa propre expérience, se conduisit tant bien que mal en Bavière. Il y passa quelques années dans les grades subalternes ; et, en attendant le généralat, il venait tous les ans prendre ses quartiers d'hiver au château ; tous les ans il y faisait de nouvelles sottises ; tous les ans son père le chassait, ce qui ne l'empêchait pas de revenir l'année suivante.

Pendant l'hiver de 1699, Ferdinand xiv maria une de ses vassales, qui, à ce qu'on assurait dans le pays, le touchait de beaucoup plus près. La noce se fit au château. Ferdinand xv, qui tranchait dans ses domaines du petit potentat, prétendit le droit de jambage. Le futur époux trouva la prétention déplacée. On s'échauffa. Le papa Baron, qui tremblait que monsieur son fils ne commît un inceste, interposa son autorité. Monsieur son fils n'en tint compte, et saisit l'épousée. L'époux la saisit à son tour : Ferdinand xv tirait d'un côté, et le mari de l'autre. Le père putatif de la mariée prêta main-forte à son gendre, et deux ou trois laquais se rangèrent du parti du jeune Baron. Dix ou douze Allemands renforcés prirent la défense des jeunes époux ; Ferdinand xv, voyant qu'il n'était pas le plus fort, lâcha prise, et se retira furieux dans une chambre voisine. Trois de ses vassales, effrayées du tumulte, s'y étaient réfugiées. Ferdinand xv s'y enferma avec elles. Je ne sais ce qui se passa pendant que Ferdinand xiv apaisait ses vassaux, en leur parlant avec ce mélange de noblesse et de bonté qui lui était familier; mais, trois mois après, les trois vassales se trouvèrent grosses. Les trois maris prétendirent qu'il n'y avait pas de leur faute; et un soir que le héros bavarois rentrait ivre au château, trois gourdins meurtrirent ses illustres épaules, de manière qu'il fut obligé de se mettre au lit. Le papa Baron venait de s'y mettre pour une cause toute différente. Il était malade de soixante-dix-neuf ans. On ne guérit pas de cette maladie-là; aussi l'ame de Ferdinand xiv s'échappa-t-elle de son enveloppe décrépite, pour aller se réunir à celle du grand Witikind.

Ferdinand xv, nouveau baron de Felsheim, n'ignorait pas, quoique très-ignare, que nous sommes tous mortels. Il savait, en outre, que les larmes ne ressusciteraient pas Ferdinand xiv, et il conclut, avec beaucoup de sagacité, qu'il était inutile de le pleurer. Il se mit tout bonnement en possession d'un château qui avait besoin d'être réparé, mais qui était le chef-lieu d'une terre qui rapportait six mille florins de rente. Il fit quelques largesses à ses vassaux, et se réconcilia avec eux, en leur promettant à l'oreille de s'en rapporter uniquement à eux de la propagation de l'espèce humaine dans la baronnie de Felsheim.

Avec de très-grands défauts, monsieur le Baron

était un très-brave homme, et à la première étincelle de la guerre de 1701, il leva à ses frais un régiment d'hussards pour le service de l'empereur. Ses vassaux, à qui il promit le pillage de l'Alsace, du Pays-Messin, de l'Ile-de-France, de Paris et de Versailles, s'enrôlèrent en foule sous ses étendards, et formèrent à peu près une demi-compagnie. Le reste se trouva dans les cantons voisins, ou le joignit sur la route.

Monsieur le Baron, pour faire face à ces dépenses extraordinaires, avait, selon l'usage des guerriers de ce temps-là, engagé la moitié de ses domaines à des juifs de Francfort-sur-l'Oder; et, grâces à son dévouement et à ses soins, le régiment de Felsheim se trouva enfin en état de passer décemment la revue de son colonel.

Cette revue eut lieu dans la cour du château, où monsieur le Baron fit ses promotions. Quelques gentillâtres des environs furent faits officiers; ses laquais et ses gardes-chasse, maréchaux-des-logis, et ses piqueurs, trompettes. Le régiment défila par le pont-levis, qu'on avait étayé à cet effet, et prit gaiement la route du pays Trentin, où était le prince Eugène, en passant par la Haute-Saxe, la Franconie, la Souabe et le Tirol. Ce n'était pas le chemin le plus court pour arriver à Versailles; mais, comme dit le proverbe, *tout chemin mène à Rome.*

Messieurs ses hussards crurent en effet pouvoir faire tranquillement le voyage de France, après avoir forcé le poste de Carpi, et être entrés à Crémone ; mais leur retraite, un peu précipitée de cette ville, leur fit comprendre qu'on ne peut compter sur rien avec les Français, et au lieu d'aller piller le trésor de Saint-Denis, ou le garde-meuble, ils se bornèrent, pour cette fois, à troquer, dans les villages, leurs chemises sales contre des blanches, à mettre les paysans à contribution, à faire pis ou mieux à leurs femmes, et, du reste, ils s'en rapportèrent uniquement à monsieur le Baron, de leur gloire et de leur fortune à venir.

Dans toutes les occasions, monsieur le Baron se battait comme un déterminé ; mais il ne savait que se battre, et le prince Eugène ne put l'avancer, quoiqu'il aimât beaucoup les braves gens. En récompense, il l'envoya partout où il y avait de l'honneur à acquérir. Ainsi, monsieur le Baron se trouva à la bataille d'Hochstet, où il battit deux régimens de cavalerie, et où il perdit un œil ; mais le prince Eugène lui frappa sur l'épaule, et monsieur le Baron ne pensa plus à son œil.

Il suivit les troupes de Darmstadt au siège de Barcelone, et il fumait tranquillement sa pipe pendant que ses hussards houspillaient la duchesse de Popoli, lorsqu'un original d'une autre espèce, le comte de Péterborough, vint avec ses Anglais hussarder les hussards de Felsheim : il était temps ; cinq minutes plus tard, le duc de Popoli était coiffé de la façon de tout un régiment saxon.

De Barcelone, le Baron se rendit à l'armée du

prince Eugène, et il y arriva la veille de la bataille de Ramillies. Il ne lui en coûta que cent chevaux et soixante hussards; mais la bataille fut gagnée, et monsieur le Baron s'adressa, pour la seconde fois, à ses bons amis, les juifs de Francfort.

Pendant qu'on recrutait dans la Basse-Saxe pour monsieur le Baron, il suivit, avec les débris de son régiment, le prince Eugène, qui courait au secours de Turin. Le prince fait attaquer les retranchemens français. L'impétueux Baron met pied à terre avec tout son monde, et pénètre un des premiers dans les lignes. Le régiment de la marine tenait encore, et un grenadier, en se retirant, alongea à monsieur le Baron un coup de sabre qui lui coupa les chairs, les muscles et les nerfs de la jambe gauche : il en demeura boiteux; mais le prince Eugène lui dit qu'il s'était comporté comme un César, et il se consola.

Il fut passer son quartier d'hiver dans sa baronnie; refit son régiment, et vint porter la fascine au siège de Lille. L'année suivante il se trouva à la bataille de Malplaquet, et il eut l'avantage d'y laisser un bras, emporté par un boulet de canon. Cette fois le prince Eugène et Marlborough lui firent l'honneur de l'embrasser; mais cela ne lui parut pas suffisant.

Il avait renouvelé trois fois son régiment, et toujours à ses frais. Aussi, pour l'indemniser de la perte des deux tiers de sa fortune, de celle de son œil, de son bras, et de l'infirmité de sa jambe, on lui promit de l'avancer à la première promotion, et on se garda bien de lui tenir parole, en raison de son incapacité.

Monsieur le Baron, toujours buvant, fumant, jurant et se battant, fit encore deux campagnes sans qu'on s'occupât de lui. Il présenta des placets; on n'y répondit pas. Il se plaignit; on ne l'écouta point. Il se fâcha; on n'y fit pas attention. Son régiment fut encore écharpé à la bataille de Denain, qui sauva la France, et qui amena la paix. Le Baron fut réformé; il vendit cent chevaux, qui lui restaient, avec leurs équipages, et il envoya promener à son tour ses hussards, qui lui demandaient de quoi vivre, et qui s'en retournèrent chez eux, en volant sur la route, comme cela est arrivé quelquefois à la paix, et pourra arriver encore.

Entre les bas-officiers de son régiment, monsieur le Baron avait distingué un maréchal-des-logis, gros, court, vigoureux, brave, buvant beaucoup sans qu'il y parût jamais, qualité précieuse pour un ivrogne, qui est bien aise de trouver quelqu'un sur qui il puisse compter, dans tous les temps, pour le mettre au lit. C'est avec Brandt que le Baron s'enivrait de préférence, et il répondait à ses officiers, qui se permettaient quelquefois des réflexions à cet égard, qu'il était du devoir d'un colonel d'encourager les bons soldats. Toujours constant dans ses affections, le Baron proposa à Brandt de s'attacher à sa personne, et de venir prendre ses invalides au château de Witikind. Brandt, qui n'avait rien de mieux à faire, accepta la proposition, et tous deux se mirent en route, en se proposant de passer par Vienne, où monsieur le Baron devait voir le ministre de la guerre, et solliciter le prix de ses longs et importans services.

Quand nos deux héros furent arrivés à Vienne, ils se concertèrent sur les démarches à faire; et Brandt, qui avait toujours de bonnes idées, conseilla à monsieur le Baron de présenter un placet. Monsieur le Baron, qui savait que Brandt avait plus d'esprit que lui, le chargea de la rédaction. On fit venir du vin, des pipes, une tranche de jambon, et Brandt écrivit directement à l'empereur Joseph Ier, d'assez médiocre mémoire.

« Votre majesté,

« J'ai perdu à votre service un œil, un bras,
« l'usage d'une jambe, et la moitié de ma fortune.
« Vos généraux m'ont frappé sur l'épaule, m'ont
« fait des complimens et m'ont embrassé. Tout cela
« est bel et bon; mais une gratification vaudrait
« mieux encore. Vous descendez des Césars, comme
« je descends de Witikind, et entre grands hommes
« on doit s'entr'aider.

« J'ai l'honneur d'être, en attendant votre ré-
« ponse,

« Votre très-humble serviteur, Brandt, pour
« le colonel baron de Felsheim, qui ne peut
« pas signer, parce qu'il lui manque un bras
« droit. »

Monsieur le Baron trouva le placet plein d'esprit et de gentillesse, et Brandt, enchanté de son coup d'essai, courut le porter à son adresse. Un soldat des gardes l'arrêta à la première porte du palais, et lui demanda ce qu'il voulait. « — Je veux « parler à l'empereur. — On ne parle pas à l'em- « pereur. — On ne parle pas à l'empereur! — On « ne parle pas à l'empereur. — Je lui ai écrit une « lettre... — On n'écrit pas à l'empereur. — Com- « ment diable faut-il donc s'y prendre avec lui ? « — On ne jure pas à la porte de l'empereur. — « Tu commences à m'échauffer les oreilles. — Et « toi aussi. Passe ton chemin ; il est temps. — Ah ! « tu te joues à un maréchal-des-logis du régiment « de Felsheim. » Et Brandt prend le factionnaire à deux mains, lui fait faire un demi-tour à droite, et entre dans la première cour. Le factionnaire crie, la garde sort, Brandt court, on court après lui, et on arrive en courant dans la seconde cour, où une seconde garde barre le maréchal-des-logis, et l'arrête. Brandt tenait sa lettre à la main, et criait à tue-tête qu'il voulait voir l'empereur. On le prend pour un fou, et on se met à rire. Brandt, qui n'aime pas qu'on se moque de lui, crie plus haut, et un homme paraît à une croisée. Brandt, qu'on serre de tous les côtés, et à qui on met la main sur la bouche, parvient à élever un bras, et agite son placet. L'homme qui est à la croisée s'informe de la cause de ce tumulte. « Votre majesté, lui répond « un lieutenant des gardes, c'est un hussard en dé-

« mence, qui a osé vous écrire, et qui prétend ap-
« procher de votre personne sacrée. » « Voyons ce
« qu'il m'écrit », reprend Joseph Ier. Et le lieutenant se hâte de lui porter le placet de monsieur le Baron. L'empereur le lut à la croisée, rit beaucoup, et Brandt, qui vit rire l'empereur, ne douta plus du succès. Il sortit des cours du palais très-satisfait des procédés du successeur des Césars, et retourna à son auberge attendre sa réponse.

Deux jours s'écoulèrent, et César ne répondait pas. Monsieur le Baron, qui passait son temps dans les cabarets, faute de pouvoir faire mieux, apprit quelque chose des usages de la cour, et sut qu'à telle heure l'empereur passait dans telle galerie, qu'à telle autre il allait à la messe, et que les officiers l'approchaient facilement. En conséquence de ces éclaircissemens, monsieur le Baron pria Brandt de lui faire un second placet, de natter ses faces, de décrotter ses bottines, et il se rendit au château. Il se trouva en effet sur le passage de sa majesté, qui prit son placet d'un air très-gracieux.

Deux jours se passèrent encore, et l'empereur ne répondait pas à monsieur le Baron, qui, ne sachant quel parti prendre, consulta son fidèle Brandt. Celui-ci, qui ne manquait pas d'un certain bon sens, lui dit : « Monsieur le Baron, ces gens-là
« n'aiment pas à donner ; mais ils aiment moins
« encore qu'on les ennuie. Ne quittez pas le châ-
« teau ; que l'empereur ne fasse pas un tour chez
« lui, sans vous trouver sur son chemin un placet à

« la main, et il vous exaucera pour se défaire de
« vous. » Brandt prit la plume, et griffonna une
douzaine de lettres absolument semblables à la
première, qui était trop bien tournée pour qu'il
y changeât un mot. Monsieur le baron les mit
dans sa *sabredache*, et s'en fut clopin-clopant
assiéger Joseph Ier.

A son lever, à son coucher, à son grand, à
son petit couvert, à la messe, à la promenade,
l'empereur ne voyait que l'homme à l'œil crevé,
au bras emporté, et à la jambe écloppée. Le Baron ne le quittait pas plus que son ombre, et
ne perdait jamais l'occasion de glisser un placet.
Un jour que l'empereur dînait à son petit couvert, et qu'il était en meilleure humeur que de
coutume, il regarda le Baron, et se mit à rire;
le Baron le regarda, de son côté, d'un air tragi-
comique, qui le fit rire plus fort. Les convives,
que César avait admis à sa table, rirent aussi, sans
savoir de quoi il était question; mais quand l'empereur rit, tout le monde doit rire. Joseph tira
de sa poche huit ou dix placets, et les distribua
à ses courtisans. On rit de plus belle; et une
jeune dame, qui ne paraissait pas mal auprès de
sa majesté, osa lui recommander monsieur le Baron. Le Baron balbutia un compliment à la belle
dame; il en fit un à l'empereur lui-même, dans
un style et avec un air qui n'appartenaient qu'à
lui. Il eut le bonheur d'amuser beaucoup mesdames et messieurs du petit couvert, qui tous

s'intéressèrent pour lui, à l'exception du ministre de la guerre, qui fronçait le sourcil, et qui intérieurement en voulait au Baron, qui ne s'était pas adressé directement à lui. Il n'en fut pas moins obligé de lui faire payer le lendemain cinquante mille florins, ce qu'il effectua d'un air maussade, que monsieur le Baron ne remarqua seulement pas. Moitié de la somme fut empaquetée dans la valise du colonel, l'autre moitié dans celle du maréchal-des-logis, et ils prirent gaiement la route de Lunebourg, d'où ils arrivèrent enfin au château de Felsheim.

Le premier soin de monsieur le Baron fut de faire réparer les voûtes de ses caves, et de les garnir de bière et d'excellent vin. Il fit ensuite relever ses créneaux et ses tourelles, signes non équivoques de son antique noblesse ; enfin il s'occupa de la couverture, qui était tellement délabrée, que la pluie et la neige avaient pourri les planchers du grenier et du premier étage. Monsieur le Baron, qui savait s'accommoder aux circonstances, se logea au rez-de-chaussée.

Après ces premières dispositions, Ferdinand xv et son écuyer, sans inquiétude, et se trouvant en fonds, se livrèrent à leur goût favori, et ne se couchèrent pas de huit jours, parce que Brandt, qui portait fort bien son vin, s'en chargea tellement, qu'il lui fut impossible de mettre monsieur le Baron au lit, par la raison infiniment simple qu'il ne pouvait plus s'aider lui-même.

Le neuvième jour, monsieur le Baron voulut recommencer; mais Brandt lui fit un discours si pathétique, sur les dangers de l'ivrognerie, que le Baron se sentit ému. Mais dans tous les temps le diable fut plus fort que tous les prédicateurs du monde; et, à peine Brandt cessait-il de parler, que le Baron décoiffait sa dame-jeanne.

Brandt, qui savait qu'il faut quelquefois sacrifier quelque chose, pour ne pas perdre le tout, capitula avec monsieur le Baron. Il fut convenu qu'on ne boirait dans la journée que pour le besoin, mais qu'on pourrait s'enivrer le soir; et, pour éviter les accidens et les fraîcheurs de nuit, on arrêta qu'on approcherait les deux lits, qu'on placerait une table entre eux, qu'on la chargerait d'une cruche de huit pintes, qu'on se coucherait, et qu'on boirait commodément et sans avoir rien à craindre.

Quand monsieur le Baron s'écartait des clauses du traité, Brandt le rappelait à l'ordre; et, bon gré, mal gré, le chef cédait à son inférieur; tant il est vrai que la raison ne perd jamais ses droits, quelque bouche qu'elle prenne pour organe.

Un soir que ces messieurs, couchés à deux pieds l'un de l'autre, s'enivraient militairement, en parlant de leurs faits et gestes, et se mettant par modestie au niveau du prince Eugène et de Marlborough, Brandt fut frappé d'une inspiration subite : « Nous sommes fort bien ici, dit-il à mon-
« sieur le Baron. Fort bien, mon ami, répondit

« Ferdinand xv, en laissant échapper un hoquet.
« — Plus de bivouac... — Plus d'eau à boire... —
« Plus de pain moisi... — Plus de vache enragée...
« — Plus de Français... — Qu'on bat pourtant quel-
« quefois... — Oui, en perdant un œil... — Un
« bras... — Une jambe... — Et cela n'est pas gai.
« A votre santé, mon colonel. — A la tienne, mon
« garçon. — Je ne vois qu'un petit inconvénient
« qui pourrait bien déranger nos affaires. — Et
« lequel ? — C'est que les Juifs de Francfort met-
« tront, quand ils le voudront, le Baron de Fel-
« sheim à la porte de son château. — Je ne pen-
« sais plus à ces marauds-là, reprit Ferdinand xv,
« en poussant son gros juron. Tu monteras de-
« main à cheval; tu iras à Francfort; tu rassem-
« bleras cette canaille; tu me l'amèneras, et je la
« recevrai dans cette fameuse tour, où Witikind,
« avec trente saxons, arrêta trois jours Charle-
« magne et cent mille hommes. Le lieu leur
« inspirera une vénération à laquelle mon corps
« mutilé ne peut plus prétendre. — J'irai, mon
« colonel. — S'ils sont raisonnables... — Nous les
« paierons. — S'ils ne le sont pas... — Nous les sa-
« brerons. — C'est cela, mon garçon. Buvons. —
« Buvons. »

Le lendemain, au point du jour, Brandt monte à cheval, galope à Francfort, et rassemble les créanciers de monsieur le Baron. Il leur fait part de ses intentions bénévoles, leur assigne le jour où son colonel les attend, reçoit leur parole, et retourne au château.

L'exactitude d'un bon soldat à son poste, d'un amant à un premier rendez-vous, d'un courtisan à la cour, n'est pas comparable à l'exactitude d'un Juif qui a de l'argent à recevoir. Ceux de Francfort arrivèrent au jour indiqué, avant que le Baron eût cuvé le vin de la veille. Brandt le réveilla, lui passa une robe de chambre de velours bleu, doublée de menu-vair, qui venait de Ferdinand XIII, et que Ferdinand XIV n'avait jamais endossée que pour donner ses audiences publiques. Il attacha son sabre de campagne par-dessus la robe de chambre, glissa ses pistolets à deux coups sous le ceinturon, lui peigna la moustache, mit une coiffe blanche à son bonnet de laine brune; et le Baron, appuyé sur l'épaule de Brandt, sortit majestueusement de sa chambre à coucher, passa au milieu de ses créanciers, rangés en haie dans son antichambre, et se rendit avec eux à la tour de Witikind.

Monsieur le Baron déposa, sur une table vermoulue, son sabre nu, ses pistolets à deux coups, il s'assit dans son grand fauteuil d'érable, releva sa moustache, et parla en ces termes : « Fripons
« que vous êtes, je vous ai convoqués pour me
« débarrasser de vous. » Les Juifs firent une profonde révérence. « J'ai servi le descendant des Cé-
« sars, qui ne vaut pas mieux que le descendant
« de Witikind ; mais enfin je l'ai servi. J'ai eu
« besoin d'argent, et j'en ai passé par ce que
« vous avez voulu. Maintenant je tiens la bourse,

« et je fais la loi à mon tour. Voulez-vous moitié? » Les usuriers se récrièrent; Brandt les regarda de travers, et leur imposa silence. Le Baron réitéra son offre ; les créanciers remuèrent la tête d'un air négatif. Ferdinand jura, par ses aïeux, qu'il ferait précipiter de ses tours dans sa mare les officiers exploitans qui oseraient passer le pont du château. Brandt jura, par le prince Eugène, qu'il allait à l'instant même traiter les Juifs saxons comme les Juifs arabes avaient traité les Amalécites, s'ils n'entraient en composition. Il tournoya son sabre au-dessus des têtes israélites, et ne les intimida pas. Un Juif ne craint jamais pour sa tête, quand il tremble pour son argent.

Cependant le Baron faisait la grimace ; il jurait entre ses dents, et il était assez embarrassé, lorsque Brandt, qui aimait autant les moyens doux que les autres, lorsqu'ils conduisaient au même but, fit sortir son colonel, prit ses pistolets, sortit lui-même à reculons, menaça de brûler la cervelle à quiconque oserait faire un pas, et enferma les Israélites dans la tour. C'est ainsi qu'autrefois leurs pères, de pieuse mémoire, avaient été resserrés dans la sainte Sion par un empereur impie, qui les exposa aux horreurs de la famine.

Les Israélites modernes, aussi magnanimes que leurs aïeux, passèrent une partie du jour sans boire, sans manger et sans céder. Bientôt la soif physique égala en eux la soif de l'or, et ils essayèrent de déranger les barreaux que Ferdinand xi avait fait placer aux croisées. L'impitoyable Brandt, qui faisait faction au dehors avec un fusil à deux coups, s'opposa si vivement à leur entreprise, qu'ils furent obligés d'y renoncer. Ils lui demandèrent quartier. « Voulez-vous moitié, leur répondit le maréchal-des-logis? » Les Juifs se retirèrent et poussèrent le châssis plombé.

La journée se passa, la nuit succéda au jour. Brandt alluma des feux au pied de la tour pour n'être pas surpris, et on s'observa mutuellement.

Le matin, les estomacs judaïques éprouvèrent des tiraillemens affreux, et l'un d'eux demanda à parlementer. « Voulez-vous moitié? répéta l'in« flexible Brandt? Nous prendrons deux tiers, ré« pondit le parlementaire. » Et Brandt continua de se promener en long et en large, son fusil sur l'épaule.

A midi, les Juifs, ne pouvant résister à la faim qui les tourmentait, parlementèrent encore, et consentirent, en gémissant, aux conditions proposées. « Vous n'aurez qu'un tiers, répondit Brandt; « et, si vous ne capitulez à l'instant, vous ne serez « reçus qu'à discrétion, et vous n'aurez rien du « tout », et il continua de se promener, son fusil sur l'épaule. « Monsieur le hussard, donnez-nous « moitié, dit un Juif, d'une voix affaiblie, vers « les quatre heures du soir. Vous n'aurez qu'un « quart », répondit Brandt, et il continua de se promener, son fusil sur l'épaule. « Va donc pour le

« quart, reprit l'Israélite. Il est des chrétiens qui
« sont encore plus juifs que nous. »

Aussitôt Brandt va chercher du papier et une écritoire de poche; il attache le tout au bout d'une perche qu'il présente à ses prisonniers; il leur ordonne de donner quittance des trois quarts, ce qui fut exécuté à l'instant. Brandt reçut les quittances par la commodité de la perche; il les porta à monsieur le Baron, prit un sac de florins impériaux, monta à la tour, paya le quatrième quart, retira les titres originaux, et mit à la porte, avec beaucoup de civilité, les juifs, qui se retirèrent en le donnant à tous les diables.

En réjouissance de la manière économique dont monsieur le Baron venait de payer ses dettes, Brandt mit sur table un quartier de lard fumé et un vieux coq rôti; et on convint que, par extraordinaire, on commencerait à boire dès cinq heures du soir, sauf à ne se coucher que le lendemain.

Les réparations du château, et le paiement que monsieur le Baron venait de faire, avaient furieusement diminué ses finances. Il aimait l'argent frais, et Brandt ne le haïssait pas. D'ailleurs, monsieur le Baron devait faire figure dans ses terres, voir et traiter les barons ses voisins, et cela ne se fait pas sans argent. Il se décida à vendre quelques arpens de bois, isolés du domaine principal : il les regretta pourtant, parce qu'ils foisonnaient en sangliers et en loups toute l'année, et en bécasses dans la saison. A la vérité, le Baron, borgne, boiteux et manchot, ne pouvait pas chasser facilement; mais un baron, dans quelque état qu'il soit, tient toujours à ses prérogatives. Celui-ci se consola de voir abattre ses poteaux et ses armoiries, moyennant six mille florins qu'on lui paya comptant, et qu'il remit à Brandt, avec l'ordre précis de s'en servir pour la gloire et les besoins de son colonel.

Brandt réunit donc les fonctions de trésorier aux brillans et nombreux emplois qu'on avait déjà accumulés sur sa tête. Comme c'était un homme d'un jugement exquis, il sentit d'abord qu'il ne pouvait suffire à tout, et un soir qu'il était couché auprès de monsieur le Baron, il lui conseilla, en lui versant à boire pour la vingtième ou trentième fois, d'aviser aux moyens de monter sa maison sur un pied convenable à sa fortune et à sa naissance. Il s'aperçut qu'il pérorait en vain. Son suzerain était complètement dans la vigne du seigneur. Il sabla lui-même le vidercome concluant, s'enfonça le nez sous sa couverture, et fit une excellente nuit. Le ciel en accorde autant au lecteur, soit qu'il couche seul, et qu'il ait envie de dormir; soit qu'il couche à deux, et qu'il ait envie de veiller.

CHAPITRE II.

Le Baron forme sa maison. Grande fête au château.

« Monsieur le Baron, dit Brandt à son réveil,
« j'ai parfois des idées excellentes, qui se perdent
« quand je ne les communique pas à l'instant. Je
« n'étais pas hier tout-à-fait aussi gris que vous,
« et je pensais... — A quoi, mon garçon? — C'est
« ce que je cherche... Ah! m'y voilà. Vous avez
« quatre mille florins de rente, un château superbe;
« vous êtes noble comme tous les chapitres d'Al-
« lemagne réunis, et vous vivez comme un cancre.
« — Comment cela, monsieur? — Hors vous, moi,
« et quelques hiboux, on ne voit personne dans
« ce château. Il vous faut des courtisans pour vous
« flatter, des parasites pour vous manger; car en-
« fin nous ne pouvons pas boire quatre mille flo-
« rins à nous deux. Je sais vos hauts-faits par cœur;
« et à qui conterez-vous désormais vos exploits,
« si ce n'est à la noblesse du voisinage? — J'ai déja
« pensé à cela. — Et comment recevrez-vous la
« noblesse du voisinage, si vous n'avez personne
« pour vous servir? Je suis votre sommelier, votre
« cuisinier, votre pourvoyeur, votre valet-de-cham-
« bre, votre écuyer, votre capitaine des chasses et
« votre trésorier. C'est pitoyable, monsieur le Ba-
« ron; cela n'a point de mine, point de tournure,

« et un homme comme vous est fait pour repré-
« senter. — Tu as raison. De ce moment je te fais
« mon majordome. Choisis tes subordonnés. »

Brandt se lève, s'habille, déjeune, et court le village. Il ramasse une vieille gouvernante de curé, dont il fait une cuisinière; deux bergers dont il fait des piqueurs, et quatre mâtins qu'il érige en meute. Le magister savait le plein-chant; il composa la musique de monsieur. Le vicaire du lieu fut nommé grand-aumônier; six petits drôles, passablement dégourdis, devinrent ses pages, et huit déserteurs ses gardes-du-corps.

Ce domestique nombreux effraya d'abord monsieur le Baron; mais son majordome le rassura, en dressant devant lui le rôle des émolumens destinés à chacun. La cuisinière devait avoir pour gages la desserte et les eaux grasses, sur lesquelles elle fournirait, tous les ans, deux cochons gras pour la table de Monseigneur; on passait aux piqueurs l'excédant du gibier nécessaire à la consommation du château; la meute devait vivre aux dépens des troupeaux voisins; on accordait au magister un demi-florin par chaque romance qu'il chanterait lorsqu'il en serait requis; le grand-aumônier, qui était d'ailleurs à la portion congrue, se contenterait d'un florin et d'un dîner tous les dimanches, pour célébrer une basse-messe dans la chapelle du château, et faire ensuite l'oraison funèbre de tous les barons de Felsheim, depuis Ferdinand Ier jusqu'à Ferdinand xv inclusivement;

on accordait aux pages un habit neuf, fait avec de vieilles tapisseries de point de Hongrie, que Brandt avait déterrées d'un arrière-cabinet, plus, la soupe et le pain, et ce qu'ils pourraient dérober à l'office ; les gardes-du-corps seraient équipés en hussards de Felsheim, avec les habits de réforme qui se trouvaient au château ; on leur enjoindrait de vivre aux dépens de qui ils pourraient, en se conduisant honnêtement, et en plumant la poule sans la faire crier ; enfin, Brandt se chargeait de mettre à la raison ceux des vassaux de Monseigneur à qui ces arrangemens ne conviendraient pas. Ces conditions proposées et acceptées, chacun entra en exercice.

Brandt savait à merveille que la discipline est l'ame des armées, et il s'occupa des moyens d'assurer la régularité du service au château. Au milieu de la cour était un vieux colombier, que la cuisinière voulait repeupler, parce qu'elle excellait surtout dans les compotes de pigeons ; Brandt transforma le colombier en chambre de discipline, à l'usage des pages et des gardes-du-corps. Derrière le château était un vaste jardin, abandonné depuis quinze ans : il était aisé de le remettre en valeur, et la cuisinière voulait y faire une plantation de choux, qui fournirait la provision de l'année. Brandt en fit un manége découvert, où il donna des leçons d'équitation aux pages, et une esplanade où il exerçait régulièrement son infanterie. Quelques arbres fruitiers étaient encore debout, malgré la négligence des barons de Felsheim et de leurs agens; Brandt les fit abattre, parce qu'ils gênaient le développement de la colonne. La cuisinière, qui voulait du dessert pour la table de monsieur, se permit quelques réclamations : Brandt la menaça de la mettre au colombier, et elle se tut.

Comme une bonne idée en amène ordinairement une autre, Brandt ne s'arrêta pas en si beau chemin. Il résolut d'ériger le château en place d'armes, tant pour amuser Monseigneur, que pour l'occuper et satisfaire la juste ambition que le prince Eugène avait constamment humiliée. A l'exemple des Romains, qui savaient occuper leurs troupes en temps de paix, il employa les gardes et les pages à enlever des fossés les grenouilles et la boue qui les obstruaient depuis un demi-siècle. Il fit rétablir le pont-levis, qui dès-lors fut toujours levé, et deux hommes au moins devaient aller reconnaître ceux qui se présenteraient devant la forteresse. Un des gardes-du-corps fut planté en faction sur le bord du fossé; un page, armé d'un cornet à bouquin, fut mis en vedette sur la tour de Witikind. Brandt rassembla huit ou dix vieilles carabines; il en démonta les canons, et avec le secours du charron du lieu, il établit sur la plateforme de la tour une batterie qui devait être d'un grand effet, en cas de siège. Enfin, il se promut au grade de major-général; monsieur le Baron fut nommé, par acclamation, généralissime, et pendant quelque temps tout alla fort bien dans le château.

Cependant le genre de vie que menait habituellement monsieur le Baron n'étant propre qu'à précipiter la destruction d'un corps cacochyme et usé, l'incommodité qu'il ressentait à la jambe augmenta considérablement. Monsieur le Baron n'en accola pas moins tendrement sa dame-jeanne, et sa jambe refusa un beau matin de soutenir ces ruines respectables. Brandt prit la jambe, la tourna, la retourna, la frotta, et décida qu'elle était paralysée. Il manda une seconde fois le charron du lieu, qu'on honora du titre de carrossier de Monseigneur, et qui fixa le fauteuil de bois d'érable sur quatre roues neuves et solides. C'est dans cette voiture que Ferdinand xv, traîné ou poussé par ses pages, voyageait d'un appartement à un autre, visitait les postes, et passait la parade.

La maison établie enfin sur ce pied respectable, chacun étant pénétré de l'importance et de la dignité de ses fonctions, et tous les remplissant avec la plus scrupuleuse exactitude, Brandt crut qu'il était temps de déployer aux yeux des voisins étonnés toute la magnificence de son seigneur. Il fit, sous la dictée de monsieur le Baron, une liste de ceux qu'on pouvait recevoir sans s'encanailler, et on exclut tout ce qui n'avait pas trente-deux quartiers rigoureusement prouvés. Heureux temps, heureux pays, où, lorsqu'on compte un grand homme parmi ses ancêtres, on est encore honoré pour ses vertus qu'on n'a pas, et qu'il est inutile d'acquérir puisque des titres tiennent lieu de tout !

La liste terminée, examinée, commentée, épurée, les billets d'invitation furent faits, et quatre pages expédiés à l'orient, à l'occident, au nord et au midi, pour les porter à leurs adresses.

Monsieur le Baron, qui était à-la-fois magnifique et parcimonieux, ordonna une chasse générale dans ses domaines, et enjoignit à ses vassaux de se tenir prêts à faire une battue sous la conduite de son major-général. Le jour indiqué, Brandt sortit à la tête de toutes ses troupes, à la réserve de ce qui était indispensable pour la garde du château. Vingt ou trente paysans, armés tant bien que mal, se joignirent respectueusement à lui; les piqueurs tenaient en lesse les quatre mâtins de Monseigneur; le cornet à bouquin sonna, et on marcha pompeusement vers un bois d'une lieue et demie de circonférence, dans lequel on s'enfonça.

On va, on vient, on retourne, on marche deux heures, on ne voit rien, on n'espère rien. Brandt fronce le sourcil, et commence à jurer entre ses dents. Il entend un cri perçant; il se retourne : c'était un page de Monseigneur, qu'un loup affamé avait happé par la fesse, et qui lui faisait faire des grimaces de possédé. L'intrépide Brandt accourt le coutelas au poing, et jette l'animal sur le carreau. Homme à toutes mains, il déboutonne le haut de chausses du petit malheureux, et se met en devoir d'étancher le sang. Un paysan lui apprend qu'à cinquante pas de là, il trouvera une mare environnée de broussailles. Brandt remonte à cheval, prend le blessé en croupe, et, à travers des épines entrelacées et très-épaisses, il arrive au bord de la mare. Il se disposait à commencer son pansement, lorsqu'il aperçoit les oreilles d'un énorme sanglier, dont le corps était caché sous les ronces. Il saisit un pistolet d'arçon, *pique au monstre*, lâche son coup, et lui effleure simplement les côtes. L'animal furieux marche à son ennemi, s'élance, et d'un coup de boutoir, qu'il destinait à Brandt, il éventre le meilleur des deux chevaux du Baron, qui tombe sous le major-général. Celui-ci se relève lestement, prend son second pistolet, et poursuit le sanglier, qui se dérobe dans les broussailles.

Furieux à son tour, Brandt veut faire donner la meute ; il anime ses chiens du geste et de la voix. Les chiens, qui ne se connaissent qu'en moutons et en viandes cuites, ne sentent rien, le regardent et n'avancent pas. Il en saisit un de chaque main par la peau du cou, il les traîne, il les porte sur la piste ; ils s'arrêtent et le regardent encore. Indigné de leur lâcheté ou de leur ineptie, Brandt tempête, jure, les sabre, et voilà Monseigneur sans meute, et réduit à un seul cheval.

Brandt, que rien ne peut déconcerter, jure tous ses jurons à la fois que le sanglier sera servi sur la table de monsieur le Baron. Il rassemble tout son monde, et il donne l'ordre d'une attaque générale. Les vassaux, tremblans, sont incapables d'obéir. Brandt, qui ne connaît pas de dangers, les regarde avec un rire d'amertume et de pitié, recharge ses pistolets, et s'enfonce dans les épines, suivi de messieurs les gardes-du-corps. Les pointes déchirent ses bottines, mettent en lambeaux son pantalon et ses jambes. Il s'arrête, il trépigne, il veut avancer encore; la douleur l'emporte sur son opiniâtreté; il recule pour la première fois de sa vie; le sanglier est sauvé, et Brandt est au désespoir.

On applique une poignée de tabac sur le postérieur du page, qui crie comme un enragé, et à qui Brandt impose silence à coups de plat de sabre; on écorche les morts; leurs peaux sont portées en chasubles par autant de paysans; on boit un coup, et on se dispose à sortir de ce bois malencontreux.

Au milieu de tant de désastres, Brandt n'était affecté que de la nécessité de tirer du trésor de quoi faire face aux frais du repas, et il roulait dans sa tête mille projets différens pour régaler ses hôtes sans écorner sa finance. On allait sortir du bois, lorsqu'on aperçut sur la lisière une vache et son veau, qu'un malheureux paysan nourrissait aux dépens de son seigneur. Brandt casse la tête au veau, et le charge sur son épaule. Les gardes-du-corps traitent la mère aussi cruellement, la coupent en quartiers, et l'emportent. Le paysan se plaint, murmure; Brandt lui fait un très-beau discours sur le respect dû aux propriétés, et lui prouve clairement que, lorsqu'une vache et son veau ont goûté de l'herbe de leur seigneur, ils doivent être confisqués à son profit.

Brandt rendit compte de son expédition à monsieur le Baron, qui fit une mine épouvantable, et qui jura comme un païen. Brandt découvrit ses jambes, dont les blessures attestaient sa valeur, et il jura plus haut que monsieur le Baron. Comme il avait sur lui un ascendant extraordinaire, celui-ci se calma un peu, et sa fureur se tourna contre le sanglier. Brandt, qui avait toujours un expédient à son service, lui dit qu'il avait un moyen sûr de lui livrer l'animal tout cuit : c'était de mettre le feu à la forêt. Pour la première fois, le général ne fut pas de l'avis de son major.

Cette boutade passée, on ne s'occupa plus que des préparatifs. Brandt fit comparaître la cuisinière. « Tu prendras, lui dit-il, une cuisse de la vache, « tu la mettras dans la chaudière, et ce sera le pot-« au-feu : les gardes pourront fricasser le corps pour « leur consommation. Tu rôtiras deux gigots du « veau, tu feras bouillir sa tête, et tu mettras le « reste en ragoût. Tu emprunteras dans le village « douze douzaines d'œufs, que nous rendrons « quand nous aurons des poules, et tu en feras « une omelette. Tout cela ne suffira pas ; mais « le surplus me regarde. »

Il attacha des hameçons à des ficelles, et les ficelles à des bâtons, qu'il enfonça dans le fumier que les pages portaient de l'écurie à l'extérieur du château. Il mit à chaque hameçon une boulette de pain, et il planta un piqueur, un sac sous le bras, à quatre pas du tas de fumier. « A mesure, « lui dit-il, que les poules s'accrocheront, tu les « décrocheras, et tu les jeteras dans ton sac. Quand « tu en auras six, tu détendras tes lignes, et tu « porteras ta pêche à la cuisine. Je vais voir dans le « village si je ne trouverai pas quelque chose de « délicat pour mesdames et mesdemoiselles les com- « tesses et les baronnes. »

A peine Brandt fut-il sorti du château, qu'il aperçut la cuisinière aux prises avec un villageois, qui n'entendait pas raison, et qui ne voulait pas prêter ses œufs à Monseigneur. Il entra dans la maison, s'assit sur le fauteuil du maître, et lui dit que, puisqu'il ne voulait pas prêter, il était tout simple d'acheter. En pérorant, Brandt lorgnait un vieux cygne, qui se promenait majestueusement dans la boue, en attendant qu'il plût au ciel de lui envoyer de l'eau. Plus il convoitait le cygne, plus il s'efforçait d'être aimable envers le paysan, qui, charmé de ses manières, et comptant sur de l'argent frais, descendit enfin à la cave pour aller chercher ses œufs. Brandt saute dans la cour, prend le cygne par le cou, l'étouffe, lève les jupons de la cuisinière ébahie, et lui pend la volaille entre les jambes. Le paysan remonte avec ses œufs; Brandt le conduit au château, parce qu'il n'a pas d'argent dans sa poche : il lui propose à déjeuner; le paysan répond que c'est bien de l'honneur pour lui. On lui met sur le gril une entre côte de vache ; on le sert, et Brandt lui-même lui verse à boire. Le paysan, ravi de tant d'honnêtetés, s'en donne à cœur-joie. « Comptons, lui « dit Brandt, quand il eut déjeuné. Douze dou- « zaines d'œufs... A combien ? — A deux florins « le tout, et c'est donné. — Allons, tu es raison- « nable, et je veux l'être aussi. Un florin pour « ton déjeuner ; plus un ducat pour l'honneur « inappréciable d'avoir déjeûné chez monsieur le « Baron : rends-moi mon reste, et va-t-en. » Le paysan se récrie, Brandt insiste. Le premier s'emporte, le second menace ; les gardes arrivent au bruit, et le paysan tremble. Brandt proteste qu'il est incapable d'abuser de ses forces, et qu'il va faire un acte inouï de générosité. Il veut bien qu'on se sépare quitte à quitte ; et le paysan s'esquive, en se promettant bien de ne plus déjeuner chez un baron.

Le jour du festin, Brandt se lève au point du jour, bat la générale, passe une revue de propreté, et, décidé à combler d'honneurs ses nobles convives, il charge à double charge toutes les pièces qui composent la batterie de la tour de Witikind ; enfin il se livre uniquement aux affaires de la cuisine. Il choisit la chambre la plus vaste et la moins délabrée, et donne ordre de mettre la table. Il n'y en avait qu'une dans le château ; quatre personnes pouvaient à peine y manger à l'aise, et on en attendait quarante. Brandt fait mettre debout les futailles qu'il a vidées avec son général ; il monte au grenier ; il détache du plancher une vingtaine de planches ; le carrossier de Monseigneur les cloue sur les futailles, et voilà une table. Le Baron, accoutumé à se passer de tout à l'armée, n'avait pas encore de linge d'office ; Brandt prend une paire de draps, la cuisinière les faufile, et voilà une nappe. Il coupe une seconde paire de draps en vingt ou trente morceaux, et voilà des serviettes ; mais il ne resta de draps au château que ceux qui étaient dans le lit du Baron et dans celui de son major.

Il commençait à faire froid ; Brandt fait clouer sur le carreau les peaux du loup, du cheval, des chiens, de la vache et du veau, et voilà un tapis digne de l'impératrice de toutes les Russies. Il ne se trouva que douze chaises en état de soutenir leur homme ; on remonte au grenier, on lève encore quelques planches, et, en un tour de main, le carrossier en fait des bancs. On manquait de vaisselle ; les gardes-du-corps, la carabine sur l'épaule, vont mettre en réquisition la poterie du village, avec injonction aux propriétaires de venir le lendemain reconnaître leurs propriétés. On n'avait pas de bouteilles ; on monta de la cave, dans la salle à manger, une pièce de vin du Rhin ; on la dressa, on la défonça, et les pages eurent ordre de remplir les pots, à mesure qu'on les viderait. Enfin, Brandt prit quatre assiettes ; il les emplit d'huile, y mit des mèches, et les suspendit aux quatre coins de la salle avec des ficelles : c'était pour l'illumination. Tout en courant, en agissant, Brandt jurait à monsieur le Baron qu'on n'aurait jamais vu, dans la Basse-Saxe, une fête aussi magnifique et aussi bien entendue.

A midi, le garde-du-corps, qui était en fonction, cria *werdaw* d'une manière qui fit trembler le pont-levis et sa charpente. C'est la noblesse des environs, répondit une vieille baronne à la grande bouche, au long nez, aux sourcils épais, à la peau ridée. Elle portait un singe sous un bras, un perroquet sur l'épaule ; elle avait du rouge et des mouches ; sa *modeste* était chargée de tabac d'Espagne, et son chignon était retroussé jusqu'à la racine de ses cheveux, pour ne pas salir sa robe de gros de Tours ponceau, broché en or, qu'elle s'était faite avec les rideaux du lit de feu l'électeur de Bavière, lesquels, d'encan en encan, et de tapissier en tapissier, étaient arrivés jusqu'à elle. Aussitôt le page en vedette fait retentir son cornet ; Monseigneur monte dans son fauteuil à roulettes ; quatre pages enlèvent le suzerain sur leurs épaules, et descendent les degrés qui conduisent à la cour. C'est ainsi qu'au bon vieux temps on élevait sur le pavois empereurs, rois et généraux ; et cette cérémonie leur tenait lieu des qualités qu'ils n'avaient pas, car enfin, quoi qu'en dise le critique, on ne peut pas tout avoir.

Monseigneur, arrivé au pied du pont-levis, ses pages autour de son fauteuil, et ses gardes rangés en haie, voit défiler devant lui vingt chariots de Hongrie, ou voitures d'osier, chargées des armoiries des titulaires. A leur entrée, Brandt les salue d'une triple décharge de la batterie de la tour; ce qui fut trouvé très-galant. Ils sont reçus au haut du perron par monsieur le grand-aumônier, qui leur fait une harangue latine, où personne ne comprit rien, ni lui non plus. Enfin, on entra dans un vaste vestibule, où était une cheminée de huit pieds de large sur six de haut. Brandt y avait allumé un bûcher *inquisitorial* ou *malabarois*, dont la volumineuse ardeur invita la noblesse saxonne à décrire un nouveau cercle, qui n'a pas encore été compté dans la constitution germanique.

Pendant que monseigneur complimentait ses hôtes le moins mal qu'il lui était possible, le zélé, l'infatigable Brandt s'occupait d'autre chose. Il restait au magasin à fourrages sept à huit bottes de foin, deux ou trois boisseaux d'avoine, et quarante chevaux environ venaient d'entrer dans les écuries. Brandt, qui ne comptait pas sur ce surcroît de convives, fut embarrassé un moment; mais son inépuisable imagination venant toujours à son secours, il laissa la valetaille crier au foin, à la paille, à l'avoine, et dédaignant d'entrer en explication avec cette canaille, il ne répondit qu'en faisant circuler dans les mangeoires trente boisseaux de bled froment, dont monsieur le Baron avait fait emplette pour son approvisionnement d'hiver. Étonnement, stupéfaction de la part des laquais; Brandt leur dit avec emphase : « C'est « ainsi que les chevaux sont traités au château de « Felsheim ; les laquais y boivent à discrétion : « jugez du traitement qu'on réserve aux maîtres. »

On servit, et cinq cents quartiers, en quarante volumes, se mirent à table. Monsieur le Baron, dans son fauteuil à roulettes, occupait le haut bout. Il avait à sa droite la dame au singe et au perroquet, et à sa gauche, mademoiselle Heidelberg, la plus jeune, la plus jolie, la plus innocente et la plus pauvre des baronnes saxonnes. Le reste se plaça selon l'antiquité de sa race, sans autre démêlé que celui qui s'éleva entre deux femmes, dont l'une prétendit que son quint-aïeul avait été chambellan de Lothaire, roi de Lorraine, et qu'ainsi la suprématie lui appartenait. L'autre lui prouva l'impossibilité de son assertion, en ce qu'il s'était écoulé vingt-cinq ou trente générations depuis le roi Lothaire, qui vivait en 862, et qu'il était très-douteux que le roi Lothaire eût des chambellans; mais elle certifia que sa vigésime-sext-aïeule avait été dame d'honneur de la reine Teutberge, épouse de ce même Lothaire. Son adversaire la défia de prouver, et elle cita des faits. « Teutberge fut répudiée, dit-elle, pour avoir « couché avec son frère. Le roi, son mari, n'en « savait rien; mais ma vigésime-sext-aïeule le sa- « vait fort bien, puisque tous les soirs elle intro- « duisait le frère dans la chambre de la sœur. Ja- « louse de la gloire du roi son maître, qui gril-

« lait d'épouser sa maîtresse Valrade, elle l'avertit
« de ce commerce illicite; et le roi, autorisé par
« deux conciles, répudia la reine, qui n'avait pas
« eu besoin de tant de formalités pour faire ce
« que font encore tant de femmes, sans que pour
« cela les maris assemblent des conciles. »

Il fut décidé à l'unanimité que l'illustre rejeton de la dame d'honneur de la reine Teutberge prendrait place au-dessus de sa cadette en titres, qui rougit, se mordit les lèvres, et se détermina pourtant à boire et à manger. Son exemple fut suivi par le reste des convives, que l'aveugle et injuste nature avait soumis aux mêmes besoins que les roturiers.

Quoique major-général du château, Brandt, qui n'était pas noble du tout, se garda bien de se mettre à table. La manche retroussée jusqu'au coude, son sabre de bataille à la main, il découpait gravement la cuisse de vache, qu'il jurait être un quartier de bœuf que son maître avait fait venir de Westphalie : il présentait aux dames, d'un air tout-à-fait gracieux, les membres des vieilles poules, qu'il garantissait poulardes de Magdebourg. Chacun avait mordu au bœuf de Westphalie, et personne n'avait pu le mâcher : le diable, avec ses dents infernales, n'aurait pas incorporé la plus petite partie des poulardes de Magdebourg ; elles étaient dures comme la cuirasse de Witikind. Brandt se plaignit, en termes énergiques, de la friponnerie ou de l'ignorance des pourvoyeurs de monsieur le Baron; il jura qu'il les changerait, et il invita les convives à se dédommager sur la tête et le train de devant d'un veau de Gluckstadt, qui devait être délicieux. Il donna un coup d'œil aux pages, qui versèrent à boire avec grace et vivacité. Le veau se trouva mangeable; on but beaucoup, personne ne se plaignit; le Baron regarda Brandt d'un air de bienveillance, et le second service remplaça le premier.

Quelques comtes, ou barons, qui boivent, à la vérité, tous les jours, mais qui ne mangent de la viande fraîche que les dimanches, se disaient des mots à l'oreille, et paraissaient faire les difficiles, bien que cela ne leur allât pas du tout. Quelques petites-maîtresses, car il y en a partout, même en Saxe, regardaient, en souriant, monsieur le Baron, qui trouvait tout au mieux, et qui remercia ces dames des marques d'approbation qu'il croyait en avoir reçues.

Pendant que ces petits incidens se passaient, les pages mettaient sur table deux plats composés chacun d'une fesse de veau rôtie; ils étaient flanqués de quatre omelettes de trente-six œufs, et au milieu figurait le cygne en pâté. Sa tête et son cou, garnis de toutes leurs plumes, s'élevaient majestueusement au-dessus de la croûte supérieure; au cou pendaient les armes de monseigneur, dessinées, sur carton, de la main de Brandt, et elles étaient répétées en bas-relief sur tout le pourtour du pâté.

Un cri général d'admiration s'éleva de toutes les parties de la table, et on se disposa à festoyer ce service étonnant. D'un coup de sabre, Brandt fait sauter la tête et le cou du cygne, et les présente à mademoiselle Heidelberg; monsieur le Baron sourit à Brandt, mais les autres dames rougissent d'indignation. Brandt, tout à son affaire, frappe le pâté d'estoc et de taille; le cygne est en morceaux; les assiettes sont couvertes : mais le diable n'eût pas plus aisément mangé du cygne que des poules, et les omelettes sur lesquelles on se rejeta, avaient un autre inconvénient : presque tous les œufs étaient couvés, et la cuisinière, dont les années avaient affaibli les yeux, ne s'en était pas aperçu. On fut obligé de se venger sur le veau; on ne dîna qu'avec du veau; mais de quoi ne se console-t-on pas dans la vie? Le vin du Rhin était excellent, les pages emplissaient les vidercomes, les convives les vidaient, et on les remplissait de nouveau.

A quelques désagrémens près, jamais dîner ne fut plus distingué que celui-ci : on n'y parla que de noblesse. Les fumées du vin du Rhin, se joignant à celles de l'extraction, les barons, à la fin du repas, se métamorphosèrent en excellences, et chacune de leurs excellences fût descendue au moins de Romulus, du roi Priam, ou de Bélus, si leurs excellences eussent connu l'histoire.

Les entremets n'étaient pas encore très-connus; Brandt n'en avait jamais entendu parler : il n'y a pas de dessert à l'armée, et Brandt avait passé sa vie dans les camps; il n'y eut donc ni entremets, ni dessert. Quelques dames, qui avaient vu manger le duc de Mecklembourg et le marquis de Lusace, parlèrent légèrement entremets et dessert. Le Baron regarda Brandt d'un air qui voulait dire : « De « quoi nous parle-t-on là ? » Brandt lui répondit d'un coup d'œil, qui signifiait : « Je sais ce que « c'est, » et aussitôt on apporta des pipes, du tabac et des crachoirs, pour ne pas gâter les tapis. On y joignit dix à douze pintes de rogomme, et un pain de sucre pour faire l'eau-de-vie brûlée. Le magister se présenta humblement, et chanta d'une voix chevrotante sept ou huit romances connues dans le pays, lesquelles furent accompagnées des voix glapissantes de ces dames. Leurs nobles époux, dont les estomacs commençaient à être surchargés, s'unirent d'intention aux chanteurs.

Mesdames et mesdemoiselles les baronnes, que rien ne retenait plus à table, pas même une figure d'homme supportable, se levèrent pour passer dans une salle voisine, que Brandt avait échauffée avec ce qui restait des pommiers et des pruniers coupés dans le jardin de monseigneur.

Monseigneur avait toujours été un peu libertin. Il n'avait plus rien de libertin que l'imagination, et cependant il avait lorgné pendant tout le repas mademoiselle Heidelberg, à qui il faisait peur, qui était trop jolie et trop intéressante pour devoir être sacrifiée à un mari éclopé; mais les dieux et Brandt en ordonnèrent autrement. Monseigneur avait eu vingt fois l'envie d'adresser à son aimable voisine un compliment passablement tourné; mais quand il était fortement ému, il ne trouvait que ses jurons, et il ne voulut pas jurer devant mademoiselle Heidelberg. Lorsqu'elle se leva de table, il essaya de se lever aussi pour lui présenter la main; mais Bacchus, l'ennemi juré de l'Amour, ne lui permit pas de prendre l'équilibre. Il retomba dans son fauteuil, où Brandt l'attacha avec son ceinturon, pour l'empêcher de rouler sous la table.

Ces dames ne sachant que dire, car on ne peut pas toujours parler noblesse, s'ennuyaient mortellement, en attendant qu'il plût à leurs époux de partir. Mademoiselle Heidelberg, la plus raisonnable comme la plus jolie, essaya de distraire ces dames, sans pouvoir y réussir. Elle prit le parti de penser pour elle seule. Fille qui pense s'amuse toujours : les pensées qui viennent du cœur sont si intéressantes !

Brandt s'occupait à rétablir l'ordre à la cuisine. Vingt laquais déguenillés, et six femmes suivantes s'arrachaient les morceaux. Les gardes-du-corps et les pages s'étaient mêlés à la valetaille, et caressaient alternativement le bœuf de Westphalie, les poulardes de Magdebourg, et les soubrettes de leurs excellences. Brandt retroussa sa moustache, jura trois fois, et le beau sexe fut respecté un moment. On s'assit par terre, faute de sièges;

on forma un rond, au milieu duquel furent placés les restes du dîner, et les pages allèrent remplir à la cave six cruches de huit pintes chacune. « Que l'on boive, que l'on mange, dit Brandt, « qu'on s'enivre même ; mais qu'on ménage ces « dames, qui paraissent ne pas se soucier de « vous. » Parmi ces dames était une jeune Bavaroise attachée à mademoiselle Heidelberg. C'était une petite brune, vive, piquante, dodue, qui plaisait à tout le monde, et qui plut d'abord à Brandt, étonné de se trouver sensible. Un grand coquin de garde-du-corps, qui se connaissait en femmes, serrait mademoiselle Crettle de près, et glissait furtivement sa main sous son mouchoir. Mademoiselle Crettle, peu faite à ces manières lestes, se plaignait amèrement des procédés du garde-du-corps. Ses appas, ses plaintes, l'amour naissant, la jalousie, le vin, l'eau-de-vie, tout se réunissait pour faire de Brandt un homme extraordinaire. « Mon camarade, dit-il au téméraire, « qui spoliait les charmes de Mademoiselle Crettle, « à l'armée tout est de bonne prise. On trouve une « fille, on la saisit d'un bras nerveux ; elle résiste, « on la viole ; c'est reçu, c'est convenu, j'en ai « violé moi-même, mais c'était en pays ennemi, « et sacrebleu on ne violera pas mademoiselle « tant que je serai major-général du château. » Le garde lui répond que, hors le service, il ne connaît pas de supérieur. Brandt, jaloux de son autorité, lui ordonne de se rendre au colombier, et le garde-du-corps l'envoie à tous les diables.

Outré de colère, Brandt ordonne à ses camarades de le conduire en prison. Ses camarades tournent les talons, font la sourde oreille, boivent un coup, et le garde-du-corps, sans respect pour son chef, sans égards pour l'innocence, renouvelle ses attentats. Les épingles cèdent à la vivacité de l'attaque ; le fichu est en lambeaux, deux boules d'ivoire sont exposées à tous les yeux. Crettle n'a pas assez de ses deux mains pour se défendre ; elle soupire, elle pleure, elle crie. « Puisque tu ne connais plus de supérieur, dit « Brandt d'une voix de tonnerre, et en pous- « sant des blasphêmes affreux, tu connaîtras ce « bras au châtiment qu'il va te faire subir. Prends « ton sabre et suis-moi. » Crettle fond en larmes ; elle abhorre le sang ; elle se reprochera éternellement celui qu'on va répandre. Brandt n'entend rien ; il ne respire que vengeance : il sort, et le garde luxurieux le suit.

Les sabres sont tirés, les lames se croisent ; Brandt pare le premier coup, et du second il coupe une oreille à son adversaire, et lui fait une entaille à l'épaule. « Comme ton rival je suis « content, lui dit-il ; comme ton officier je ne le « suis pas. Va te faire panser, et rends-toi au co- « lombier. » L'indisciplinable garde refuse d'obéir, et, pour la première fois, ses camarades osent murmurer. Des murmures ils passent aux reproches ; les gardes de monseigneur sont en insurrection. Brandt, que rien n'émeut, se remet en garde et défie les mutins. Un second se présente; Brandt l'attaque avec fureur. Le garde pressé, rompt, perd la tête et fait une volte : Brandt avait allongé son coup ; il tombe d'à-plomp sur le nez du garde, et le jette à ses pieds. Brandt, enorgueilli de sa double victoire, ordonne aux six autres, intimidés par sa valeur et ses succès, de mettre les deux rebelles en prison. On balance, il se remet en garde : on obéit, il se calme. « J'ai « voulu, j'ai dû, leur dit-il avec dignité, main- « tenir la discipline. Vous rentrez dans le devoir, « c'est assez; je sais vaincre et pardonner. Allez « vous coucher, et respectez à l'avenir mon auto- « rité et mes amours. »

Brandt avait entendu parler des lois de la chevalerie. Il vient déposer, aux pieds de Crettle, l'oreille et le nez des vaincus. A l'aspect de ce tribut de cannibale, Crettle veut fuir, Brandt l'arrête. « La beauté, lui dit-il, appartient à celui « qui sait la mériter. Je ne sais pas faire l'amour; « mais je sais aimer, et je vous le prouverai. Vous « me convenez, et je vous ai gagnée au bout de « mon sabre. Je vous prends, prenez-moi, et que « tout soit fini. » La petite Crettle ne fut pas séduite par ce discours; mais une femme s'intéresse toujours à un homme qui s'est battu pour elle, et qui s'est bien battu. Elle jeta un coup d'œil en dessous à Brandt, et son signalement passa de ses yeux à son cœur. C'était un drôle vigoureux,

qui n'avait pas plus de quarante ans, épaules larges, poitrine ouverte, jarret tendu, œil, moustache et cheveux noirs. Une fille aime toujours ces gens-là : ils promettent et manquent rarement de parole. Le résultat de l'examen fut un sourire de Crettle, qui présenta sa main blanchette à Brandt, et qui lui dit en jouant de la prunelle : « Nous verrons cela. L'honneur de vous embras-
« ser, mademoiselle, répliqua Brandt, respec-
« tueusement incliné, la main droite à son bon-
« net de feutre. — Tout l'honneur sera pour
« moi, monsieur le major — Cela vous plaît à
« dire, mademoiselle »; et il l'embrassa avec une énergie, dont la petite Crettle se félicita intérieurement.

« Vous ne pouvez pas partir ce soir, dit Brandt,
« qui avait ses projets. Pourquoi cela, répond
« Crettle, qui le pénétrait à merveille ? — Vous
« n'avez pas de domestique ; le baron de Heidel-
« berg dort sous un banc ; votre maîtresse ni
« vous, ne savez pas mener une carriole. D'ail-
« leurs les chemins ne sont pas sûrs. Pour les
« autres, ce sont leurs affaires ; un Baron de
« plus ou de moins n'empêchera pas le raisin de
« mûrir. — Vous voudriez donc, monsieur le
« major, que nous passassions la nuit ici ? — Et
« je vous la promets excellente. J'ai un lit pour
« mademoiselle Heidelberg, et je vous en ré-
« serve un où vous serez comme une électrice.
« Pour le Baron, votre maître, ce n'est que de-

« main matin qu'il s'apercevra qu'il aura couché
« par terre. »

Crettle, à qui le major-général plaisait déjà beaucoup, se chargea volontiers de persuader sa maîtresse, et cela, comme on le pense bien, dans la seule vue de lui épargner les dangers imminens d'un voyage nocturne. Mademoiselle Heidelberg ne se plaisait pas du tout au château de Felsheim; mais c'était une jeune personne pleine de sens et de douceur. Elle se rendit aux raisons de Crettle, et se résigna.

Les baronnes, impatientes de retourner dans leur manoir, étaient rentrées dans la salle à manger. Chacune cherchait, démêlait son baron d'entre ses collègues, les bancs, les pots et les chaises; le faisait hisser dans son équipage, et y montait après lui. Une décharge de la tour avait donné le signal du départ; le cornet à bouquin avait sonné, le pont s'était baissé, et les vingt voitures partirent, après avoir essuyé un discours que Brandt leur adressa au nom de monsieur le baron de Felsheim, qui avait perdu connaissance.

A peine le château fut-il évacué, que Brandt s'occupa de ses plaisirs. Il court à la chambre à coucher, dérange son lit, trop voisin de celui qu'il destinait à mademoiselle Heidelberg, et le traîne dans un cabinet éloigné, dont la porte, sans serrure et sans loquet, laissait Crettle sans défense. Il revient à mademoiselle Heidelberg, l'invite à le suivre à son appartement, et lui fait ses excuses sur l'impossibilité où il est de lui donner des draps blancs. Mademoiselle Heidelberg, au lieu de perdre le temps en réflexions inutiles, prend le parti de se coucher, toute habillée, en recommandant le baron, son père, aux soins vigilans de monsieur le major.

Celui-ci prend mademoiselle Crettle par la main, la conduit à l'extrémité du château, et lui montrant son lit : « J'espère, lui dit-il, que vous « serez moins difficile que votre maîtresse ; vous « vous déshabillerez. Ce lit est le mien ; ces draps « sont les miens, et je me flatte que vous en « respirerez le fumet avec plaisir. »

Après cette harangue préparatoire, il retourne dans la salle à manger, prend un baron sous chaque bras, reporte messieurs de Heidelberg et de Felsheim dans la chambre où les dames s'étaient retirées en quittant la table. Il les étend sur le plancher, les pieds tournés vers un bon brasier ; il renverse deux chaises, et leur en fait à chacun un oreiller ; il met entre eux ce qui restait d'eau-de-vie brûlée ; il va visiter ses postes, ferme les portes, regagne le cabinet de Crettle, et se déshabille sans autre formalité. « — Que « faites-vous, grand Dieu ! — Je me déshabille. « — Vous oseriez coucher avec moi ! — J'oserai « bien davantage. — Et je le souffrirai ! — Je l'es-« père. » Et il entre au lit. « Que faites-vous, « monsieur le major ? — L'amour. — Mais, ma « vertu... — Mais le bonheur ? — Quelle manière

« de se présenter ! — C'est la meilleure. — C'est
« une monstruosité. — Prenez-vous-en à la na-
« ture. » Et de position en position, Brandt s'approcha tellement du corps de la place, qu'il fallut se rendre à discrétion.

Crettle pleura beaucoup ; c'est la règle. Brandt
la consola, et elle pleura plus fort. Nouvelles consolations de la part de Brandt ; nouvelles larmes
de la part de Crettle. Toute la nuit les consolations succédèrent aux larmes, et les larmes aux
consolations. « Sacrebleu, s'écria Brandt au point
« du jour, vous êtes inconsolable ; une compagnie
« d'hussards n'y suffirait pas. Pleurez tant qu'il
« vous plaira ; je n'ai plus de consolations à vous
« offrir. » Crettle, après s'être assurée de la vérité de ces paroles, se calma, s'endormit, et Brandt,
qui devenait galant, alla lui faire une soupe à la
bière, pour la remettre des fatigues de la nuit.

« La jolie chose qu'une petite femme ! disait
« Brandt, assis près du lit de Crettle, son écuelle
« à la main. — La terrible chose qu'un hussard !
« dit Crettle, en ouvrant un œil humide et lan-
« goureux. — Tenez, prenez, mangez, cela vous
« remettra. — C'est excellent... Il fait tout avec
« une grace... — C'est trop honnête, mademoiselle
« Crettle. — Quel chagrin de quitter un petit homme
« comme cela ! — Et pourquoi se quitter ? — Et
« ma maîtresse ? — Et nos amours ? Ah ! ah ! il
« me vient une idée. — Ah ! voyons cela. — Vous
« voulez rester avec votre maîtresse ? — Oui, si

« cela se peut. — Elle est d'une haute noblesse ?
« — Oh ! je vous en réponds. — Pauvre ? — Pas
« un florin. — Je la marie à monsieur le Baron.
« — Mais elle a un amant. — Riche ? — Autant
« qu'elle. — Elle épousera monsieur le Baron. —
« Mais son amant... — Un amant n'empêche pas
« qu'on ne prenne un mari. — Ah ! j'entends....
« Comme dit le proverbe... — Abondance de bien
« ne nuit pas. »

Mademoiselle Crettle, assise sur le bord de son lit, faisait fête au déjeuner que lui avait offert monsieur le major ; et celui-ci, en caressant une petite jambe, faite au tour, passait un bas bleu à coins noirs, chaussait la pantoufle de maroquin vert, et présentait le jupon de ratine écarlate. Il rattache deux tresses que formaient les plus beaux cheveux du monde ; replace à regret un double fichu, fermé par de triples épingles ; prend un dernier baiser, présente la main à sa belle, et la conduit à l'appartement où mademoiselle Heidelberg, le baron son père, et le généralissime Felsheim, venaient de se rassembler. Messieurs les Barons avaient la tête fatiguée des excès de la veille ; la jeune demoiselle s'ennuyait à périr ; les adieux furent courts, et on se quitta avec un sensible plaisir.

En montant en voiture, la petite bavaroise lança à son hussard un coup d'œil significatif. Les premiers feux de Brandt se rallumèrent, et il se décida, sans retour, à marier son général. C'est ainsi que les plus hautes destinées dépendent quelquefois des caprices d'un faquin.

CHAPITRE III.

Le Baron se marie et fait des prodiges.

Le valeureux Brandt, la sensible Crettle, ne rêvaient plus qu'au mariage du généralissime. La belle Heidelberg ne soupçonnait pas le malheur qui la menaçait, et le modeste Baron ne se doutait pas qu'on lui fît l'honneur de le croire bon encore à quelque chose.

« Mon général, lui dit Brandt, en mangeant avec
« lui tête à tête les rogatons de la veille, avez-vous
« remarqué la jeune personne qui était hier à table
« à côté de vous ? Si je l'ai remarquée ! répondit le
« baron, en caressant sa moustache, et en riant du
« rire des satyres. — C'est une belle fille que cette
« fille-là. — Rayonnante, mon ami, rayonnante. —
« C'est la... la... la... aidez-moi donc, mon général.—
« La Vénus de la Saxe. — Oui, c'est le mot. Vous
« êtes savant. — Je ne m'en doute pas, ou le diable
« m'emporte ; mais j'ai là-haut une vieille beauté
« enfumée, qui caresse un beau jeune homme aussi
« vieux qu'elle, et mon père a su de mon grand-
« père que cela représentait Vénus et Adonis.—
« La Vénus était hier ici en personne, mon gé-
« néral. — Oh ! elle est bien mieux que ma Vé-
« nus. Celle de mon grenier a été faite sur quelque

« marchande de bière ou de genièvre : elle est
« courte, épaisse; elle a le nez barbouillé de tabac,
« et je ne crois pas avoir ouï dire que Vénus prît du
« tabac. Celle d'hier est mignonne, élancée; une
« peau brillante comme la lame de mon sabre;
« des cheveux comme les crins de mon cheval de
« bataille; des sourcils arqués; des yeux longs et
« noirs; certaines formes qu'elle a grand soin de
« cacher, mais que nous devinons aisément, nous
« autres connaisseurs; tout cela est fait pour
« mettre le diable au corps. — Puisse-t-il rentrer
« dans le vôtre, monsieur le Baron! — Que veux-
« tu dire? — Il ne manque qu'un Adonis à ma-
« demoiselle Heidelberg. — C'est ce que j'ai déjà
« pensé. — Osez l'être, mon général. — Tu te
« moques de moi. — Non, de par Marlborough
« et le prince Eugène. — Mais pense donc qu'il
« me manque un œil, un bras, une jambe... —
« Il vous reste l'essentiel. D'ailleurs, s'il faut un
« miracle, mademoiselle Heidelberg est très-propre
« à l'opérer. — Quoi! sérieusement, tu crois que
« je peux être encore un instrument à miracles?
« — Vous souriez, mon général, et vous le croyez
« comme moi. Pensez donc qu'en vous seul réside
« la postérité du grand Witikind; que vous êtes
« comptable de vos faits et gestes envers les mânes
« de vos illustres aïeux, et que, pour n'en être
« pas maudit, il faut que vous gesticuliez avec
« mademoiselle Heidelberg. — Mais elle ne peut
« pas m'aimer. — Qu'importe, pourvu qu'elle vous

« épouse? — Mais si... — Quoi! si... — Tu ne
« m'entends pas. — Oh! à merveilles. Si... si cela
« vous arrive, vous ferez comme tant d'autres,
« vous vous consolerez. — Je sens combien il serait
« doux de gesticuler avec mademoiselle Heidel-
« berg. — Cela dépend de vous. — Tu le crois, là,
« fermement? — Oui, ou le diable me brûle. —
« Tu me persuades. — Je pars pour Blekède, et
« de là je me rends à la terre du futur beau-père,
« qui ne rapporte rien, mais qui sera la terre
« promise, s'il en sort un nouveau baron de Fel-
« sheim. Je présenterai mes missives, que je vais
« me faire moi-même, et pour cause, et je mets
« à l'instant même la main à la plume ».

« Monsieur le Baron, mon ami et mon égal...

« Oh! mon égal! — Oui, il faut flatter le père
« pour avoir la fille. — A la bonne heure. — Je
« continue ».

« Vous avez une fille superbe, qui me paraît
« conformée de manière à faire des enfans bien
« constitués. Vous sentez que la race des barons
« de Felsheim ne doit pas s'éteindre, et c'est avec
« mademoiselle Heidelberg que je compte la re-
« lever.

« C'est très-bien, interrompit Ferdinand xv.
« Ton style a de l'élévation et de la délicatesse. —
« N'est-ce pas, mon général? Voyons maintenant
« les conditions que nous proposerons au futur
« beau-père. — Je ne lui demande rien. — Je le
« défie de vous donner quelque chose ; mais que

« lui donnerez-vous ? — Rien, de par tous les dia-
« bles. L'honneur de mon alliance.... — Vous ferez
« réparer sa chaumière. — A la bonne heure. —
« Il aura le droit de tuer tous les ans, dans vos
« domaines, quatre sangliers pour son saloir. —
« Soit. — Vous lui ferez sa provision de vin. —
« Non pas, s'il vous plaît ; il boirait mon revenu.
« Vos prétentions sont exorbitantes. — Mais pen-
« sez donc que nous n'avons que ce moyen de faire
« disparaître trente bonnes années que vous avez
« de trop. — Point de vin, monsieur, point de vin.
« — Il faut que le beau-père puisse boire au succès...
« — Que le beau-père boive de l'eau. — Oh ! c'est
« inhumain. — Je m'en bats l'œil. — Vous n'aurez
« pas la fille. — Il la gardera. — Ainsi, plus de ba-
« rons de Felsheim ; aucun de ces jolis préliminaires
« qui vous faisaient sourire tout à l'heure. Diable,
« diable, reprend le baron, en se grattant l'oreille.
« — Allons, mon général, seulement trois muids
« de vin du Rhin. — Un quartaut par an, mon-
« sieur. — Ah !... ah !... — Un quartaut !... sacre-
« bleu ! rien qu'un quartaut. — Mais je vous dis...
« — Paix. — Quoi !... — Aux arrêts. — Si... —
« En prison. — Au diable, vous et votre postérité !
« dit Brandt d'une voix terrible, en jetant par la
« chambre écritoire, plumes et papier. Je sue
« sang et eau pour vous faire faire un petit Fel-
« sheim, et vous avez la cruauté de lui refuser l'exis-
« tence ! C'est à quelques brocs de vin que vous
« sacrifiez votre enfant, l'espoir de la race future !

« Voyez ce petit baronnet, qui saute, qui gam-
« bade à cheval sur votre grand sabre, votre bon-
« net enfoncé jusque sur ses épaules. Voyez-le cas-
« sant votre pipe, vous tirant par la moustache,
« vous enfonçant des épingles dans les gras des
« jambes, égratignant sa mère, buvant le rogome
« sans faire la grimace, et jurant aussi haut que
« vous et moi ensemble. Si ce tableau ne vous
« émeut pas, vous êtes le fils d'une roche, et vous
« avez un cœur de pierre, d'airain, d'acier ; je
« vous renie, je vous abandonne, et je vais re-
« joindre les drapeaux du prince Eugène. Vous
« vous attendrissez... Vos yeux se mouillent de
« larmes... — Je passe les trois muids de vin. —
« Je reprends la plume. »

Le paquet fermé, le cheval sellé, Brandt, aussi propre que peut l'être un hussard saxon, prend au grand trot le chemin de Blekède.

Impatient de marier son maître, plus impatient encore de revoir sa petite Crettle, l'impétueux Brandt pressait sa monture, et déchirait, à grands coups d'éperons, une masse dès long-temps accoutumée au repos. Des fibres relâchées, des nerfs roidis, reprenaient, sous l'aiguillon, leur élasticité première. Quatre membres engorgés frappaient lourdement le pavé saxon, et s'annonçaient de loin à l'humble piéton harassé et jaloux des destinées du hussard. Déjà les clochers de Blekède paraissaient à travers une atmosphère épaisse. Brandt, à cet aspect seul, sent redoubler son courage. Il pique de nouveau, il tourmente, il désespère son quadrupède; il arrive à la barrière : le jour était sur son déclin. « *Werdaw*, lui crie, « d'une voix enrouée et chevrotante, un soldat « déguenillé, aveugle et impotent, qu'on avait « assis sous un appentis de bois, et à qui on avait « attaché un fusil sans chien sur l'épaule. — Am- « bassadeur, répond Brandt, avec ses poumons « infernaux. — Alte-là, reprend l'invalide. Capo- « ral, hors la garde; venez reconnaître monsieur « l'ambassadeur. » Aussitôt huit estropiés, de la bataille de Denain, arrivent clopin clopant, les uns soutenus sur des béquilles, les autres sur des jambes de bois; et le tambour de battre aux champs, et la garde de se ranger en haie et de présenter les armes, et le consigne en bandoulière de se présenter pour accompagner monsieur l'ambassadeur chez monsieur le commandant. Brandt, enragé de ce retard, et fatigué de tant d'honneurs, crève d'un coup de talon de botte la caisse du tambour, arrache au caporal, qui tenait respectueusement la bride de son cheval, un bras, qui heureusement était d'osier, enlève le consigne par sa bandoulière, le place derrière lui en porte-manteau, et se dispose à passer outre. Son cheval, écrasé par ce double fardeau, tombe sur la place; le consigne roule à vingt pas; l'ambassadeur, que rien n'étonne, se relève et veut poursuivre sa route à pied. La herse est baissée, et l'on est allé avertir monsieur le commandant. Brandt, qui a toujours un expédient prêt, saute dans le fossé, et croit le traverser à gué. Il enfonce dans la boue jusqu'aux aisselles, et ses blasphêmes ne le tirent pas de là. Il s'agite, il se démène, il enfonce davantage; il s'arrête pour éviter la suffocation. Monsieur le commandant paraît à la tête de son état-major, et demande ce qu'est devenu monsieur l'ambassadeur. On le lui montre au doigt, et vingt hommes de corvée sont commandés pour le tirer du cloaque où il s'est enseveli. En un instant les oisifs de Blekède, qui n'ont jamais vu d'ambassadeur dans la crotte jusqu'aux oreilles, garnissent le rempart. Des madriers, des planches, sont apportés sur le lieu; un levier est passé entre les cuisses de Brandt; le levier agit à droite, à gauche, de bas en haut, de haut en bas. Brandt recommande au ciel les consolations de mademoiselle Crettle; il oppose ses mains à l'action du levier, en faisant des grimaces épouvantables; enfin l'instrument produit son effet: l'ambassadeur est enlevé, mais dans un état qui le rend méconnaissable. Ses bottines sont restées sous la fange, ses habits sont chargés d'une boue noire, et d'impitoyables sangsues lui dévorent les mains et le visage. Brandt se casse une dent et se poche les yeux, en écrasant ces ennemis d'une espèce nouvelle. A chaque coup de poing qu'il s'applique, le commandant se confond en excuses. On a manqué de fonds et de bras pour nétoyer le fossé, et on n'avait pas prévu que monsieur l'ambassadeur, pour se soustraire aux honneurs qu'on voulait lui rendre, choisirait cette route. Brandt, qui sentait qu'il perdrait dans la bonne opinion de mademoiselle Crettle, s'il paraissait devant elle avant de s'être débarbouillé, se laisse tranquillement mettre sur un brancard, que précède un tambour, qu'accompagne l'état-major de la place, et que suit un détachement d'invalides. Le cortège arrive à une petite maison gothique qu'on appelait le gouvernement. On fait passer monsieur l'ambassadeur dans la chambre à coucher de madame la commandante ; une espèce de maître Jacques le déshabille, le plonge dans une cuve d'eau, qui avait déjà humecté les attraits de madame, le frotte, le refrotte, parvient enfin à la peau, et la rend à son état naturel. Monsieur le commandant a passé dans sa garde-robe ; il porte, sur son bras gauche, sa chemise à dentelles et son uniforme des grands jours, sur lequel on distinguait encore quelques restes de galon ; il tient de la main droite une perruque à boudins et un feutre jadis bordé en or. On affuble monsieur l'ambassadeur de ce costume imposant, et on le conduit en cérémonie dans la grande salle du gouvernement : Madame la commandante et mesdames de la haute noblesse y étaient assemblées. Elles font quatre pas au devant de l'ambassadeur, et le saluent respectueusement. Brandt, tant bien que mal, leur rend la révérence, embrasse sans façon celles qui valaient la peine de l'être, et laisse les autres, qui ne conçoivent pas une haute idée de sa politesse. On

offre à l'ambassadeur une tranche de jambon, de la bière et du genièvre ; il accepte et fait honneur à tout. Monsieur le commandant, qui grille de savoir quelle espèce d'excellence il a le bonheur de posséder chez lui, hasarde quelques questions indirectes, auxquelles Brandt ne juge pas à propos de répondre, parce qu'il emploie mieux son temps ; et madame la commandante observe, en minaudant, qu'il n'est pas civil de presser monsieur l'ambassadeur de parler avant qu'il ait eu le temps de se remettre un peu. « Mais, mignonne, reprend le com-
« mandant, je désirerais savoir où son excellence
« a laissé sa suite ; je me ferais un plaisir et un
« devoir de pourvoir à ses besoins. — Dans la
« forêt de Winsen, où je me suis égaré, répond
« Brandt », et il boit et mange de plus belle. Le très-curieux commandant avait la bouche ouverte, et une nouvelle interrogation allait s'échapper, lorsqu'un fifre et un tambourin se font entendre. Madame la commandante prend monsieur l'ambassadeur, qui se prête à tout, et une valse générale commence. La commandante est enchantée de la force et de la vivacité de son danseur. Déja toutes les dames ont quitté le plancher ; Brandt et sa danseuse le fatiguent encore. Le blanc, le rouge et les mouches de la commandante coulent de ses joues sur son cou ; son bonnet est dérangé ; son fichu vole au gré de l'air, et laisse apercevoir des charmes de quarante ans, mais qui valent encore quelque chose. Brandt, que le

levier a stimulé, que la danse a échauffé, dévore des yeux les appas de sa danseuse. L'attention qu'il y porte ne lui permet pas de s'apercevoir qu'il a quitté, en valsant, sa route ordinaire. Il se jette avec la commandante contre une porte, qui cède, et le couple sautant saute dans le fond de l'appartement. La violence du choc a fait tomber la clef ; la porte, repoussée par le chambranle, revient sur elle-même, et la serrure, qui est saillante, se ferme. « Excellence, crie le commandant, « la clef est tombée en dedans, tâchez de la trou- « ver. » Ce n'était pas là du tout ce que cherchait Brandt. « Mignonne, poursuit le commandant, « cherche donc cette clef. » Mignonne en avait trouvé une, mais ce n'était pas celle de la porte. Brandt, de son côté, n'avait plus rien à trouver. Je « suis confus, excellence, reprend le commandant, « du mouvement que vous vous donnez. Allons « donc, mignonne, secondez monsieur l'ambassa- « deur. — Je la tiens, mon ami... je la tiens... Oh ! « je la tiens. — Ouvre donc cette porte. — Oui... oui... oui... », et la porte s'ouvrit enfin, à la grande satisfaction du commandant, qui renouvela ses excuses à monsieur l'ambassadeur, pendant que sa bénévole moitié jurait à l'oreille de deux ou trois de ses amies que son excellence était un homme d'un mérite distingué.

On venait de servir un souper aussi somptueux que pouvait le servir un gentillâtre, commandant d'une bicoque. La commandante, qui redoublait

de politesse envers son excellence, et pour cause, lui présente la main, et se place à son côté. Son pied pressait doucement celui de l'ambassadeur, qui lui enfonçait amoureusement son genou dans le gros de la cuisse, pendant que le commandant faisait circuler un lapin de clapier en civet et une poule-d'eau rôtie. Jusques-là, Brandt avait fort bien joué l'ambassadeur. Il en avait la morgue, le ton réservé. Il avait enchanté la commandante, et le commandant n'avait aucun soupçon. « Parbleu, excellence, dit enfin ce
« dernier, que quelques vidercomes sablés dans
« la soirée rendaient familier et communicatif,
« vous me direz enfin quel potentat vous re-
« présentez. L'empereur, sans doute, reprend la
« commandante. Pas tout-à-fait, réplique Brandt
« avec un sourire modeste ; c'est tout bonnement
« le duc de Hosltein. Prince très-distingué, sans
« doute, poursuit la commandante. Oui ; c'est
« comme qui dirait le roi de Danemarck, ajoute
« le commandant. Précisément, répond l'ambas-
« sadeur. Je vois avec plaisir, mon cher ami, que
« vous connaissez votre géographie. — Et où vous
« envoie sa majesté danoise ? — Près l'électeur
« de Munster. — Mais il me semble que Munster
« est un évêché pur et simple. — Vous avez rai-
« son, mon cher ; mais sa majesté danoise a si-
« gnifié à la diète de Ratisbonne, qu'elle entendait
« que Munster fût érigé en électorat. — Diable !
« je ne savais pas cela. — Oh ! vous ne savez pas

« tout, cher comte, interrompt la commandante.
« — Et oserais-je vous demander quel est l'objet de
« votre mission? — Je vais marier la fille de l'é-
« lecteur avec le fils du roi de Danemarck. — Mais
« le fils de sa majesté danoise est marié. — Oui,
« son fils légitime ; mais il s'agit d'un bâtard qu'on
« veut placer honorablement. — Vous m'étonnez,
« monsieur l'ambassadeur. L'évêque de Munster
« est un digne prélat, un homme de mœurs pures.
« — Oui, à-présent qu'il a soixante-dix ans. —
« Il n'en a que quarante. — Il en a quatre-vingts
« par ses infirmités, et il n'a pas toujours été le
« modèle de son église. Il donne pour dot à
« une fille de contrebande les reliquaires de sa
« cathédrale. — Et la fabrique? — On s'en mo-
« que. — Et les préjugés? — On les brave. D'ail-
« leurs le roi de Danemarck, mon maître, veut
« ramener le culte catholique à sa simplicité pri-
« mitive. — Mais il est luthérien. — Il vient de faire
« abjuration ».

En écoutant les sornettes de Brandt, le commandant roulait des yeux étonnés, et hochait la tête. Il soupçonna enfin que le grand personnage qu'il avait accueilli pouvait n'être qu'un impudent faquin. Il tournait et retournait son assiette; il roulait le coin de sa serviette ; il se mordait le bout des doigts; il tomba enfin dans une profonde rêverie, dont il fut bientôt tiré par une nouvelle balourdise de monsieur l'ambassadeur. Il se leva de table et sortit.

Brandt, enchanté de la manière dont il s'était énoncé, faisait l'aimable avec la commandante, qui souriait à ses sottises ; il lui serrait des mains qu'on lui abandonnait ; il dérobait quelques baisers, qui mettaient la commandante en feu ; il lui disait à demi-voix des mots très-énergiques, très-clairs, qui étaient entendus d'un bout de la table à l'autre ; Brandt, enfin, ne prévoyait pas l'orage qui allait fondre sur sa tête.

Le commandant, qui n'était pas défiant, mais qui ne pouvait guère se refuser à l'évidence, était allé inspecter l'équipage de l'ambassadeur, dont le caractère lui paraissait furieusement équivoque. Il trouve dans son écurie un cheval de brasseur, portant une selle à la hussarde, une chabraque de peau de mouton, des pistolets garnis en cuivre. La cuisinière finissait de décroter les habits de son excellence, et le commandant distingue parfaitement un gros drap bleu, des agrémens en fil blanc, et un galon de maréchal-deslogis sur la manche. Il trouve dans une vieille saberdache trois ou quatre florins, et un paquet gauchement ployé, adressé au baron de Heidelberg, qu'il connaissait beaucoup. Tous ses doutes sont éclaircis, et son indignation est au comble. Il appelle le sergent de la garde d'honneur qu'il a donnée à son excellence, lui ordonne de faire approcher son détachement, et rentre à la tête de l'escouade dans sa salle à manger. « Que pensez-« vous, dit-il, mesdames et messieurs, d'un drôle

« qui a reçu des honneurs dont il est tout-à-fait
« indigne, qui a osé danser avec madame et s'as-
« seoir à ma table? Je danse avec tout le monde,
« répond Brandt, sans se déconcerter, et madame
« conviendra que je suis un formidable danseur.
« Je devais bien me douter, disait la comman-
« dante entre ses dents, que ce n'était qu'un
« roturier : jamais grand seigneur ne se présenta
« ainsi. Au reste, je n'ai rien à me reprocher; je
« me suis mésalliée sans le savoir. Qu'on le mette
« au cachot, poursuit le commandant. Et quel
« est le brave qui se flatte de m'y conduire, re-
« part Brandt d'une voix de tonnerre ? Ce sera
« moi, répond le sergent, aussi valeureux que
« Brandt, mais beaucoup moins vigoureux ». A
peine a-t-il prononcé ces mots, qu'un coup de poing
sur l'oreille l'étend sur le plancher. « En joue,
« feu ! s'écrie le commandant ». Brandt enlève la
table encore toute couverte, l'oppose en bouclier
aux fusils qui menacent sa poitrine ; il avance,
il pousse, il renverse tout devant lui. Le champ
de bataille est jonché des débris des mets, des
plats, des bouteilles, et de la mâchoire du sergent ; l'invincible Brandt n'a plus qu'un effort à
faire, et il sort en vainqueur du gouvernement.
Une vieille guenon ridée, retirée, desséchée, qu'il
n'avait pas regardée de la soirée, passe au commandant un nœud coulant qu'elle venait de faire avec
une serviette. Celui-ci passe le nœud à la jambe
du héros saxon, et tire de toutes ses forces.

Brandt sent le piège, et d'une ruade il se défait de l'assaillant. « Tirez, tirez donc, messieurs, s'é-
« crient ensemble toutes les dames », et les preux chevaliers de Blekède se réunissent, empoignent bravement la serviette, et tirent jusqu'à ce que Brandt, rugissant de fureur, tombe enfin à son tour. Deux hommes se jettent sur chacun de ses membres, et peuvent à peine les fixer : des mouvements convulsifs enlevaient de terre les huit individus, qui retombaient, étonnés de la force surnaturelle du vaincu. Je le reconnais bien, mâchonnait la commandante, en soupirant sur un avenir qui s'évanouissait. On apporte en hâte la chaîne du tournebroche ; on dépouille l'infortuné Brandt du costume brillant qu'il a déshonoré ; on le roule dans la nappe, on le lie fortement du menton à la plante des pieds, et cette momie vivante est ensevelie dans un cachot infect, creusé sous les remparts. On lui détache les mains ; on met à ses côtés ses habits mouillés, un pain noir, une cruche d'eau, et on se retire en lui annonçant qu'il sera pendu le lendemain à la garde montante.

On l'a souvent été à moins : récapitulons un peu. Imposture d'abord ; puis, profanation d'un habit qui ne peut être porté que par un comte ou un baron ; le vidercome souillé par des lèvres roturières ; rébellion contre la garde ; un coup de pied au commandant, lâché directement..... vous savez où ; la commandante...... la commandante...... Oh! mon Dieu, mon Dieu!...... Que de titres pour être pendu !

Bientôt Brandt s'est délié les jambes et a endossé son uniforme. Il vient, il tourne, il tâtonne, point d'issue. Il lève la tête ; la lumière vacillante et pâle de la lune pénétrait à travers un soupirail percé dans le haut de la voûte. Mais cette voûte était à vingt pieds au moins du pavé ; aucun moyen d'évasion. « Allons, dit Brandt, je vois « bien que je serai pendu », et il laissa tomber sa tête sur sa poitrine. « Hé, sacrebleu, reprit-il, « après un moment de réflexion, je suis bien bon « de m'affecter de cela. Ce n'est l'affaire que d'un « moment, et un moment est bientôt passé ». Il s'enveloppa dans sa nappe, se coucha sous le soupirail pour respirer plus à son aise, et s'endormit tranquillement.

Déja Brandt ronflait, et faisait périodiquement résonner les voûtes de son cachot. Tout-à-coup il est réveillé par un poids énorme qui lui roule sur l'estomac. Il jette un cri, porte les mains à sa poitrine, et sent le bas d'une échelle. « Ah! « vous voilà déja, dit-il, à moitié endormi...... « Après tout, le plus tôt est le meilleur », et il monte l'échelle à reculons. « Que diable est ceci ? « reprend-il en se frottant les yeux ? Je suis en- « core dans mon cachot, j'y suis seul, je touche « au soupirail ; rêvé-je ou suis-je bien éveillé ? « Vous ne rêvez pas, lui répond une voix incon- « nue. Prenez vos cordes, vos chaînes ; attachez

« un des bouts à l'arbre que vous verrez sur le
« bord du rempart; laissez-vous couler dans le
« fossé, qui est tout-à-fait comblé en cet endroit,
« et que le ciel vous conduise. »

On peut se résigner et sauter de bonne grace du haut d'une échelle sur rien; mais on revient facilement à l'amour de soi-même. L'espoir renaît dans le cœur de Brandt; il descend, se munit des ustensiles nécessaires à sa fuite, suit les instructions qu'on lui a données, et se trouve bientôt hors de la juridiction de Blekède. Il marche deux heures encore, incertain de la route qu'il suit et de celle qu'il doit tenir; enfin il s'arrête sous un orme touffu, et s'y endort pour la seconde fois, en se promettant bien de ne plus faire l'ambassadeur, et bénissant intérieurement celui qui lui a sauvé la vie.

C'était à madame la commandante qu'il en avait l'obligation : une femme sensible se décide difficilement à laisser pendre un homme pour qui elle a eu des bontés, et qui les a justifiées d'une manière éclatante. Le sergent, qui avait la mâchoire fracassée, était porté à l'hôpital; les convives avaient pris congé; l'ordre était rétabli au gouvernement. L'implacable et furieux commandant était retiré dans sa chambre; la tendre commandante rêvait dans la sienne aux agréments de la soirée. Tantôt la fierté combattait la nature; tantôt la nature imposait silence à la fierté. La nature prévalut à la fin. La commandante, en jupon court et en petites pantouffles, va éveiller son vieux domestique, dont elle a souvent éprouvé la discrétion; elle lui donne des ordres clairs et précis, et revient se mettre au lit, où nous la laisserons s'occuper du danger et du mérite de monsieur l'ambassadeur.

Brandt se réveille, mouillé, meurtri, froissé et à demi mort de froid. Il s'aperçoit enfin qu'il est sans bonnet, sans bottines, et qu'on a gardé à Blekède son cheval, ses armes, ses florins, et la galante épître adressée à monsieur Heidelberg. Il se lève en jurant aussi fort que sa faiblesse le lui permet, et s'achemine en grelottant vers une maison d'assez mince apparence, qu'il découvre dans l'éloignement. Après une nuit aussi désastreuse, il avait besoin de se restaurer; pas une obole, pas même son sabre, ainsi, pas de moyen de payer son écot, ni de mettre le village à contribution. Il fallut céder à sa mauvaise fortune, se décider à troquer son habit contre un plat de choucroute, à poursuivre sa route en gilet et en pantalon. Il était persuadé d'ailleurs que mademoiselle Crettle tenait plus à sa personne qu'à ses habits, et que des avantages réels lui feraient bientôt oublier des agrémens inutiles.

Brandt, pensant, parlant et marchant, approchait de la maison. A quelques pas de la route, était un paysan en sarrau de toile, en sabots, en bonnet de laine, et l'épée au côté. Il conduisait sa charrue, et traçait péniblement son sillon. Brandt s'avance, pour avoir quelques renseignemens sur la position du château de Heidelberg : quelle est sa surprise? il reconnaît le Baron lui-même, qui cultivait son champ de ses nobles mains, et qui, sous ce rapport, était le plus estimable des gentilshommes saxons. « Quoi ! c'est vous, monsieur « le Baron ?—Comment, c'est toi, mon ami Brandt ! « mais tu es à peu près nu?— J'ai voulu faire l'ai-« mable à Blekède; j'ai failli y être pendu, et je suis « trop heureux de m'être échappé dans l'état où « vous me voyez. — Conte-moi cela, mon ami « Brandt. —Oui, quand j'aurai déjeûné »; et le Baron de dételer ses bœufs, de hâter leur marche pesante, et de combler d'honnêtetés l'homme de confiance de monsieur de Felsheim; et la petite Crettle d'accourir, pressée de savoir ce qui ramenait sitôt le Baron laboureur; et Brandt de lui sauter au cou, et les uns et les autres également enchantés de se revoir. Pour la belle Heidelberg, elle apprit l'arrivée de Brandt avec la plus parfaite indifférence; et ne sortit point de sa mansarde.

« Une soupe au jambon, monsieur le major ;
« dit Crettle, en réunissant dans un sourire toutes
« les graces de la Bavière. Toutes les soupes pos-
« sibles, mademoiselle, répond le major; mais pres-
« sez-vous, car je tombe de fatigue et d'inanition. »

Brandt, le dos au feu, le ventre à table, n'eut pas plus tôt vidé une gamelle, dans laquelle la cuiller se tenait debout, qu'il but deux ou trois coups, s'essuya la moustache, et commença le récit de sa dernière aventure avec l'ordre et l'énergie qu'on lui connaît. Crettle, appuyée sur le dos de sa chaise, la tête en avant et la bouche ouverte, ne perdait pas un mot; aussi, le conteur glissat-il sur l'incident de la commandante, et pour cause. Il en était à sa sortie miraculeuse du cachot, et il allait instruire enfin monsieur Heidelberg du motif de son voyage. Assis en face de la porte, l'œil fixé sur la campagne, il cherchait la tournure la plus honnête à donner à la proposition qu'il devait faire... « Sacré mille morts! s'écrie-t-il tout-à-coup, voilà mon cheval! » Il saute sur une vieille canardière accrochée à la cheminée, il s'élance hors de la maison, ajuste l'homme qui a osé enfourcher sa monture, et lâche la détente. L'arme rate; elle n'était pas chargée. « Prenez donc garde à « ce que vous faites, dit le cavalier, en qui Brandt « reconnaît le vieux domestique du commandant. « Je vous ai tiré du cachot, et vous voulez me « fusiller! — Comment, mon ami, c'est à toi que « je dois tout? — Oui, et je n'ai fait qu'exécuter « les ordres de madame. — Diable, elle a pensé « à moi! Je n'oublierai point ce service, et si ja- « mais je la rencontre, je lui en marquerai ma « reconnaissance. » Et Brandt, qui savait allier les qualités les plus opposées, soulevait le vieillard de dessus la selle, le pressait dans ses bras, en mouillant son visage de ses larmes, le portait dans la maison, plaçait devant lui les restes de son déjeûner, l'engageait à manger, lui souriait, l'embrassait, et lui versait à boire.

Le vieux laquais remit à monsieur Heidelberg le paquet du baron de Felsheim, les armes de Brandt et une lettre de son maître, qui disait succinctement à son ami qu'il présumait que l'ambassadeur prétendu était de sa connaissance, et que, par considération pour lui, il voulait bien ne pas faire de recherches. « Je crois, dit Brandt
« indigné, que ce faquin s'imagine me faire grace..
« l'impertinent!... Du papier, mademoiselle Crettle;
« je vais lui écrire, et de bonne encre.

« Commandant malencontreux,

« Vous m'avez manqué, et je veux en avoir
« raison. Si vous n'êtes un blanc-bec et un lâche,
« vous vous rendrez demain matin sur vos glacis
« avec toute votre garnison. Je vous y attendrai
« le sabre à la main, je vous combattrai l'un après
« l'autre, et, si je ne vous échine pas tous, je
« me pends moi-même aux créneaux de votre
« bicoque.
Je suis, avec respect et affection, votre ennemi,
« Brandt. »

Crettle lisait par-dessus l'épaule du major; elle fit un signe au domestique, qui reçut le billet, bien décidé à ne pas le rendre à son adresse, et qui s'en servit pour allumer sa pipe en sortant de chez monsieur Heidelberg. Celui-ci, pendant que Brandt écrivait, lisait la missive du baron de Felsheim, et réfléchissait sur le contenu. « Mon
« ami, dit-il à Brandt, d'un ton sentimental, je

« suis sensible à l'honneur que veut me faire mon-
« sieur le baron de Felsheim... — Et les avantages
« qu'il vous propose? Votre château réparé, quatre
« sangliers, et trois muids de vin du Rhin par an;
« c'est beau cela. — C'est séduisant, je le sens bien.
« — Vous acceptez donc? — J'en suis assez tenté;
« mais ma fille... — Elle prendra son parti. — Elle
« ne possède que son cœur; je ne veux pas le déso-
« ler. Je raisonne, quand je ne suis pas ivre; et vous
« êtes vous-même trop raisonnable en ce moment,
« pour n'être pas de mon avis.—Mais pensez donc,
« beau-père, que ce mariage n'est qu'une forma-
« lité pour lui assurer une fortune; qu'elle ne
« l'attendra pas long-temps, et qu'alors elle fera
« de son petit cœur tout ce que bon lui semblera.
« Je crois que je raisonne aussi. — Je doute que
« cela la persuade. — Il faut voir cela, papa Ba-
« ron. Allez, parlez, pressez, déterminez. » Monsieur Heidelberg ne pouvait se refuser aux instances de Brandt. Il monta chez sa fille, persuadé
d'avance de l'inutilité de sa démarche, et il laissa
Crettle et le major-général enchantés de se revoir,
et très-disposés à profiter du tête-à-tête. Comme
il ne s'y passa rien que de très-simple et de très-na-
turel, il est assez inutile d'en rapporter les détails.
Occupons-nous de la belle Heidelberg.

Elle avait perdu sa mère de bonne heure, et
le plus heureux naturel avait suppléé au défaut
d'éducation. Elle avait acquis d'elle-même plusieurs
talens aimables. Des livres choisis avaient déve-

loppé son esprit et formé son goût ; le cœur le plus aimant imprimait sur des traits délicats une teinte de sensibilité qui les rendait plus séduisans. Bonne par caractère, vertueuse par goût, sachant beaucoup, n'affectant rien, elle attirait tous les hommages, et n'en était pas plus vaine. Son père, livré à ses travaux et aux plaisirs de la table, fut tout étonné d'entendre dire un jour qu'il avait une fille accomplie. Il recevait d'un air stupéfait les félicitations qu'on lui adressait, et répondait naïvement que tout cela pouvait bien être, mais qu'il n'y concevait rien.

Le triste état de sa fortune ne lui permettait pas de voir le monde. Cependant, certains jours de fête, il conduisait sa fille à Blekède, et ils étaient recherchés partout. Le mérite de l'une faisait supporter la médiocrité de l'autre.

Le jeune Werner était sorti des pages du roi de Prusse avec une commission de lieutenant dans les cuirassiers. Pas d'autre bien que son emploi ; mais une figure enchanteresse, une modestie touchante, une moralité sévère, le désir de s'instruire et de percer, tout ce qui pouvait intéresser mademoiselle Heidelberg, Werner le possédait.

Il passait son quartier d'hiver à Blekède, et faisait le bonheur d'une mère qu'il aidait de ses épargnes. Mademoiselle Heidelberg et lui se rencontrèrent ; ils sentirent ce qu'ils valaient ; ils s'aimèrent ; ils se le dirent, et l'amour, qui n'est souvent qu'un vice de plus, devint en eux une vertu nouvelle.

Ce couple intéressant attendait pour s'unir que Werner obtînt la compagnie. L'époque était encore éloignée ; mais ils s'écrivaient tous les jours, ils se voyaient quelquefois, et ils supportaient le présent en vivant dans l'avenir.

C'est dans ces entrefaites que le baron de Felsheim proposait sa main à mademoiselle Heidelberg. Il n'est pas difficile de prévoir comment cette offre fut reçue. Elle répondit à son père d'un ton respectueux, mais avec une fermeté qui ne lui laissa aucun espoir. Brandt, qui ne doutait jamais de lui-même, demanda la permission de la voir. Mademoiselle Heidelberg ne redoutait pas les effets de son éloquence ; mais elle sentait un éloignement prononcé pour tout ce qui tenait au baron de Felsheim, et son envoyé ne fut point admis. Elle s'enferma chez elle, et écrivit à son cher Werner. Sa lettre commença, comme toutes les autres, par ce tendre abandon, par ces expressions touchantes, ces mots si doux et si heureux, que l'esprit prodigue froidement, et dont un cœur brûlant sait tirer tant d'avantage. A mesure qu'elle écrivait, elle sentait une forte envie d'instruire Werner de l'espèce de sacrifice qu'elle lui faisait, sacrifice qui ne lui coûtait rien sans doute : un mont d'or, à ses yeux, ne valait pas un sentiment. Mais il n'est pas d'amour absolument désintéressé ; il n'est pas en amour de chose absolument indifférente, et on n'est pas fâché de se faire, aux yeux de l'objet aimé, un mérite de la plus simple bagatelle. Elle termina donc ainsi son épître, en *postscriptum*, et comme par distraction :

« Un homme qui n'est pas fait pour plaire de-
« mande ma main; il n'y a pas de mérite à la lui
« refuser. Il met sa fortune à mes pieds; je suis
« immensément riche : mettez la main sur votre
« cœur, c'est là mon trésor, mon espoir, ma vie. »

Un jardinier, qui portait tous les jours des fruits à Blekède, était le dépositaire des sentimens de la belle Sophie et de l'intéressant Werner. Il reçut le paquet de la jolie main qui venait de le fermer; un sourire en paya le port.

Brandt ne concevait pas qu'on pût refuser l'alliance d'un baron de Felsheim, surtout lorsqu'il avait daigné se charger de la négociation. Accoutumé à trouver ses derniers argumens au bout de son sabre, il frémissait de colère en pensant que, dans cette circonstance, il ne pouvait décemment le tirer du fourreau. Il se promenait autour de la mare, en mordant sa pipe, et en sacrant entre ses dents. Les représentations de monsieur Heidelberg ne furent pas écoutées; les caresses mêmes de Crettle ne produisirent d'abord aucun effet; mais quelques tapes sur la joue, un pinçon à la cuisse, deux ou trois petites mines, et autant de baisers, le ramenèrent enfin à des sentimens doux, et il consentit à prendre sa part d'un assez mauvais dîner. « Refuser un baron de Felsheim ! ré-
« pétait-il, à chaque coup de dent. Ne vouloir
« pas relever la race du fameux Witikind ! » Et

Crettle versait à boire, et le vidercome se vidait ; et Crettle de le remplir, et ces messieurs de se le passer. Ils se le passèrent tant et tant, qu'ils laissèrent insensiblement leur raison au fond du verre. Ils s'enivrèrent complètement, le hussard en jurant, et le Baron en faisant, tant bien que mal, les honneurs de chez lui. L'un fut porté dans son lit ; l'autre s'endormit sur le cul du four.

Déja Phébus aux crins dorés s'était caché dans l'onde ; Phébé avait parcouru la moitié de sa carrière ; tout reposait dans la nature, hors les chouettes, les voleurs et les amans ; il était minuit enfin lorsque Brandt se réveilla. Heure sinistre, où les esprits infernaux exercent leur empire, et répandent sur nous leurs vapeurs empoisonnées, à ce qu'assurent les prêtres, les vieilles femmes et les sots ! Les fumées du vin étaient dissipées ; sa tête était à lui tout entière. Il se mit sur son séant, et rumina, pendant une heure, la plus étonnante conception qui ait jamais illustré un cerveau saxon. Il se lève, ranime une lampe qui brûlait sous le manteau de la cheminée, et, l'œil hagard, la moustache hérissée, la démarche incertaine, il s'avance lentement vers le galetas de mademoiselle Crettle : on se doute bien que la porte n'en était pas fermée. Il entre, il s'assied sur le grabat, approche sa lampe, contemple avec avidité les charmes bavarois que la rigueur de mademoiselle Heidelberg lui ravissait peut-être sans retour, il soupire et dit : « Si j'y renonce jamais, que le

« diable m'emporte ! » Cette exclamation, poussée d'une voix rauque, le mouvement qui l'accompagna, et qui rompit un des pieds vermoulus de la couchette, réveillèrent Crettle, qui peut-être ne dormait pas, et qui entraîna Brandt dans sa chute. Il se relève pour retomber encore ; mais il se relève en vainqueur, et retombe en héros. « Et tu m'abandonnerais en faveur de ta maîtresse, « dit-il enfin à Crettle émerveillée! Non, suis-moi « au château de Felsheim ; je t'y crée un emploi « distingué, et tu règneras despotiquement sur « mon maître et sur moi. Je ne me lasse pas de « vous admirer, répondit Crettle, d'une voix en- « trecoupée ; mais j'ai été élevée avec mademoi- « selle Heidelberg ; elle me comble de bontés, que « je ne mérite pas trop, et je ne sacrifierai point « à l'amour l'amitié et la reconnaissance. Plus de « Brandt pour moi, si mademoiselle n'est baronne. « Le sort en est jeté, reprit-il, en fronçant son « sourcil épais : ta maîtresse est une victime que « j'immole à nos amours. » Il saisit la lampe, il redescend mystérieusement à la cuisine ; Crettle le suit en tremblant, et ne doute pas qu'il ne roule dans la tête quelque épouvantable projet. « Je peux « dit-il, enlever d'autorité mademoiselle Heidel- « berg, la conduire en croupe au château, l'en- « fermer au colombier, et l'y tenir jusqu'à ce qu'il « lui plaise d'épouser le Baron ; mais j'ai été reçu « ici en allié, je connais les droits de l'hospita- « lité, et je ne veux employer que des moyens hon-

« nêtes. » Il place deux bottes de paille au milieu de la cuisine ; ils les charge de bourrées éparses, destinées à chauffer le four, et il y met le feu. « Grand Dieu !... grand Dieu ! s'écrie Crettle, vous « allez brûler la maison ! — Je le sais bien. — Vous « allez ruiner ma maîtresse ! — Je vais l'enrichir. « Dans un instant, plus de maison, plus de bestiaux, « plus d'instrumens de culture. La misère, le déses- « poir, son attachement pour son père, la jetteront « dans nos bras, et au bout de vingt-quatre heures, « je la mets à la tête de six mille florins de re- « venu. Voilà comme je sers ceux à qui je m'in- « téresse. » Il y avait bien des choses à répondre à cela ; Crettle allait répliquer : Brandt, que la contradiction irrite, lui impose silence d'un coup d'œil, et souffle tranquillement le feu. Au moment où l'incendie allait éclater, et se communiquait à la grange et à l'écurie, il sort son cheval et l'attache à cent pas ; il met Crettle sur un vieux chariot de Hongrie, et le pousse au milieu de la mare ; il passe à travers les flammes, monte aux mansardes, enveloppe dans une couverture le père et la fille, à demi suffoqués, les charge sur son épaule, et traverse une seconde fois le feu, dont l'activité commençait à être effrayante. Il se grille les jambes, les sourcils, les cheveux et la moustache ; mais il dépose son fardeau à côté de la petite Crettle.

Sophie et son père étaient à peine revenus à eux, que la maison, déjà démantelée, tomba avec un bruit effroyable. Les flammes se firent jour à travers le toit de l'écurie ; il ne restait plus rien en effet à l'infortuné Baron, que sa noblesse et quelques arpens qu'il ne pouvait plus faire valoir. Il pleurait, il se désolait, et sa fille oubliant son propre malheur, le consolait, l'embrassait, remerciait affectueusement Brandt d'avoir sauvé la vie à son père, revenait à celui-ci, lui promettait de lui consacrer ses jours, et de le soutenir par son travail. Brandt, étonné, interdit, sentit une larme mouiller sa paupière. Il se repentit un instant ; mais ses yeux rencontrèrent ceux de Crettle, et il se remit. C'est ainsi que les passions corrompent, dénaturent les cœurs les plus sensibles ; c'est ainsi qu'elles embrasèrent Troie, Sodome, et peut-être bien d'autres villes dont je vous parlerais, s'il n'avait plu à un lieutenant d'Omar de brûler la bibliothèque d'Alexandrie.

Le jour commençait à poindre. Brandt, respectueux en dépit de lui-même, avait à peine osé adresser quelques mots à mademoiselle Heidelberg. Cette fille charmante, affaissée sous le poids de la douleur, avait courbé sa tête sur les genoux de son père ; elle avait cédé à la force de la nature ; le sommeil l'avait surprise, et son père la regardant avec l'expression de la plus inquiète tendresse, retenait son haleine, et craignait en la réveillant, de la rendre au sentiment de son malheur. Brandt qui ne respectait rien, respectait son sommeil ; il se tenait à l'écart ; il ne se sentait pas digne de l'approcher : c'est le repos de l'innocence que la vertu couvre de son égide. Un jeune homme, que son désordre rendait plus intéressant encore, Werner, couvert de poussière, mouillé de sueur, vient compléter cette scène d'infortune. Il a reçu la lettre, il a lu le fatal *post-scriptum*. Il ne s'est pas donné le temps de seller un cheval, il a couru, il a volé sur les ailes de l'amour ; il arrive, il entre dans la cour ; il ne trouve que les cendres du modeste asyle de la beauté. Un chariot fixe son attention ; il s'approche... La plus digne, la plus aimable des femmes dormait à demi-nue... Il s'écrie, il maudit la fortune, qui a détruit en un instant ses plus chères espérances. Brandt entend ses reproches retentir au fond de son cœur ; il n'ose lever les yeux, il s'accuse tout bas, il s'abaisse, il se courbe sous les malédictions de Werner. C'est un coupable qui voudrait échapper au remords, et que le remords poursuit, poigne, déchire.

La voix de Werner, cette voix qui va d'abord à l'ame, tire son amante d'un pénible assoupissement. Elle se tourne vers lui, le regarde douloureusement, lui tend la main, presse la sienne et ne la quitte plus. Hélas, c'est la première fois que cette main a pressé celle d'une amant si justement adoré. Werner, électrisé, transporté, ravi, se livre aveuglément au charme qui l'entraîne ; le voile de l'illusion lui dérobe son infortune ; le temps s'écoule, et Werner, appuyé contre le chariot, tient encore cette main qu'il ose couvrir de baisers, et qu'on ne pense plus à retirer. Monsieur Heidelberg, attendri, tenait l'autre main de sa fille, et la serrait contre son cœur ; on ne se disait pas un mot, et cependant on s'entendait.

Il était grand jour, et rien n'était décidé encore. Brandt timide, embarrassé, s'approche et balbutie d'abord des mots à-peu-près inintelligibles. « Vous ne pouvez rester ici plus long-« temps, dit-il enfin de manière à être entendu. « Je vais vous conduire au château de Felsheim. » A ce nom, mademoiselle Heidelberg détourna la tête avec l'expression de la plus amère douleur. « Je sais maintenant, reprit Werner, quel est « l'homme qui vous demande. Il est riche ; je ne « puis rien ; vous n'avez point à balancer. »

Sa douce amie se tourne vers lui, enlace ses bras dans les siens, couvre son visage de ses larmes... « Je vous entends, poursuit Werner. « Mon cœur se brise comme le vôtre ; mais je « vous aime pour vous, et jamais je ne vous écar-« terai de la route du devoir. La plus affreuse « misère menace votre père. Ce n'est pas de moi, « c'est de lui qu'il faut vous occuper. Les arts « d'agrément ne sont pas une ressource dans la « Basse-Saxe, et vous ne vous imposerez pas une « privation que je ne me la reproche. Allez, faites « le bonheur d'un autre. C'est en vous évitant

« que je vous prouverai mon amour et mon res-
« pect. Le mariage est le lien le plus sacré de la
« société, et le mariage le moins assorti est res-
« pectable pour tout homme qui n'a pas l'habi-
« tude du vice. » Les forces de Werner étaient
à bout ; il allait faillir ; il le sentit. Il s'arracha
des bras de son amante et s'éloigna rapidement.

Le cheval de Brandt était attelé au chariot ;
un vigoureux coup de fouet tire de la mare le
modeste équipage. Mademoiselle Heidelberg étend
les bras vers le berceau de son enfance, dont il
ne restait plus que le souvenir ; elle retombe sur
les rênes, elle tire avec violence, la voiture s'arrête. « Tu veux donc, lui dit son père avec un
« profond soupir, tu veux donc m'abondonner
« aux rigueurs de mon sort ! Marchez, dit-elle à
« Brandt, marchez. C'en est fait, je m'immole. Oh!
« mon père, vous ne savez pas ce qu'il m'en
« coûte ; vous ne le saurez jamais.... » Et elle se
laissa aller sur ses genoux. Brandt pressait le
cheval. Il sentait la nécessité d'éloigner mademoiselle Heidelberg de mille objets qui pouvaient
affaiblir son courage et influer sur sa résolution.
De temps en temps il se tournait vers elle ; et
tel est l'ascendant de la vertu, que cette généreuse fille lui imprima une vénération, un respect, qui ne se démentirent jamais.

On arriva à la vue de Blekède. Il était difficile
de ne pas traverser la ville, et Brandt ne voulait
pas exposer mademoiselle Heidelberg aux regards

malins du public. Il pensait d'ailleurs à son rendez-vous avec le commandant; il arrêta sur le glacis. Il mit pied à terre, s'avança le nez au vent et ne vit personne. « Que cherchez-vous, mon-
« sieur Brandt, lui demanda sa petite Crettle? —
« Le faquin que je dois sabrer, et qui n'ose sortir
« de la place. — Monsieur Brandt, si je ne crai-
« gnais votre colère, je vous ferais un aveu. —
« Faites, mademoiselle, le moindre de vos aveux
« sera toujours une faveur. — Votre billet n'a
« pas été remis. — Comment, sacrebleu! — Vos
« jours nous sont trop chers... Et l'honneur l'est
« bien davantage, reprend Brandt, en s'élançant
« vers les murs de la ville. — Monsieur Brandt,
« monsieur Brandt, vous abandonnez ma maîtresse
« dans l'état où elle est, et vous seul pouvez lui
« rendre service. — Je reviens mademoiselle, je
« reviens, et je ne la quitte plus. Je joindrai mon
« homme un autre jour. » Il allait remonter à cheval, lorsqu'un inconnu se présenta à l'avant de la voiture; il portait un assez gros parquet : on se doute bien de quelle part. L'amour pense à tout, prévoit tout; il s'enrichit de ses sacrifices. Werner avait épuisé ses faibles moyens pour fournir aux plus pressans besoins. C'était une robe simple, mais agréable ; c'était du linge un peu frotté, mais d'une blancheur éblouissante ; un habit complet pour le Baron, quelques bouteilles de Malaga, des viandes froides, deux pièces d'or dans un petit sac de peau, au fond duquel

était un billet qui ne contenait que ces mots :
« Voilà tout ce que j'ai pu faire ». Mademoiselle
Heidelberg porta le billet à ses lèvres, et le serra
dans son sein. Qu'il était précieux ce billet ! Les
lettres qui l'avaient précédé étaient devenues la
proie des flammes.

Crettle monta dans le chariot, aida sa maîtresse
à s'habiller ; la robe lui allait à merveille : l'amour en avait pris mesure. « Oh ! dit mademoi-
« selle Heidelberg, je la conserverai toute ma
« vie. »

Crettle lui présenta un verre de vin et un blanc
de volaille. « Je n'ai besoin de rien, répondit-
« elle. — Mais vous ne pensez pas que c'est au
« nom de monsieur Werner que je vous offre
« cela... — Donne, donne... Pauvre Werner ! tu
« veux que je vive... J'obéirai, je supporterai mon
« sort. » Et elle prit quelques alimens.

On entra à Blekède. La sensible Sophie entr'ouvrit les rideaux de sa voiture ; elle cherchait à toutes les croisées ; une jalousie lui déroba Werner, qui voulut la voir passer, et qui s'écria d'une voix étouffée : « Adieu pour jamais ».

Brandt était agité de sentimens bien opposés ; il ne pensait qu'à l'affront qu'il avait essuyé dans cette ville. La main sur la garde de son sabre, ses pistolets à découvert, il entonna à tue-tête, ce couplet d'une vieille romance saxonne, sur l'air : *Je me brûle l'œil au fond d'un puits.* C'est Roland qui parle à la bataille de Roncevaux :

> Élevé dans les camps
> Et nourri par la gloire,
> J'ai, dès mes jeunes ans,
> Enchaîné la victoire.
>
> Je vous attends, preux chevaliers,
> Lance en arrêt, visière basse;
> Paraissez, ce bras vous terrasse
> Et cueille de nouveaux lauriers.

On ne fait pas d'excellens vers en Saxe, et le plus faible original perd encore à être traduit. Voilà pourquoi ce couplet ne plaira pas généralement. Au reste, on peut engager le poète Fardeau à le refaire.

Monsieur le major, en chantant, regardait fixement mademoiselle Crettle, et semblait lui dire : C'est mon commandant que je défie. On m'entend de tous les coins de la ville, et ce drôle-là fait le sourd. Crettle avait l'air de lui répondre : Qui oserait se frotter à vous ? la peste ! il y ferait bon ! Et la voiture sortit de Blekède, sans que Brandt, qui aimait les aventures, pût se procurer le moindre évènement.

Il y avait une heure au moins qu'on avait perdu de vue les clochers, et Sophie les cherchait encore à travers un petit carreau de verre qui était dans le fond de la voiture. Le Baron, qui aimait beaucoup le Malaga, et qui ne l'avait pas ménagé, faisait la sieste ; Crettle continuait la romance de Brandt, et celui-ci marquait la mesure par le claquement de son fouet (car on ne trouve pas partout des timbales pour assourdir son auditoire), lorsque l'équipage entra dans la forêt de Winsen.

La belle chose qu'une forêt pour un faiseur de romans ! Comme il s'y trouve à son aise, lorsqu'il y tient une femme intéressante ! comme les incidens se multiplient sous sa plume féconde ! Les vents sifflent, les chênes se déracinent, sont portés au loin et entraînent tout sur leur passage. La pluie tombe à grands flots, les torrens se forment, grossissent, soulèvent l'héroïne, la roulent au fond d'un précipice, et elle ne se casse pas la tête, parce qu'on a besoin d'elle pour le dénouement. Elle reste suspendue à une roche, et son désordre et sa pâleur la rendent plus touchante encore. Passe un grand coquin qui s'amourache de la belle, qui la charge sur son dos, et qui l'emporte dans sa caverne. On sent bien que l'héroïne est la vertu personnifiée, et qu'elle accable d'imprécations le brigand qui veut la violer. On sent bien qu'au moment où le crime va se consommer, l'amant aimé arrive tout à propos pour faire sauter le crâne au téméraire. On devine encore que le bruit de l'arme à feu attire les complices du défunt, qui saisissent l'homicide et qui l'enferment dans une arrière-caverne, pendant qu'ils vont prononcer sur son sort. La belle se désole au bruit que font d'énormes portes de chêne, qui roulent avec effort sur leurs gonds rouillés. Elle voit les couleuvres qui tombent de la voûte tout exprès pour envelopper les membres glacés de son amant; elle voit des crapauds qui sautent sur ses jambes, des colimaçons qui lui engluent le visage, et tout cela lui fournit le sujet d'un magnifique monologue. De son côté, l'amant, qui tremble pour la pudicité de sa dame, et qui ne peut survivre à son déshonneur, se frappe doucement la tête contre la porte de sa prison. Il se la casserait volontiers; mais il se doit encore à celle qui a reçu sa foi. Cependant il est sur le point d'être écorché vif, et la dame de ses pensées va le coiffer vingt ou trente fois de suite, bien involontairement et avec les intentions les plus pures, lorsqu'un bruit extraordinaire se fait entendre. Autrefois c'était la maréchaussée qui faisait ce bruit-là; aujourd'hui c'est le diable, qui attend ce dernier crime, et qui le prévient, non pour obliger, comme on le pense bien, mais parce qu'il est impatient de saisir sa proie. Les brigands sont enlevés, et passent par les trous des serrures, sans s'en apercevoir, ce qui produit un dénouement imprévu, surprenant et surtout très-vraisemblable. Et la presse gémit, et cette admirable production se multiplie, et les petites maîtresses qui la lisent ont des attaques de nerfs, et les dramaturges retournent le sujet en tous les sens. Ici on le voit en pantomime; plus loin on en fait une tragédie en prose, et les journalistes, qui n'ont que des yeux, se récrient sur la fraîcheur des décorations, pour gagner leurs entrées, et disent du mal de l'ouvrage, de peur de se tromper; et on se porte là, comme on courait autrefois voir rompre en place de Grève; et certains hommes sont obligés, dans les entr'actes, de se corroborer d'un doigt de riquiqui; et certaines femmes se hâtent de sortir, pour ne point faire de fausses couches dans la salle; et le ministère public laisse aller tout cela.

Pour nous, qui n'aimons à tourmenter personne et moins encore nos lecteurs, nous leur ferons grace de ces scènes terrifiantes. Sortons de la forêt de Winsen comme nous y sommes entrés. Jouissons des agrémens d'une belle soirée; écoutons le chant rustique du bûcheron, qui revient gaiement, sa bourrée sur le dos et sa cognée à la main; sourions à sa femme et à ses enfans, qui l'attendent sur le seuil de la porte, qui le devinent à travers la feuillée, qui courent au-devant de lui, qui le débarrassent de son fardeau, et qui le baisent tour à tour. Suivons-les sous leur toit champêtre : le bon père s'assied dans son grand fauteuil nouvellement rempaillé; son fils aîné lui tire ses guêtres; sa jeune fille, montée sur les barres du fauteuil, essuie la sueur de son front; sa femme met sur la table un potage, autour duquel se range l'heureuse famille. Le repas est frugal; mais il est assaisonné par l'amour et la gaîté. Les enfans se retirent dans un coin, et s'endorment sur la paille fraîche. La mère, d'un air timide, s'approche à son tour; c'est à elle que Frantz a réservé ses plus douces caresses : il lui doit le bonheur d'être père. Il l'attire vers son humble couchette, la lampe s'éteint, et la chasteté conjugale a tiré le rideau.

Il est temps de revenir au Baron de Felsheim, que nous oublions depuis long-temps, sans égard pour ses éminentes qualités. Pendant l'absence de Brandt, il avait vécu sobrement, parce que sa cuisinière, qui tournait dextrement une casserole, ne remuait pas aussi aisément un baron, lorsqu'il s'était mis hors d'état de s'aider un peu. Pour les gardes-du-corps, ils n'étaient propres qu'à disloquer tout-à-fait des membres déjà ruinés, et, bon gré, malgré, il fallut boire modérément pendant quarante heures. Il espérait se dédommager amplement de cette longue abstinence avec son fidèle major, et le major n'arrivait pas. Le généralissime se faisait rouler de sa chambre au perron, du perron à la tour. Il regardait, il prêtait l'oreille ; plusieurs chevaux se faisaient successivement entendre ; le Baron écoutait de nouveau, il souriait, et le cheval emportait en passant ses espérances et sa gaieté. L'après-midi se passa ainsi ; la nuit vint, et le Baron, fatigué de tempêter, de jurer, de fumer, tourmenté d'une soif de tous les diables, invoqua sa dame-jeanne, et l'accola avec sa tendresse accoutumée. Les accolades se succédaient avec rapidité, lorsqu'il entendit distinctement son pont-levis trembler sous les roues d'une voiture. Il n'attendait pas de voiture, et il continua de fêter la dame-jeanne.

Un page l'interrompit dans ses plus importantes fonctions, en annonçant monsieur le major, qui introduisait monsieur et mademoiselle Heidelberg. Le Baron découvrit sa tête chauve, salua de l'air le plus gracieux qu'il put prendre, et, sa bouteille à la main, il adressa à mademoiselle Heidelberg un compliment saxon, où elle ne comprit pas grand'chose ; mais auquel elle répondit avec sa politesse et ses graces ordinaires.

On s'assit, et on se regarda assez long-temps sans parler, comme cela arrive toujours quand on se connaît peu, qu'on ne s'aime guère, qu'on est embarrassé d'un côté, et mécontent de l'autre. Mademoiselle Heidelberg rêvait, les yeux baissés, et regardait quelquefois à la dérobée le Baron, dont l'âge, les infirmités et la gaucherie contrastaient d'une manière choquante avec les qualités aimables de Werner. Elle comparait le triste sort, qui lui était réservé, à l'avenir séduisant qui avait brillé un moment à ses yeux, et qui s'évanouissait sans retour. Son cœur se serra, une larme mouilla sa paupière ; elle regarda son père, se remit, et on ne s'aperçut de rien.

Le Baron écoutait attentivement le récit de monsieur Heidelberg, qui lui racontait, d'une manière très-prolixe, comment le feu avait pris chez lui par la cheminée du four, qu'il avait négligé de faire balayer. Crettle, qui partageait l'état pénible de sa maîtresse, lui faisait des contes

à l'oreille, en ayant l'air de réparer le désordre de la route. Brandt courait le village, remuait, achetait ou prenait tout ce qu'il croyait devoir contribuer à la commodité ou à l'agrément de mademoiselle Heidelberg. Grace à son zèle infatigable, des lits et un souper passables furent prêts avant minuit. Il avait tout prévu, jusqu'à la moindre bagatelle; et lorsque mademoiselle Heidelberg, derrière laquelle il se tenait debout, laissait échapper quelque marque de satisfaction, il regardait le Baron en riant aux éclats, et en se frottant les mains. Celui-ci considérait l'aimable fille avec de gros yeux, qui ne disaient rien du tout; le beau-père soupait dans toute l'acception du mot; Crettle dormait au coin du feu, et le soigneux Brandt versait à boire à tout le monde, hors à son maître, qui s'aperçut enfin qu'il n'avait devant lui que chopine. Il fronça le sourcil, retroussa sa moustache et allongea vers Brandt, le bras qui lui restait, armé d'un vidercome de pinte. « Vous n'avez pas plus d'esprit qu'il
« n'en faut quand vous êtes à jeun, lui dit Brandt
« à demi-voix. Tâchez de conserver ce qui vous
« en reste. » Et le Baron de le regarder d'un air étonné. « Allons, poursuit Brandt, évertuez-vous;
« le mot pour rire, la petite gaillardise; vous
« voilà immobile et froid comme une pièce de
« quarante-huit qui n'a tiré de six semaines. » Le Baron, stimulé par cette harangue grivoise, adressa à sa charmante voisine de ces choses

platement lourdes, de ces lieux communs usés, qui ne signifient rien du tout, sinon qu'on est incapable de rien dire de supportable, et mademoiselle Heidelberg répondait par monosyllabes, en s'efforçant d'étouffer quelques soupirs, que lui arrachait, en dépit d'elle, l'ineptie d'un homme qu'elle eût voulu estimer. « Puisqu'on ne boit « plus, dit le Baron, ce qu'on peut faire de « mieux... C'est de se retirer, interrompit made- « moiselle Heidelberg. » Tout le monde en avait bonne envie, et par des motifs bien différens. Le Baron espérait finir son souper au lit ; monsieur Heidelberg n'avait besoin que de repos ; sa fille désirait être seule avec Crettle : on trouve une sorte de soulagement à parler de ses peines. Crettle et Brandt avaient aussi leurs raisons. Celui-ci avait disposé les lits en conséquence ; mais sur une simple invitation de mademoiselle Heidelberg, il déplaça celui qu'il avait destiné à Crettle, sans résistance, sans murmures ; il trouva même quelque satisfaction à lui sacrifier ses plaisirs.

Brandt fut donc se coucher tout bonnement à côté de son maître. Il le trouva buvant sur nouveaux frais, et commença la plus vigoureuse mercuriale. « Je crois, dit le Baron, en le regar- « dant de travers, que tu veux me mettre en « curatelle. — Vous en auriez grand besoin. « N'êtes-vous pas honteux de penser à vous en- « ivrer, quand vous avez chez vous mademoiselle

« Heidelberg? Savez-vous bien que c'est un tré-
« sor que je vous ai amené là. — Un trésor qui
« écornerait diablement le mien, si je vous écou-
« tais tous. Le père ne s'est-il pas fourré dans la
« tête que je rebâtirais sa maison? —Sans doute?
« vous la rebâtirez. — Et la raison de cela, mon-
« sieur? — C'est que c'est moi qui y ai mis le feu.
« — Le joli passe-temps ! Et vous croyez que je
« paierai vos sottises ? — J'étais votre plénipo-
« tentiaire ; on ne voulait pas de vous ; il a bien
« fallu brûler le gîte de la future, pour la forcer
« à en venir prendre un ici. — Tout cela est bel et
« bon, je ne rebâtirai rien. — Le beau-père d'un
« baron de Felsheim coucherait dans la rue ! — Je
« lui donnerai les vieilles tentes qui sont là-haut,
« il campera. — On en a fait des chemises à vos
« pages et à vos gardes-du-corps. — Hé bien !
« il bivouaquera. — Mademoiselle Heidelberg
« idolâtre son père ; faites quelque chose pour
« lui, et elle vous trouvera beau comme... comme
« la victoire. Allons, monsieur le Baron, un peu
« de générosité ; gardez le papa avec vous. —
« Parbleu, sans doute. J'épouserai toute la fa-
« mille, n'est-ce pas? —Hé bien ! corbleu, moi j'é-
« pouse le père. — Diable ! — Vous lui devez du
« vin et du lard ; je l'habillerai avec mes gages,
« et tous les dimanches il trouvera dans sa poche
« de quoi figurer à l'estaminet. Il ne sera pas dit
« que le père de mademoiselle Heidelberg manque
« du nécessaire, tant que Brandt pourra dispo-

« ser d'un florin. Bonsoir, mon général. » Et Brandt porte la dame-jeanne à l'autre extrémité de la chambre, il fait un éteignoir du vidercome, et s'endort sans écouter son général, qui grognait entre ses dents, et qui sentait intérieurement que Brandt avait raison.

On se réveilla de bonne heure, la tête saine et les idées fraîches. « Mon cher ami, dit le Baron, « je t'ai donné de l'humeur hier. — Très-fort, « et beaucoup. — Tu garderas tes gages. — Cela « vous plaît à dire. — Vous garderez vos gages, « monsieur. — Laissez-moi faire une bonne ac- « tion, ce sera la première de ma vie. — Sacre- « bleu, qu'on m'écoute quand je parle. Je vous « dis que vous garderez vos gages. Il ne convient « pas à un faquin de valet de vouloir surpasser « son maître en générosité. Un valet ! un va- « let ! reprend Brandt avec l'éloquence du senti- « ment. J'étais votre camarade, quand je com- « battais à vos côtés, que je vous couvrais de « mon corps; je suis votre ami depuis que les « infirmités vous accablent. Jeune encore, je « pouvais penser à ma fortune, et je ne me suis « occupé que de vous. Votre ingratitude me tue... « — Tu pleures, mon ami ! — Ce sont les seules « larmes que j'aie versées encore, et ce sont les « larmes du désespoir. Je donnerais tout mon sang « pour me mesurer avec vous. — Me crois-tu « fait pour reculer ? Prends tes pistolets, donne- « moi les miens, cassons-nous la tête comme de

« braves gens, ou viens embrasser ton vieux ca-
« marade. Tu vois que je sais reconnaître et ré-
« parer mes torts. C'en est assez, c'en est trop
« dit Brandt, en se jetant dans ses bras, » et il le
pressait contre son sein, et ses larmes se mêlaient à celles du Baron. « Mande le notaire,
« reprend celui-ci, qu'il écrive ce qui conviendra
« à monsieur Heidelberg, à sa fille et à toi : je
« signerai aveuglément. »

Brandt n'eut pas un moment de repos que les articles ne fussent arrêtés à la plus grande satisfaction de monsieur Heidelberg. Plus il obtenait pour lui, mieux il était avec lui-même. C'est une ame bouillante, qui se détermine avant de penser, qui reconnaît ses fautes après les avoir commises, et qui met son bonheur à les réparer.

Il ne restait à faire que le trousseau. Mademoiselle Heidelberg, assez parée de ses attraits, désirait seulement pouvoir conserver, enfermer, regarder quelquefois la robe qu'elle avait reçue de Werner : Brandt, qui s'attachait plus fortement à elle, voulut qu'elle fut mise conformément à son mérite, et aux facultés du Baron. Il prit dans sa saberdache ce qui restait au trésor, et plein de confiance dans le goût de mademoiselle Crettle, il l'emmena avec lui à Lunebourg. Le voyage dura trois jours, parce qu'on s'occupa souvent d'autre chose que du trousseau. L'infatigable Brandt s'apperçut enfin qu'il est un terme à tout, et on revint au château.

Ces fréquens tête-à-tête eurent les suites qu'il est aisé de prévoir. Crettle ne s'en vanta point, se serra la taille, et Brandt imita sa discrétion, sans attacher une grande importance à ce petit incident. C'était un de ces hommes heureusement organisés, qui ne s'occupent pas du lendemain.

Mademoiselle Heidelberg vit enfin arriver le jour fatal. Brandt avait annoncé l'aurore en brûlant ce qui lui restait de poudre. Jaloux de faire preuve de son talent et de la considération qu'il avait pour l'épousée, il range les pages dans l'antichambre de madame ; les gardes-du-corps prennent les armes sous le péristile ; les vassaux portent sur la poitrine l'écusson écartelé de Felsheim et de Heidelberg ; les vassales dans leurs atours, tenant des lauriers et des myrtes enlacés, garnissent la cour : la chapelle est décorée de fleurs ; la plus fraîche y manque encore.

Le Baron avait passé la chemise blanche et l'habit des grands jours ; sa moustache et un reste de cheveux étaient poudrés à blanc. Désirant se donner pour le moment certain air de jeunesse, il avait substitué à son fauteuil à roulettes, une béquille garnie en taffetas gris-de-lin. Il arriva en sautant à la chambre de l'épousée, et lui présenta la main. Elle avait fait le sacrifice de son être ; elle le suivit à l'autel.

Le ministre ouvre la liturgie. On souffle à la triste Sophie ce qu'elle doit répondre. Que pouvait-elle voir et entendre ? C'est la victime innocente, que le couteau fatal poursuit, qui détourne la tête et qui se laisse frapper.

Les paroles sacrées sont proférées. Mademoiselle Heidelberg n'est plus ; elle vient de mourir pour Werner : un intervalle immense la sépare irrévocablement de ce qui lui fut cher. Madame de Felsheim osa le mesurer, et se tournant vers son époux, elle lui dit avec un calme auguste : « Je connais l'étendue des devoirs que je viens « de m'imposer ; je les remplirai tous. J'y compte, « madame, répondit galamment le baron », et on rentra dans les appartemens.

Le Baron, que son titre d'époux enhardissait un peu, et qui d'ailleurs ne manquait pas d'un certain bon sens, prit enfin sur lui d'adresser à sa femme quelques phrases suivies. Elle y répondit avec la douceur et les égards qu'une femme bien née accorde à son mari, quel qu'il soit, et à chaque mot de madame, le Baron, se trouvait plus à son aise ; il s'exprimait avec plus de facilité ; il trouvait même de ces expressions heureuses et fortement senties, qui firent errer le sourire sur les lèvres rosées de son épouse. Brandt alors ne put contenir sa joie ; il s'approcha d'elle, et lui dit à demi-voix : « Vous ferez de lui tout « ce que vous voudrez. Dès qu'on vous voit, on « est à vous, à la vie et à la mort. » Un regard de bienveillance fut le prix du compliment.

« Laissons-les dit Crettle à Brandt, la conver- « sation s'anime. Oui, cela promet, répond celui-

« ci, en sortant avec elle. Je doute un peu que
« le Baron tienne parole, poursuit Crettle en
« souriant. — Moi, j'attends tout de madame. —
« N'y comptons pas; c'est sage, austère; point
« d'usage, peut-être pas même d'idées... — C'est
« un peu fort. — C'est exactement comme cela.
« — Diable! il nous faut pourtant un baronnet,
« et en conscience je ne puis pas le faire moi-
« même. —Vous le feriez de reste, fripon. — Oh !
« le respect... la loyauté... Ne me donne donc pas
« de ces idées-là, Crettle. — Je ne puis rien y per-
« dre. — Bah ! — Je les tournerai à mon profit.
« — Paix, friande. Revenons au Baron. Ne con-
« naîtrais-tu pas quelques moyens innocens... —
« Pour qui me prenez-vous ? — Tu vas faire la
« mijaurée ? Ne sais-je pas bien que les femmes
« ont toujours un petit secret en réserve pour les
« grandes occasions ? Allons, un petit baronnet,
« je t'en prie. — J'ai ouï dire à une de mes amies...
« — Ne fais donc pas semblant de rougir. Voyons,
« que te disait ton amie ? — Elle me disait... —
« Tu joues l'embarras à présent. Hé bien ! elle te
« disait ?... — Que... — Que ? — Les truffes...
« — C'est bien heureux. Nous n'en avons pas ;
« mais on en trouve à Lunebourg. Combien pour
« un enfant du peuple ? — Mais je crois qu'une
« demi-livre... — Oui ? trois livres de truffes
« pour un baronnet bien conditionné. » Et aussitôt
un page monte à cheval, galope à Lunebourg et
revient dans l'après-midi, le baronnet en poche,
enveloppé dans un sac de papier.

L'heure du souper approchait, et Crettle, qui avait indiqué le moyen, n'avait pu refuser de le préparer. Le contenu du sac avait cuit dans une pinte de vin fumeux, qu'elle déposa dans une armoire de la chambre nuptiale.

Le Baron avait juré à sa femme que, par égard et par amour pour elle, il ne s'enivrerait pas ce jour-là, et, chose étonnante, il avait tenu parole. Plus la nuit s'avançait, plus il considérait sa belle baronne; plus il la regardait, moins il pensait à boire, et la baronne, qui ne se rendait pas précisément compte de ce qu'elle pensait, mais qui sentait confusément que le Baron devait s'en tenir au simple titre d'époux, le vit, sans frémir, se lever de table et disparaître avec Brandt.

Le Baron étant mollement étendu entre deux draps bien blancs, Brandt tire de l'armoire le merveilleux flacon, et engage son général à se restaurer un peu, en attendant madame. Celui-ci, sans se faire prier, prend le vase enchanté, en avale la moitié d'un trait, et le posant sur sa table de nuit avec une grimace à faire reculer une armée : « Quel diable de vin, dit-il, me fais-tu avaler là ? « —Vin de Tokai de la première qualité. — C'est « avec cela que l'empereur se régale ? Je ne se- « rai jamais de son écot. » L'épousée interrompit la conversation. Elle était, selon l'usage, conduite par son père, qui n'avait pas l'habitude de s'enivrer seul, et qui avait été, malgré lui, aussi tempérant que son gendre. Après le protocole usité, il souhaita une bonne nuit aux époux, et, en se retirant, il escamota le flacon prolifique, dont la couleur l'avait séduit.

Brandt et Crettle étaient rentrés dans la salle, pour souper à leur tour. Ils mangeaient comme des gens qui ont beaucoup fatigué, c'est-à-dire fort et long-temps. Il y avait une heure environ qu'ils étaient à table, lorsqu'ils entendirent un carillon d'enfer dans la chambre de monsieur. Brandt y court, il entre. « Mon ami, lui crie le « Baron, je n'ai que vingt ans; je m'étonne, et « je m'admire moi-même. Mais il y a une petite « difficulté : il me manque un bras et une jambe, « et madame n'a pas la moindre complaisance. « Allons, mon ami, encore ce service. » Madame de Felsheim, étonnée, stupéfaite de cette conduite militaire, cachait sous le drap sa rougeur et son indignation, et appuyait la plus belle main du monde sur la bouche de son mari. « Corbleu, « reprit le Baron, en écartant la main, ce sera « lui, ou vous. Il convient, interrompit poliment « Brandt, que ce soit madame. » Il referma la porte, et on n'entendit plus rien de la nuit dans cette partie du château.

Brandt et Crettle rangeaient la desserte, en riant tout bas du petit démêlé conjugal, lorsqu'une autre scène attira leur attention. Un vaste château à demi-ruiné, flanqué de tours et de donjons, doit offrir des scènes variées, multipliées, surtout il y a cent ans, où il arrivait toujours quelque chose d'extraordinaire dans les vieux châteaux. Au-dessus de la salle à manger était une grande chambre dépouillée, où couchait la vieille cuisinière, qui tout-à-coup jeta les hauts cris. Brandt monte et trouve la cuisinière aux prises avec un grand fantôme blanc, qui disparaît à son approche. Brandt le suit dans les corridors, sa chandelle à la main; le vent souffle la chandelle. Brandt s'arrête, écoute. Bientôt d'autres cris se font entendre dans la salle à manger, et Brandt reconnaît la voix de Crettle. Il accourt et retrouve le fantôme blanc gesticulant avec Crettle, qui, surprise d'une attaque aussi brusque, égratignait, mordait, et faisait la plus belle défense. La table, sur laquelle se livrait le combat, tombe, et la seconde lumière s'éteint. Brandt jure, il renverse les chaises en cherchant son fantôme, et le fantôme, effrayé, ouvre la croisée et saute dans le jardin; Brandt saute après lui, et se remet à sa poursuite. Le fantôme monte un escalier qui conduit à un vieux donjon. L'opiniâtre Brandt le poursuit sans relâche, fait un faux pas, tombe sur les marches, et se casse le nez. Pendant qu'il se relève, qu'il s'essuie, qu'il se mouche, le fantôme a gagné du terrain, et Brandt ne sait plus où le joindre.

Il retourne sur ses pas, rentre dans la salle à manger, et trouve Crettle occupée à réparer le désordre de son ajustement. « Quel diable, que

« ce diable-là ! dit Brandt : il est enragé après
« les filles ; mais sacré mort, il ne tâtera de
« Crettle qu'à bonnes enseignes. — J'espère, mon
« cher ami, que tu ne me quitteras pas. — Je
« n'ai garde, morbleu. Il est d'une activité qui
« ne te laisserait pas le temps de la réflexion. »
On rallume les chandelles, Brandt prend Crettle
sous le bras, et commence une perquisition générale. On parcourt les chambres, les galeries,
les tourelles, et on ne rencontre rien. « Je l'ai
« pourtant vu, disait Brandt. Je l'ai senti, ajou-
« tait Crettle. Puisqu'il aime tant les filles, pour-
« suit Brandt, ne serait-il pas retourné à la
« vieille cuisinière ? C'est vraiment un morceau
« infernal. » Ils marchent vers sa chambre, que
fermait une mauvaise portière en tapisserie ; ils
entrent, et aperçoivent très-distinctement le fantôme prenant ses ébats, et la vieille roulant les
yeux, et sans usage de la parole. Brandt s'approche sur la pointe du pied, et applique au
postérieur du fantôme une claque à lui casser
les reins. L'esprit malin tourne la tête, en poussant un cri affreux. O surprise, ô embarras !
c'est monsieur Heidelberg.

En rentrant dans son appartement, il avait
sablé le reste du vin aux truffes, et il avait effec-
tivement le diable au corps. Brandt se confond
en excuses, Crettle rit aux éclats, monsieur
Heidelberg va son train, la cuisinière se résigne, les spectateurs se retirent discrètement,

et s'enferment sous la même clef, de peur de surprise.

Il était grand jour, lorsque les divers combattans se rassemblèrent, les vainqueurs et les vaincus également accablés. On déjeuna près du lit de monsieur le Baron ; il était sur les dents, et ne voulut rien prendre. Madame de Felsheim n'avait pas cet air de langueur, si touchant dans une épouse, lorsqu'en dépit de la pudeur il est mêlé d'une joie timide, qui annonce que le cœur s'était donné avant la main : madame de Felsheim était froide et réservée. Monsieur Heidelberg, confus devant Crettle et Brandt, avait les genoux tremblans, les joues haves, les yeux cavés, et ne savait quelle contenance tenir. La vieille cuisinière servait ployée en deux, appuyée sur son balai. Brandt, le nez au vent, et le jarret toujours tendu, allait, venait, et suppléait au défaut de la cuisinière. Crettle, un peu fatiguée, était appuyée sur le dos du fauteuil de sa maîtresse, et commençait des félicitations indiscrètes, qu'un regard sévère fit expirer dans sa bouche.

Le déjeuner dura peu, et chacun sortit, excepté Brandt, qui procéda à la toilette de monsieur le Baron. Quel fut l'étonnement de l'un et de l'autre ! Monsieur le marié était sans mouvement ; il ne lui restait que l'usage de la langue. Brandt le tourne, le frotte, le remue en tout sens : efforts inutiles, la paralysie est constatée.

« Quel malheur, disait le Baron ! après de pareils
« succès on devrait être immortel. Mon général,
« répondit le major, en retenant ses larmes, nous
« sommes nés pour mourir : il faut tous en venir
« là ; mais il est beau de mourir sur ses lauriers. »
Il sortit pour avertir madame du triste état de
son mari. Il rencontra Crettle, lui prit la main,
leva les yeux au ciel, donna un libre cours à
ses pleurs, et dit d'un ton pathétique : « Nous
« avons fait la dose trop forte. Voilà une ferme
« brûlée, et un homme assassiné avec les meil-
« leures intentions du monde. »

CHAPITRE IV.

*Le Baron meurt, on l'enterre ; un Baronnet
le remplace.*

Les pressentimens de Brandt n'étaient que trop
fondés. Une fièvre d'épuisement se joignit bientôt à la paralysie. Les assassins licenciés de Lunebourg furent mandés. Ils questionnèrent madame
de Felsheim sur les évènemens de la nuit. Il est
une langue que la pudeur n'entend pas ; madame de Felsheim baissa les yeux : genre de réponse qui n'éclairait pas les consultans. Brandt
entra dans les plus grands détails, et messieurs
de la faculté prononcèrent à l'unanimité que la
Baronne devait se préparer à une séparation
prochaine. Elle était bien éloignée sans doute

d'avoir de l'amour pour son époux, et cependant son premier sentiment fut tout entier aux bienséances. Le Baron avait des défauts essentiels qu'elle ne pouvait pas se dissimuler; mais il était son bienfaiteur. Il avait donné par faiblesse; mais on lui devait tout..., tout, jusqu'à l'espoir d'être enfin à... On n'osait prononcer son nom; mais son image adorée se montrait de loin en loin, embellie encore des charmes de l'espérance.

Madame de Felsheim combattait ces douces émotions, dont l'ardeur l'effrayait quelquefois. Pénétrée de la sainteté des devoirs qu'elle s'était imposé, elle voulut les remplir avec la plus scrupuleuse exactitude. Assidue auprès du Baron, elle le soignait, elle lui prodiguait ces égards affectueux, qui ne ressemblent pas à l'amour, mais qui sont satisfaisans. Ses mains préparaient les mixtions, les offraient au malade, et dans ces momens, où la nature alarmée sent l'approche d'une totale dissolution, où tout, jusqu'à l'espoir, s'éteint dans le cœur de l'homme, madame de Felsheim employait cette éloquence douce, ces motifs de consolation, qui ne persuadent pas toujours, mais qu'on aime toujours à entendre. Son époux l'écoutait et ne répondait rien. Il la regardait d'un air attendri qui voulait dire : Elle me plaint, que peut-elle de plus?

Brandt, qui avait passé trente ans avec le Baron, qui avait partagé ses dangers, ses succès, ses faiblesses; Brandt, qui était né avec un cœur excellent, mais abandonné aux seules impulsions de la nature, Brandt, abattu, pâle, égaré, parcourait toutes les chambres du château, et partout où il était seul, il s'arrêtait et ouvrait deux sources de larmes, qui ne tarissaient plus. Sa poitrine se gonflait, ses sanglots le suffoquaient, et s'il entendait quelque bruit, il fuyait, il portait plus loin les accens de sa douleur. Il se fût cru déshonoré, si elle eût eu des témoins. Brave garçon, tu ne sais que combattre, vaincre; tu ignores que la sensibilité est le plus précieux des dons, et que, s'il existe un Dieu, l'homme sensible est sa vivante image.

Une semaine était écoulée, et le malade s'éteignait de minute en minute. Madame de Felsheim et Crettle ne le quittaient pas de jour; Brandt les remplaçait la nuit. Il se présenta à l'heure ordinaire. La Baronne refusa de s'éloigner, et voulut renvoyer Brandt. « Je ne le quitterai pas « plus que vous, dit-il; j'ai vécu avec lui, je l'ai- « derai à mourir. » Et il était debout, les mains jointes et serrées, l'œil fixé sur le Baron, qui souleva péniblement la paupière, et lui dit d'une voix éteinte : « Mon ami, viens m'embrasser pour « la dernière fois. » Brandt tombe à genoux à côté du lit mortuaire; il saisit un bras privé de sentiment, et le couvre de baisers; la main qu'il presse ne répond pas à la sienne : il se relève, ses lèvres s'impriment, s'attachent à celles du

Baron. Il semblait vouloir l'animer de sa vie, lui communiquer tout son être.

« C'est assez, lui dit monsieur de Felsheim, « fais approcher mon épouse. » La Baronne, naturellement sensible, étendue dans une chaise longue, regardait, écoutait, autant que sa propre émotion pouvait le lui permettre. Brandt la balance dans le cœur du Baron, et elle n'en est pas offensée : elle est l'épouse d'une nuit ; Brandt fut l'homme de toute sa vie. Elle se lève, elle s'approche. « Madame, lui dit son époux, j'ai « abusé de votre infortune, j'ai forcé le don de « votre main ; me le pardonnez-vous ? » Des larmes seules répondirent. « J'ai du moins la consola-« tion d'avoir assuré votre fortune. Si quelque « chose de moi doit survivre à moi-même, si « vous êtes mère, parlez quelquefois à votre en-« fant d'un père, qui n'aura pas le bonheur de « le presser dans ses bras. Donnez-lui vos vertus, « vos qualités aimables... Je vous laisse Brandt ; « acquittez-moi envers lui... Adieu, madame... « je... » La mort a frappé.

Monsieur Heidelberg et Crettle éloignent madame de Felsheim de ces restes inanimés. Brandt les contemple avec avidité ; il soulève cette tête livide, il la caresse, il lui parle ; les heures s'écoulent, et il ne peut s'en détacher. Le ministre du culte se présente ; il va déposer Ferdinand xv dans la sépulture de ses ancêtres. Brandt tire son sabre, détache la lèvre supérieure, et l'éle-

vant au bout du bras : « La voilà, dit-il, cette mous-
« tache, dont le seul aspect faisait trembler nos
« ennemis; la voilà cette moustache victorieuse
« à Hochstedt, à Ramillies, à Malplaquet ; cette
« moustache et moi nous sommes inséparables. »
Il la baise respectueusement, la porte à son
cœur, la serre sous sa chemise, et sort à pas
lents, la tête baissée sur sa poitrine, et dans un
morne silence.

Brandt avait oublié le faste, dont il s'occupait
essentiellement aux cérémonies ordinaires : le
convoi fut simple ; mais le cercueil fut arrosé
des larmes de l'amitié, hommage pur et vrai que
peu de morts obtiennent, et qu'on remplace aujourd'hui par une pompe stérile, insignifiante,
et qui ne prouve que l'opulence des héritiers.

Il y avait trois jours que madame de Felsheim
avait rendu les derniers devoirs à son mari.
Crettle lui annonça un homme de connaissance.
C'était le jardinier, dépositaire fidèle des secrets
de son cœur. Il tenait une lettre, qu'il présenta
d'un air timide, et qu'on reçut avec plus d'embarras encore. On sentait ce qu'on devait aux
bienséances; mais pouvait-on ne pas écouter son
cœur? La lettre était décente, et conforme aux
circonstances. Le mot *amour* ne s'y trouvait pas;
mais tout y était ame, sentiment, ivresse. Madame de Felsheim ne savait si elle devait s'en
applaudir ou s'en plaindre. « Il n'est plus, dit-
« elle après un moment de réflexion. J'honore

« sa cendre ; mais ne dois-je rien à celui...? » Elle écrivit à son tour. Elle voulut être réservée ; elle ne sut qu'être tendre.

On pense bien que le jardinier ne s'en tint pas à ce premier message ; on se doute bien qu'on ne le renvoyait pas sans réponse. Art heureux, qui trompe les ennuis de l'absence, pourquoi le nom de ton auteur n'est-il point parvenu jusqu'à nous ? La reconnaissance et l'amour lui élèveraient des autels.

Madame de Felsheim pensa enfin à mettre ordre à ses affaires. Brandt pouvait seul la guider dans ce chaos. Point d'économie, point d'ordre ; les produits mangés par anticipation ; un château délabré, sans meubles, sans linge ; des gardes et des pages, inutiles au seigneur et à charge à ses vassaux. Madame de Felsheim songea qu'il fallait réformer d'abord sa maison militaire. Brandt y tenait infiniment ; mais la Baronne lui dit, d'un air si doux, qu'elle lui saurait gré de sa complaisance, qu'il fut mettre lui-même sa garnison à la porte. Ces vauriens furent congédiés avec leur habit et dix florins par tête. Le nombre des commensaux se borna donc à la vieille cuisinière, à Crettle, qui continua son service près de madame, et à Brandt, dont elle fit son factotum.

On fit venir un architecte de Lunebourg. Après une visite exacte de toutes les parties du château, il fut reconnu que, grace à la négligence des propriétaires depuis Witikind jusqu'à Ferdinand xv, il fallait sacrifier en réparations cinq à six années du revenu. L'architecte leva la difficulté en proposant de démolir le château. La proposition effraya d'abord; mais l'architecte ajouta qu'avec le produit du plomb, du fer et des autres matériaux, il se chargeait de bâtir une maison agréable, saine et commode : ce qui ne pourrait servir à rien comblerait les fossés et la mare. La cour deviendrait un parterre varié qu'ombrageraient, ici l'odorant tilleul, là des touffes de lilas, d'aubépine et de seringat. L'esplanade serait remise dans son premier état; des légumes, des arbres fruitiers en rendraient l'aspect riant, et le rapport en serait utile. Monsieur Heidelberg, expert et laborieux, se chargerait exclusivement de la culture, Brandt d'arroser, et Crettle de faire des bouquets à madame.

Ce projet accepté, le plan de la maison tracé et arrêté, les accessoires réglés, on ne s'occupa plus que de l'exécution. Il fallait que madame de Felsheim choisît un domicile, au moins pour un an. Elle paraissait embarrassée sur le choix ; elle ne l'était que sur la manière d'annoncer celui qu'elle avait fait. On lui nommait Lunebourg, Battesen, Harborg. Lunebourg était trop dispendieux, Harborg mal-sain, Battesen si triste! Crettle, en pinçant la bouche, laissa échapper *Blekède;* Blekède convenait à tous égards. La ville était gaie, les fortunes modérées, les habitans affables;

d'ailleurs monsieur Heidelberg y avait ses connaissances ; il serait bien aise de les revoir, et l'on était flatté de faire quelque chose qui lui fût agréable. Il rappela la scène que Brandt avait eue avec le commandant, et les suites désagréables et même funestes que l'impétueux hussard pouvait y donner. Déja Brandt enfonçait son bonnet sur ses yeux, et caressait de la main la poignée de son sabre. Madame de Felsheim se tourna vers lui, et dit avec un sourire enchanteur : « Mon père vous prie de ménager le com-
« mandant, de lui marquer même des égards.
« Promettez-le-moi, mon cher Brandt, ou vous
« le priverez du plaisir d'embrasser ses amis. »
Mon cher Brandt, répétait le hussard, que flattait la douceur de ces paroles, que désarmait le charme du sourire ! Il promit, il jura par les charmes de madame, et l'on partit pour Blekède.

Le premier deuil était passé, et l'on craignait encore de se livrer à ces idées délicieuses, qu'on ne saurait éloigner, mais qu'on a la cruauté de combattre. Cependant en approchant de cette ville, berceau des plus douces affections, on démêlait les toits des différentes maisons où on s'était vu, où on s'était parlé, où on allait se voir et se parler encore : on pouvait faire et recevoir des visites. On ne se chercherait pas sans doute ; mais on se rencontrerait chez madame la comtesse, chez madame la baronne. On n'y parlerait que de choses indifférentes ; mais on s'entend si bien, même en parlant une langue étrangère ! Et puis un vêtement qu'on touche par hasard ; un pied, qui en rencontre un autre ; une fleur qu'on a respirée et qu'on laisse tomber ; un gand qu'on oublie ; un coup-d'œil rapide comme l'éclair, que la pensée, plus prompte encore, saisit, entend, apprécie : combien ces adorables niaiseries ressemblent au bonheur ! Il faut vraiment aimer pour sentir ce qu'elles valent. Heureux, trop heureux lecteur, si tu les as connues à l'aurore de ta vie.

En entrant dans la ville, le sang coula avec plus de rapidité, le cœur battit avec plus de force, le contentement se peignit dans tous les traits. On respirait le même air, on allait habiter la même enceinte : que ce voyage était différent du premier !

On n'avait pas de maison à Blekède ; il fallut descendre à l'auberge. Il y en avait deux, où s'arrêtaient les gens d'une certaine façon, l'Aigle-Noir et le Grand-Monarque. Vis-à-vis l'hôtel de l'Aigle-Noir demeurait la mère de certain officier... On eût été aussi-bien au Grand-Monarque ; mais on préféra l'Aigle-Noir.

Il n'y restait que deux appartemens dont on pût disposer. L'un très-beau sur la cour ; l'autre très-petit, et assez mesquinement meublé, qui donnait sur la rue ; on prit ce dernier : une veuve de dix-neuf ans, qui veut rétablir l'ordre dans ses affaires, doit avoir des vues économiques.

L'arrivée de madame de Felsheim fut bientôt

la nouvelle de Blekède. Dès le lendemain elle eut chez elle de vrais amis, enchantés de la retrouver, et des curieux, qui grillaient de voir comment lui allait le deuil. Elle reçut les uns avec l'abandon de l'amitié, et les autres avec cette froide aisance qui veut dire : Si j'avais moins d'usage, je vous prierais de rester chez vous.

Un seul homme, le seul qu'on attendît, le seul qu'on pût desirer, ne s'était pas présenté encore. La porte s'était ouverte cent fois, cent fois on s'était tourné vers cette porte, cent fois on avait fait la mine à celui qui entrait, quelque aimable qu'il pût être d'ailleurs. Quoi que vous en disiez, mesdames, il n'est qu'un homme vraiment intéressant pour vous : c'est celui que vous attendez.

Madame Werner parut enfin, introduite par son fils. Madame de Felsheim courut au-devant d'elle et l'embrassa... Elle l'embrassa !... Était-ce bien elle qu'elle embrassait ?

Werner salua profondément, et on lui répondit par une grave révérence. On ne se dit pas un mot : deux de ces coups-d'œil, dont je parlais tout-à-l'heure, partirent à-la-fois, et trompèrent l'attention maligne des observateurs. Les gens froids ne savent rien saisir.

On proposa des parties. Monsieur Heidelberg fit apporter des cartes, et en un instant tout le monde fut occupé, à l'exception pourtant de madame de Felsheim, qui fut prise tout-à-coup d'un violent mal de tête, et de monsieur Werner, qui ne jouait jamais. On se trouva donc en tête-à-tête au milieu d'une assemblée nombreuse ; on put se parler enfin, et on n'était pas observé : l'intérêt était le dieu du moment.

S'être cru séparés sans retour, se trouver réunis par un de ces coups impossibles à prévoir, pouvoir se dire tout ce qu'on pense, et pouvoir penser d'après son cœur, quel moment pour Werner ! Réparer envers un homme charmant les torts de la fortune, contribuer à son avancement, lui consacrer ses sensations, son être, toute sa vie ; quel avenir pour madame de Felsheim ! « Vous me rendez ma Sophie, vous me « rétablissez dans mes droits, lui dit Werner, « voilà les bienfaits inappréciables qui me pénè- « trent, qui me transportent. Laissons la fortune ; « elle n'est rien pour nous. — Mon ami, avez- « vous oublié ce billet ? le voici, il ne m'a pas « quittée. Lisez : *Voilà tout ce que j'ai pu faire*. « Je ferai aussi tout ce que je pourrai. J'ai en- « core les deux pièces d'or ; je les ai reçues sans « difficulté, et j'en dois les intérêts. L'amour « ennoblit tout, et l'on ne doit pas rougir de re- « cevoir, lorsque l'on n'a pas craint d'offrir. » Que répondre à cela ? Werner prit la main de madame de Felsheim, qui la retira doucement, en lui disant à demi-voix : « Le temps n'est pas « venu : je vous adore ; mais je n'outragerai pas « la mémoire de mon mari. » Werner fut s'asseoir près d'une table de jeu ; madame de Felsheim se mit à l'autre extrémité de la salle, et sans se chercher, sans y penser, ils se retrouvèrent l'un à côté de l'autre. Madame de Felsheim entra en conversation réglée avec une dame, qui n'était pas sans mérite; Werner se mit en tiers d'un air sans conséquence, qui en a beaucoup quand il est affecté, et l'on ne se quitta plus de la soirée.

Depuis quelque temps madame de Felsheim avait remarqué des irrégularités, qui lui faisaient présager un nouvel état. De fréquentes indispositions, et des indices certains terminèrent enfin ses doutes. Elle n'éprouva d'abord que ce sentiment naturel, mélange touchant d'anxiété et de tendresse, qui attache une mère à l'objet innocent qu'elle n'a pas vu encore, mais dont l'existence la pénètre et la prépare aux douleurs et aux délices de la maternité. Son cœur se reporta bientôt sur Werner. Elle avait pour lui l'estime la mieux sentie, et elle n'était pas sans une sorte d'inquiétude. S'il refusait son amitié, sa compassion à l'enfant de son amante ! si cet enfant lui rappelait qu'un autre... Cependant il était indispensable de l'instruire ; ce secret allait cesser d'en être un. Tous les soirs elle voyait Werner; tous les matins elle se proposait de lui confier son état : il paraissait, elle voulait parler, et les mots expiraient sur ses lèvres. Werner, inquiet lui-même des incommodités continuelles qu'éprouvait madame de Felsheim, alarmé d'une espèce de contrainte, qu'elle n'avait point l'art de dissimuler, Werner pressa, supplia, arracha cet aveu si redouté. On l'observait en lui parlant, on cherchait à le pénétrer, on attendait un geste, un regard, un mot; Werner était immobile et froid. Il avait cherché à s'étourdir sur le passé; cet aveu lui en rappelait l'amertume. « Vous ne répondez rien, lui dit enfin madame « de Felsheim. — Vous savez que je vous adore... « — Mais, mon enfant? — Je reviens à la déli- « catesse, à l'équité, à moi-même : votre enfant « sera le mien, j'en jure par l'honneur. Je l'adop- « terai, je lui rendrai son père. — Sois-le... ah! « sois-le. Tu le seras, n'est-il pas vrai, mon ami? » Et ses bras s'enlaçaient dans les siens, et elle le pressait sur son sein. « Le voilà, je vous unis, « dit-elle. Il ne t'a point entendu; mais j'ai reçu « ton serment. »

On pense bien que les amours de Werner et de madame de Felsheim furent bientôt la nouvelle du jour. Que ferait-on dans une petite ville, si on ne se mêlait des affaires de son voisin? De quoi parlerait-on, si l'on s'interdisait la médisance? Qui pourrait s'en plaindre d'ailleurs? Chacun n'a-t-il point les mêmes moyens de dissipation, et chacun ne les emploie-t-il pas à son tour? Madame de Felsheim opposait sa vertu à la malignité, et tout ce qui l'approchait rentrait dans les bornes du respect. Cependant elle se dégoûta bientôt de la plupart de ceux qu'elle n'avait reçus que par bienséance. Leur caractère tracassier ne s'accordait point avec le sien. Elle se retira insensiblement de la société. Madame Werner et son fils ne la quittaient presque plus. On s'écrivait quand on ne se voyait pas : c'était toujours être ensemble.

Crettle, plus avancée que sa maîtresse, était embarrassée aussi, mais par des raisons toutes différentes. Sa taille rondelette résistait aux efforts d'un double lacet; un coup-d'œil pouvait éclairer la Baronne, et avec une femme comme elle, il n'y avait point de grace à espérer. On perdrait une excellente condition; il faudrait quitter le pays, courir les aventures, et on n'en trouve pas toujours d'agréables. On pouvait compter sur le cœur de Brandt; mais sa bourse se vidait assez régulièrement au cabaret, quand il n'était pas utile à l'hôtel. Ainsi, point d'épargnes ni de ressource pour Crettle. La pauvre petite pleurait quelquefois, en pensant à tout cela, et ses pleurs ne remédiaient à rien.

Si du moins on avait pu s'expliquer, se concerter avec Brandt, on eût trouvé peut-être quelque expédient praticable; mais on ne se voyait plus qu'à la dérobée. Madame ne sortait pas de son appartement; Crettle lui tenait compagnie quand elle était seule, et elle avait reçu l'ordre positif de rester quand Werner se présentait. On était trop pure pour redouter les témoins, et on n'avait pas la présomption de les croire inutiles.

Une petite chambre à cheminée tenait à celle de madame de Felsheim, Crettle y avait son lit; mais on n'y arrivait qu'en passant chez madame; ainsi, plus de conférences de nuit : tout cela était désespérant.

Brandt, que cette séparation n'arrangeait pas du tout, imagina un moyen tout simple de soutenir la privation. Il avait rencontré au cabaret le sergent à qui il avait cassé la mâchoire d'un coup de poing, et on avait scellé la paix, le verre à la main : c'est assez la manière dont se terminent les querelles entre militaires. Il le chargea d'un billet pour la commandante. Il en avait déchiré trois ou quatre, et il s'arrêta à celui-ci, dont la tournure lui parut tout-à-fait galante.

« Madame et tendre amante,

« Vous m'avez sauvé la vie, ainsi ma personne
« vous appartient. Si l'échantillon vous a plu,
« disposez du reste d'aussi bon cœur que je vous
« l'offre, et vous verrez un luron qui ne recule
« jamais.

« Je suis avec un amour respectueux,
« votre sincère amant, Brandt. »

Il n'avait pas instruit son ami le sergent, du contenu de la lettre : il se piquait quelquefois de discrétion. Le poulet fut porté directement à son adresse, et rendu au milieu de trente personnes : c'était jour d'assemblée chez le commandant. Madame la commandante rougit, pâlit

en lisant; puis, mettant le papier en mille pièces :
« C'est cet imbécille, dit-elle à son mari, c'est le
« factotum de madame de Felsheim, qui me prie
« de le remettre en grace avec vous. L'imperti-
« nent, qui s'avise de m'écrire ! — Allons, allons
« mignonne, cet homme manque d'usage; mais
« il sent qu'il m'a offensé, il se repent, il demande
« votre médiation : je ne vois pas grand mal à
« cela. Je reçois ses excuses; elles viennent un
« peu tard; mais enfin j'oublie tout, et il peut
« compter sur ma protection. »

Le sergent, enchanté du succès de sa mission, fait une profonde révérence, retourne au cabaret, prend son ami Brandt par la main, et l'entraîne après lui, en protestant qu'il sera bien reçu. Brandt rasait le pavé, en riant dans sa moustache, et comptant fermement sur une bonne aubaine, dont il se disposait à tirer parti. Il est introduit dans la salle d'assemblée, et ne sait que penser. Il promène autour de lui des yeux étonnés, et son étonnement redouble, lorsque le commandant lui répète à peu près ce qu'il a dit au sergent. La commandante, qui pénètre son embarras, et qui craint un quiproquo, prend la parole, et loue le style respectueux de son billet. Elle est fâchée de l'avoir déchiré; il eût ajouté aux heureuses dispositions de son mari. Tout cela eût été très-clair pour un autre que Brandt; mais il n'était pas du tout au fait des petites ruses familières aux femmes d'un certain ton. Il fut près vingt fois d'envoyer à tous les diables le commandant, la commandante, et l'honorable assistance; mais il avait promis de se modérer à madame de Felsheim, et il la respectait trop pour enfreindre sa promesse.

On lui avait tourné le dos, on ne prenait plus garde à lui, et il ne savait encore s'il avancerait, s'il reculerait, s'il devait répondre ou garder le silence. Son ami le tira par l'habit, et il jugea que ce qu'il pouvait faire de mieux, c'était de se retirer. « Quelle diable de lettre as-tu donc re-
« mise? dit-il au sergent, quand ils furent dans
« la rue. — Hé! parbleu, c'est la tienne. — La
« mienne. Vas-tu me faire aussi du galimatias? —
« Qu'appelles-tu, galimatias? — Sans doute; on
« ne me dit pas un mot qui ait rapport à ce que
« j'ai écrit. — Qu'as-tu donc écrit, voyons? —
« C'est de l'amour, puisqu'il faut te le dire. Mais,
« chut. — Tu as osé écrire de l'amour à madame
« la commandante? — Pourquoi pas? puisque j'ai
« bien osé lui en faire. — Et elle l'a souffert! —
« Avec reconnaissance. — Je devine à-présent
« son intention. — Conte-moi cela. — Elle t'aime
« cette femme-là... — Elle serait bien dégoûtée.
« — Et elle a conté un fagot à son mari. — Pour
« tromper l'espion? — C'est ça, mon ami, c'est
ça. — Pas si bête, pas si bête! »

En effet, ces messieurs étaient à peine rentrés au cabaret, que le vieux domestique parut et se mit de l'écot. Madame la commandante se rap-

pelait les derniers mots de la galante épître. Elle était curieuse de revoir le luron qui ne reculait jamais. Cependant la roture de Brandt renouvelait ses scrupules, et elle était si délicate ! Comment concilier sa noblesse et ses plaisirs? Elle fit les réflexions suivantes, très-satisfaisantes, sans doute. « Si j'épousais un tel homme, je me dés-
« honorerais sans retour. Mais un roturier est
« un être sans conséquence, et une bagatelle de
« tempérament n'est point une mésalliance. » Ces excellentes raisons la déterminèrent, et le vieil émissaire fut expédié. Brandt fit venir le plat de choucroute, la tranche de fromage, le pot de bière brune, et on soupa amicalement, en parlant de la pluie et du beau temps : le sergent gênait le grison. La retraite battit enfin; l'invalide était de semaine; il fallut se retirer pour aller faire l'appel. « Partons, dit l'obligeant valet, en
« frappant sur l'épaule de Brandt, partons, on
« vous attend. Je suis prêt, répond le hussard;
« en avant, pas redoublé, marche. » On arrive au gouvernement, et cette fois Brandt ne fut point introduit dans la salle d'assemblée : on le déposa à petit bruit et sans lumière dans la chambre de madame, et on tira la porte sur lui. Brandt fit deux ou trois tours sur la pointe du pied pour reconnaître les lieux. Il se heurta d'abord contre une certaine baignoire, qui lui rappela son premier voyage à Blekède; il s'embarrassa les jambes dans les pieds d'une toilette, qu'il faillit renver-

ser sur le plancher; enfin il rencontra le lit qu'il cherchait, il se déshabilla, se coucha et s'endormit, sans plus de façon, en attendant qu'il plût à sa princesse de venir le réveiller.

Le commandant soupait en ville. Mignonne avait jugé qu'il était prudent de l'attendre et de ne se coucher qu'après lui. Il se griserait sans doute, selon sa louable coutume; il dormirait d'un profond sommeil, et on ne serait pas exposé aux distractions : les choses ne s'arrangèrent pas tout-à-fait ainsi. Mignonne avait mangé à son petit couvert, elle s'était un peu chargé l'estomac, et elle s'assoupit en digérant, le cœur plein des plus heureuses chimères, et le nez farci de tabac d'Espagne. Elle n'entendit pas ouvrir la porte de la rue, et le commandant, qui, depuis long-temps n'avait plus rien de commun avec sa femme, monta droit à sa chambre, la tête parfaitement saine, parce qu'il avait soupé à côté d'une dame plus intéressante encore que sa bouteille. En accrochant sa perruque au bras de sa cheminée, en enfonçant son bonnet de velours noir, en passant son manteau de lit, il se rappelait son aimable voisine, l'imagination s'échauffait, certaine fantaisie, assez fortement caractérisée, tourna enfin au profit de sa femme, et il fut tout bonnement se mettre dans le lit de sa douce moitié.

« Mignonne, dormez-vous, dit le commandant
« d'un ton mielleux? » Mignonne ne répondait

pas. Il veut lui caresser la joue, il avance la main, il rencontre une moustache rude comme une brosse. « Que diable est ceci ! Mignonne s'est « couchée la tête en bas ? Remettez-vous mon « cœur, remettez-vous »; et en voulant la remettre, sa main s'arrêta encore sur quelque chose qui n'avait absolument rien de féminin. Cette main réveilla Brandt, qui appliqua au commandant un vigoureux baiser, et qui, cherchant à palper à son tour, rencontra précisément le contraire de ce qu'il attendait. Étonnement, stupéfaction de part et d'autre. Les deux champions, assis sur leur séant, tenaient ferme chacun de leur côté. On s'attendait, on se craignait, on ne soufflait pas. Le commandant se disait : « C'est « un amant. Je vais le punir par l'endroit sen- « sible. — Brandt se disait : C'est peut-être le « mari, je vais le faire parler »; et tous deux serrent et tirent à-la-fois; tous deux en même temps poussent des cris du diable, et Brandt reconnaît la voix du propriétaire. Il lui saisit le poignet, l'oblige à lâcher prise, l'enlève, le plonge dans la baignoire, jette les matelas par-dessus lui, roule ses habits sous son bras, et enfile l'escalier.

Mignonne, que le bruit a réveillée en sursaut, accourt une lumière à la main; elle rencontre un homme nu, velu comme un ours, la tête enveloppée dans une espèce de turban qu'il s'était fait avec son pantalon, dont les jambes étaient en l'air, et jouaient alternativement comme des cornes de limaçon. Mignonne croit voir le diable, qui vient punir son incontinence ; elle tombe évanouie sur les degrés. Brandt les franchit d'un saut, ouvre la porte de la rue, en parcourt trois ou quatre, sans savoir ce qu'il fait, s'arrête sous la colonnade d'une église, se r'habille à la hâte, et rentre à petit bruit à l'hôtel.

Le malheureux commandant se débattait dans le fond de la baignoire. Essayait-il de se dépêtrer des matelas, l'eau lui entrait en abondance dans la bouche. Essayait-il d'élever sa tête au-dessus de l'eau, les matelas pressés sur ses lèvres ne lui permettaient pas de respirer : il n'avait que le choix du genre de suffocation. Heureusement un effort violent jeta la baignoire sur le côté. L'eau, les matelas roulent par la chambre, et le commandant se retrouve au grand air. Il se remet un moment, il se lève, il appelle son domestique, qui avait entendu tout ce vacarme, et qui faisait semblant de dormir, et pour cause. Le commandant descend pour prendre ses armes ; il trouve Mignonne qui reprenait ses sens, et qui était plus morte que vive. « Corbleu, ma-
« dame, m'expliquerez-vous, dit-il, ce que tout
« ceci signifie ? — C'est le diable, mon ami, c'est
« le diable. — Il n'y a point de diable, madame.
« C'était un homme, et au grand complet. — C'est
« donc un voleur ? — Vous vous moquez de moi.
« Je l'ai trouvé dans votre lit, dormant d'un pro-

« fond sommeil. — Vous verrez que ce témé-
« raire cherchait à me surprendre. — Non, ma-
« dame, on ne s'endort dans le lit d'une femme
« que lorsqu'on est parfaitement d'accord avec
« elle. — Ah ! mon ami, comme vous me trai-
« tez, moi qui ai toujours été un modèle de ten-
« dresse et de fidélité ! Si j'avais été d'intelligence
« avec cet homme, ma porte n'aurait-elle pas été
« fermée ? N'aurais-je pas veillé le moment où
« vous êtes entré, où vous avez monté à votre
« chambre ? Vous aurais-je quitté sans m'être as-
« surée que vous reposiez ? Hélas ! je reposais
« moi-même en vous attendant dans la salle à
« manger. Je vous voyais dans mon sommeil,
« doux, tendre, empressé, comme au temps de
« nos premières amours, comme vous l'êtes en-
« core quelquefois. Moi... vous tromper ! moi !...
« Vous avez pu le penser !... vous avez pu me
« le dire !... Jamais je n'oublierai cet outrage. »

Dès le commencement du dialogue, Mignonne faisait des efforts incroyables pour pleurer ; rien n'est persuasif comme cela. Les larmes vinrent à la fin. Elles furent bientôt assaisonnées d'un gonflement de poitrine, accompagnées de san- glots, de cris, de gestes supplians, furieux, et de tous les petits agrémens dont les femmes tirent tant de parti, quand elles ont affaire à un benêt. Celui-ci, ému, touché, attendri, reconnut, avoua ses torts, et en sollicita le pardon : c'est là qu'on l'attendait. Ce fut alors que la vertu

indignée parla son langage échafaudé, qu'elle éclata en plaintes, en reproches, en menaces. Le mari, confondu, humilié, pria, supplia, conjura. Il embrassa les genoux de Mignonne, les mouilla à son tour de ses larmes. Mignonne enfin se laissa désarmer. Elle présenta la main en signe de réconciliation, et dit du ton le plus imposant qu'elle put prendre : « Qu'il ne vous arrive ja-
« mais, monsieur, de soupçonner une femme
« comme moi. »

Brandt s'était enfermé dans son petit cabinet, situé précisément sous le toit de l'hôtel. Il se promenait en long et en large, en pensant aux évènemens de la nuit, qui lui paraissaient inexplicables. Il oubliait sa commandante, dont il n'était pas fort épris, et qui n'était pas fort aimable; mais enfin c'était une femme, Brandt les aimait beaucoup, et en rencontrait peu qui ne lui parussent dignes de son attention.

Mais quand il pensait à sa petite Crettle, qu'il aimait véritablement, et qui valait vingt commandantes, il se reprochait d'avoir pris, pour la trahir, plus de peines qu'il n'en eût fallu pour pénétrer jusqu'à elle. Il sentait que madame de Felsheim, qui n'avait aucun soupçon, ne pouvait être difficile à tromper; mais se résoudre à tromper madame de Felsheim !

Cependant ses espérances du soir même, une longue privation, un retour de tendresse pour Crettle, tout animait, enflammait Brandt; sa vue se troublait, ses scrupules s'éteignaient, son respect pour madame n'était plus écouté, et cette barrière franchie, rien ne pouvait l'arrêter. Une nuit d'ailleurs est bientôt passée ; on n'y retournerait pas tous les jours. Il ne s'agissait plus que de savoir comment on arriverait. Traverser l'appartement de madame eût été d'une insolence, d'un danger... Comment diable faire ?

Pendant que Brandt roulait dans sa tête mille projets inexécutables, l'horloge frappa deux coups. On avait devant soi quatre heures de ténèbres encore, et en quatre heures, un homme comme Brandt fait bien de la besogne. Il avait ouvert sa fenêtre. A l'aide d'un clair de lune, il considérait toutes les parties de l'hôtel ; il mesurait, de l'œil, la hauteur des croisées, lorsqu'une idée sublime le frappa : il la saisit avec empressement.

Il descend dans la cour, détache la corde du puits, et remonte dans son cabinet. Il se déshabille, fait des nœuds à la corde de distance en distance, la roule autour de lui, sort par sa lucarne, monte sur le toit, et marche d'un pas ferme et assuré jusqu'à la cheminée de Crettle. Une barre de fer en liait les parties dans le haut, et c'est là qu'il attache sa corde. Il la déroule doucement dans le tuyau, et se dispose à descendre, comptant bien retourner par la même route avant le lever du soleil.

Combien les desseins de l'homme sont incertains ! A quel point son repos, son bonheur, sa vie, sont subordonnés aux circonstances ou à la Providence, ce qui est à-peu-près la même chose! Brandt ignorait un petit évènement qui venait de se passer dans la chambre de Crettle, et qui allait furieusement déranger ses projets.

Vers minuit la petite Bavaroise avait senti certaines douleurs très-aiguës, et qui n'étaient pas équivoques. Bientôt elles devinrent plus fréquentes, plus fortes, et à une heure elles étaient intolérables. Crettle tremblait qu'il lui échappât un cri; elle mordait sa couverture; elle attendait, elle espérait un prochain dénouement, et elle se berçait encore de l'espoir de le dérober à sa maîtresse. Madame de Felsheim fut réveillée par quelques plaintes qu'on ne put entièrement étouffer. Elle écoute; elle s'inquiète; elle passe une robe et entre dans la chambre de Crettle. La pauvre petite étendit vers elle ses bras supplians, et lui avoua, en pleurant, sa faute et ses suites funestes. Madame de Felsheim avait cette vertu douce, aimante, qui s'interdit jusqu'à l'apparence d'une faiblesse, mais qui supporte celles des autres. Crettle redoutait sa colère; elle s'attendait au moins à des reproches : madame de Felsheim sentit que le moment n'était pas convenable, et que l'humanité seule devait se faire entendre. Elle lui prodigua ses consolations et ses soins; elle refusa même d'appeler. » Tu te « repens, lui dit-elle, je dois te plaindre; tu ne

« possèdes que ta réputation, je dois te la con-
« server. » Elle reçut l'enfant, l'enveloppa dans
les langes qu'elle avait préparés pour le sien, et
s'assit près du lit de l'accouchée.

Madame de Felsheim ne pouvait pas s'en tenir
à de stériles consolations. Elle rêvait aux moyens
de faire disparaître l'enfant, de le déposer en
lieu sûr, et de pourvoir à son existence, lorsqu'un bruit sourd se fit entendre dans la cheminée. Elle n'y donna qu'une légère attention :
que pouvait-elle avoir à craindre? Brand de nœud
en nœud était arrivé à la moitié du chemin. A
chaque nœud, sa tête s'exaltait, Crettle devenait
plus belle, l'aiguillon du desir lui créait des appas. Encore quelques nœuds, et Brandt sera dans
les bras de sa maîtresse. Nouvelle illusion, qui
ne doit pas se réaliser ! La corde, vieille et fatiguée, cède au poids qui la surcharge, et rompt
tout-à-coup. Brandt tombe au milieu du foyer,
couvert de suie, le visage, les coudes, et les genoux écorchés. Il voit une lumière, il s'étonne;
il aperçoit madame de Felsheim, il s'arrête.
C'est la tête de Méduse, Brandt est pétrifié. Cet
homme, qui courait au feu avec intrépidité, qui
fixait la mort d'un front calme et serein, cet
homme tremble devant une femme innocente et
timide. Il est immobile, les genoux ployés en
avant, les mains jointes, la tête baissée. O vertu,
quel est ton ascendant !

Jeunes filles, qui me lisez à la dérobée, qui

ne cherchez dans ce livre que les vices qui vous sont familiers, foulez aux pieds l'épine, élevez-vous à la hauteur de la rose; que son éclat et sa fraîcheur vous rappellent ce que vous fûtes et ce que vous pouvez être encore. La main trompeuse du plaisir a mis un bandeau sur vos yeux; l'abandon, le mépris marchent sur ses pas, et la misère vous attend, assise sur votre cercueil.

Madame de Felsheim n'avait pu se défendre d'un moment de frayeur. Elle regarda Crettle, dont l'air calme la rassura et l'instruisit à-la-fois. Son œil se reporta sur le coupable, qui se courbait devant elle, et qu'elle reconnut aussitôt. Elle reprit cette dignité imposante à laquelle on ne résistait pas; et, s'adressant à Brandt : « Vous « avez séduit cette infortunée, dit-elle; vous se- « rez époux et père, ou vous sortirez de chez « moi. Je vous laisse la nuit pour réfléchir; reti- « rez-vous. — Je ferai tout ce qu'il vous plaira, « madame la Baronne. J'aime Crettle de tout mon « cœur; mais j'épouserais une gargousse, si vous « me la proposiez. » Le moyen de ne pas rire? Madame de Felsheim se retira dans sa chambre, et Brandt prit l'enfant des mains de sa mère. Il le pressait dans ses bras, le regardait, le baisait, le rendait à sa mère, le reprenait pour le baiser encore. Il l'approchait de la lumière, il cherchait, il croyait démêler ses propres traits; il était ému, attendri, il riait et pleurait tout

ensemble. « Oui, par la mort, je suis ton père,
« s'écria-t-il tout-à-coup, et je te voue au prince
« Eugène. Tiens, Crettle, donne-lui sa bouteille,
« guéris promptement, et sois madame Brandt,
« puisque la nature, mon cœur et ta maîtresse
« le veulent ainsi. » Il traversa bien doucement
la chambre de madame, qui feignit de ne rien
entendre; il descendit dans la cour, se débarbouilla dans l'abreuvoir, et fut se mettre au lit.

Le tour heureux que prit cette aventure contribua beaucoup au rétablissement de madame Brandt. Dès le sixième jour elle était sur pied. L'entrée de sa chambre avait été interdite à tout le monde; madame de Felsheim avait cessé de se tenir dans la sienne; elle recevait à l'autre extrémité de son appartement, et on fut fort étonné de voir un beau matin les relevailles et le mariage. Les plaisans en riaient. Brandt, les gants blancs à la main et le gros bouquet au côté, conduisait son épousée avec un sérieux imperturbable, sur lequel les rieurs ne pouvaient rien. Il regardait les hommes entre deux yeux, et leur disait en passant : « Avez-vous des femmes
« troussées comme elle ? Hé bien, c'est à moi,
« ça. » Crettle baissait les yeux et souriait.

Les nouveaux époux rentrèrent à l'hôtel avec un air de satisfaction qui n'échappa point à madame de Felsheim, et dont elle augura bien pour l'avenir. En effet, Brandt, sans devenir poli, ni galant, perdit de la rudesse de ses manières; il s'enivra moins souvent, et ne se battit plus que lorsqu'on le poussa à bout. A la vérité, Crettle contribua un peu à la réforme. Sa qualité d'épouse lui donnait le droit de remontrances; mais elle était trop fine pour en faire usage. C'est madame de Felsheim qui était chargée de la mercuriale, lorsque Brandt avait fait quelques fredaines ; et la raison était si aimable dans sa bouche, Brandt lui était si sincèrement attaché, qu'il l'écoutait avec docilité, lui promettait de bonne foi de se corriger, et tenait parole, autant qu'il lui était possible.

Le printemps rappelait les officiers à leurs corps. Werner, fidèle à ses devoirs comme à sa maîtresse, se disposait à partir. Son équipage était conforme à sa fortune, et il n'en était pas humilié : son luxe était dans l'amitié de ses camarades, et l'estime de ses chefs. On sent bien ce que l'absence allait coûter à des cœurs aussi fortement épris. Ils en ressentaient déja les douleurs. Plus de gaieté, plus de ces doux épanchemens qui font le charme de l'amour. On se tenait les mains, on se regardait, on soupirait, on ne se parlait pas : on craignait mutuellement de s'affliger davantage.

La veille du départ, un domestique bien bâti, et habillé à la livrée de Werner, lui présenta deux chevaux hongrois richement harnachés. L'un des deux portait une ample valise qui renfermait deux uniformes complets, de beau linge

et un sac de mille florins. *Voilà tout ce que j'ai pu faire*, écrivait madame de Felsheim. Werner accourt chez elle, et tombe à ses pieds. La reconnaissance et l'amour se confondaient et se prêtaient de nouvelles graces. « Il faut se quitter
« pour quelque temps, dit madame de Felsheim;
« mais le jour où vous reviendrez sera celui de
« notre commun bonheur. Que cet espoir nous
« soutienne et nous console. Pensez quelquefois
« à moi. — Ah! sans cesse! — Vous trouverez
« des femmes plus aimables..... — Impossible.
« — Aucune ne vous aimera comme moi... — Et
« ne peut être aimée comme vous. — Vous m'é-
« crirez... — Tous les jours. — Je vous répon-
« drai. — Je vous en conjure. — Forte de votre
« absence, je laisserai aller ma plume; je m'a-
« bandonnerai au charme du sentiment. Il se
« peindra dans chaque ligne, à chaque mot...
« Tu verras à découvert ce cœur, qui n'a plus
« un battement qui ne réponde au tien... Que
« dis-je, tu l'emportes avec toi; il te suivra par-
« tout. » Werner tenait ses mains, il y attachait ses lèvres; elle lui présenta la joue : c'était le premier baiser de l'amour. L'effet en fut terrible. Un feu dévorant s'alluma dans les veines de Werner; sa raison se troubla, sa tête se perdit, sa main s'égara; un regard de madame de Felsheim le rendit à lui-même. « Si tu m'étais moins cher,
« lui dit-elle, je t'accorderais tout; mais je dé-
« truirais ton bonheur en perdant ton estime. Je

« t'impose des privations que je partage avec toi.
« Ta délicatesse te les fait supporter; je te dé-
« dommagerai un jour. Terminons un entretien
« qui devient dangereux. Va, pars, et que l'hon-
« neur et ta Sophie te soient toujours présens. »

Il partit. L'image de madame de Felsheim le suivit à Kœnisberg. Au milieu des plaisirs d'une grande ville, il était seul avec son amour. Il passait à écrire à-peu-près tous les momens que n'exigeait pas le devoir. Il lisait les lettres qu'il avait reçues, il les relisait, et croyait les lire pour la première fois. Les femmes aimables de Kœnisberg le raillaient quelquefois sur son indifférence ; c'était lui dire : Soyez heureux. Le bonheur était à Blekède ; Werner n'en desirait, n'en concevait pas d'autre.

Madame de Felsheim lui rendait de son côté tout ce qu'il faisait pour elle. Sa mère ne la quittait point, et la conversation ne languissait jamais : on ne parlait que de lui. On répétait sans cesse les mêmes choses, et on les répétait avec un plaisir toujours nouveau. A telle heure il était à cheval ; à telle autre il en descendait, fatigué, couvert de poussière, et on n'était pas là pour essuyer son front ! On le suivait à son secrétaire, à la parade, à son auberge, et on se trompait rarement.

Délicieux précurseurs du plaisir, qui, peut-être, êtes au-dessus du plaisir même ; vous, sur lesquels on passe rapidement et qui devriez durer des années, pourquoi l'homme n'entend-il pas ses vrais intérêts ? pourquoi desire-t-il ce qui détruit la plus touchante illusion ? Combien il est doux d'espérer ! combien les demi-faveurs ont de charmes ! qu'il est affreux, le vide qui suit la jouissance !

Rassure-toi, lecteur, mes amans ne sont pas des amans vulgaires. Madame de Felsheim et Werner puiseront dans la jouissance même un nouvel aliment pour l'amour. C'est la satiété qui le tue : les cœurs vierges ne la connaissent point.

Jeunes gens, qui avez devancé la nature, qui abusez de ses bienfaits, qui vous préparez une vieillesse prématurée et douloureuse, je vous parle une langue étrangère. Vous ne connaissez que des femmes perdues, et vous les jugez toutes par celles à qui vous vous prostituez. Il en est qui rougissent à votre seul aspect, et qui lisent votre turpitude sur vos joues flétries et décolorées.

Il arriva enfin ce moment où la nature aveugle brise les barrières qu'elle-même s'est opposées. Madame de Felsheim va partager ses affections entre Werner et l'innocente créature à qui la contrainte donna l'être. Tous deux lui seront également chers, et tous deux seront aimés avec idolâtrie. Le cœur d'une femme sensible est un foyer qui s'étend, qui se multiplie avec les objets de sa tendresse ; c'est une source inépuisable.

Madame Werner était à son chevet; Crettle lui rendait les soins qu'elle en avait reçus; Brandt, attentif, inquiet, attendait dans l'antichambre. Un faible cri se fait entendre : le baron de Felsheim vient de renaître, et sa veuve a oublié ses douleurs.

Le nouveau-né fut présenté au baptême par monsieur Heidelberg et madame Werner. On le nomma Ferdinand, par égard pour la mémoire de son père : on y joignit le nom de Charles; c'était celui de Werner. Après deux heures de repos, madame de Felsheim voulut lui écrire. Le petit Charles sur ses genoux, la tête soutenue sur une pile d'oreillers, elle prit la plume et traça ces mots d'une main mal assurée : « Mon « ami, tu es père; rappelle-toi tes sermens. »

Ce jour fut un jour de fête. Madame de Felsheim jouissait, son père était plus jeune de dix ans, madame Werner partageait leur innocente joie; Brandt et Crettle se mêlaient à la conversation et l'égayaient par leurs saillies. Tous se pressaient autour du lit, et madame de Felsheim recevait avec une égale satisfaction les marques de leur tendresse. On soupa à la même table; les distinctions furent oubliées, et on gagna en plaisir ce qu'on perdait en chimères.

DEUXIÈME PARTIE.

CHAPITRE V.

Guerre entre l'Empereur et la Porte. Bataille de Petterwaradin. Évènement prévu.

Madame de Felsheim était rétablie, ses traits étaient plus prononcés, et le coloris de la santé animait la physionomie la plus touchante. On n'en doit pas être étonné : elle n'avait éprouvé aucun des accidens qui punissent ces femmes, qui craignent d'être mères ; elle avait voulu l'être tout-à-fait, elle nourrissait son enfant. Crettle apportait son Joseph auprès du petit Charles. Tous deux, affranchis des ligatures qui tourmentent les faibles enfans de nos villes, se roulaient, s'étendaient sur un tapis, et les mères attentives souriaient à leurs mouvemens, et suivaient le développement sensible de leurs membres.

Cependant la nature, souvent bizarre, condamna madame de Felsheim à une privation bien dure pour un cœur comme le sien. Cette liqueur précieuse, notre premier aliment, lui manqua tout-à-coup. Son enfant pressait, de ses petites mains, ces sources, si promptement épuisées ; il pleurait sur des formes stériles, dessinées par l'amour. Crettle, au contraire, avait une surabondance qui eût consolé toute autre femme que madame de Felsheim : elle ressentit une douleur amère la première fois que Charles suça un lait étranger. Il semblait adopter une autre mère ; c'était à elle qu'il riait ; c'était pour elle que s'ouvraient ses bras ; il repoussait celle qui lui avait donné l'être. Le temps est le médecin de l'ame. Madame de Felsheim s'accoutuma insensiblement à un tableau qui lui avait tiré des larmes. Bientôt elle regarda, avec une sorte de plaisir, les deux petits, pendus au sein de Crettle, et paraissant se disputer ce qu'on leur prodiguait également. L'embonpoint, l'accroissement rapide de Charles dissipèrent enfin ses inquiétudes, et ne lui laissèrent que le souvenir de ses regrets.

Il fallait voir Brandt, oubliant ses campagnes, et courant les remparts de Blekède, Joseph sur un bras et Charles sur l'autre. Il les sautait, en chantant ses romances ; il leur parlait, il répondait pour eux ; il appelait les passans, leur montrait ses bambins, les approchait, les comparait ; et, bon gré mal gré, il fallait convenir que Joseph était le plus grand, le plus fort et le plus beau : il aimait pourtant Charles de tout son cœur.

On était à la mi-juin. Encore quelques mois, et madame de Felsheim comblera les vœux de l'homme le plus aimable et le plus aimé. Ils comptaient les jours, les heures, les minutes; mais ils jouissaient d'avance d'une félicité, si long-temps attendue et si bien méritée. Un événement imprévu ramena les alarmes. La gazette de *Lawembourg* annonça à la Basse-Saxe les premières hostilités entre l'Empire et la Porte.

Le Turc aurait pu attaquer l'empereur avec avantage pendant la longue guerre de 1701. Il avait, selon sa coutume, attendu que la paix fût consolidée dans les états chrétiens, pour entrer dans le Péloponèse. Cette province était restée aux Vénitiens, par le traité de Carlowitz, et l'empereur, garant du traité, fut obligé de se déclarer contre la sublime Porte, qui est sublime comme l'empereur d'Allemagne est un César; comme l'électeur d'Hanovre est roi de France; comme l'esprit évangélique dirige les Inquisiteurs; comme les nouveaux riches sont aimables; comme les nouveaux parvenus sont intègres; comme les femmes sont fidèles; comme les hommes sont délicats; comme un comédien est modeste; comme un journaliste est savant, et cætera, et cætera, et cent pages d'et cætera.

La nouvelle de cette rupture était assez indifférente pour madame de Felsheim. Werner était au service de Prusse, et sa lettre du jour était dans le genre ordinaire : *Amour et espoir*. C'est avec ces deux mots qu'on avait rempli des rames de papier. La lettre du lendemain porta la mort dans le cœur de madame de Felsheim.

Les Romains avaient donné des couronnes, et les Papes, véritables successeurs des Césars, faisaient par la force de l'opinion ce qu'avaient fait les Romains par la force des armes. L'empereur d'Allemagne, possesseur d'une province de l'empire Romain, se permet aussi, je ne sais trop pourquoi, de singer les Titus, les Antonins, dont je lui souhaite les vertus, et donne aussi des couronnes, quand on veut bien les tenir de lui. La Prusse ducale venait d'être érigée en royaume ; formalité ridicule ou inutile, selon que le nouveau potentat est fort ou faible. Les investitures durables et solides, sont celles que donne le canon ; c'est lui qui élève et détruit les empires, et l'électeur de Brandebourg était assez puissant pour se mettre la couronne sur la tête, sans que personne s'avisât de le trouver mauvais. Quoi qu'il en soit, Frédéric-Guillaume jugea à propos d'être reconnaissant. Il donna à l'empereur l'élite de ses troupes. Entre autres corps, ses cuirassiers reçurent l'ordre de joindre l'armée du prince Eugène en Hongrie.

Werner, officier, ne redoutait pas les hasards de la guerre : il avait fait, en entrant au service, le sacrifice de sa vie. Il s'était familiarisé avec cette idée, et il lui devait ce courage froid et réfléchi, qui laisse au jugement toute sa liberté, et qui conduit seul aux grades supérieurs : Werner amant était au désespoir. L'avenir qui menaçait madame de Felsheim, s'offrait à lui sous un aspect effrayant. Elle avait tant souffert par l'amour, et le dernier coup allait la frapper peutêtre. Les morts ne regrettent rien ; les peines sont pour ceux qui leur survivent. Ces réflexions accablaient Werner; elles étouffaient en lui cette soif de la gloire, présage certain de grandes actions.

Madame de Felsheim souffrait bien davantage. Elle n'avait rien qui pût la distraire de son amour; c'était son unique occupation. Tout ce qui n'était pas sentiment lui était devenu étranger. Depuis long-temps elle trouvait tout dans son cœur, et ce cœur était déchiré. Tantôt elle se représentait Werner enfonçant des bataillons ; tantôt elle le voyait au milieu d'une forêt de baïonnettes, prêt à succomber sous le nombre. La mort seule occupait sa pensée ; son voile funèbre s'étendait sur tous les objets qui frappaient ses yeux. Son sang se glaçait ; elle restait sans mouvement, et elle revenait à elle pour éprouver de nouvelles angoisses. Son sommeil était pénible, interrompu; des songes affreux la réveillaient en sursaut, fatiguée et couverte d'une sueur froide. Elle s'habillait à la hâte, envoyait chercher des chevaux, voulait partir pour la Hongrie, et ce projet était à peine conçu qu'il était abandonné. « Moi, disait« elle, moi, je traverserais l'Allemagne pour cher« cher un homme qui n'est pas mon époux, pour « l'arracher à son devoir et le couvrir d'infamie!.. « Non... non... ». Et elle renvoyait les chevaux, et elle retombait noyée dans les larmes et suffoquée par les sanglots.

Cet état intolérable dura plusieurs jours. La nature affaiblie ne pouvait soutenir long-temps des crises, qui se succédaient sans interruption. Il fallait s'élever au-dessus de ses craintes, ou en être la victime. Crettle mit Charles dans ses bras, et elle se rappela qu'elle avait contracté l'obligation de vivre. L'amour maternel combattit et surmonta tout. Charles reprit sa place dans son cœur. « Qu'il soit toujours près de moi, disait-elle, lui « seul peut me rendre à la raison ».

C'était beaucoup sans doute d'avoir vaincu la violence de ces premiers transports. Mais comment calmer des inquiétudes, qui obsèdent, qui fatiguent, et qui se reproduisent sous mille formes nouvelles? L'incertitude est plus difficile à supporter que le malheur même. Celui-ci accable d'abord; mais on se résigne quand l'espoir est éteint; l'autre tourmente sans relâche. Tous les jours on lisait les papiers publics. Une carte sous les yeux, on suivait la marche des armées. On trouvait des raisons qui devaient empêcher la bataille, et aussitôt il s'en présentait d'autres qui la rendaient inévitable. On ne recevait plus de lettres; on ne savait où adresser les siennes; on écrivait cependant, et on n'écrivait rien de ce qu'on pensait: on eût rougi d'exprimer ses alarmes, et c'est d'elles seules qu'on était occupé.

On apprit bientôt que le prince Eugène se dis-

posait à passer le Danube : il n'avait plus que cette barrière qui le séparât du grand-visir. La certitude d'une affaire prochaine réveille les terreurs de madame de Felsheim, elle retombe dans son premier état. Son imagination se monte, sa tête se trouble, une fièvre ardente la saisit. Le nom de Werner est le seul mot qu'elle prononce, et elle ne cesse de le prononcer. Elle s'agite, elle se soulève ; elle étend des bras, qui frappent l'air, en cherchant à repousser les efforts des ennemis ; le délire est au comble. On lui parle de Charles, elle écoute ; on lui en parle encore, elle le demande ; on l'apporte. L'accès se calme, et madame de Felsheim reconnaît monsieur Heidelberg, Crettle et Brandt pleurant autour de son lit. « Corbleu ! madame, dit le hussard, vous
« n'êtes pas raisonnable. J'ai fait dix campagnes,
« et je n'ai pas reçu un coup de fusil. Pourquoi
« monsieur Werner serait-il plus malheureux que
« moi ? Point de nouvelles, point de nouvelles,
« répondait-elle d'une voix faible. — Hé bien !
« Sarpejeu, j'irai vous en chercher. —Toi ! —Oui,
« moi. Donnez-moi de l'argent, je prends la poste,
« et je cours à l'armée. Si monsieur Werner est
« blessé, je le soigne, et je vous expédie un cour-
« rier ; s'il est mort je viens moi-même vous l'an-
« noncer, et si vous vous désolez, ce ne sera pas
« du moins sans raison. — Et tu ne me trom-
« peras pas ? — J'en suis incapable. — Tu me
« diras la vérité, quelque affreuse qu'elle puisse

« être? — Sans doute je vous la dirai. — Tu me
« le jures? — Par l'honneur. — Je te crois. Va,
« pars; je sens que je serai plus tranquille. »

En effet, Brandt était à peine à cheval, que madame de Felsheim se trouva mieux. Elle connaissait sa loyauté; elle savait, d'ailleurs, qu'il était incapable de ces officieux détours qu'emploient les gens bien élevés pour annoncer un malheur, qu'avec un peu de pénétration, on devine dès le premier mot. Il avait promis d'arriver en soixante heures, dût-il crever dix chevaux, et le dixième jour, elle devait recevoir des nouvelles positives. La présence de son père, de madame Werner, celle de Charles, que Crettle tenait près d'elle jour et nuit, et qu'elle lui présentait dès que sa physionomie commençait à s'obscurcir, des calmans administrés à propos, tout contribua à lui faire attendre avec assez de tranquillité le moment qui devait décider de son sort.

Les adieux de Brandt à sa famille n'avaient pas été longs : il ne s'amusait pas à parler, quand il était question d'agir. Armé jusqu'aux dents, ses certificats de service en poche, et de l'or dans sa ceinture, il saute à cheval et part comme l'éclair. Lunebourg, Wolmerstède, Magdebourg, sont derrière lui avant le coucher du soleil, et le jour le retrouve à Schandaw. Il n'arrêtait pas, il buvait en changeant de cheval, il mangeait en courant; il payait ses guides comme un prince, le meilleur bidet de l'écurie était toujours pour lui, et il craignait de ne pas aller assez vite : c'est pour madame de Felsheim qu'il courait.

Il était un peu retardé à l'entrée des villes de guerre, où l'on examinait sévèrement ses papiers. Il se contentait de jurer entre ses dents : les plus chers intérêts de madame de Felsheim ne devaient pas être compromis; mais il se dédommageait amplement, dès qu'il avait dépassé les barrières. Les sacré-ci, sacré-là, s'échappaient avec une énergie qui effrayait sa monture, et précipitait sa marche. Son postillon, d'ailleurs, qui avait des ordres précis, galopait en avant, et Brandt, en arrivant à la première poste, trouvait un cheval tout prêt, sautait dessus, lui mettait les éperons au ventre, et regagnait ainsi le temps perdu.

Il arriva avec la nuit à Marhek, où il fut contraint de s'arrêter, quoiqu'il ne fût guère qu'à trente lieues de l'armée. On ne court pas quarante-huit heures à bidet, à toutes selles, et en pantalon de drap, sans qu'il y paraisse. Brandt s'était fait une ample écorchure à chaque fesse, il ressentait en outre dans la clavicule et les épaules des douleurs qui ne lui permettaient plus de se tenir à cheval. Il entra dans le premier cabaret, enleva de la crémaillère une chaudronnée de tripes qui cuisaient, fit bouillir de l'huile d'olive, ou à-peu-près, dans de la lie de vin, et ordonna à la cabaretière, dont le mari était absent, d'en frotter les parties malades.

Les cabaretières de Marhek sont extrêmement réservées, à ce qu'assurent les voyageurs, et celle-ci fut indignée de la proposition. Brandt insista; elle se défendit. « Un ducat, ou des coups « de plat de sabre ; choisissez », dit le hussard d'un ton qui la fit trembler. Le ducat méritait la préférence ; aussi l'obtint-il, et la bonne femme commença un genre d'exercice tout-à-fait nouveau pour elle. Brandt, dans l'état de pure nature, était debout devant un grand feu, et commandait le service en général d'armée. « Plus « haut, plus bas, plus fort, ferme, allez, allez « donc. » Et ses ordres étaient exécutés avec la plus admirable précision. Le pansement tirait à sa fin, lorsque le mari rentra. C'était un allemand renforcé, qui n'entendait pas raison, qui parlait peu, qui gesticulait fort, et qui commença l'explication par un soufflet à poing fermé, qui renversa sa digne épouse. Brandt, toujours galant, riposte à l'éloquence du geste par un coup de pied dans le ventre, qui jeta l'hôtellier le cul dans les tripes, lesquelles bouillotaient encore, et macérèrent cruellement son postérieur et ses environs. La femme pleurait, le mari criait, Brandt jurait ; on ne s'entendait plus.

Les voisins accourent au bruit, la garde arrive sur les pas des voisins, la chambre s'emplit, et le désordre est au comble, à l'aspect de l'homme nu, à la peau rouge : on n'avait encore vu à Marhek que des noirs et des blancs. Pendant que monsieur le sergent impose silence à dix ou douze commères qui parlent à la fois du phénomène, et qui s'écrient, à l'unisson, que les hommes rouges sont les enfans gâtés de la nature, Brandt a le temps de reprendre ses habits et ses armes, et il se dispose à la retraite, lorsque le tumulte s'apaise, et qu'on parvient à s'entendre. Mais comment sortir? la porte est gardée par un peloton de bavarois, qui n'ont pas l'air plaisant, et qu'un seul homme ne peut pas échiner. D'ailleurs, après avoir battu la garde, il fallait sortir de la ville, et on ne sort pas de Marhek comme on le voudrait bien, lorsque le commandant a les clefs sous le chevet de son lit; et puis Brandt sentait à merveille qu'une nouvelle escapade arrêterait sa marche, et pour la première fois il se décida à préférer la prudence à la force.

Pendant qu'il faisait ses réflexions, l'hôtellier et sa femme s'expliquaient très-sérieusement avec monsieur le sergent. La femme se plaignait du mari, le mari accusait Brandt. L'une montrait sa joue rouge et enflée; l'autre exhibait son derrière, dont toute la peau était restée dans son haut-de-chausse. Le sergent prononça que Brandt était le seul coupable, et il s'avança pour lui mettre la main sur le collet. « Pas d'infamie, mon
« camarade, dit Brandt; on ne touche pas un
« homme comme moi. — Ah! tu violentes les
« femmes et tu grilles les maris; en prison. — Je
« ne peux pas m'arrêter plus long-temps à Mar-

« hek.—C'est égal.—Il faut que je sois rendu à
« huit heures à l'armée du prince Eugène.—C'est
« égal. — Je cours pour madame de Felsheim,
« la plus belle femme de la Basse-Saxe.......... —
« C'est égal.—Et pour son amant, monsieur Wer-
« ner, le plus joli des officiers prussiens. —
« Monsieur Werner, dis-tu ? — Oui, mon-
« sieur Werner. — Officier aux cuirassiers ? —
« Précisément.—Tu cours pour monsieur Wer-
« ner!—Hé oui, te dis-je. — Retirez-vous, vous
« autres, dit le sergent aux curieux; retirez-
« vous, et au plus vite. »

A l'instant la chambre se vide, Brandt, le sergent, le cabaretier et sa femme restent seuls, et
les deux militaires continuent leur conversation.
« A dieu ne plaise, dit le sergent d'un ton pathé-
« tique, que je nuise à quelqu'un qui sert mon-
« sieur Werner. Je lui dois la vie, et je lui
« donnerais la mienne. — Comment cela ? — Je
« servais dans les cuirassiers. Mon capitaine me
« détestait, me maltraitait; j'ai déserté, j'ai été
« pris. Monsieur Werner m'a défendu au conseil
« de guerre. Il a prouvé que ma faute était celle
« de mon capitaine, et on m'a renvoyé à ma
« compagnie. J'ai déserté de nouveau, parce que
« mon capitaine ne s'est pas corrigé, et cette
« fois j'ai été plus heureux. Me voilà sergent
« dans les troupes bavaroises, et je suis enchanté
« de faire quelque chose pour monsieur Werner.
« Va-t-en, et qu'il sache que Hantz est à lui à la

« vie et à la mort. » L'hôte murmurait entre ses dents ; Brandt l'apaisa avec quelques ducats, et il fut d'assez bonne grâce demander des chevaux à la poste. Les deux braves vidèrent gaiement leur bouteille, ils s'embrassèrent ; Brandt enfourcha son bidet, et le sergent le fit sortir par la poterne, en qualité de volontaire qui se rendait à l'armée du prince Eugène.

Il était grand jour, lorsque Brandt arriva à Tolna. Il comptait y trouver l'armée ; il n'y restait que des trains d'artillerie et des équipages qu'on embarquait sur le Danube, et qui descendaient à Petterwaradin, où était le prince Eugène. A la vue des chariots, des tentes, des caissons, des pièces de campagne, Brandt sent renaître sa première ardeur. Il détache une barque de pêcheurs, et double à force de rames la rapidité du courant. Bientôt il devance les bateaux qui avaient des heures sur lui ; déjà il découvre les bataillons répandus dans la plaine ; il distingue les deux ponts que le prince a jetés sur le fleuve ; il redouble d'efforts, il arrive aux avant-postes. Il s'arrête, montre ses papiers, demande le quartier des cuirassiers prussiens ; on le lui indique, il court, il vole, il cherche, il trouve Werner, il est dans ses bras.

On conçoit avec quel plaisir Werner revit Brandt, combien il fut touché de ce que madame de Felsheim souffrait pour lui. L'infanterie s'approchait des ponts ; et malgré les tentatives que firent les Turcs pour les rompre, elle traversa le fleuve dans la journée. La cavalerie n'était pas prête, et ne passa que la nuit suivante. Werner eut le temps de s'entretenir avec Brandt. Les questions ne finissaient point. On faisait répéter ce qui intéressait le cœur, et le mot le plus simple, le geste le plus ordinaire, tout était intéressant. Assis sur l'affût d'un canon, on ne pensait qu'à madame de Felsheim, on ne voyait qu'elle ; on oubliait la guerre et ses horreurs.

Les dispositions des Impériaux et des Turcs annonçaient une affaire très-chaude. Brandt était ému jusqu'aux larmes, en pensant qu'un homme si aimable, si aimant, si tendrement aimé, serait peutêtre le lendemain parmi les morts. Il quitte Werner, sans lui rien dire du dessein qu'il conçoit ; il cherche son capitaine, il s'enrôle, endosse l'uniforme, et revient trouver le jeune lieutenant. « Ah ! mon ami, qu'as-tu fait ? lui dit Werner. « —Je veux être à la bataille ; je veux y être à « vos côtés. Je ne peux rien contre les boulets « et les balles ; mais je puis parer les coups de « lance, vous défendre, vous sauver, et mourir « content, si je vous conserve à madame de « Felsheim.—Et ta femme et ton enfant?—Mon « lieutenant, je vous les recommande. Mais ne « pensons qu'à faire notre devoir comme de « braves gens. Nous reviendrons à l'amour après « la victoire. »

Le 4 août 1716, à six heures du matin, les

deux armées se trouvèrent en présence. Celle de l'empereur était forte de cent quatre-vingt-sept escadrons et de soixante-deux bataillons.

L'armée d'Achmet III était de cent cinquante mille hommes, dont quarante mille janissaires, et trente mille spahis. Le reste était composé de Tartares, de Valaques et d'Arnautes. Ils étaient commandés par le grand-visir Hali, homme courageux et intelligent, mais dépourvu d'expérience et incapable de balancer la fortune du premier général de l'Europe.

Les cuirassiers prussiens étaient à l'aile droite, que le prince avait appuyée contre des hauteurs escarpées. A sept heures la charge sonna. Werner et Brandt s'embrassèrent, et mirent le sabre à la main.

La brigade du prince de Wirtemberg commença l'attaque : elle était de six bataillons. Elle enfonça l'ennemi, et pénétra jusqu'à une batterie, dont elle s'empara. La cavalerie de l'aile gauche chargea avec le même succès, et déjà la victoire semblait se déclarer, lorsque le prince Eugène s'aperçut que son infanterie de la droite était tout-à-fait rompue. Elle avait d'abord repoussé les Turcs avec une vigueur extraordinaire; mais cet avantage ne dura qu'un moment. Le corps entier des janissaires fondit sur elle comme un torrent, et la mit en déroute. Les Turcs, encouragés par ce succès, renversèrent les bataillons les uns sur les autres, et sabrèrent tout ce qui était devant eux. Ce fut alors que les cuirassiers prussiens reçurent l'ordre de charger.

Ce superbe corps s'ébranla, et s'avança au grand trot. Il passa sur le ventre à trois mille Valaques, et tomba sur les janissaires, secondé par des troupes fraîches, qu'amenaient le comte de Bonneval, les maréchaux Lanken et Wellenstein. L'ennemi, étonné un moment, se jeta ensuite avec fureur sur ces nouveaux assaillans. On se mêlait, on se battait corps à corps, le carnage était horrible. Brandt méprisait la mort qui volait autour de lui; il ne pensait qu'à Werner. Deux janissaires l'avaient successivement attaqué, et Brandt les avaient étendus à ses pieds. Il tournait autour de Werner, il sabrait ce qui l'approchait : c'est la lionne qui défend ses petits.

Werner, humilié du soin qu'on prend de sa vie, pique son cheval, qui l'emporte au milieu d'un gros d'ennemis. Brandt galope sur ses traces, il perce, il arrive au moment où Werner a pris un drapeau, que trente janissaires s'efforcent de reprendre. Brandt frappe sans relâche, et tous ses coups sont mortels. Le cheval de Werner est tué; Brandt le remonte sur le sien. Les janissaires font un mouvement; les deux amis sont à cinquante pas l'un de l'autre, et Brandt n'a plus d'espoir que de s'ouvrir un passage le sabre à la main. Il reçoit deux coups de lance, qui le rendent plus terrible encore. Après des efforts incroyables, il croit se réunir à Werner : il se trouve à côté du comte de Bonneval, que les flots des combattans ont coupé de sa colonne, avec environ deux cents hommes de son régiment. Le comte dispose ses gens de manière à ce qu'ils puissent faire face de toutes parts. Brandt se met dans les rangs.

Cette petite troupe se défendit près d'une demi-heure ; mais se trouvant réduite à vingt-cinq hommes, il fallut penser à la retraite. Tout autre que monsieur de Bonneval n'eût pensé qu'à se rendre : il osa entreprendre de se faire jour, et il y parvint après mille coups reçus et portés. Dix des siens périrent encore ; lui-même reçut un coup de lance qui le renversa. Brandt le releva aussitôt, et le comte tua d'un coup d'épée le Turc qui l'avait blessé. Il se retira enfin sur le bord du fleuve, où il respira un moment. Il écrivit sur ses tablettes le nom de Brandt, et il retourna au feu.

Cependant les succès même des Turcs leur devinrent funestes. Ils ne s'apercevaient pas qu'ils prêtaient le flanc aux Impériaux, et que ce flanc, trop étendu, ne pouvait résister au moindre choc. Le prince Eugène profite de cette faute avec son habileté ordinaire ; il détache deux mille chevaux de sa gauche, et les fait passer à la droite. Ils chargent en flanc les janissaires, qui avaient enfoncé de tous côtés l'infanterie impériale. Ils sont repoussés à leur tour. Cet avantage donne le temps aux bataillons de se reformer et de se remettre en ligne. Le corps de réserve s'avance ; deux batteries croisées tonnent contre les Turcs; ils sont entre trois feux. S'ils avaient connu l'art de former un bataillon carré, ils auraient pu encore disputer la victoire. Ils ne virent d'autre parti que la fuite, et elle devint générale. On les poursuivit la baïonnette et l'épée dans les reins; leur déroute fut complète. Ils abandonnèrent leur artillerie, leurs munitions, leurs tentes, leurs bagages. Cent soixante-quatre pièces de canon de tout calibre, cent cinquante drapeaux ou étendards, cinq queues de cheval, et trois paires de tymbales, furent les garans de la victoire.

Brandt était rentré dans Petterwaradin, et s'était traîné à l'hôpital, affaibli par le sang qui coulait de ses blessures. L'une était dans le gros de l'épaule, l'autre glissait le long des côtes. Il s'occupait fort peu de lui; il ne pensait qu'à Werner. Il l'avait remis à cheval ; mais avait-il échappé aux ennemis qui l'entouraient ? était-il tombé sous leurs coups? Madame de Felsheim avait-elle perdu plus que la vie ? On le pansait, il n'y prenait pas garde ; le chirurgien lui parlait, il ne répondait point. Madame de Felsheim et Werner étaient le but de ses craintes, de ses espérances, de ses affections.

Il demandait à tous les blessés qu'on passait devant son lit, s'ils n'avaient pas vu parmi les morts un officier des cuirassiers, de cinq pieds six pouces, fait au tour, le teint d'une femme, les yeux bleus, le sourcil noir, et les cheveux blonds. Tous répondaient que non, et il espérait ; mais on ajoutait que le corps des cuirassiers était entièrement détruit, et il se livrait à de nouvelles alarmes. « Pourquoi, s'écriait-il, suis-je retenu ici « par deux maudites écorchures? Je le cherche- « rais, je le trouverais. Je me ferais tout à l'heure « couper une jambe pour savoir ce qu'est de- « venu ce cher homme-là ».

Werner avait été tiré de la mêlée par quelques escadrons de la réserve, qui avaient eu peu de part à l'action, et qui s'en dédommageaient en se portant partout où il y avait du danger. Le général Spléni, qui les commandait, aperçut un jeune homme qui se défendait en héros. Il vola à la tête des siens, et dégagea Werner, couvert de sang, de sueur, de poussière, et maître encore du drapeau qu'il venait de conquérir.

Ce fut alors que la fortune abandonna les Turcs, qu'elle avait favorisés pendant trois heures. Le grand-visir, désespéré de la défaite des janissaires, avait rallié deux mille chevaux de sa garde, avec lesquels il attaqua les Impériaux, qui poussaient les fuyards : son heure était arrivée. Les escadrons de Spléni le rencontrent, se couvrent de gloire en jetant le désordre dans sa troupe, et Werner termina la journée en lui portant deux coups de sabre, dont il mourut le lendemain à Carlowitz.

Werner fut présenté par le général Spléni au

prince Eugène, qui le nomma colonel sur le champ de bataille. Quel moment pour le jeune guerrier! « Je la reverrai, se disait-il, je la rever-
« rai, décoré d'un grade qui atteste ma valeur.
« Elle sera fière de son amant, comme je le suis
« de son amour. »

Les comtes de Palsi, de Bonneval, de Falckenstein, le prince de Wirtemberg et tous les généraux, se rassemblaient autour du prince Eugène, et le félicitaient sur sa victoire. « Je vous la dois,
« messieurs, répondit le prince ; mais nous avons
« fait assez pour la gloire, pensons à servir l'hu-
« manité. Occupons-nous des blessés ; vous m'in-
« diquerez ensuite les braves qui ont mérité de
« l'avancement. — Si j'osais parler, disait à voix
« basse le timide colonel!... Si je pouvais le re-
« voir, rien ne manquerait à mon bonheur. —
« Mon prince, poursuit le comte de Bonneval,
« j'ai fait connaissance aujourd'hui avec un brave
« à trois poils. Il se bat comme un diable, il jure
« à l'avenant, il effraye l'ennemi avec ses grima-
« ces, et il m'a sauvé la vie. Il est assez griève-
« ment blessé, et je l'ai fait rentrer à Petterwara-
« din. — Son nom? reprend le prince Eugène. —
« Je crois l'avoir sur mes tablettes... Précisément.
« C'est Brandt qu'il se nomme. — Brandt! s'écrie
« Werner, il n'est pas mort!... O mon Dieu, mon
« Dieu, je te remercie!... Mon prince, permettez
« que je donne un moment à l'amitié. » Et, sans attendre de réponse, il pousse son cheval ; il entre

à Petterwaradin. Il parcourt les salles de l'hôpital, en appelant son ami. Brandt reconnaît sa voix ; la joie l'empêche de répondre. Il se soulève, il ouvre ses bras, Werner s'y précipite.

Vous l'avez éprouvé, braves Français, combien il est délicieux ce moment, où, après l'action la plus meurtrière, on retrouve, on embrasse un ami, un frère d'armes, qu'on ne comptait plus revoir, et auquel on croit n'avoir plus à donner que des larmes. On se regarde, on se touche, on s'interroge, on se répond ; on doute encore si ce n'est pas une illusion.

Le premier moment avait été à l'amitié, et le second appartenait à l'amour : Werner ne pense plus qu'à madame de Felsheim. Elle allait apprendre, par la voix publique, et la victoire des Impériaux, et la perte qu'ont éprouvée les cuirassiers prussiens. Il fallait, à quelque prix que ce fût, prévenir les gazettes et les lettres particulières ; mais comment faire ? Brandt est blessé ; Werner ne peut s'éloigner du camp. On a pris tous les chevaux pour le service de l'artillerie ; il faut remonter le Danube jusqu'à Tolna, et un étranger, guidé par l'intérêt seul, ne mettra point dans sa marche cette célérité, qui peut seule rassurer l'amante la plus tendre. « Elle en mourra, disait Werner. Je « vous en réponds, répliquait Brandt. — Mais « quel moyen employer ? — Ma foi, je n'en con-
« nais point. — Moi, j'en sais un, reprit le
« comte de Bonneval, qui cherchait aussi Brandt,

« et qui écoutait la conversation avec le plus vif
« intérêt. Le colonel Werner partira. — Je parti-
« rai, grand Dieu ! — Votre régiment est à re-
« faire. On en renverra les débris en Prusse, et
« vous obtiendrez facilement un congé. Quand on
« s'est conduit comme vous, on a droit à des
« égards. — Que je parte donc de suite, à l'in-
« stant... Je la connais : une heure de retard peut
« lui donner la mort. — Un moment, vous avez
« acquitté la dette de l'amitié, j'ai à payer celle
« de la reconnaissance »; et le comte présenta sa
bourse à Brandt. « Qu'est-ce que cela, dit le
« hussard ? — C'est de l'or. — Pourquoi faire ? —
« Pour payer le service que tu m'as rendu. —
« Général, on ne fait pas de ces choses-là pour
« de l'argent. — Tu auras une compagnie. — Je
« n'en veux pas. — Que veux-tu donc ? — Finir
« mes jours avec madame de Felsheim. Si vous
« la connaissiez comme moi, vous la préféreriez à
« tous les grades de l'armée. — Quelle est donc
« cette madame de Felsheim que l'on préfère à
« tout ? Vous la reverrez l'un et l'autre. Attendez-
« moi ici ; avant une heure, je suis à vous. »

Le comte de Bonneval était aussi original à sa
manière que Brandt à la sienne. Il avait quitté le
service de France, pour passer à celui de l'empereur. Proscrit à Paris, il y revint, s'y maria publiquement, et, quelques années après, il alla
prendre le turban à Constantinople, où il est
mort bacha. Un tel homme devait aimer tout ce

qui était extraordinaire. Il retourna près du prince Eugène. Il lui fit un discours si pathétique et si plaisant ; il fit un si heureux mélange de l'héroïsme et de l'amour, qu'il obtint ce qu'il voulut. Le prince donna une de ses voitures, avec un ordre pour prendre les relais de l'armée jusqu'à Schambock.

Le comte revint avec la grace qu'attendaient les deux amis. Werner prend à peine le temps de le remercier ; il est dans le carrosse. « Et moi, « criait Brandt, en le suivant à travers les salles, « appuyé sur son sabre ; et moi, croyez-vous que « je reste ici ? — Mais ton état... — Un peu d'eau « et de sel, voilà tout ce qu'il me faut : cela se « trouve en route »; et Brandt est à côté de Werner. Le comte de Bonneval leur prend la main, leur souhaite un bon voyage, jette sa bourse dans la voiture, et s'éloigne rapidement, de peur d'être obligé de la reprendre. Quatre forts chevaux enlèvent la berline : l'heureux Werner est sur la route de Blekède.

Le sixième jour était commencé. La paisible famille, rassemblée dans l'appartement de madame de Felsheim, cherchait à la rassurer et à la distraire. Vains efforts ! elle n'est plus à Blekède. Ses espérances, son bonheur, sa vie, tout est sur les bords du Danube. On apporte une gazette. Monsieur Heidelberg l'ouvre avec précipitation; madame de Felsheim écoute et frémit à chaque mot. Le prince a passé le fleuve ; tout se prépare pour une affaire générale; elle ne peut manquer d'avoir lieu le lendemain. Les terreurs se renouvellent ; le langage de la raison n'est plus écouté. Une heure avant, on désirait, on hâtait, par les vœux les plus ardens, le retour de Brandt ; maintenant on redoute sa présence; on croit lire dans ses yeux l'affreux événement. Madame Werner cache soigneusement ce qu'elle éprouve, mais de cruels pressentimens la tourmentent ; monsieur Heidelberg les partage malgré lui ; Crettle, qui croit n'avoir rien à craindre pour elle, s'afflige de la douleur commune ; les deux enfans seuls sont en paix. Ils dorment dans le même berceau ; leurs bras sont enlacés ; leurs joues sont colorées de l'incarnat de la santé; le sourire de l'innocence agite leurs lèvres rosées. Age fortuné, où l'on ignore, à la vérité, tout le prix de son être, mais où l'on est étranger au malheur! Ah! si l'homme calculait bien les courts instans de jouissance qui lui sont réservés, s'il comptait ceux qu'empoisonneront l'infortune, la calomnie, les persécutions, les regrets, il pleurerait la naissance de ses enfans ; il envierait le sort de ceux qu'une mort prématurée met à l'abri des orages.

La journée s'écoulait, et Brandt n'arrivait pas. Une voiture, un cheval s'arrêtaient-ils à la porte de l'hôtel ? Crettle courait à la croisée et revenait à pas lents s'asseoir auprès de sa maîtresse. On était plongé dans la plus sombre tristesse, un morne silence régnait dans la salle; tout-à-coup le fouet des postillons, le galop des chevaux, le bruit des roues réveillent l'attention. « Le voilà, « le voilà, crie une voix de tonnerre. C'est « Brandt, reprend madame de Felsheim. C'est « lui, poursuit Crettle. » On court, on se presse, on se heurte, madame de Felsheim franchit l'escalier, la cour; la voiture s'ouvre, Werner est à ses pieds. La surprise, la joie, la tendresse, toutes les passions à-la-fois viennent assaillir son ame. Elle ne peut supporter l'excès de son bonheur ; elle perd l'usage de ses sens. On la reporte chez elle ; on lui donne des secours ; elle revient, elle cherche Werner, elle le touche, elle s'assure que son cœur n'est pas le jouet d'un songe ; elle veut parler : que dira-t-elle qui rende ce qu'elle éprouve ? Un œil humide de plaisir, un sein palpitant, des bras qui attirent, qui pressent l'homme qu'elle adore, un cœur qui bat avec violence, et qui semble vouloir s'échapper pour s'unir au sien, cent baisers de flamme, voilà le langage, l'éloquence de l'amour ; voilà ce qu'aucun langage n'exprimera jamais.

Crettle était dans une situation tout-à-fait différente. Il avait fallu aider Brandt à descendre de voiture. Son habit coupé à l'épaule, des linges humectés, une certaine pâleur, indiquaient clairement ce qui s'était passé. « Ah ! mon Dieu, dit-« elle, il y a eu une bataille ! — Et une fière.
« — Et tu t'es battu ! — Comme un déterminé..
« — Et tu es blessé ! — Ce n'est rien que cela. —

« Mais..... — Mais, mais..... embrasse-moi, fais-
« moi voir mon petit Joseph, et mets-moi là-
« dessus de l'eau et du sel. » Soutenu sur le bras
de Crettle, Brandt monta, et vint rendre ses hommages à madame de Felsheim. Elle savait déjà
ce qu'elle devait au brave homme ; elle l'embrassa
avec une affection dont Werner la remercia.

Un calme doux, une touchante effusion succédèrent aux premiers transports. On se parlait, on
s'interrogeait, on prévenait la réponse par une
question nouvelle. Madame de Felsheim voulait
tout savoir, jusqu'aux moindres détails : Werner
avait à peine le temps de parler, et, toujours
modeste, il faisait valoir les exploits des autres
et glissait sur les siens. Brandt, impatienté, demanda et obtint la parole. « Un drapeau, enlevé
« par lui seul, au milieu d'une troupe de janis-
« saires.... — Tu es venu me le conserver. —
« Son cheval tué sous lui... — Tu m'as remonté
« sur le tien. — La plus belle résistance aux efforts
« des ennemis... — Tu as percé leurs bataillons. —
« Le grand-visir tué de sa main... — Tu en aurais
« fait autant, si tu l'avais rencontré. — Quel diable
« d'homme êtes-vous ! Il semble à vous entendre
« que ce soit moi qui ai gagné la bataille. Je vous
« dis, madame, qu'il s'est comporté comme un
« dieu, et la preuve, c'est qu'il revient colonel.
« Allons, il n'y a pas à rougir pour cela. Quand on
« a eu le courage de faire de belles choses, il faut
« savoir entendre son éloge. — Il a raison, dit ma-

« dame de Felsheim. L'estime des honnêtes gens
« est le prix le plus doux que puisse ambitionner
« un héros. Jouis de toute la mienne. Werner
« m'a causé de cruelles alarmes ; mais Werner
« victorieux me deviendrait plus cher, si mon
« amour pouvait s'accroître encore. — C'est de
« lui, reprit le jeune colonel, que j'implore, que
« j'attends le prix le plus précieux. *Le jour où*
« *vous reviendrez sera celui de notre commun*
« *bonheur :* voilà vos dernières paroles ; elles
« m'ont toujours été présentes. — Et crois-tu
« que je les aie oubliées ? Mon ami, il est bien
« doux de tenir ce qu'on a eu tant de plaisir à
« promettre. »

Nouveaux transports, nouvelles caresses. Le respect filial, l'amitié, l'amour, se confondaient, s'échauffaient mutuellement. Le petit Charles eut aussi son tour. Madame de Felsheim le présenta à Werner. Il le baisa avec tendresse ; il répéta des sermens, inutiles sans doute pour un homme d'honneur, mais toujours rassurans pour le cœur timide d'une mère.

Les préliminaires ne furent pas longs. Quand l'amour fait les frais de la noce, on ne s'occupe guère que de lui. Il arriva enfin ce jour, où les amans les plus tendres seront dédommagés de tant de sacrifices ; où la vertu va consacrer des délices qu'elle seule peut rendre durables. L'impatient Werner arrive chez son amante, décoré de sa jeunesse, de sa beauté, et des marques de son nouveau grade. Madame de Felsheim le reçoit avec une rougeur modeste ; mais le désir timide, certain air de langueur et de volupté percent malgré les efforts de la décence ; on lit aisément dans ses yeux combien elle va être heureuse. Elle ne s'est point parée : en a-t-on besoin à vingt ans ? Ses attraits, sa fraîcheur, ses grâces relèvent la robe la plus simple et du choix le plus heureux : c'est celle qu'elle a reçue de Werner, qu'elle a soigneusement conservée. Ce fut l'offrande du malheur ; c'est maintenant la livrée du plaisir.

Leurs fortunés parens les présentèrent à l'autel. Les traits de madame de Felsheim s'épanouirent ; elle osa fixer le célébrant ; elle lui répondit sans hésiter ; enfin elle prononça le *oui* charmant avec une satisfaction qui n'échappa à personne.

Combien l'hymen est doux quand l'amour a préparé ses chaînes ! elles sont couvertes de fleurs, le poids en est insensible, c'est le plaisir qui les porte. Werner triomphant ramena sa Sophie. On dîna en famille : le bonheur fuit les importuns. La gaieté franche, la naïve allégresse présidèrent au repas. Werner était assis près de sa femme ; il mangeait dans la même assiette, il buvait dans le même verre, il respirait son haleine, ses lèvres s'attachaient sur les siennes, et elle ne s'en plaignait pas.

On se réunit dans l'après-dînée. Le papa et la maman sourirent ; la mariée rougit. Werner l'attira doucement sur ses genoux, et cacha sa rougeur dans son sein. Brandt et Crettle regardaient le tableau dans l'éloignement. « Cet homme-là, « disait le hussard, est fait pour briller par-tout. « Je ne crois pas, répondit Crettle, qu'il ait be- « soin, comme monsieur le Baron... — Tais-toi, « nous avons fait une sottise : tâchons de l'oublier. »

Les gens *comme il faut* de Blekède vinrent féliciter les jeunes époux : l'hôtel ne désemplissait pas. Werner s'ennuyait... oh ! il s'ennuyait !... pas un moment dans la soirée, où il pût parler à sa femme... comme on parle à ce qu'on aime. « Partons, dit la jeune femme. Il semble que « je t'aie épousé pour ces gens-là. — Ils me « déplaisent autant qu'à toi. — La campagne est « si agréable ! — Pas d'importuns. — Pas de dis- « tractions. — Tout y rappelle à l'amour. — Ce « n'est que là qu'on jouit de soi-même. — Nous « partirons, ma tendre amie. — Nous partirons, « mon cher Werner. » On se déshabillait pendant ce dialogue. Werner l'interrompait pour trouver une épingle qui ne se détachait pas assez vite; il ôtait un bas de soie qui dérobait la jambe la plus mignonne; il coupait un lacet... dirai-je tout? Oh! non. Je me défie de ma faiblesse; je peindrais mal ce qu'ils sentaient si bien.

L'homme d'affaires était venu annoncer la fin des travaux à Felsheim. Il n'y manquait plus rien que sa jolie propriétaire. Tout le monde monta dans la berline du prince Eugène, à l'exception pourtant de madame Werner la mère. Elle avait à Blekède ses amis, ses habitudes, et son confesseur : le moyen de s'en éloigner ! Elle se promit bien cependant d'aller quelquefois visiter ses enfans.

On partit par le plus beau temps du monde, et le contentement général ajoutait à l'éclat de la nature : l'œil du bonheur embellit tout. Werner, Sophie et son père, étaient dans le fond de la voiture ; Crettle et Brandt sur le devant ; les deux enfans roulaient alternativement sur les genoux des uns et des autres. On causait, on riait, on chantait ; Werner dérobait un baiser, la jeune femme se hâtait de le reprendre ; Crettle et Brandt s'agaçaient, et se faisaient des mines ; monsieur Heidelberg dormait : tout allait à merveille. Quelle différence de ce voyage à celui qu'avait fait madame Werner il y a un an !

On rentra dans cette forêt de Winsen, où il n'arrive jamais d'accidens. C'est bien dommage pourtant. Si le postillon avait cassé une roue à point nommé ; s'il avait conduit ses voyageurs chez des fripons, assez adroits pour se dérober à la justice, et assez bêtes pour crier, sous les croisées de leurs victimes, ce qu'ils peuvent dire tout bas à l'autre bout de la cour, le beau champ que j'aurais là ! le joli épisode pour égayer un voyage ! maudite forêt, où il ne se passe rien que de simple et de naturel !

Le chêne, l'orme, le peuplier, dont le soleil dore la cime, qu'agite doucement un vent frais ;

l'herbe verdoyante, quelques filets d'eau, qui murmurent sur le caillou et se perdent sous la fougère; la linotte, le bouvreuil, le rossignol, qui mêlent leurs accens, tout invitait à descendre : on gagne tant à s'égarer sous la verdure ! à chaque pas on y trouve l'amour. Sophie à passé son bras droit autour du cou de Werner, dont le bras gauche embrasse sa taille svelte, et l'attire mollement sur son cœur. Deux mains, oisives encore, se cherchent, se rencontrent, se caressent; les yeux se parlent, se répondent; les lèvres, à deux doigts de distance, se rapprochent encore, et se quittent à regret. On marche, on s'arrête, on s'assied, on se relève; un nouveau baiser invite à se rasseoir; l'odorant chèvrefeuille, la simple marguerite parent un sein, dont une main jalouse les écarte à l'instant; cette main perfide ne fait pas grace à la moindre feuille, elle la poursuit, elle la trouve dans l'asile le plus secret. On feint de se dérober à des larcins, qu'on n'ose pas encourager; on court, on se cache sous la coudrette; on est poursuivie, on est prise; on s'y attendait bien.

En jouant, en folâtrant, en courant, on s'est éloigné de la route, de la voiture, de ses amis. On rit d'abord, on appelle, on tourne, on s'égare davantage. Sophie commence à s'inquiéter, et Werner cherche sérieusement le chemin.

Une petite fille de quinze ans, jolie comme un ange sous sa cotte de bure et son bavolet de toile, avait été le témoin de leurs jeux, et s'était bien gardée de les interrompre. Elle trouvait tant de plaisir à les regarder ! Cachée derrière des branches, elle avançait ou reculait; elle était toujours à portée de bien voir, et n'avait rien perdu. Une malheureuse épine la piqua à la jambe, elle jeta un cri, et Werner courut à elle. « Que faites-vous ici, « la petite ? — Je vous regarde. Et depuis quand, « reprit vivement Sophie ? — Depuis que vous « êtes entrés dans le bois. — Vous nous suiviez « donc ? — Ah ! mon dieu oui. — Mais c'est fort « mal. — Je ne vous ai pas nui, et j'étais heureuse, « sans trop savoir pourquoi. » Elle rougit en disant cela ; Sophie rougit davantage, et baissa les yeux.

« Sommes-nous loin de la grande route ? con-
« tinue Werner en riant. — Vous en êtes à un
« quart d'heure. — De quel côté faut-il prendre ?
« — Si je vous le dis, vous vous en irez. — Oh !
« à l'instant. — Et je ne vous verrai plus. — C'est
« bien dommage. — Restez encore un peu, j'irai
« me recacher. — Mais ne dirait-on pas qu'elle
« sent déjà battre son petit cœur. — Hélas ! oui,
« il bat, et bien fort. — C'est de bonne heure. —
« On n'est pas maître de cela. — Mais, vois donc,
« ma Sophie, vois donc comme elle est bien. —
« C'est ce que pense Antoni. — Ah ! c'est Antoni
« qui vous aime ? — Oui, monsieur. — Il vous l'a
« dit ? — Est-il besoin de dire cela ? — Comment
« donc le savez-vous ? — Il rit quand il me voit ;
« il soupire quand il me quitte. — Et quand il

« est avec vous ? — Il me regarde. — Et vous ? —
« Je crois que je rougis. — Voilà tout ? — Oui,
« monsieur. — Pauvre petite ! — Mais la première
« fois.... — La première fois ? — J'irai avec lui
« cueillir le chevrefeuille et la marguerite. — Ah!
« ah! — Oui, j'ai vu que cela vous avait fait plaisir.

« Ah, mon ami, continua madame Werner,
« notre imprudence est impardonnable. Voilà
« deux enfans qui vont se perdre... Et pourquoi
« donc, dit un petit blondin à l'œil bleu, au nez
« retroussé, en passant sa tête à travers le feuil-
« lage ? Vous étiez si contens tous les deux ! ce
« qui rend bien aise, fait-il jamais du mal ?
« Comment, reprit Werner, ce petit espiègle-là
« nous suivait aussi ? — Oh! mon dieu, non, mon-
« sieur. Je cherchais Guite ; je vous ai vus, ce
« n'est pas ma faute ; mais je n'oublierai rien. —
« Mon ami, il faut réparer nos torts. — Je crois
« qu'il n'y a pas de temps à perdre. Voyons,
« Antoni, à quand la noce ? Peut-être jamais,
« dit la petite, avec un profond soupir. Et pour-
« quoi, mon enfant, reprit la tendre Sophie ? —
« Le père d'Antoni est riche et le mien est pau-
« vre. — Ah! vous avez aussi votre père ? — Oui,
« il est vieux et infirme. — Et vous avez soin
« de lui. — Je lui donne tout ce que je gagne ;
« je ne peux pas laisser manquer mon père :
« j'aime mieux ne pas avoir Antoni. » Et elle se
mit à pleurer. Ses larmes allèrent au cœur du
petit blondin. Il s'approcha d'elle, en pleurant

aussi. « Antoni, dit Werner, Guite va nous con-
« duire chez son père, et toi, tu feras avancer
« notre voiture, qui est restée sur la grande
« route... Près de Koltz, le bucheron, continua
« la jeune fille »; et elle marcha en avant pour
indiquer le chemin.

Le papa Brown était assis à sa porte, et se
chauffait aux rayons du soleil couchant. Il égre-
nait des épis de mil, récoltés dans un petit jardin,
attenant à une hutte, bâtie en gazon et couverte
en chaume. Ses poules coquetaient autour de
lui, et se disputaient ce qui s'échappait de ses
mains tremblantes; son chien, vieux et fidèle
camarade, était couché à ses pieds, et dressa ses
oreilles à l'approche du couple aimable. Le bonhomme leva la tête, et s'appuyant sur un bâton
noueux, il fut au-devant de Werner et de sa
femme. Sophie l'aborda avec cette aimable affabilité qui gagne tous les cœurs. Elle lui raconta
comment ils s'étaient perdus dans la forêt, comment Guite les avait tirés d'embarras, comment
ils avaient découvert le secret de ses amours.
Elle lui laissa pressentir ce qu'elle se proposait
de faire pour deux enfans, incapables de prévoir
et d'éviter le danger. Le vieux père hocha la
tête. « Tous ces richards ont le cœur dur, dit-il;
« le père Antoni ne se laissera pas attendrir. Et
« puis c'est fier, ça méprise le pauvre monde.
« Moi, je n'ai rien; vous le voyez de reste. Mes
« poules, mon chien et Guite, voilà toute ma

« fortune. — Mais il est donc bien riche ? —
« Oh ! je vous en réponds. Ça vous a deux pièces
« de toile prêtes à vendre, du fil pour travailler
« trois mois, un cochon gras, une vache et son
« veau ; que sais-je, moi ? — Et combien tout
« cela peut-il valoir ? — Oh ! beaucoup ; peut-
« être cent florins. — Et si Guite en avait autant?
« —Je ferais le renchéri à mon tour. Écoutez donc,
« Guite est jolie, sage, économe, et un cœur...
« un cœur!... Cent florins avec tout ça, et on peut
« choisir parmi les plus huppés de la forêt. —Oh !
« mon Dieu, s'écria la petite, qu'est-ce que je
« sens donc-là ? » C'était une bourse, que la bien-
faisante Sophie avait glissée dans sa poche, en
causant avec le père Brown. La petite l'ouvre :
vingt-cinq ducats !... Quelle fortune ! elle s'assied
sur ses talons, compte et recompte son petit
trésor dans son tablier de cotonnade rouge ; le
vieillard ouvre de grands yeux ; Sophie et Werner sourient aux heureux qu'ils ont faits.

La berline arrive en ce moment. Le jeune
Antoni voit de l'or... C'est la première fois qu'il
en voit, qu'il en touche ; il rit, il saute, il embrasse ses bienfaiteurs, et Brandt les gronde...
mais il les gronde !... S'éloigner sans rien dire,
s'exposer à des accidens, inquiéter ses amis,
cela était affreux, épouvantable. On laissa dire
le brave homme : sa colère prouvait son attachement. On envoya chercher le père Antoni. Il
arriva en grommelant, et s'adoucit tout-à-coup

à l'aspect de la dot de Guite. Il avait toujours eu en grande estime le père Brown et sa fille; mais les temps étaient si durs, et ces enfans si jeunes ! Cependant il n'avait rien à refuser à la belle dame; il en serait tout ce qu'elle voudrait, et cent autres lieux communs dont le père Brown ne fut pas dupe. On s'expliqua, on se flatta, on s'entendit, et l'affaire fut bientôt conclue, parce que tout le monde y trouvait son compte.

En courant, en jouant, en se caressant, en faisant des mariages, on ne pensait pas au temps qui s'écoulait, et on s'aperçut qu'il était nuit quand elle fut tout-à-fait close. On avait encore trois grands milles à faire avant d'arriver chez soi, et le plus impérieux des besoins, la faim, commençait à se faire sentir : nouvel embarras. Pas de village dans la forêt, qui ne laisse pas d'être étendue, et cependant il faut souper. Le vieux Brown offrit ses œufs et son pain d'orge; le père Antoni, un quartier de lard, du beurre et de la piquette; l'offre fut acceptée d'aussi bon cœur qu'elle avait été faite.

Guite ramassa du bois sec, Antoni battit le briquet, Brandt creusa une cuisine à grands coups de pioche, Crettle cassa les œufs et les battit, monsieur Heidelberg cueillit une salade, Sophie l'éplucha, Werner souffla le feu; les deux pères parlaient affaires; tout le monde était occupé. En moins d'une demi-heure on servit sur le gazon; les convives formèrent un cercle, et à la lueur d'une lampe, suspendue à une branche, on commença un repas champêtre, qu'égayèrent la petite chanson, et la musette du jeune Antoni. On but, on mangea; la musette allait toujours; Brandt et Crettle se levèrent, et commencèrent la valse; Sophie prit son Werner et suivit leur exemple; le papa Heidelberg voulut s'essayer encore avec la petite Guite; le lieu, le moment, et peut-être la piquette avaient mis tout le monde de bonne humeur. On se sépara enfin très-satisfaits les uns des autres; les voyageurs remontèrent en voiture, et ne firent qu'un somme jusqu'à Felsheim, où ils arrivèrent au point du jour.

Puissent, mon cher lecteur, les douces illusions de la vie te suivre dans les bois, dans les villes, à la table et au lit! Puisses-tu sur-tout y trouver une Sophie!

CHAPITRE VI.

Évènement assez ordinaire. Histoire d'un roi sans états.

Quoi qu'en disent certains déclamateurs, qui dénigrent les richesses, qui prêchent la tempérance, qui maudissent les châteaux, et qui cependant courtisent les riches, piquent leur assiette, et font mille efforts pour quitter leur septième étage; quoi qu'en disent ces messieurs, un peu d'aisance est nécessaire en amour. Les amans les plus opulens ne sont pas les plus tendres; on doit aimer bien moins encore, tourmenté par l'inquiétude du lendemain.

Une maison commode et gaie, que l'on habite avec sa douce amie; des jardins, des vergers où l'on se perd, où l'on se retrouve; une prairie où l'on rêve aujourd'hui, où l'on danse demain; des livres choisis qui ornent l'esprit, qui parlent au cœur; de petites absences ménagées avec art; mille riens piquans; une sorte de coquetterie, si nécessaire et si excusable, lorsque son but est de plaire exclusivement à l'objet qu'on aime sans partage : voilà ce qui alimente, ce qui ranime l'amour, que l'uniformité et surtout le besoin tuent si promptement. Ah ! puisque tout est passager, tout, jusqu'aux illusions les plus douces, tâchons d'en prolonger la durée, opposons l'art à la nature. C'est ce que firent Sophie et Werner.

Le roi de Prusse avait ratifié avec empressement la promotion du jeune colonel. Une lettre flatteuse était jointe au brevet. Elle commençait par des éloges mérités, et finissait par une faveur sans prix pour les jeunes époux : c'était la permission de vivre l'un pour l'autre, jusqu'à ce que les cuirassiers fussent reformés.

Sophie n'était pas sans craintes pour l'ouverture de la campagne prochaine; mais les progrès rapides du prince Eugène la rassurèrent bientôt ; et, de tous ses auxiliaires, l'empereur ne garda que les Bavarois, le reste fut remercié.

L'année suivante, le prince Eugène assiégea Belgrade, défendue par une armée de quinze mille hommes. Une foule innombrable de Turcs l'assiégea lui-même dans ses lignes, qu'elle environna de tranchées. Il se trouvait précisément dans la position de César assiégeant Alexie ; il s'en tira comme lui. Il marcha à l'ennemi, l'attaqua, le battit et emporta la place : son armée entière devait périr ; mais la discipline allemande triompha des lieux et du nombre.

Ce prince mit le comble à sa gloire par la paix de Passarowitz, qui donna Belgrade et Témiswar à l'empereur. Les Vénitiens, pour qui on avait fait la guerre, furent abandonnés, et perdirent la Grèce sans retour. C'est-là ce que les souverains appellent de la politique. Les traités les plus respectables ne sont que des trèves, qu'on prolonge ou qu'on viole suivant son intérêt ou son ambition. La subsistance et le sang des peuples font les frais de ce jeu cruel, et les vainqueurs et les vaincus pleurent également leur misère et la froide cruauté de leurs maîtres.

Notre heureuse famille, étrangère, au moins pour quelque temps, à ces meurtres qui dévastent la terre, et dont on dérobe l'horreur sous des cordons et des crachats, tandis que, selon les lieux et les personnes, la mort d'un seul homme est vengée par la roue, notre intéressante famille ne s'occupait que de son bonheur. La belle, la tendre Sophie, toute à son époux et à son fils, trouvait cependant des momens pour régler sa maison; elle en donnait à de vrais amis; elle en réservait un pour Gessner, qu'elle portait toujours avec elle, et en qui elle aimait tant à retrouver sa sensibilité et son aimable candeur. L'éducation du petit Charles, l'amour et la reconnaissance de sa mère, l'administration de ses biens, Quinte-Curce, les Commentaires de César, et Polybe attachaient Werner tour-à-tour. Quelquefois Sophie venait interrompre ses méditations; quelquefois Werner, pressé du besoin de la revoir, l'interrompait à son tour, et l'on ne s'abordait qu'avec ce tendre sourire qui peint si bien l'intelligence des cœurs. Le petit Charles, qui marchait, qui bégayait à peine, était déjà de toutes les promenades. On lui parlait, on piquait sa curiosité, on essayait sa raison naissante, on en favorisait le développement, et le plus doux baiser était le prix d'un mot heureux.

Brandt s'en emparait à son tour; il s'était chargé de l'éducation physique. Charles d'une main, et son Joseph de l'autre, il trottait, courbé jusqu'à leur niveau, et les conduisait, en chantant, vers un boulingrin, sur lequel il tombait et se roulait avec eux. Des fusils et des sabres de bois, des bonnets de carton de la façon du brave homme, donnaient à ses petits amis le goût précoce des combats. Brandt, un rateau, ou une pelle sur l'épaule, marchait en avant et commandait les évolutions. Souvent le grand-papa Heidelberg, qui n'y entendait rien, se mettait de la partie et manœuvrait avec un sérieux et un air gauche, dont Brandt, qui n'était pas un rieur, ne pouvait s'empêcher de rire. Crettle observait tout, à travers une charmille, et jetait un abricot ou une pêche au milieu du bataillon. Aussitôt les rangs étaient rompus; c'était à qui arriverait le premier. Brandt envoyait sa femme au diable, et sa femme recommençait dès qu'il avait reformé sa troupe; et le hussard de jurer de plus belle, et Crettle de rire, et Sophie et Werner d'accourir et de se mêler à ces jeux. Puis, le goûter en commun; puis des courses sur des rochers escarpés, au pied desquels serpente un ruisseau limpide et poissonneux. La fraîcheur, la transparence de l'eau invite à descendre. Sophie dépose, sur la mousse, qui couvre la roche, son petit soulier et son bas blanc; la vague bouillonnante vient se briser sur sa jambe d'albâtre. La nasse fatale remonte le ruisseau; l'agile habitant de l'onde se jette dans le piège, en cherchant à l'éviter, Charles et Joseph aident à tirer le filet à terre; ils s'agitent, ils se démènent; ils saisissent de leurs deux petites mains la truite et la tanche; ils les pressent contre leur poitrine; ils tremblent que leur proie ne s'échappe. On rentre gaîment. La matelote, la friture se preparent ; on soupe à l'ombre d'un tilleul, et l'amour couronne la soirée.

Il faut de la diversité en tout, et particulièrement en promenades : l'œil se rassasie si promptement ! Dans une de ces courses on s'éloigna de la route ordinaire. Une maisonnette que Sophie et Werner ne connaissaient pas encore, fixa leur attention. Elle était adossée à la roche, qui la garantissait des vents du nord ; une jeune vigne en couvrait le toit en partie, et promettait une ample vendange. En avant était une petite esplanade, qu'une main intelligente et laborieuse avait disputée à la ronce ingrate, et qu'elle avait enfin fertilisée. Le jeune couple s'achemina de ce côté.

Un vieillard était seul au milieu du petit domaine qu'il s'était ainsi créé. Sa taille était haute, sa démarche noble ; sa figure, que le temps et le malheur avaient sillonnée de rides, était cependant belle et imposante. Il s'avança d'un air affable au-devant de Sophie et de Werner, et leur demanda ce qui lui procurait l'honneur de les voir. « Oserai-je vous avouer, dit Werner, que nous
« avons cédé à un mouvement de curiosité ?........
« Qui maintenant fait place à un véritable in-
« térêt, ajouta Sophie, en saluant le vieillard
« avec des marques de considération dont il
« parut flatté. La curiosité, répondit-il froide-
« ment, est toujours stérile, et quelquefois of-
« fensante. L'affection des hommes est trom-

« peuse, et je n'attends plus rien d'eux. La terre
« couvrira bientôt ces débris, que la nature lui
« dispute encore. Jusque-là, je me suffirai; je
« sais me résigner et me taire. Si le respect que
« vous inspirez, répliqua Sophie, permettait d'in-
« sister, je vous prouverais peut-être qu'il est
« encore des hommes dignes de votre confiance
« et même de votre amitié. — La leur me serait
« inutile. J'ai eu de l'or, des dignités, de la con-
« sidération ; personne ne peut me rendre ce
« que j'ai perdu, et un peu plus, un peu moins,
« n'importent pas à mon repos. Mon sort est
« arrêté. Mon secret est tout ce qui me reste ; ne
« soulevez pas le voile épais dont je me suis en-
« veloppé. » Il salua et rentra chez lui.

Sophie et Werner se retirèrent en silence, et marchèrent quelque temps en rêvant à ce qu'ils avaient vu. Ils se communiquèrent enfin leurs idées, qui se trouvèrent conformes sur l'état de ce vieillard. C'était sans doute quelque illustre victime de la fortune. Son langage, ses manières annonçaient un homme né dans une classe dis- tinguée ; son extrême médiocrité devait être l'effet des plus cruels revers. Étaient-ils mérités ou non? de qu'elle espèce pouvaient-ils être ? Voilà ce que Sophie eût voulu savoir, et ce dont Werner cessa bientôt de s'occuper. Les hommes n'ont pas cette sensibilité exquise, ces douces prévenances, ces soins délicats, qui sont le partage d'un sexe plus faible, mais plus aimant, et dont l'ame expansive embrasse tout ce qui l'environne. Sophie s'interdit toute espèce de démarche qui eût pu alarmer le vieillard ; mais elle ne combattit point le désir de lui être utile. Il trouvait à sa porte tantôt une corbeille de fruits, tantôt quelques bouteilles de vin vieux. Un autre jour, c'était un pain blanc ; quelque fois un gâteau, que Sophie avait fait elle-même, et c'est le fidèle Brandt qu'on chargeait de déposer ces petites offrandes, et à qui on recommandait bien de ne pas se laisser surprendre.

Dès que *madame* avait parlé, Brandt ne savait qu'obéir : il suivait ponctuellement ses instructions. Sans s'inquiéter des malheurs présens, passés, ou futurs du bon homme, il se glissait de roche en roche ; il épiait l'instant où le protégé de madame rentrait pour prendre son repas ; il plaçait ses provisions à la porte du jardin, et se retirait avec les mêmes précautions.

Le vieillard, malgré son éloignement pour les hommes, n'était pas insensible à des attentions qui lui rendaient la vie plus douce. Il ne doutait pas qu'il ne les dût à la femme charmante qui avait découvert sa retraite, et ses dons ne blessaient pas sa fierté. Il semble que la main d'une femme intéressante ôte au bienfait ce qu'il a d'humiliant. L'homme, à quelque âge, dans quelque position qu'il soit, tient toujours, par quelque chose, à un sentiment qui ne s'éteint entièrement qu'avec lui.

Quand la bienfaitrice intéresse, on s'y attache nécessairement. On ne convient pas avec soi-même du désir bien senti de la voir, de l'entendre; mais on serait fâché qu'elle ignorât le prix qu'on attache à ses soins : un misanthrope peut fort bien convenir de cela. Cependant le vieillard ne savait ni le nom, ni la demeure de Sophie; il s'était d'ailleurs imposé la loi de ne jamais sortir de son petit enclos. Il est pourtant bien dur, pour un cœur honnête, de recevoir sans cesse, sans jamais exprimer sa sensibilité. Le vieillard prit un charbon, et traça ces mots en gros caractères sur la porte de son jardin : *Je devine la main qui me soulage, et je la bénis.*

Brandt, qui ne lisait pas mal, déchiffra aisément ce que le vieillard avait écrit. Il lut et relut plusieurs fois, afin de ne pas oublier un mot, et de pouvoir rendre exactement à madame ce qui lui était adressé. Il répétait la formule en sautant de roche en roche; il la répétait le long du chemin; il la répéta enfin à Sophie sans la moindre altération. L'aimable femme se la fit répéter à son tour. Si l'on jouit du bien qu'on fait, on jouit aussi de la reconnaissance qu'on inspire : c'est l'intérêt qu'une belle ame peut retirer de ses avances.

Brandt et Sophie s'entretinrent du vieillard. L'une en parlait avec les égards dus à l'âge, et surtout au malheur; l'autre prétendait que c'était un vieux fou, dont l'originalité faisait tout le mérite. La tolérante Sophie laissait dire Brandt, et riait même de ses expressions burlesques, en arrangeant un nouveau panier pour le lendemain. « Il n'écrira plus avec du charbon », disait-elle, en mettant dans celui-ci du papier, des plumes et de l'encre...... « Mais si je lui répondais........ « Oui, je le dois. D'ailleurs, si la correspondance « s'engage, il est impossible qu'il ne se décèle « pas, et je grille de savoir qui il est. » Toute femme est toujours un peu curieuse, et dans le fond il n'y a pas grand mal à cela.

Quelques bons livres achevèrent d'emplir le panier, et par-dessus le tout était un papier plié, qui ne renfermait que deux lignes : il ne fallait pas effrayer le vieillard. *On fait bien peu sans doute; mais on craint de vous déplaire. Si vous vouliez faire connaître vos besoins, on s'empresserait de les prévenir.* C'était l'engager indirectement à écrire; c'était là le coup de maître. On s'applaudit beaucoup de la petite ruse; on la confia à Werner, à qui l'on ne cachait jamais rien, et on en attendit l'effet avec impatience.

Le vieillard ne soupçonnait pas qu'on penserait à lui répondre. Le billet de Sophie lui causa la plus agréable surprise. Il le lut avec une satisfaction, qui s'accrut à l'aspect des ressources nouvelles qu'on lui offrait. Depuis long-temps il vivait seul ; il se trouvait tout à coup au milieu d'une société choisie, qui n'a pas les inconvéniens de nos cercles tumultueux. Le philosophe, l'historien, le poète, allaient tour à tour charmer ses ennuis, élever son ame, la consoler, et lui rendre ses forces. Il pouvait maintenant écrire ses réflexions, et c'est encore un plaisir : tout homme veut avoir de l'esprit ; tout homme a ses petites prétentions ; tout homme est bien aise d'être auteur.

Il écrivit donc, et les sensations qui l'affectaient passèrent de son cœur sur le papier. Il chanta la bienfaisance et les sentimens qu'elle fait naître. Son style était élevé, pur, sentimental : on peint toujours bien quand on est fortement ému. Il relut, et fut content de lui : tout homme a encore son grain de vanité. « Ah ! se dit-il à
« lui-même, elle lirait ceci avec plaisir. Je ne la
« connais pas ; mais les honnêtes gens ont tous
« un air de famille : le portrait que j'ai tracé
« doit être ressemblant. Elle se reconnaîtrait sans
« doute, et me saurait gré de l'avoir appréciée.
« Mais pourquoi ne me lirait-elle pas ? reprenait-
« il un moment après. C'est la reconnaissance qui
« s'exprime : lui offrir ce faible tribut, c'est payer
« une dette sacrée. » Et le papier fut attaché à la porte du jardin.

Sophie, enchantée de ce premier succès, s'empressa d'en préparer de nouveaux. Elle écrivait comme elle parlait, comme elle sentait. Elle laissait courir sa plume, et, sans apprêt, sans efforts, ses lettres avaient cette teinte de sensibilité, ce tour délicat, cette grace naïve, si familière aux femmes aimables, et que les hommes attrapent si rarement.

Bientôt la correspondance devint régulière et animée : on s'intéressait mutuellement. Werner lisait avec un plaisir vrai les lettres du vieillard ; Sophie les conservait. Le vieillard trouvait, dans celles qu'on lui adressait, un charme, qui ne tarda pas à les lui rendre nécessaires. Ce n'était pas de l'amour qu'il ressentait pour Sophie ; il n'avait fait que l'entrevoir, et il n'avait aucun des ridicules de son âge : ce n'était pas non plus de l'amitié ; c'était ce sentiment délicieux qui tient de la vivacité du premier et de la sagesse de la seconde. Il consacra donc à Sophie tous les momens qu'il put dérober au travail.

Cependant ces lettres, qu'elle aimait tant à lire, satisfaisaient son cœur et refusaient tout à sa curiosité. Même exactitude, mêmes épanchemens, mais aussi même réserve. Sophie n'était pas exigeante, et le silence de son nouvel ami la blessait ; elle eût voulu le connaître,..... sans doute pour l'aimer davantage. Elle cessa de lui écrire, par un raffinement de délicatesse, ou peut-être par un caprice, dont la femme la plus accomplie n'est pas toujours exempte. Le vieillard s'en plaignit... Je crois qu'elle y comptait un peu. « Je « me suis fait une douce habitude de vous lire, « écrivait-il, et vous me privez tout à coup du « baume consolant que vous versiez sur mes blessures ! Serez-vous plus cruelle que la fortune ?

« Je m'étais insensiblement attachée à vous, ré-
« pondait Sophie ; j'étais votre amie ; vous n'êtes
« pas le mien. Je vous ai ouvert mon cœur, et
« vous avez encore des secrets pour moi : l'ami-
« tié en connaît-elle? » Et elle fut encore quelques jours sans écrire.

Le vieillard réfléchissait au parti qu'il devait
prendre. Sa répugnance à se faire connaître était
extrême; mais son attachement pour Sophie l'emporta sur toute autre considération. Il reprit la
plume, et traça ces mots en soupirant : « Il m'en
« coûte de me découvrir; il m'en coûterait bien
« plus de perdre votre affection. Venez me voir.
« Amenez-moi l'heureux Werner. Vous lui con-
« teriez mon histoire : j'aime autant qu'il l'en-
« tende de ma bouche que de la vôtre. D'ailleurs
« l'époux qu'une femme telle que vous s'est choisi
« doit être bon à connaître. »

Qu'on juge de la joie et de l'empressement de
Sophie. Elle cherche, elle appelle Werner ; elle
lui montre le billet du vieillard, elle prend son
bras, et ils s'acheminent vers la maisonnette.
Brandt suivait avec quelques provisions.

Sophie, Werner et le vieillard s'abordèrent
comme d'anciens amis, impatiens de se revoir.
Le cœur est ennemi de la contrainte, et les honnêtes gens sympathisent si aisément! On s'assit
sous un berceau de chèvrefeuille. Sophie fit les
honneurs du petit repas qu'elle avait apporté;
Brandt se retira. Les jeunes époux se turent, et

regardèrent le vieillard d'un air qui l'invitait à parler. « J'exige de vous, leur dit-il, le secret le
« plus inviolable sur ce que je vais vous confier.
« Si j'étais connu dans cette contrée, je serais ex-
« posé aux importunités, à la pitié insultante, au
« mépris, qu'on prodigue si facilement au mal-
« heur. »

On lui répondit de la manière la plus propre à le rassurer, et il reprit ainsi : « Vous m'avez ac-
« cusé, madame, de n'être pas votre ami. Je le
« suis depuis le moment où j'ai reçu votre pre-
« mière lettre. Vous m'avez reproché de ne m'être
« pas ouvert à vous, quand vous me laissiez lire
« au fond de votre cœur : quelle différence ! vous
« m'entreteniez de votre félicité ; on aime à par-
« ler de son bonheur ; on y ajoute en le dépo-
« sant dans le sein de l'amitié. Je n'ai, moi, à vous
« raconter qu'une longue suite de calamités, dont
« l'histoire affectera votre ame sans atténuer mes
« douleurs. N'importe, vous le voulez ; il ne dé-
« pend plus de moi de vous rien refuser. Je suis
« Tékéli. »

Au nom de cet homme extraordinaire, soldat et général dès l'âge de quinze ans, combattant les oppresseurs de son pays, couronné roi de Hongrie, prince souverain de Transilvanie, et mettant l'empire d'Allemagne à deux doigts de sa perte, Werner fut saisi d'étonnement et de respect. Il se leva, et écouta son récit debout et découvert.

Histoire de Tékéli (1).

Les Turcs avaient laissé respirer les Hongrois, pendant la guerre de trente ans qui ravagea l'Allemagne. Les conquêtes d'Amurath IV en Perse l'avaient empêché de tourner ses armes contre les États chrétiens. La Transilvanie entière appartenait à des princes, que les empereurs étaient obligés de ménager; le reste de la Hongrie jouissait de ses priviléges. Léopold monta sur le trône impérial. Jaloux de ses droits, et dépourvu des qualités qui font les grands souverains, il opprima des sujets, qui pouvaient lui être utiles, et dont le mécontentement lui devint funeste.

Cependant Léopold n'était pas né méchant. Maintenant que l'âge a calmé le feu des passions, j'aime à lui rendre justice. Il était sérieux, mais affable; il eût passé pour un prince généreux, s'il eût su donner à propos; il ne fut que prodigue, parce qu'il donna sans discernement. Il acquit, dans les guerres continuelles qu'il soutint, une âpreté de caractère, que surmonta souvent sa bonté naturelle. Le plus grand de ses défauts fut son extrême facilité. Il se livra entièrement à des ministres qui abusèrent de leur ascendant pour assouvir la plus sordide avarice. De là, les impôts excessifs, les vexations, les assassinats juridiques;

---

(1) Épisode historique.

de là, les révolutions, les guerres, les maux incalculables qui affligèrent la Hongrie.

Le Hongrois, brave et par conséquent fier, reconnaissait un chef, et ne voulait pas de maître. La violation de ses priviléges l'irrita; et quand un peuple belliqueux prend les armes, il ne les dépose pas aisément. Les Hongrois se rallièrent autour des principaux seigneurs du pays. Mon père; Étienne Tékéli, tenait entre eux un rang distingué, que lui assuraient sa fortune et ses qualités personnelles. Il ne balança point à accepter le commandement qu'on lui déférait. Il aimait son pays; il avait d'ailleurs des injures personnelles à venger : le sang de ses parens, de ses amis, avait coulé à Vienne sur les échafauds. On l'accusait lui-même d'avoir conspiré avec un comte de Serin qu'il ne connaissait pas. La conspiration fut le prétexte, et ses grandes richesses le motif d'une accusation dénuée de fondement. C'est à la faveur de ce mot terrible, *conspirateur*, que les tyrans de tous les siècles se sont impunément défaits de ceux qui leur portaient ombrage.

Léopold fit marcher des troupes contre le château de Kewes, où mon père s'était retiré avec l'élite de la noblesse hongroise. Je sortais à peine de l'enfance. Mes yeux s'ouvrirent, pour ainsi dire, au bruit des armes. Je fus témoin des excès auxquels se livrent froidement les hommes pour des intérêts qui leur sont étrangers, ou qu'ils ne connaissent pas. Les Impériaux attaquaient avec fureur des opprimés qu'ils devaient plaindre; ceux-ci se défendaient avec le courage du désespoir. Mon père était partout, et partout j'étais à ses côtés. Ses leçons et son exemple me faisaient surmonter la crainte qu'inspire à tout être pensant le spectacle de la destruction. Habitans paisibles des villes, si le tourbillon qui vous entraîne vous permettait de réfléchir, si vous osiez vous occuper des générations passées, quelle amertume se mêlerait à vos plaisirs! L'homme, comme le ver, vit sur les cadavres. Où est la poussière qui n'ait pas été animée? Les couches extérieures de la terre sont formées des cendres de ses habitans; la bêche et la charrue labourent les débris de nos ancêtres; nous folâtrons avec insensibilité sur les ruines de l'espèce humaine, et nous foulons d'un pied léger des cités ensevelies.

Les murs du château de Kewes s'écroulaient sous le feu soutenu d'une nombreuse artillerie. On s'attendait à un assaut général, et on ne parlait pas de se rendre; on se préparait à mourir. Mon père fut tout-à-coup saisi de convulsions qui n'étaient pas naturelles. On le porta chez lui: je le suivis en pleurant. « Je meurs, me dit-il, « de la main de mes ennemis : les barbares « n'ont pu me vaincre, ils m'ont empoisonné. Vis « pour venger ton déplorable père et soutenir « les droits de ton pays. » Il expira.

J'avais alors quinze ans. Je me trouvais sans support, sans guide, exposé à ce que l'infortune a de rigueurs. J'étais seul au milieu d'une foule de guerriers, à qui mon nom imprimait le respect, mais à qui mon extrême jeunesse n'inspirait pas de confiance. Effrayé de cet abandon général, je me jetai dans les bras d'un vieil écuyer, à qui la mémoire de mon père était chère, et qui se chargea de me sauver. Il me revêtit des livrées de la misère; il me fit sortir du château, et à l'aide de ses instructions, je traversai le camp des Impériaux en leur vendant de l'eau-de-vie.

J'arrivai à la tête des retranchemens que les Hongrois avaient élevés à trois milles, sur la droite de Kewes. Je me nommai aux avant-postes, et je fus conduit au quartier du comte Ragotzi, qui commandait ce petit corps. Il ne vit en moi qu'un faible enfant incapable de rien entreprendre, et après m'avoir donné quelques marques d'affection, il me laissa avec sa fille, qui déjà n'avait plus d'autre asile que les camps. Elle était à peu près de mon âge; mais son jugement était plus formé que le mien. Elle était belle comme madame, sensible comme elle, et elle avait dans le caractère une énergie que la nature accorde rarement même aux hommes. Elle blâma ma timidité, elle me reprocha mon inaction. Soit que je portasse en moi ces germes de valeur qu'un instant développe, soit que les accens d'Amalie eussent une force irrésistible, je devins soldat en l'écoutant. Mon sang s'enflamma, mes yeux s'allumèrent, je pris des armes, et je jurai de ne les déposer qu'après avoir versé le sang des meurtriers de mon père.

Nous apprîmes bientôt que le château de Kewes était emporté, que les Impériaux m'avaient cherché, qu'ils avaient découvert ma retraite, et qu'ils marchaient sur nos retranchemens. Hélas! de quoi étais-je coupable? On avait ravagé, confisqué les possessions de mon père; il ne me restait que son nom, et ce nom était un crime. « Nous vous défendrons, me dit le comte « Ragotzi ; mais souvenez-vous qu'il est des « hommes pour qui l'obscurité est un opprobre. « Vous êtes comptable envers vos ancêtres de « votre conduite future. Vous n'avez que le choix « d'illustrer votre nom ou de le déshonorer. » Amalie me serra la main, et je volai au combat.

Il fut terrible. Trois fois nous repoussâmes les assaillans avec une perte effrayante; ils revinrent à la charge avec un acharnement nouveau. Le comte Ragotzi tomba mort à mes côtés. J'osai le remplacer, et à force de valeur et de prudence, je méritai l'honneur de commander à ces braves gens. La nuit sépara les combattans. Je sentis que je serais infailliblement forcé le lendemain, et je pensai à faire ma retraite à l'aide des ténèbres. Pendant qu'on exécutait mes ordres, je cherchai Amalie, et je la trouvai calme au milieu des horreurs qui l'environnaient. Je craignais de lui annoncer la mort de son père : elle me prévint. « On ne pleure pas les héros, me « dit-elle ; on les imite et on les venge. Notre « position, nos intérêts sont les mêmes. Nous « sommes orphelins l'un et l'autre ; nous avons « tout perdu ; unissons nos malheurs, roidis- « sons-nous contre la fortune, et réparons ses « injustices. »

Je ne savais encore ce que c'est que l'amour, et déja je sentais sa puissance. La proposition d'Amalie me combla de joie, sans que j'en démêlasse la cause. Son extrême beauté, le mélange le plus extraordinaire d'héroïsme et de sensibilité, tout en elle était fait pour séduire un enfant qui n'avait rien vu encore, et qui portait dans son sein le principe des passions les plus violentes. Je pris sa main, je l'entraînai sur mes pas, je me mis à la tête de ma troupe, et nous sortîmes des retranchemens dans le plus grand silence. Nous marchâmes toute la nuit dans des chemins creux et difficiles. Amalie souffrait horriblement ; ses forces ne répondaient pas à son courage. Je la soutenais, je la portais, je faisais des efforts incroyables, je serais mort plutôt que de l'abandonner. Deux Hongrois eurent pitié d'elle et de moi. Ils coupèrent des branches, en formèrent un brancard, sur lequel nous la plaçâmes, et mes soldats la portèrent tour-à-tour.

Au point du jour j'arrêtai ma troupe ; j'assemblai les officiers, et je les consultai sur le parti que nous avions à prendre. Ma confiance les flatta; ma modestie m'acquit leur attachement. Il fut décidé que nous ne pouvions tenir la campagne, qu'on se disperserait, que chacun rentrerait dans ses foyers, jusqu'à la première occasion de reprendre les armes; que j'irais, moi, solliciter des secours de Michel Abaffi, prince de Transilvanie; que pendant mon absence, mes amis s'attacheraient à grossir mon parti, et que je leur écrirais quand le moment de se rassembler serait arrivé. Ils me donnèrent ce qu'ils avaient d'argent; nous nous embrassâmes tous. On allait se séparer... « Et moi, me dit Amalie « avec un regard suppliant, et moi, que vais-je « devenir? Je n'ose vous proposer de partager « mon sort, lui répondis-je. Jusqu'ici je ne prévois que des revers; mais si j'avais un sceptre « je le mettrais à vos pieds. Je ne veux que votre « cœur, répliqua-t-elle, et je serai heureuse de « le posséder, si vous vous montrez digne du « mien. » Je la pressai dans mes bras, et ce fut du milieu d'un camp et du tumulte des armes que le ciel reçut les premiers sermens de deux enfans, proscrits, fugitifs, et ne possédant au monde que leur amour et l'espérance.

La présence de nos compagnons d'armes avait soutenu notre courage. Nous n'éprouvâmes, après leur départ, que le sentiment de notre faiblesse. Nous étions seuls, sans expérience, incertains de la route que nous devions tenir, des dispositions des habitans de la plupart des villes qu'il faudrait traverser. Un magnifique surtout, que m'avait donné le comte Ragotzi, les riches vêtemens d'Amalie, sa beauté, mes armes brillantes, tout devait nous déceler : nous tombâmes dans un découragement absolu. Amalie s'assit sur le bord d'un ravin et pleura amèrement. Je me plaçai près d'elle, et je la consolai. J'oubliai mes propres craintes pour ne m'occuper que des siennes. Ma voix fit sur elle l'effet que la sienne avait produit sur moi quelques heures auparavant. Je lui avais dû mes premiers exploits : elle me dut un retour de courage, qui ne s'est plus démenti pendant le reste de sa vie.

Nous nous levâmes et nous tirâmes vers Maklar. Nous n'avions pas marché deux heures, que nous découvrîmes quelques hussards autrichiens, qui couraient la campagne, et qui poussaient droit de notre côté. Je me disposais à défendre ma compagne et à vendre chèrement ma vie. « La résistance serait inutile, me dit-elle, « et assurerait notre perte. » Nous nous jetâmes derrière une haie, et nous nous tapîmes dans une pièce de bled. Bientôt nous entendîmes le galop des chevaux, qui ne passèrent pas à vingt pas de nous ; nous démêlâmes une voix qui disait : « Ce sont eux sans doute; nous les join-« drons. » Nous n'osions respirer ; Amalie me pressait contre son sein; nos cœurs battaient avec une extrême violence.

Le bruit s'éloigna insensiblement. Je levai la tête, et je ne vis plus personne. Nous nous consultâmes un moment, et nous résolûmes de nous cacher dans un bois qui était sur notre gauche, et d'y attendre la nuit. Nous filâmes le long de la haie, et nous allions descendre un chemin creux, que nous pouvions suivre sans être aperçus de la plaine, lorsqu'au détour de la haie nous tombâmes sur deux hussards. Ils buvaient, assis sur l'herbe, et leurs chevaux paissaient à quelque pas d'eux. Il fallait se rendre ou se battre; je ne balançai pas. Pour ne pas succomber, il n'y avait qu'un parti à prendre; c'était de les prévenir. Je m'élançai sur le premier, et avant qu'il pût se reconnaître, je lui fis sauter la cervelle; le second se leva brusquement et courut prendre ses armes à l'arçon de sa selle; je l'ajustai et je lui cassai les reins d'un coup de carabine. Je détachai les chevaux; j'aidai Amalie à monter sur l'un, je sautai sur l'autre, et nous poussâmes nos montures : il était temps. Le bruit des armes avait été entendu du détachement qui avait passé près de nous. Il retourna sur ses pas et se mit à notre poursuite. Nous n'avions ni éperons, ni fouet; nos ennemis gagnaient considérablement sur nous. Heureusement nous avions un grand quart de lieue en avant, et nous entrâmes dans le bois avant qu'ils pussent nous joindre.

Nous nous enfonçâmes dans un fourré, où il nous parut impossible qu'on vînt chercher des gens armés, et qu'on savait décidés à se défendre. Je marchais le premier, et je n'avançais qu'en écartant ou en coupant avec mon sabre les ronces et les branches qui s'opposaient à notre passage. Après une demi-heure de travail, nous parvînmes à une percée de vingt à trente toises de circonférence. Nous crûmes pouvoir nous arrêter en cet endroit. Nous descendîmes de cheval; nous fîmes le tour de cette nouvelle forteresse, et nous la jugeâmes inaccessible. On pouvait, à la vérité, y pénétrer par les mêmes moyens que nous. Mais il n'était pas à présumer que tous perçassent à la fois, et ils devaient se livrer à nous les uns après les autres. Nous nous assîmes au milieu de cette esplanade; nous rangeâmes autour de nous nos armes et celles des deux hussards : j'avais quinze coups à tirer, et nous n'avions affaire qu'à sept ou huit hommes.

Nous prêtâmes long-temps l'oreille, et nous n'entendîmes rien. L'idée du danger s'affaiblit, selon qu'il parût s'éloigner davantage; mais à mesure que nos sens se calmaient, un besoin impérieux se développait avec plus de force. Nous avions marché toute la nuit précédente et une partie de la journée, et nous n'avions pris aucune nourriture. Je cherchai d'abord dans les buissons qui nous environnaient. Ils ne produisaient que quelques fruits sauvages sans goût, et en très-petite quantité. Sans une réflexion d'Amalie il eût fallu continuer notre route et nous exposer à des périls nouveaux. Elle pensa que des hussards, éloignés de leur corps, devaient avoir quelques provisions. Elle visita les porte-manteaux : elle y trouva les rations de deux jours, et une gourde remplie d'un vin supportable. Nous reprîmes nos forces, et notre courage se ranima.

Ce fut alors que la fatigue commença à se faire sentir. Amalie sur-tout était excédée. Je l'enveloppai dans un des manteaux, je plaçai sa tête sur mes genoux ; elle s'endormit, et je veillai sur elle. Sa beauté, la douce chaleur de son haleine, mon amour, mon innocence même, tout rendait ce moment dangereux. Je ne pensai pas à résister au charme qui m'entraînait. Je lui prodiguai les plus douces caresses ; elle s'éveilla, elle me sourit, et sans autre maître que la nature, je devins son époux, et je m'endormis dans ses bras.

Quels momens que ceux où l'ame s'ouvre pour la première fois au bonheur ! Jamais je ne me suis rappelé ceux-ci sans verser des larmes de tendresse. Nous oubliâmes que la mort planait sur nos têtes, que notre triste patrie attendait tout de nos efforts ; nous ne pensâmes qu'à aimer, et nous ne sortîmes de ce lieu d'enchantement que lorsque nos provisions furent tout-à-fait épuisées : c'était, je crois, le troisième jour.

« Adieu, prairie charmante, disait Amalie en re-
« montant à cheval ; adieu jusqu'a des temps plus
« fortunés. Si nous délivrons notre patrie, nous
« te reverrons. Oui, nous la reverrons, n'est-il

« pas vrai mon ami ? Nous bâtirons une maison au « lieu même où nous avons connu les délices de « l'amour. » Hélas ! je l'ai revue cette prairie, mais seul ; mais lorsque la Hongrie fut rentrée sous le joug, et qu'il ne m'était plus permis de m'y arrêter.

Nous marchâmes au hasard, et nous suivîmes la première route qui se présenta. Nous parlions de nos affaires politiques, de nos affaires de cœur ; nous étions dans la plus parfaite sécurité. Il n'était pas vraisemblable que quelques hussards eussent passé plusieurs jours aussi éloignés de leur colonne : ils pouvaient être rencontrés par un parti Hongrois qui ne leur eût pas fait de quartier. Les guerres de factions sont des guerres de passions, et les passions se font un jeu d'outrager l'humanité.

En tirant sur la droite, nous devions trouver les bords de la Teisse, et en remontant ou en descendant, selon que nous nous serions plus ou moins écartés, nous devions facilement arriver à Pily et passer de là à Kiskore, où j'avais ouï dire que les insurgés avaient de nombreux partisans. Un autre danger nous menaçait. Il était d'autant plus à craindre, que les projets les plus perfides se dérobaient sous l'apparence de l'amitié, et que nous étions confians, comme on l'est quand on ne connaît pas les hommes.

Nous arrivâmes, en effet, sur les bords de la Teisse, et nous cherchions quelqu'un qui pût nous indiquer la situation de Pily. Un château d'assez belle apparence s'offrit à nous, et nous y entrâmes sans réflexion. Il appartenait au baron Caraffa, dont le fils, depuis, fut arrêté quatre ans sous la forteresse de Montgatz par cette même Amalie qui cachait, sous les formes des grâces, les talens d'un général consommé.

Le vieux Caraffa nous reçut avec des marques d'affection, qui d'abord pouvaient être sincères. Il nous interrogea, et nous répondîmes avec la franchise naturelle à notre âge. Nous le trompâmes sur un seul point. Il nous était impossible d'être un moment l'un sans l'autre, et nous lui dîmes que nous étions mariés. Mariés à cet âge ! des enfans pouvaient seuls se flatter de le persuader. Caraffa feignit de nous croire ; il s'efforça même de sourire ; il nous caressa beaucoup pendant le souper ; il parut très-attaché au parti Hongrois, et je crus ce qu'il voulut.

Il tenait en secret pour l'empereur. Son fils était à son service, et il se flattait en nous livrant, d'assurer sa fortune. Il avait un nombreux domestique, il pouvait nous arrêter à l'instant ; mais j'avais mon sabre et mes pistolets à ma ceinture : ce fut sans doute ce qui le décida à dissimuler.

Quand nous voulûmes nous retirer, on nous conduisit à un appartement de plusieurs pièces, dans le fond desquelles était la chambre à coucher. Amalie avait observé le silence pendant que nous étions à table ; elle avait écouté attentivement, et elle me rappela certaines expressions de Caraffa qui lui paraissaient suspectes. Je condamnai d'abord sa défiance, et bientôt je revins à son sentiment : pouvais-je voir et penser autrement que par elle? Je n'eus pas plutôt adopté ses soupçons, que je m'empressai de les vérifier. J'ouvris les croisées de notre appartement : la rivière mouillait le pied des murs. Je retournai à la porte par où nous étions entrés : la serrure était fermée à double tour. Nous ne pouvions pas nous échapper : il était clair qu'on avait résolu notre perte.

Si j'avais été seul, je n'aurais pas balancé. J'aurais enfoncé la porte, et je me serais ouvert un passage les armes à la main. Mais Amalie pouvait être la première victime de mon impétuosité, et sa vie m'était plus chère que la mienne. Nous éteignîmes les bougies pour faire croire que nous reposions. Nous tînmes conseil, et nous jugeâmes que la ruse était le seul moyen qu'il fût possible d'employer. Je regardai de nouveau par les croisées : point de barque, et par conséquent personne qui nous épiât au pied des murs. La Teisse est large en cet endroit, et il était assez difficile qu'on pût nous observer de la rive opposée. D'ailleurs le péril était imminent, et il fallait tout braver pour s'y soustraire.

Nous coupâmes nos draps par bandes ; je démontai une porte d'armoire ; je la descendis jusqu'au niveau de l'eau, et j'attachai le bout de la bande au pied d'une forte table. Je passai une autre toile sous les bras et sous les cuisses d'Amalie, et au moyen d'un double tour sur le montant de la croisée, elle glissa doucement. Quand elle fut en bas, elle saisit la bande de toile qui tenait la porte, elle l'attira sous ses pieds et s'y plaça facilement. Je descendis après elle; je coupai la toile et le courant nous emporta. Il nous fut impossible de gouverner ce frêle radeau : nous étions constamment occupés à nous soutenir l'un et l'autre. La rapidité du courant nous força de nous tenir à genoux, et nous suivîmes quelque temps le fil de la rivière, ayant de l'eau jusqu'à la ceinture. Nous abordâmes enfin à une petite îsle couverte de saules et d'osiers. Un pêcheur y tendait des lignes mortes. Amalie avait l'organe infiniment doux ; elle lui parla, et nous l'approchâmes sans qu'il conçut d'alarmes. Sa nacelle était attachée au rivage; je la vis et je me déterminai à l'instant. Je lui mis le pistolet sur la gorge, et je lui ordonnai de nous conduire à Kiskore. il obéit sans répliquer.

Il fallait remonter la Teisse, et repasser sous le château de Caraffa. Je ramais avec le pêcheur ; je l'encourageais par des promesses, par des menaces, et Amalie un pistolet de chaque main, lui ôtait jusqu'à la pensée de nuire à nos projets. Nous arrivâmes devant les murs du fatal château. On s'était aperçu de notre évasion. Des valets, armés de carabines, parcouraient la campagne avec des flambeaux allumés. Une partie du roc qui supportait cet édifice, s'avançait au-dessus de l'eau ;

nous eûmes à peine le temps d'y cacher notre barque. Nous entendîmes distinctement Caraffa qui excitait ses gens, et qui promettait de l'or à quiconque nous prendrait en vie. Je menaçai le pêcheur de le tuer, s'il faisait un mouvement.

Caraffa ne pouvait douter que nous n'eussions descendu la rivière sur la porte que nous avions prise chez lui : personne au monde ne l'aurait remontée dans l'état où nous étions. Il suivit le courant avec ses satellites, et à peine eûmes-nous perdu de vue les flambeaux, que nous sortîmes de notre cavité. Nous ramâmes de nouveau, nous redoublâmes d'efforts, et nous arrivâmes avant le jour sous le pont de Kiskore.

Cette ville est située dans une île que forment deux bras de la Teisse. Sa position et les ouvrages qui la défendent la mettaient à couvert des courses des Impériaux, qui n'étaient pas encore rassemblés en corps d'armée. C'est dans cette place que s'étaient réunis quatre à cinq mille Hongrois, fidèles à la bonne cause. Il n'y restait pas un sujet de l'empereur.

Je payai généreusement le pêcheur, et je le renvoyai. Nous fûmes arrêtés à un poste qu'on avait établi à la tête du pont. L'officier qui le commandait nous demanda qui nous étions. Je ne balançai pas : je nommai Ragotzi et Tékéli.

Au nom de ces deux héros, premières victimes de l'oppression, l'officier resta frappé d'étonnement et de respest. Il nous regardait avec atten-

drissement ; des larmes mouillaient sa paupière.
« Tékéli, Ragotzi, disait-il, d'une voix étouffée...
« c'est le fils, c'est la fille de nos plus zélés dé-
« fenseurs que nous possédons dans nos murs !
« Qu'on coure, qu'on amène Belleski. »

Belleski commandait dans la place. C'était un de ces hommes que l'orgueil des cours laisse à l'écart, et à qui il ne faut qu'une occasion pour faire éclater des talens distingués. Il vint nous prendre à la tête d'une garde nombreuse, et nous conduisit au gouvernement. En un instant le bruit de notre arrivée se répandit dans la ville ; la foule s'assembla autour de l'hôtel ; chacun voulait nous voir, nous parler, applaudir aux exploits de nos pères et à mes premiers faits d'armes. Nous répondîmes aux empressemens de ce peuple généreux ; nous parûmes, nous nous mêlâmes aux soldats, aux citoyens, aux femmes, aux vieillards. Notre jeunesse, notre affabilité, notre courage portèrent l'enthousiasme jusqu'à l'ivresse. La ville fut illuminée ; des tables furent dressées dans les rues, et on marquait d'une branche de chêne celles où nous nous étions arrêtés. Telles sont les vicissitudes de la vie : j'étais proscrit à Vienne, et je triomphais à Kiskore.

Dès que nous pûmes disposer de nous, Belleski nous fit prendre du repos. L'amour et l'héroïsme, ces passions des grandes ames, nous occupèrent une partie de la nuit. Amalie me voyait à la tête d'une armée à l'âge où l'on est à peine soldat; je cherchais, j'attaquais, je battais Léopold; il fuyait de sa capitale; son trône s'écroulait devant moi; la Hongrie était libre; nos pères étaient vengés. Si Mustapha eût été un homme, ces chimères se réalisaient.

Nous trouvâmes à notre réveil des vêtemens de différentes tailles, enrichis de ce que le luxe a de plus recherché. Nous nous habillâmes. Qu'Amalie était belle ! je ne me lassais pas de l'admirer. Les bataillons étaient rassemblés sur la place du gouvernement. Nous descendîmes et nous fûmes reçus au bruit de la mousqueterie et des acclamations de l'armée. « Mort aux tyrans, « m'écriai-je, et soutien à nos droits. » Ce cri fut répété dans tous les rangs. Amalie portait une magnifique ceinture; elle la coupa en morceaux, et en attacha un aux cravates de chaque drapeau. « Vive Tékéli, vive Ragotzi, vivent « leurs dignes enfans ! répétait-on de toutes « parts. » J'ai reçu depuis de plus grands honneurs, à la tête de quatre cent mille hommes, et j'en ai été moins flatté. Je jouissais pour la première fois du tribut qu'on offre aux héros, et je ne donnais encore que l'espoir d'en être digne un jour.

Quand les Hongrois surent la manière infâme dont Caraffa s'était conduit envers nous, ils demandèrent sa tête à grands cris, et Belleski fut contraint de se mettre à la tête de ceux qui voulaient marcher contre lui. J'étais bien jeune encore ; mais j'avais déja trop de grandeur pour me venger par un assassinat. Si Caraffa avait eu dix mille hommes, j'aurais été le combattre, le vaincre, ou tomber sous ses coups. Il n'était entouré que de quelques valets, qui ne méritaient pas l'honneur d'être attaqués par des hommes tels que nous. « C'est contre Léopold, dis-je à « ces braves Hongrois, qu'il faut diriger nos « efforts ; c'est sur lui qu'il faut punir les vexa- « tions qui nous ont mis les armes à la main. « Mais égorger un particulier, sans défense, c'est « le métier des brigands, et je ne vois ici que « des soldats. Je suis contente de toi, me dit « Amalie, et elle m'embrassa. »

Ces flots, qu'un mot avait soulevés, se calmèrent avec la même facilité. Tel est le peuple : il frappe, ou pardonne au gré de ceux qui le dirigent. Êtres privilégiés, que les circonstances ont placés à la tête des nations, vous seuls leur inspirez des vertus ou leur communiquez vos vices ; vous seuls êtes les causes et les garans de leurs excès. Tremblez d'abuser de votre puissance, la postérité vous attend : c'est elle qui juge les rois.

Je me concertai avec Belleski sur les mesures que nous avions à prendre. Il avait servi en Transilvanie, et il connaissait Abaffi. C'était un prince facile et bon, également incapable de grands crimes et de grandes choses. Il devait grossir la liste de ces souverains obscurs, dont les noms ne sont consignés dans l'histoire que comme des époques qui servent à la chronologie. La princesse, vive, enjouée, spirituelle, avait pris sur lui un ascendant absolu. C'est d'elle seule que dépendait le succès de nos démarches, et je m'en applaudis en secret. J'adorais Amalie; mais je n'étais pas fâché d'avoir à traiter avec une femme de ce caractère. Je joignais beaucoup d'esprit naturel à la figure la plus heureuse et à la taille la mieux prise : ces avantages devaient la disposer favorablement. Ce temps est si loin de moi, que je peux le rappeler sans être accusé de vanité.

Belleski ne voulait pas que nous parussions à la cour de Hermanstadt comme des aventuriers. Il prit le temps nécessaire pour nous former un train conforme à la mission honorable, dont nous étions chargés, et je consacrai ces jours de loisir à l'étude de la guerre.

Le jour du départ approchait, lorsqu'Amalie me prit par la main, et me conduisit dans le cabinet de Belleski. « Le ciel a reçu nos sermens, « me dit-elle d'un ton auguste. C'est assez pour « vous et pour moi; mais l'opinion est la reine « du monde. Je ne dois pas rougir à la cour « d'Abaffi, et je n'y peux paraître décemment « qu'avec le titre de votre épouse. » C'était remplir mes vœux les plus doux. Belleski donna ses ordres à l'instant. L'autel fut paré, l'encens fuma, nous fûmes unis pour jamais.

Enfin le moment arriva où nous devions quitter cette ville hospitalière. Belleski me fit monter avec ma femme dans un superbe carrosse ; trente domestiques des deux sexes étaient à cheval, ou dans différentes voitures ; deux cents hussards, parfaitement montés, se présentèrent pour nous servir d'escorte ; plusieurs chariots, chargés de nos effets et des provisions nécessaires pour la route, fermaient le convoi. Belleski nous embrassa tendrement, et nous sortîmes de Kiskore comblés de marques d'affection et des bienfaits de ses habitans.

Nous arrivâmes sur les frontières de la Transilvanie, sans éprouver le moindre retard. Presque tout le pays était du parti, et ceux qui restaient attachés à l'empereur étaient dispersés, et en trop petit nombre pour pouvoir rien entreprendre contre la troupe d'élite que j'avais avec moi. Nous nous arrêtâmes à Lugos, dernière ville de Hongrie, d'où je dépêchai à Abaffi un officier intelligent et sûr : je n'avais pas cru devoir entrer en armes dans les états de ce prince sans en avoir obtenu l'agrément. Je lui écrivis une lettre pressante ; j'en adressai une infiniment flatteuse à la princesse, et en attendant le retour de mon courrier, je traçai mon plan de campagne. Les officiers de l'empereur l'ont depuis admiré. Je n'avais pas d'expérience, mais j'étais né général.

La réponse d'Abaffi fut plus favorable encore que nous n'avions osé l'espérer. Après nous avoir marqué la plus haute considération pour la mémoire de nos pères, il nous invitait à nous rendre à sa cour. Des logemens étaient préparés pour nous et notre suite ; des fonds assignés pour notre subsistance, et il terminait par la plus flatteuse des promesses, celle de faire entrer en Hongrie une armée aussi forte que les circonstances le permettraient.

Après ce qui nous était arrivé chez Caraffa, il était bien naturel de se défier des protestations d'une bienveillance aussi prématurée. Je ne savais si je devais me mettre entre les mains d'Abaffi ; mon épouse craignait de me rien conseiller. Cependant, s'il était dangereux de nous rendre à l'invitation du prince, il ne l'était pas moins de retourner sur nos pas. Cette démarche m'ôtait, sans retour, la confiance et l'estime des Hongrois. Ils ne verraient plus en moi qu'un enfant sans caractère, indigne de servir leur cause et de les commander. Cette considération l'emporta, et nous partîmes à l'instant pour Hermanstadt.

Nous y arrivâmes le cinquième jour au soir, et le prince voulut nous voir aussitôt. Il nous reçut dans l'appartement de la princesse. Nous mîmes un genou en terre en les abordant. Ils nous relevèrent, et nous embrassèrent avec une affection qui ne me parut pas étudiée.

Après les premiers complimens, la conversation tomba sur l'état de nos affaires, sur les espérances du parti hongrois, et sur mes desseins particuliers. Après avoir satisfait le prince sur les deux premiers articles, je lui montrai mon plan de campagne. Il l'examina avec un seigneur, qui paraissait être auprès de lui dans la plus grande faveur. Ils se parlaient bas, et me regardaient, par intervalles, avec un air de satisfaction qui ne m'échappa point. « Si jeune encore, et tant de « talens ! s'écria enfin le prince. Oui, vous au- « rez une armée, et c'est vous qui la comman- « derez. »

On nous conduisit au quartier qui nous était destiné. C'était une aile du palais, où on avait réuni l'utile à ce qu'on avait jugé devoir nous être agréable. Un officier, chargé de nous recevoir, nous ouvrit tout, et nous fit remarquer, entre autres choses, une cassette qui renfermait vingt mille ducats.

Quand nous fûmes seuls, je parlai à mon épouse de l'étonnante réception que nous faisait le prince de Transilvanie. J'avais remarqué que la princesse avait traité Amalie avec une bonté, qui avait aussitôt établi la confiance. La conversation était vive et animée, et je me flattai que ma jeune épouse aurait démêlé quelqu'un des motifs qui déterminaient la conduite du prince à notre égard. Je ne me trompai pas. En assurant la princesse de notre reconnaissance, elle avait adroitement glissé quelques mots sur l'étonnement où la jetaient des bienfaits que nous n'avions pas encore mérités. La princesse, dont le caractère était exactement conforme à l'idée que m'en avait donnée Belleski, lui dévoila sans la moindre difficulté les secrets du cabinet de Hermanstad. Le prince, tributaire de Mahomet IV, était parfaitement bien dans son esprit, et le sultan ne lui avait pas caché l'intention où il était de rompre avec Léopold à la première occasion. Ses états, épuisés par des guerres continuelles, ne devaient pas opposer une forte résistance aux armes ottomanes. Abaffi sentait qu'en me donnant une armée, il attirerait sur lui les efforts de l'empire d'Allemagne, et qu'alors Mahomet paraîtrait forcé de secourir son tributaire. Ces idées étaient si simples et si naturelles, qu'il était impossible de chercher d'autres raisons des faveurs dont on nous comblait.

Pendant que les différens corps, qui devaient composer mon armée, se mettaient en marche de toutes parts, et se rassemblaient à Clausembourg, la cour d'Hermanstadt se livrait à tous les plaisirs. Chaque jour était marqué par une fête, dont Amalie et la princesse faisaient le principal ornement. La princesse était dans tout l'éclat de sa beauté : elle avait à peine trente ans. Elle paraissait moins attachée à son mari qu'à son rang ; cependant sa réputation ne souffrit ni de sa frivolité, ni de son inconséquence. Elle savait qu'elle était belle, elle aimait à se l'entendre dire. Elle cherchait tous les moyens de plaire, et elle y réussissait parfaitement Le goût de la galanterie, et peut-être une sorte d'espoir, attachaient à sa cour une foule d'hommes aimables, dont aucun ne la fixa. Elle me marquait surtout une bienveillance particulière. C'était toujours à elle que je m'adressais pour les différens objets nécessaires à l'ouverture de ma campagne. Cette déférence la flattait ; j'obtenais tout ce que je voulais, et ce fut au milieu des jeux, les plus variés et les plus brillans, que se prépara la ruine de l'Allemagne.

Je me disposai enfin à m'aller mettre à la tête de mon armée. Elle n'était que de douze mille hommes effectifs ; mais j'étais certain de la grossir en avançant dans la Hongrie. Je comptais sur ceux qui s'étaient déja déclarés, et sur un grand nombre d'autres, qui n'attendaient, pour prendre les armes, que les moyens d'entreprendre avec quelque espoir de succès.

Je comptais laisser Amalie à Hermanstadt. Je ne pouvais me résoudre à l'exposer aux fatigues et aux dangers de la guerre. J'avais pressenti la princesse à cet égard, et elle était tout-à-fait disposée à la garder auprès d'elle. Mais à la première ouverture que j'en fis à Amalie, elle s'éleva si fortement contre ce dessein, elle se montra à-la-fois si courageuse et si tendre, elle s'expliqua si nettement sur la résolution qu'elle avait prise de partager mes succès ou mes revers, qu'il ne me fut pas permis d'insister. Mon cœur d'ailleurs était d'accord avec le sien, et la résistance qu'elle m'opposa me la rendit plus chère.

Nous prîmes congé d'Abaffi et de la princesse, et nous partîmes pour Clausenbourg. Je trouvai mon armée campée sous les murs de la ville. Je la passai en revue, et je fus étonné de la discipline des troupes. Le parc d'artillerie renfermait cinquante pièces de campagne et soixante canons de siége. La caisse militaire suffisait pour soudoyer mes troupes pendant trois mois. C'était tout ce que je pouvais désirer, et tout ce qu'Abaffi avait pu faire. Je lui en marquai ma satisfaction et ma reconnaissance.

Je résolus d'entrer sans délai en Hongrie, d'établir mes magasins à Kiskore, et de m'emparer ensuite du cours du Danube, depuis Esseck jusqu'à Gran. Si j'éprouvais un revers et qu'il fallût rétrograder, j'étais maître encore de la Teisse, et je pouvais me retirer par Kiskore jusqu'en Transilvanie. J'avais quinze ans et demi lorsque j'arrêtai ces dispositions.

J'assemblai mes lieutenans-généraux; je leur donnai mes ordres. L'armée s'ébranla, et je marchai droit aux états de ce Léopold, qui avait assassiné mon père, proscrit ma tête et opprimé mes concitoyens. Bihor, Pethèle, Fildech, Kunhegies ouvrirent leurs portes sans résistance. Les recrues, les vivres, les munitions de guerre commencèrent à m'arriver de toutes parts, et j'étais à la tête de vingt-cinq mille hommes, lorsque je vins camper à la vue de Kiskore.

Je paraissais devant cette ville dans une situation bien différente de celle où je m'y étais présenté trois mois auparavant. Belleski, enchanté de mes succès à la cour de Hermanstadt, vint me féliciter à la tête de sa garnison. C'était un de ces hommes entreprenans, qui ne connaissent rien d'impossible, et qui sont inappréciables dans la conduite d'un coup de main. Je lui déclarai que mon intention était de le prendre avec moi et de laisser le commandement de Kiskore à un officier dont il me répondit. Il fut sensible à mes offres, il les accepta, et le lendemain mon armée traversa la ville et passa la Teisse. J'avançai à marches forcées, et en trois jours j'arrivai sur les bords du Danube. La petite ville de Zambock, qui voulut me résister, fut emportée en trois heures, et la garnison passée au fil de l'épée.

Il était essentiel de s'assurer de Pest, place forte, située sur le Danube. Je craignais les lenteurs d'un siège régulier. Je voulais profiter de mes avantages et pousser mes conquêtes, avant que l'empereur eût le temps de se reconnaître. J'assemblai mes chefs; je les consultai sur les dispositions des troupes, et, d'après le compte avantageux qu'on m'en rendit, je me décidai à tout tenter, pour enlever la place de vive force. Je marchai toute la nuit, et deux heures avant le jour, je me détachai, avec deux mille chevaux, pour reconnaître le pays. La renommée, qui exagère toujours, avait porté mes forces à cent mille hommes, et la terreur était générale. Je savais que les hommes intimidés ne raisonnent plus; j'eus l'audace de m'avancer jusque sur le glacis, et de faire sommer le gouverneur de se rendre : il vint en personne capituler à la porte. Il demanda beaucoup; je ne lui accordai que les honneurs de la guerre, et, une heure après, il évacua la ville. Ses troupes défilèrent devant moi, et déposèrent leurs armes à mes pieds. Le jour commençait à poindre. Ce commandant, désespéré de s'être rendu à une poignée d'hommes, se cassa la tête d'un coup de pistolet.

Je laissai cinq cents hommes dans la place, et j'avançai avec les quinze cents cavaliers qui me restaient pour tenter une reconnaissance vers Bude. On ignorait encore, de l'autre côté du Danube, ma marche rapide et mes premiers succès. On était dans une telle sécurité, que la garnison de Bude s'exerçait dans une prairie, à une demi-lieue de la ville. Je jugeai le moment décisif. Je tournai un petit bois, et je fondis tout-à-coup sur ces troupes, qui, surprises d'une attaque aussi inopinée, se rompirent à l'instant, et s'enfuirent vers les postes avancés. Je les poursuivis l'épée dans les reins, et nous entrâmes dans la place avec les fuyards. La consternation était à son comble; les Impériaux jetaient leurs armes, et mes soldats triomphèrent sans avoir combattu. Je mis la garnison aux fers; les miens n'auraient pas suffi pour garder les vaincus : ils étaient trois mille hommes effectifs.

Cependant mon corps d'armée s'avançait en bon ordre. Belleski ne revint pas de son étonnement, quand il vit notre étendard flotter sur les remparts de Pest. Il m'admira, et me l'écrivit, quand il sut que nous étions maîtres de Bude. Il dépêcha des courriers à Abaffi, pour l'informer de ce début brillant.

Je donnai six mille hommes à Belleski. Je lui ordonnai de descendre le fleuve jusqu'à Esseck; de retrancher les positions qui pouvaient tenir; d'y laisser des garnisons suffisantes, et de venir me joindre devant Gran que j'allais assiéger. Il exécuta mes ordres avec son intelligence et sa valeur ordinaires.

Gran est une ville régulièrement fortifiée. Le bruit de mes exploits m'y avait devancé, et l'ennemi s'était préparé à une vigoureuse résistance. Je n'avais pas assez de monde pour investir la place; je l'attaquai du côté de Pilis. Après trois jours de tranchée ouverte, je m'emparai des ouvrages avancés, et je commençai à battre en brèche. Cent vingt pièces de canon tiraient jour et nuit sur le corps de la place; les boulets rouges et les obus y pleuvaient sans interruption, et le commandant ne parlait pas de se rendre. Irrité d'une résistance que je n'avais pas coutume d'éprouver, je fis préparer des échelles, et je donnai l'ordre d'un assaut général. Mes troupes y coururent, en poussant des cris de joie, et je volai à leur tête, mon épée d'une main et une échelle de l'autre. Je perdis douze cents hommes, avant d'arriver au revers du fossé. Nous le franchîmes enfin sur les corps des morts et des mourans ; les échelles furent plantées, et nous montâmes à travers une grêle de balles. L'ennemi, étonné de notre intrépidité, abandonna les remparts, et se retrancha dans la ville. Chaque maison devint une forteresse, chaque rue le théâtre d'un combat sanglant. Ma fortune triompha à la fin des difficultés. Les Impériaux, forcés de toutes parts, demandèrent la vie. Je la leur accordai, et je rendis à leur chef les honneurs que méritait son courage.

Mes progrès jetèrent la cour de Vienne dans les plus vives alarmes. Léopold, faible comme tous les souverains qui ne sont pas nés avec des qualités supérieures, ou qui ne sont pas formés à l'école de l'infortune, Léopold trembla pour ses États. Je n'étais guère qu'à cinquante lieues de sa capitale, et si j'avais eu soixante mille hommes en ce moment, le colosse germanique s'abîmait devant moi.

Mais j'étais obligé d'affaiblir mon armée pour garder mes conquêtes. J'avais des garnisons dans quinze places différentes, et il me restait à peine quinze mille hommes, dont je pusse disposer. L'empereur, en rassemblant toutes ses forces, pouvait encore m'opposer une armée supérieure. Le roi de Pologne, Jean Sobieski, Charles v, duc de Lorraine, et plusieurs princes d'Allemagne, armaient en sa faveur. Il n'examina ni ses ressources, ni mes moyens ; il n'écouta que sa pusillanimité : il envoya des plénipotentiaires me demander une trève.

Je les reçus sous un dais, à la tête de mon camp, et j'exigeai qu'ils me parlassent debout et découverts. Je leur dictai mes volontés, non en sujet mécontent, mais en vainqueur irrité, qui dédaigne les convenances. Je signai une trève de trois mois, à condition que le trésor impérial me paierait douze cent mille ducats, en indemnité de mes possessions et de celles de mon épouse. Je retins des otages, pour m'assurer de l'exécution du traité, et je refusai d'en donner à Léopold.

Cependant, fidèle observateur de ma parole, je tins rigoureusement les conditions que je m'étais imposées. Mais aussi je voulus tirer, de la suspension d'armes, le parti le plus avantageux : je ne l'avais acceptée que pour me préparer à de plus grandes entreprises. Amalie portait dans son sein le gage de l'union la plus douce : l'amour avait trouvé des momens au milieu des horreurs de la guerre. Je la confiai à Belleski. Je les laissai à Gran avec six mille hommes d'élite ; je mis le reste de mes troupes à Bude et à Pest, et je partis pour Constantinople. J'y arrivai précédé de la plus brillante réputation. Mon parti m'adorait, mes ennemis eux-mêmes me rangeaient parmi les grands hommes, et je n'avais pas encore seize ans.

Mahomet IV me reçut comme un officier propre

à seconder ses desseins. La fierté ottomane s'adoucit devant moi ; l'austérité même du sérail se relâcha un moment. Mahomet permit à ses femmes de me voir à travers un tissu léger. Une d'elles, que j'ai su depuis être la favorite, conserva de moi un souvenir qui m'a été utile dans mes malheurs.

Sa hautesse avait conçu le projet d'étendre ses frontières en Europe, ou du moins d'élever une barrière entre l'empereur et lui. Il pensait à conquérir ou à affranchir la Hongrie, et il avait résolu de pousser ses avantages aussi loin que les circonstances le permettraient. Un seul article me répugnait : je ne voulais pas que ma patrie fût asservie, et quelques promesses que me fît le grand-visir, je demeurai fidèle à mes principes et à mon parti.

On sentit aisément qu'un homme, qu'on n'avait pu corrompre, tiendrait exactement ce qu'il aurait promis. Mahomet changea une partie de son plan, et me fit des offres plus brillantes encore. On me proposa le trône de Hongrie, et la principauté de Transilvanie à la mort d'Abaffi, qui n'avait point d'enfans. On n'exigeait de moi que de mettre mes états sous la protection du grand-seigneur, et de lui fournir un contingent, dans les guerres qu'il entreprendrait en Europe. J'étais jeune, brave, ardent, par conséquent ambitieux. Le poids d'une couronne ne m'effraya point ; je ne vis que l'éclat des grandeurs, et j'osai compter sur ma fortune. Je signai un traité secret, par lequel je reconnaissais Mahomet pour mon suzerain, et ce prince s'engageait à lever une nombreuse armée, et à l'entretenir à ses frais.

Si Kara Mustapha, qui était alors grand-visir, avait joint, à l'orgueil de sa place, les talens d'un général, l'empire d'Allemagne était détruit. Mais depuis Couprougli, qui conquit Candie, les Turcs n'ont pas eu un seul général; et les visirs, qui ordinairement passent, des emplois les plus obscurs, à la première dignité de l'empire, ont la vanité de vouloir commander les armées. Je pressentis Kara Mustapha, et il parut étonné que je pusse douter de ses intentions. Il me répondit même, avec une sorte d'aigreur, que je serais son kiaia (lieutenant), et il ajouta, en s'adoucissant un peu, qu'il se ferait un plaisir de suivre mes conseils. Je compris que je ne serais que l'instrument de ses succès, qu'il en aurait seul toute la gloire, et je résolus de traverser ses projets.

Pendant que les troupes ottomanes se rassemblaient, dans les plaines d'Andrinople, d'une partie de l'Asie et de l'Afrique, j'intriguai dans le sérail. Je mis dans mes intérêts le kislar-aga (chef des eunuques noirs). J'osai écrire à la sultane, qui avait conçu de la bienveillance pour moi. Je la suppliais de faire sentir à sa hautesse le danger de donner le commandement à un homme sans expérience. J'observais que j'avais la confiance de mes troupes; que je connaissais le pays où j'allais combattre; que je pouvais seul y faire subsister l'armée ; que probablement les Hongrois ne voudraient pas servir comme auxiliaires, et qu'enfin il était adsurde qu'un général, dont on voulait faire un roi, ne parût que comme un simple volontaire. Le chef des eunuques et la sultane entrèrent parfaitement dans mes vues. Ils n'aimaient pas le visir, et peut-être le désir de l'humilier les détermina-t-il autant que la solidité de mes raisons.

Ils gagnèrent tous ceux qui avaient quelque ascendant sur l'esprit de sa hautesse. Bientôt on ne lui parla plus que de moi ; on lui racontait mes moindres faits d'armes comme des choses extraordinaires ; on lui persuada que les troupes seraient invincibles sous mes ordres. Mahomet balança : on le pressa, on l'obséda sans relâche ; il promit enfin, et je l'emportai un moment sur son visir.

Par un retour, assez ordinaire aux hommes sans énergie, Mahomet craignit les suites de sa condescendance : en effet, il était inouï qu'un chrétien commandât les armées ottomanes. Il avait à craindre ses janissaires, milice qui fut, dans tous les temps, la force et la terreur de ses maîtres ; il sentait la nécessité de ménager l'opinion publique, et il se décida à ne prendre un parti définitif que d'après l'avis de son divan.

Quelques-uns de ceux qui le composaient pénétrèrent aisément sa hautesse, et appuyèrent fortement son opinion. Ils eussent peut-être entraîné les autres, si le muphti ne se fût nettement prononcé contre cette espèce d'innovation. Il déclara que l'étendard du prophète ne pouvait être confié à un infidèle, et il ramena aisément le divan et sa hautesse elle-même. Il fut arrêté que je serais un des lieutenans du grand-visir, mais qu'il n'entreprendrait rien sans me consulter. Je fus indigné quand le kislar-aga me rendit compte de ce qu'il s'était passé ; et bientôt réfléchissant à l'imprudence de ma conduite, je trouvai tous les torts de mon côté. J'avais prétendu changer les usages de l'empire, et je n'avais pas réfléchi que je me faisais du grand-visir un ennemi secret, qui ne s'occuperait qu'à me nuire, si je ne réussissais pas à lui ôter le commandement.

Kara Mustapha, beaucoup plus adroit que moi, ne me marqua nulle espèce de ressentiment. Il eut toujours pour moi les mêmes égards, et lorsque nous partîmes pour l'armée, il me rendit sur la route les plus grands honneurs.

Jamais on ne vit un spectacle plus imposant que celui qui s'offrit à mes yeux dans les plaines d'Andrinople. Les Turcs n'avaient pas eu encore d'aussi nombreuse ni d'aussi magnifique armée. Cent quarante mille hommes de troupes réglées; trente mille tartares de Crimée ; les artilleurs, les ouvriers en tout genre, les gens commis à la distribution des vivres, au soin des équipages, les domestiques, les esclaves formaient un ensemble d'environ trois cent mille hommes. Le luxe le plus étonnant brillait de toutes parts. Ma tente était de drap d'or ; celles de mes gens étaient en velours. Cent chevaux arabes me furent présentés de la part du grand-seigneur. L'un d'eux avait porté sa hautesse. La selle et la housse étaient enrichies de pierreries, et les étriers d'or massif. Les autres étaient couverts de tapis d'écarlate galonnés d'or, qui tombaient jusqu'à terre. L'équipage du grand-visir était moins riche que le mien.

Cette magnificence, cette armée presque innombrable, me donnèrent la plus haute idée de la grandeur ottomane. Je visitai les différens quartiers avec un plaisir inexprimable, et rien n'eût manqué à mes vœux, si j'avais été le maître de régler les opérations de la campagne. Il fallut me borner à me concerter avec le visir, et je fus bientôt convaincu de son incapacité.

J'étais d'avis que l'armée entrât en Hongrie, et vînt se ranger sous les murs de Gran et de Bude, d'où l'on marcherait droit à Vienne. Le visir voulut traverser la Valaquie, la Servie, l'Esclavonie, et marquer son rendez-vous général à Esseck. Je lui représentai qu'après avoir fait un circuit aussi long, il serait toujours obligé de remonter le Danube, depuis Esseck jusqu'aux places fortes dont je m'étais emparé ; qu'une marche aussi longue fatiguerait inutilement ses troupes, et qu'il donnerait aux alliés de Léopold, qu'il pouvait prévenir, le temps de rassembler leurs forces. Ces raisons étaient d'une extrême simplicité; il ne voulut pas les entendre. J'insistai, il résista : je m'emportai; il me dit froidement que j'avais le droit de lui donner des conseils, mais que son maître ne lui avait pas ordonné de les suivre. Nous nous séparâmes très-mécontens l'un de l'autre, et deux jours après je partis pour Gran, prévoyant les revers que l'ignorance et l'opiniâtreté du visir ne manqueraient pas d'occasioner.

Je trouvai mes affaires de Hongrie dans l'état le plus satisfaisant. Belleski avait augmenté considérablement mes troupes. Elles étaient bien tenues, bien exercées, et leur esprit était excellent. Léopold avait payé les sommes stipulées par le traité, et ses ôtages lui étaient rendus. Amalie adoucit le souvenir des désagrémens que j'avais éprouvés à Andrinople. Sa présence, et la légèreté naturelle à mon âge, me les firent totalement oublier.

Cependant ces épanchemens, si doux, étaient quelquefois mêlés d'une sorte d'inquiétude, que l'amour même augmenta bientôt de jour en jour. J'attendais une couronne, qui me paraissait plus précieuse par l'espoir de la partager avec une épouse adorée, et j'ignorais si mes compagnons d'armes, qui me reconnaissaient pour leur chef, consentiraient à m'avoir pour maître. Belleski était le seul à qui je pusse m'ouvrir sans inconvénient. Il m'était sincèrement attaché, et je pouvais compter sur sa discrétion, dans le cas où il désapprouverait ma conduite. Il applaudit à la première ouverture que je lui fis de mes desseins, et il employa, en ma faveur, l'influence que ses services et ses talens lui avaient donnés sur l'armée. Il gagna insensiblement les chefs, et il se conduisit avec tant d'adresse, que le jour de mon couronnement, ils crurent avoir le mérite de m'offrir un rang, qu'ils ne pouvaient plus me refuser.

Je secondai de tout mon pouvoir les efforts de Belleski. Je m'attachai tous les cœurs par mes largesses, et surtout par cette affabilité, si puissante sur le vulgaire, et que les grands dédaignent trop souvent d'employer. Amalie, que la perspective d'un trône avait éblouie comme moi, prodiguait tous ses moyens de plaire. Elle était sans cesse entourée d'une foule d'officiers qu'attiraient ses charmes, et que fixaient des présens, distribués avec discernement et délicatesse. Les femmes, les plus distinguées et les plus aimables de la ville, lui faisaient une cour assidue. On n'attendait pas qu'elle exprimât ses volontés; on se faisait une étude de prévenir ses désirs, et le bonheur de lui plaire était la plus douce récompense des soins qu'on avait pris pour y parvenir.

De telles apparences étaient faites pour séduire un jeune homme, et vingt fois je fus tenté de me faire proclamer. Le fidèle, le prudent Belleski s'opposa constamment à une démarche, qui me perdait sans retour, si le succès ne répondait pas à mes espérances. Si les esprits étaient vraiment disposés comme j'avais lieu de le croire, ils ne pouvaient pas changer en un instant ; si je m'abusais au contraire, la présence de l'armée ottomane devait encourager mes amis et contenir les autres. Ce raisonnement était si simple, que je n'eus rien à lui opposer.

Je reçus un courrier du grand-visir, qui m'annonçait l'arrivée de son avant-garde à Esseck, et qui m'engageait à l'y joindre sans délai avec toutes mes forces. Il se proposait de me couronner à la tête des armées combinées, et de marcher ensuite à Vienne, en laissant à sa droite le lac Balaton. C'était encore le contraire de ce que j'aurais fait. Il fallait garder le cours du Danube, et s'emparer de toutes les places situées entre Gran et Vienne, pour s'assurer une retraite. Belleski sentit comme moi la faute qu'allait faire le visir. Nous délibérâmes si nous le laisserions attaquer seul, pour profiter de ses succès, ou opérer une puissante diversion s'il était battu. Ce parti était sans doute le plus sage, et probablement nous étions vainqueurs si nous l'eussions suivi. C'était l'avis de Belleski, c'était aussi ce que je pensais intérieurement ; mais ma fatale ambition, mon empressement à jouir du rang suprême, l'emportèrent sur la prudence, sur la raison, sur les remontrances de l'amitié, et je me décidai à opérer ma jonction. Si de semblables erreurs peuvent être excusées, ce n'est qu'en faveur de la grande jeunesse de celui qui les sent, sans avoir la force de les rejeter.

Je sortis de Gran avec une pompe vraiment royale. Mon état-major, magnifiquement vêtu, nous entourait. Une partie de ma cavalerie formait l'avant-garde ; le reste nous suivait. Mon infanterie, les équipages, les magasins, ma caisse militaire, descendaient le Danube, sur des bateaux rassemblés au-dessus et au-dessous de Bude. Les tambours, les clairons, l'artillerie des remparts, le son des cloches, les acclamations d'un peuple nombreux donnaient à notre marche une dignité et un éclat que j'ai encore la faiblesse de me rappeler avec plaisir. Hélas ! cette vaine gloire, si séduisante en apparence, n'est qu'une fumée légère, qui se dissipe au gré du vent.

Je ne laissai, dans toutes mes places, que des garnisons à peine suffisantes pour les garantir d'un coup de main, et j'arrivai à Esseck, suivi de trente mille Hongrois. Le grand-visir, qui ne se croyait pas responsable d'une défaite, mais qui devait à son maître un compte exact de ses procédés envers moi, sortit de son camp avec une escorte nombreuse, et vint me recevoir avec les honneurs dûs à un souverain. Il fut frappé de la tenue et de la discipline de mes troupes ; et mes Hongrois, simples autant que braves, ne se lassaient pas d'admirer la magnificence asiatique. Les deux armées se mêlèrent ; pour la première fois, peut-être, des mahométans fêtèrent des chrétiens. Mes généraux, excités par Belleski, se répandirent dans la foule. Ils répétaient à nos moindres soldats, que c'était à moi seul que la Hongrie devait la protection du grand-seigneur; que j'allais être le libérateur de ma patrie, et que j'étais digne de la gouverner. Les têtes s'exaltèrent, on se pressa autour de moi, on m'éleva sur une espèce de pavois à la vue des deux armées; ce cri, si ardemment desiré : *Vive Tékéli, roi de Hongrie*, ce cri se fit entendre de toutes parts. Le visir me mit la couronne sur la tête, et jura de l'y maintenir par la force des armes; enfin, ce que je n'avais osé entreprendre à Gran, s'exécuta en un moment à Esseck sans la moindre opposition.

Je me retirai sous le pavillon qui m'était préparé. Ivre de joie et d'orgueil, je tombai dans les bras d'Amalie, et je la tins long-temps embrassée, sans pouvoir proférer un mot. Ses larmes mouillaient mon visage; son ravissement était égal au mien. Aveugles que nous étions, nous ne savions pas que celui qui se charge des destinées de tout un peuple, est de tous les hommes le plus à plaindre ou le plus insensé. Ce jour, que nous jugeâmes le plus beau de notre vie, fut le dernier que la fortune embellit de ses chimères. Je l'ai payé par quarante ans de calamités. Puisse mon exemple être utile aux ambitieux de tous les âges et de toutes les classes !

Incapable de faire alors ces réflexions, je ne pensai plus qu'à faire valoir le droit le plus incontestable au trône, le vœu unanime des Hongrois. Le duc de Lorraine était déjà entre le Raab et le Rabwitz, pour couvrir les approches de Vienne. Le roi de Pologne, les électeurs de Saxe et de Bavière, amenaient des renforts considérables. La capitale de l'Autriche pouvait être assiégée et prise, avant qu'ils opérassent leur jonction ; mais il n'y avait pas un jour à perdre. Je pressai Mustapha d'agir ; je tentai encore de le ramener à un plan d'opérations plus sage et mieux combiné. Mes représentations furent inutiles. Il fallut se soumettre, et attendre tout des hasards de la guerre, qui trompent souvent la prudence la plus consommée, pour favoriser l'inexpérience et la témérité.

Cette multitude de soldats fut dirigée sur Vienne ; mais la fierté ottomane dédaigna toute espèce de précautions. D'Esseck à Vienne, en laissant à droite le lac Balaton, sont les villes de Siklos, de Zyget, Canischa, Fridberg, et tant d'autres dont il était facile de s'emparer en passant. Le visir tourna toutes ces places, et répondit à mes nouvelles, observations, qu'elles tomberaient dès que Vienne serait prise. Je lui demandai quelles seraient ses ressources s'il était battu, et par où il retournerait en Turquie. « Ceux qui ont peur peuvent se re-
« tirer, me dit-il. Nous verrons, répliquai-je, qui
« de nous deux fera le mieux son devoir. » Je mis mes plans en pièces, et je ne songeai plus qu'à emporter la capitale de l'Autriche, ou à périr sous ses murs.

Nous y arrivâmes le 16 juillet 1683. Mon nom, et la foule innombrable qui menaçait l'Autriche, avaient répandu une consternation inexprimable. Les alarmes avaient augmenté encore par la fuite presque précipitée de Léopold. Il avait quitté Vienne dès le 7, suivi de l'impératrice qui était enceinte, et de toute sa famille. La nouvelle reine de Hongrie devait bientôt fuir à son tour devant des ennemis, à qui on abandonna lâchement la victoire.

Le comte de Staremberg commandait dans la place. Sa garnison n'était que de huit mille hommes effectifs. Il fut obligé d'armer les bourgeois, qui étaient restés dans Vienne; il arma jusqu'aux écoliers de l'université. Ces levées, que l'enthousiasme soutient un moment, et qui ne sont pas faites au feu, sont plus propres à porter le désordre dans les vieilles bandes, qu'à les seconder. La place n'était point approvisionnée; ses fortifications étaient en ruines, et il n'était pas probable qu'elle tînt long-temps. Ces raisons et l'avarice du visir, le déterminèrent à faire un siège régulier. Cependant l'approche des princes alliés ne lui laissaient d'autre ressource que d'emporter la ville l'épée à la main. Trois cent trente mille hommes pouvaient tellement multiplier les attaques, qu'il eût été impossible à l'ennemi de faire face par-tout. Mais Mustapha s'était imaginé que la résidence des empereurs devait renfermer des trésors immenses. Il craignait qu'ils ne fussent pillés, si la ville était prise d'assaut. Il était fort simple de croire que l'empereur qui avait évacué sa capitale, huit jours avant qu'elle fût investie, n'avait pas manqué d'en faire sortir ses richesses. L'aveuglement du visir était à son comble : jamais il ne voulut donner d'assaut, quoiqu'il y eût de très-grandes brèches au corps de la place, et qu'elle commençât à manquer de tout. Je le menaçai de l'indignation de son maître ; je soulevai ses janissaires : il méprisa mes menaces, et il apaisa ses troupes avec de l'argent. Bientôt cette milice, si fière, passa de l'audace qu'elle avait marquée à son chef, à un découragement absolu. Le service se faisait mal ; les Hongrois seuls étaient prêts à se battre.

Je ne pris plus conseil que de moi-même. J'assemblai mes Hongrois. Je leur dis que l'avarice et la mollesse du visir allaient sauver Vienne, qui devait tomber devant nous. Je leur proposai de l'attaquer, et d'avoir seuls l'honneur de la réduire. Dès long-temps ils ne savaient que m'obéir, et je disposai tout pour un assaut général.

Le visir effrayé de ma résolution, vint à son tour me faire des représentations. Je lui déclarai que s'il ne se retirait, j'allais le charger, le battre, et prendre la ville, sans autre secours que le désespoir, qui fait tout entreprendre, et la valeur, qui fait tout réussir. Il me quitta le cœur ulcéré ; il fut se plaindre à ses janissaires, qui me redoutaient plus que lui, et qui n'étaient plus des soldats.

Je sortis de mes lignes avec le pressentiment du succès, et j'approchais des ouvrages avancés, lorsque l'armée des princes parut sur le sommet de la montagne de Calemberg. Si les Turcs avaient fait bonne contenance, j'aurais suivi mon dessein, et pris Vienne pendant la bataille. Je les vis intimidés, et je sentis qu'il fallait soutenir seul le choc des impériaux.

Je rétrogradai, et je rangeai mes troupes en bataille, de manière à pouvoir agir seul, et à me porter par-tout. Je ne craignais pas que les impériaux dirigeassent contre moi leurs premiers efforts : ils se seraient exposés à être enveloppés et taillés en pièces par les Turcs, qui étaient bien supérieurs en nombre. C'est donc le corps d'armée qu'ils devaient attaquer d'abord, et si elle tenait seulement une heure, je pouvais prendre l'ennemi en flanc, et par ce moyen décider la victoire.

Au moment où le combat allait s'engager, Belleski vint prendre mes derniers ordres. Je le chargeai de conduire Amalie à la réserve, que j'avais formée de deux mille chevaux d'élite, de la remettre à un officier de confiance, et de venir me rejoindre.

L'affaire devait être décisive. Si nous étions victorieux, les fautes du visir étaient réparées, Vienne ouvrait ses portes, et les états héréditaires de la maison d'Autriche devenaient la proie du vainqueur. Je haranguai, j'encourageai mes Hongrois. Cette soif de vengeance et de gloire, qui me dévorait, passa bientôt dans tous les cœurs.

Les Impériaux fondirent, comme je l'avais prévu, sur le centre des troupes ottomanes : les Turcs attaquent ordinairement avec une impétuosité, à laquelle il est impossible de résister; mais ils n'ont pas le courage froid et réfléchi, nécessaire à des troupes qui attendent l'ennemi dans leurs retranchemens. Dès la première décharge, les janissaires s'enfuirent honteusement, et ils entraînèrent le reste de l'armée. Cette multitude, se répandant de toutes parts, vint se jeter au milieu de mes bataillons, les rompit et les dispersa. Je fis d'incroyables efforts pour les rallier. Tantôt au milieu des Hongrois, tantôt parmi les Turcs, l'instant d'après enveloppé par les Impériaux, je promettais, je menaçais, je me battais. J'étais seul avec Belleski, et les deux cents hussards qu'il m'avait donnés à Kiskore, et l'ennemi, que ma fureur étonnait, s'ouvrait devant moi. Si les Turcs, au lieu de porter partout le désordre, se fussent enfuis à une lieue du champ de bataille, mes troupes se seraient ralliées, et j'aurais disputé long-temps l'honneur de cette journée. Mais ils se réfugiaient tous du côté des Hongrois, et les mettaient dans l'impossibilité de rien entreprendre.

Après des exploits, aussi étonnans qu'inutiles, il fallut me résoudre à fuir. Cette extrémité était affreuse. Je me serais tué vingt fois, si le souvenir d'Amalie et l'espoir d'être bientôt père ne m'eussent attaché à la vie. Hélas ! je ne devais plus revoir la mère, et je n'ai point embrassé l'enfant malheureux, qui reçut le jour sous d'aussi tristes auspices.

Nous poussâmes nos chevaux à travers les combattans, la fumée, les morts, les mourans. Nous livrâmes dix combats différens avant de sortir du champ de bataille. Nous arrivâmes enfin sur les bords du Danube, et nous reprîmes haleine un moment. Nous mîmes le fleuve entre l'ennemi et nous, et nous marchâmes jour et nuit, sans autre espoir que d'arriver à Gran ou à Bude, et d'y rassembler les débris de la plus florissante armée.

Le troisième jour, nous arrivâmes devant Bude. Le bruit de notre défaite nous avait devancés, et cependant on nous ouvrit les portes. Je jugeai qu'il me restait encore des amis ; je ne désespérai point de ma fortune, et, dans ce désastre, je ne craignis plus que pour Amalie.

L'officier, à qui Belleski l'avait confiée, avait senti que sa diligence seule pouvait sauver mon épouse, la réserve et une partie des équipages. Les janissaires étaient à peine enfoncés, qu'il s'éloigna avec sa troupe et soixante chariots, chargés de munitions de guerre et de bouche. Amalie, ma malheureuse épouse, m'appelait à grands cris ; elle interrogeait les fuyards, elle ne voulait pas s'éloigner. On la mit, malgré elle, dans une méchante calèche, qui se rencontra par hasard. On lui fit passer le Danube, au-dessus de Mansvert, et on entra dans la haute Hongrie, où aucun parti ennemi n'avait encore pénétré. Un nombre assez considérable de Hongrois se joignit à l'escorte d'Amalie. On prit toutes les provisions des lieux par où l'on passait, pour empêcher les Impériaux d'en profiter, et on avança en toute diligence vers Montgatz, forteresse située sur un roc escarpé et inaccessible de toutes parts. La rapidité de la marche, l'état déplorable de nos affaires, la crainte que je n'eusse péri dans la mélée, tout avança ce moment, ordinairement si doux, et si cruel en de telles circonstances. La faible, la délicate Amalie fut contrainte de s'arrêter dans une chaumière. Elle se reposa sur un peu de paille, et donna le jour à un fils, qui périt de misère avec elle, quelques années après.

Elle arriva enfin à Montgatz, avec environ cinq mille hommes, et un immense convoi de farines, de bestiaux et de fourrages. Le chariot, sur lequel j'avais fait charger ma caisse, se trouva au nombre de ceux qu'on avait sauvés : c'était alors une ressource précieuse pour soutenir l'affection de ceux qui nous étaient attachés, et attirer à nous les indifférens. Amalie se rétablit, et commença sa carrière militaire. Elle endossa la cuirasse, et jura de s'ensevelir sous les débris de son rocher, plutôt que de trahir les Hongrois, ma gloire et mon amour. Un soldat fidèle reçut le paquet qui renfermait ces détails. Il se déguisa pour me le rendre et ne me chercha pas longtemps : mon nom valait encore une armée.

Les Turcs, battus et dispersés devant Vienne, s'étaient réunis sur différens points, et tenaient toujours la campagne. Kara-Méhémet, le plus brave et le plus intelligent de leurs officiers, apprit bientôt que j'étais à Bude, et il se fit un honneur de se joindre à moi. Il arriva avec six mille hommes, quarante pièces d'artillerie, et cent cinquante chariots. J'avais conçu pour lui une sincère estime, et je le reçus comme un homme digne de vaincre ou de périr avec moi.

Aussitôt que nous eûmes établi un certain ordre dans la ville, nous résolûmes de faire partir un exprès pour Constantinople, et de demander à Mahomet justice de son visir. Personne n'était plus propre que Belleski pour une mission aussi délicate. Je lui remis, pour sa hautesse, un mémoire, que Méhémet n'osa point signer. Je le chargeai de lettres particulières pour le Kislar-aga et la favorite. Nous nous séparâmes les larmes aux yeux : nous paraissions prévoir que nous nous embrassions pour la dernière fois.

Léopold, décidé à profiter de ses succès, ne voulut point donner de relâche aux vaincus. Le duc de Lorraine reçut l'ordre d'attaquer les Turcs sur tous les points, et de soumettre la Hongrie. Son altesse entra dans ce malheureux pays, dévasté tour-à-tour par les vainqueurs et les vaincus. Les places faibles se rendirent à la première sommation. La prise de Bude pouvait terminer la guerre, et le duc disposa tout pour en former le siège. Il commença par attaquer et reprendre Gran, qui n'était défendu que par quinze cents hommes. Il marcha ensuite sur Vicegrad, forteresse située entre Gran et Bude, qui n'est utile que pour entretenir la communication entre ces deux places.

Je sentais que j'avais besoin de toutes mes forces pour tenir contre une armée victorieuse, et je n'avais laissé dans Vicegrad qu'un faible détachement de janissaires. Cette poignée d'hommes osa faire une sortie, et poussa d'abord les Impériaux; mais cette première ardeur se ralentit promptement. Ils furent poussés à leur tour, et le lendemain ils demandèrent à capituler. Le duc, maître de toutes les villes voisines, ne pensa plus qu'à assiéger Bude. Il ambitionnait la gloire de me prendre, et Léopold eût fait les plus grands sacrifices pour m'avoir en sa puissance.

Pardon si je parle toujours de moi, et si j'en parle avec éloge. Mais j'ai maintenant soixante-six ans; j'en avais dix-huit alors, et, je le répète, je ressemble si peu à moi-même, ce que j'ai fait de bien est si loin de moi, que je peux le rappeler sans orgueil.

Les premières colonnes étaient déjà à la vue de Bude, lorsque le duc apprit que vingt mille Turcs s'étaient rassemblés sous Weitzen, proche l'île Saint-André. Ce corps pouvait l'inquiéter pendant le siège; et Charles, aussi prudent que le grand-visir l'était peu, voulut le disperser avant d'ouvrir la tranchée. Il l'attaqua et le battit complètement. Les restes de cette petite armée se retranchèrent dans l'île Saint-André, que forme le Danube. Deux colonnes considérables s'approchaient. Le duc se plaça de manière à empêcher leur jonction et à les battre en détail. Je sortis de ma place avec quatre mille Hongrois. J'attirai les Impériaux, je les amusai, je les éloignai de l'île, et trente mille Turcs s'y jetèrent. Ils étaient défendus par le Danube, qui vaut les meilleurs retranchemens. Il était douteux que le duc entreprît de les forcer, et il n'était pas probable qu'il commençât le siége en leur présence. Mais par une fatalité qui semblait s'attacher aux armes ottomanes, la mésintelligence se mit parmi les chefs. Les Turcs évacuèrent l'île, dont le duc s'empara aussitôt. Ils vinrent camper sous les murs de Bude, où les Impériaux ne balancèrent pas à les attaquer. Je les protégeais de toute l'artillerie de la place, et pour la première fois ils se battirent en braves gens. Trois fois rompus, ils revinrent constamment à la charge. Ma garnison était ma dernière ressource, et je n'avais pas voulu en exposer un homme inutilement. Mais quand je vis que les Turcs disputaient la victoire, je me disposai à les seconder. J'allais sortir avec tout mon monde, lorsqu'un des plus grands hommes de guerre qui aient jamais existé, le prince Eugène, qui n'était encore que colonel, et qui jetait dès-lors les fondemens de sa grande réputation, lors, dis-je, que ce jeune héros changea, par une manœuvre savante, la face du combat. En un moment la déroute devint générale, et les Impériaux n'eurent que la peine de tuer.

Douze mille de ces malheureux s'étaient retirés à une demi-lieue de Bude. Le duc ne leur donna pas le temps de respirer. Il les attaqua le lendemain, et les dispersa entièrement. Il ouvrit alors la tranchée. Je laissai pousser les travaux pendant plusieurs jours, et lorsque le duc était prêt à établir ses batteries, je sortis de la place, et je l'attaquai si vivement, que je le chassai jusqu'à un moulin à poudre assez éloigné. En rentrant dans Bude, j'enclouai une partie de l'artillerie ennemie, et je comblai tous les ouvrages.

Charles ne se rebuta point. Mais ma vigilance était égale à son activité. Je le fatiguai, je l'affaiblis par des sorties, aussi meurtrières que fréquentes. Les Turcs, qui étaient avec moi, animés par l'exemple de Méhémet, par le mien, par celui de mes Hongrois, se battaient en désespérés. Nous perdions peu de monde, et chacun de ces combats en coûtait beaucoup à l'armée impériale. Le duc, outré de voir sa réputation échouer devant moi, ordonna un assaut général, et le commanda en personne. Le combat dura cinq heures. Le carnage fut horrible de part et d'autre. On se battait, corps à corps, dans les fossés, sur les remparts, dans les rues même, où quelques bataillons avaient pénétré. Notre courage, poussé jusqu'à la fureur, l'emporta enfin sur le nombre et sur l'habileté du duc de Lorraine. Ses troupes, enfoncées de toutes parts, se retirèrent avec une perte effrayante. Nous les poursuivîmes vivement, nous reprîmes tous nos postes, et nous comblâmes la tranchée pour la seconde fois.

Le lendemain, l'électeur de Bavière amena aux assiégeans un renfort de douze à quinze mille hommes. Les travaux recommencèrent, et nous les détruisîmes de nouveau. Vingt assauts furent donnés aux ouvrages avancés, et nos Turcs, qui étaient devenus des héros, repoussèrent partout les assaillans.

Le duc de Lorraine, après avoir inutilement perdu trente mille hommes sous nos murailles, se détermina enfin à lever le siége, et l'affront que le Croissant avait reçu à Vienne fut effacé devant Bude. Un émissaire partit secrètement pour porter à Amalie cette heureuse nouvelle. Je lui recommandai sa patrie et son fils.

L'hiver s'approchait. L'armée impériale, que minait sensiblement une cruelle épidémie, commençait à entrer dans ses quartiers. Nous respirions après tant de fatigues, le parti se ranimait, nous avions conçu l'espoir d'ouvrir la campagne par quelque coup d'éclat, lorsque l'événement, le plus malheureux et le plus inopiné, m'accabla sans retour.

Belleski, de concert avec le kislar-aga et la

favorite, s'efforçait de perdre le visir dans l'esprit de son maître. Il m'avait arraché la victoire, il avait avili la grandeur ottomane; mais je cherchais moins à lui nuire qu'à lui faire ôter le commandement et le donner à Méhémet, qui en était digne à tous égards, et qui pouvait au printemps prochain rétablir nos affaires. Mustapha, qui craignait mon crédit à la Porte, ou qui peut-être était instruit de ce qui se tramait contre lui, crut devoir me prévenir. Il partit pour Constantinople, aussitôt que la campagne fut terminée, et il eut l'impudeur de m'y accuser d'avoir entretenu des intelligences avec Léopold, et d'avoir facilité ses succès. L'accusation était absurde. Il suffisait, pour la détruire, du simple récit de mes actions. Mais le mystère qui couvre les moindres opérations du sérail, ne permit pas à Belleski de prévoir le coup qu'on allait me porter, et, plus tard, il ne lui fut pas possible d'en arrêter les funestes effets.

Mahomet crut aux insinuations de son visir, et, par la plus étonnante des contradictions, il le punit le premier des revers qu'avaient éprouvés ses armes. Mustapha fut étranglé entre deux portes. Son successeur eut ordre de prendre le commandement des armées turques, de m'arrêter, et de m'envoyer à Constantinople.

Cette mission n'était pas facile à remplir. J'étais également aimé des Turcs et des Hongrois, et loin d'attenter à ma liberté, ils eussent tout fait pour la défendre. Le visir s'assura de la disposition des esprits, et il sentit qu'il ne se rendrait maître de ma personne qu'en usant d'adresse.

Il commença par changer la garnison de Bude, sous différens prétextes, assez spécieux pour ne me pas donner d'ombrage. Il flatta même ma vanité, en me laissant entendre qu'il était bien aise que les différens corps de son armée passassent alternativement sous mes ordres, et apprissent de moi l'art de la guerre. Je vis donc sans le moindre soupçon, mais avec les plus vifs regrets, le départ de Méhémet et de ses braves janissaires.

Le visir les fit remplacer par des gens qui lui étaient dévoués. Si j'avais été capable d'imaginer une lâcheté, leur air froid et réservé, une sorte d'affectation et de contrainte eussent suffi pour m'éclairer. Mais j'étais sans défiance; il n'y avait pas même de mérite à me tromper. Il est douteux que le visir eût exécuté ses desseins, si je les eusse pénétrés. Je n'avais qu'un petit nombre de Hongrois, mais ils étaient déterminés. La nouvelle garnison n'était pas aguerrie. Je pouvais sortir de Bude les armes à la main, et aller chercher un asyle en Transilvanie.

Le visir, pour s'assurer de moi, prit des mesures aussi étendues que s'il se fût agi de conquérir ou de défendre une province. Quand il se crut sûr de son fait, il annonça qu'il voulait célébrer la levée du siège, et donner une fête brillante au héros qui avait sauvé la place. Il n'épargna rien de ce qui pouvait piquer ma curiosité, ou flatter mon goût. Je jouissais, dans une entière sécurité, d'hommages que je croyais sincères, et dont je me sentais digne.

On avait divisé mes Hongrois par petites troupes. Des détachemens turcs les avaient conduits dans différens quartiers de la ville. Des bataillons entiers occupaient les intervalles, de sorte qu'il leur était impossible de se réunir en cas d'alerte. On les fit boire, et on les désarma pendant leur ivresse.

J'étais à côté du visir. Il était rêveur, et quelquefois distrait. Ses yeux se portaient souvent sur mon sabre. La poignée était très-riche ; je crus que c'était ce qui fixait son attention, et je ne conçus point d'alarmes. Il me pria de lui permettre de l'examiner de plus près, je le détachai, et j'allais le lui présenter, lorsque je remarquai qu'il rougissait et pâlissait alternativement. La main, qu'il avançait, était agitée d'un tremblement sensible. Je le fixai, il baissa les yeux. Je me levai, et je me reculai de quelques pas. Il se leva à son tour ; tous les convives se levèrent à ce signal, et tirèrent leur cimeterre. Le visir me déclara alors qu'il m'arrêtait par ordre du grand-seigneur. Je ne répondis qu'en me mettant en défense.

L'ordre ne portait pas de me tuer en cas de

résistance, et le visir parut embarrassé. J'appelai mes Hongrois à grands cris, et je ne fus entendu que de quatre ou cinq officiers qui étaient dans une salle voisine, et qui accoururent à l'instant. Indignés, autant que surpris de la trahison du visir, ils se rangèrent près de moi. J'ai toujours cru qu'un homme de guerre ne doit pas compter ses ennemis, et je ne balançai pas à attaquer les miens. J'étais en face du visir, et si un janissaire ne s'était jeté au-devant du coup, je l'étendais à mes pieds. Aussitôt cette foule de lâches nous serra de près. Bientôt le parquet et les meubles furent teints de sang. Celui de mes amis coula; mais leurs blessures étaient légères, et ils continuèrent à se battre avec fureur.

Tantôt cette multitude s'écoulait devant nous, et cherchait un asyle dans les chambres prochaines; tantôt ils rentraient en plus grand nombre, et nous attaquaient avec un nouvel acharnement. Je crus voir qu'ils me ménageaient, et qu'ils n'en voulaient qu'à la vie de mes braves compagnons. Je m'oubliai moi-même, pour ne m'occuper que de leur salut. Je les poussai dans une encoignure, et je les défendis long-temps avec opiniâtreté. Mes forces s'épuisèrent; je sentis mon arme prête à s'échapper. Je résolus de faire un dernier effort pour chasser les Turcs de la salle, et sauter avec les miens par une croisée qui n'était pas à plus de dix pieds du sol. J'espérais que le combat se renouvelant dans la rue, le tumulte avertirait mes troupes, et qu'elles se joindraient à moi.

Je pris mon sabre à deux mains, et je frappai sans relâche sur tout ce qui se présentait devant moi. Jamais je n'avais été aussi terrible qu'en ce moment. Les Turs effrayés ne pensaient plus à se défendre; ils tombaient, ils mouraient. J'allais exécuter mon dessein, lorsque la lame de mon sabre vola en éclats. Les Turcs m'environnèrent de toutes parts. Il ne me restait à la main qu'un tronçon, dont je ne pouvais faire usage. Je le jetai en l'air, pour m'épargner la honte et la douleur de le rendre.

Aussitôt je fus saisi et renversé. Le visir eut l'indignité de me faire mettre les fers aux pieds et aux mains. Il me fit passer devant les corps de mes amis, qui venaient de mourir pour moi. Ce spectacle m'affecta autant que ma disgrace. Je fermai les yeux, et un accablement profond succéda à la colère, qui avait soutenu et multiplié mes forces. On me mit dans un chariot couvert, et on me fit sortir de la ville, sous la garde d'un nombreux détachement.

Je souffris beaucoup pendant la route. On ne me permit jamais de sortir du chariot. Mes fers me gênaient horriblement; je ne pus obtenir qu'on me les ôtât, même pour prendre mes repas. L'officier, qui commandait l'escorte, refusa obstinément de répondre à mes questions, et de m'apprendre les motifs qui avaient porté le visir à cette violence. Je sus seulement qu'on me conduisait à Constantinople.

J'y arrivai, le cœur ulcéré des mauvais traitemens que j'avais reçus. L'énergie de mon caractère surmonta bientôt l'abattement où j'avais été plongé pendant quelques jours. Au fond du cachot, où j'étais enseveli, je roulai dans ma tête mille projets, qui devaient à-la-fois me venger du grand-seigneur, et me rétablir sur le trône. J'en étais tombé, pour n'y remonter jamais.

Belleski apprit à-la-fois ma catastrophe et ma détention au château des Sept-Tours. Désespéré d'un évènement qui renversait notre parti, sa fortune et la mienne, il s'attacha plus que jamais au kislar-aga, et il épuisa toutes ses ressources pour me le rendre favorable. L'aga reçut ses présens, et ne le servit point. Mustapha n'était plus, et Belleski jugea aisément que la haine que cet officier portait au visir, et non l'intérêt qu'il prenait à moi, l'avait porté à exciter des troubles dans le sérail. Ce fidèle ami ne se rebuta point. Après mille tentatives inutiles, il fit parvenir une lettre à la favorite. Il se plaignait amèrement de la manière indigne dont on en usait avec moi; il réclamait les prérogatives attachées à un titre que le sultan m'avait conféré lui-même, et qu'il violait en ma personne; il demandait qu'on instruisît mon procès, et que je susse au moins de quoi j'étais accusé; il suppliait la sultane de prendre ma défense, et d'obtenir de sa hautesse quelque adoucissement à mon sort ; enfin il lui peignait ce jeune homme, à qui elle avait daigné accorder un regard, plongé dans un cachot infect, abandonné aux horreurs de la misère et de l'infamie, et n'ayant qu'elle au monde qui s'intéressât à lui.

Elle était femme, elle était sensible, je lui avais plu ; mais Mahomet était violent : il était dangereux de me protéger, avant que son ressentiment fût calmé. La favorite n'osa pas d'abord lui parler de moi ; cependant elle ne m'abandonna point entièrement. Un eunuque remit secrètement à Belleski une boîte qui renfermait quelques pierreries, et un papier sur lequel étaient écrits ces mots : *J'agirai quand il en sera temps*. Il y allait de la tête de l'un et de l'autre, si cette correspondance était découverte ; aussi la favorite refusa-t-elle les lettres que Belleski lui adressa par la suite, et celui-ci cessa de lui écrire.

Il se servit de ses dons pour rendre mon état plus supportable. Les diamans du sérail furent offerts au gouverneur du château : il est peu de Turcs incorruptibles. Le gouverneur ne l'était point, et après deux mois de la plus dure captivité, je fus logé dans une petite chambre où on me donna les choses nécessaires à la vie. Ce changement, qui eût comblé les vœux de tout autre, ajouta au sombre désespoir qui commençait à me miner. Je ne vis dans les douceurs qu'on m'accordait, que le projet de perpétuer ma détention. Mon pays, ma couronne, le fruit de mes victoires, mon épouse, mon fils, tout me parut perdu sans retour, tout jusqu'à l'espérance. « Je suis condamné à finir ici mes jours, « m'écriai-je ; mon Amalie, je ne te verrai plus », et je pleurai amèrement. A ces larmes, les premières que j'eusse versées, succédèrent bientôt des accès de rage, qui allèrent jusqu'à la démence. Un couteau se rencontra sous ma main ; je le pris, je me l'enfonçai dans l'estomac, je tombai, et je perdis connaissance.

J'ignore combien de temps je restai dans cet état, et ce qui se passa autour de moi pendant la longue et dangereuse maladie dont je fus aussitôt attaqué. Quand je revins à moi, je me trouvai dans une chambre qui n'était plus la mienne ; les meubles étaient différens ; une vieille esclave était assise près de mon lit, et semblait s'intéresser à mon sort. Je regardais tout avec étonnement ; je cherchais à classer mes idées ; je m'informai enfin où j'étais. L'esclave me répondit que j'étais exilé à Rhodes, et que le patron turc, à bord duquel j'étais passé, m'avait mis sous la garde du bacha qui commandait dans l'île. Elle me remit, après ces premiers éclaircissemens, une lettre dont je reconnus d'abord l'écriture : elle était du fidèle Belleski, et je la lus avec empressement.

Il me rendait compte des démarches qu'il avait faites près de l'aga et de la favorite. Il ajoutait qu'ayant été éconduit par l'un, et faiblement secondé par l'autre, il s'était adressé au sultan lui-même. Il avait pris le moment, où sa hautesse se rendait à la mosquée, pour lui présenter successivement plusieurs placets. Les premiers n'avaient produit aucun effet, et il commençait à se décourager; mais le gouverneur des Sept-Tours, avec lequel il conservait quelques relations, l'ayant informé de l'état désespéré où j'étais, il n'écouta plus que son zèle et son affection. Il résolut de tout hasarder, et il remit au sultan un dernier mémoire tellement fort, qu'il devait le perdre s'il ne me sauvait pas. L'effet en avait été prompt; dès le lendemain, l'ordre de me transférer à Rhodes fut expédié. Le gouverneur répondait de moi, mais je devais jouir d'une liberté honnête et d'une pension de quinze bourses (1). A la suite de ce détail, Belleski m'annonçait son prochain départ pour la Hongrie, sa ferme résolution de se sacrifier lui-même au bien de son pays. Il finissait enfin en m'apprenant des choses bien satisfaisantes et bien inquiétantes à-la-fois.

Dès le commencement de cette campagne, l'empereur, persuadé que ma disgrace laissait Amalie sans ressources, se flatta qu'on intimiderait facilement une femme de dix-neuf ans, abandonnée à elle-même. Il ordonna au comte de

---

(1) Environ 22,500 liv. de notre monnaie.

Caraffa de s'approcher de Montgatz, et de prodiguer les promesses et les menaces. Amalie répondit au parlementaire que je lui étais devenu plus cher par mon infortune, qu'elle ne voulait rien devoir à Léopold, et qu'elle défendrait sa forteresse jusqu'à la dernière extrémité. Les seigneurs hongrois, loin d'imiter ce généreux dévouement, acceptèrent une amnistie, et nos différens corps, mécontens des Turcs, dispersés et sans chefs, entraînés d'ailleurs par l'exemple, se réunirent presque tous à l'armée impériale. Cette défection ne changea rien aux résolutions de mon épouse. Elle avait résisté aux attaques de Caprara. Ce vieux général, repoussé sans cesse, et quelquefois battu par une jeune femme, avait enfin senti qu'une place aussi forte ne pouvait être prise par un siége régulier. Il s'était déterminé à la bloquer, et à attendre que la famine forçât Amalie à capituler.

La conduite héroïque de mon épouse m'attendrit jusqu'aux larmes, et j'aurais donné l'empire du monde pour la presser un moment dans mes bras. Je venais de passer subitement, d'une situation accablante, aux douceurs de la vie privée. L'aisance dont je jouissais, l'amitié du bacha, la considération des principaux insulaires, tout semblait contribuer à ma félicité. J'en eusse peut-être connu le prix, si je n'avais été époux et père. Mais Amalie, au milieu de mes ennemis, méprisant leurs offres, bravant leurs efforts, Amalie que j'idolâtrais, et qu'embellissaient encore et ses dangers et les tourmens de l'absence, Amalie me rendit insupportable la vie oisive et obscure que je menais. Je formai le dessein de m'évader, de la retrouver, de la sauver, ou de mourir avec elle.

J'étais gardé à vue. Il m'était permis d'aller par la ville; l'entrée du port m'était sévèrement interdite, et je ne pouvais sortir de mon exil qu'en gagnant le patron de quelque barque. L'impossibilité où j'étais d'agir moi-même, me força de choisir un confident. Après quelques jours d'incertitudes, je jetai les yeux sur un de mes esclaves, en qui j'avais reconnu de l'adresse, et que je croyais m'être attaché par les bienfaits dont je l'avais comblé, avant même que j'eusse des vues sur lui. Ce malheureux était né pour la bassesse; il trompa ma confiance, il avertit le bacha. Je fus resserré dans ma maison, et j'y passai deux ans, livré alternativement à ce que les passions et les extrêmes ont d'amertumes et d'illusions.

Cependant les Turcs n'avaient pas cessé d'éprouver des revers depuis qu'ils m'avaient arrêté. Bude avait été assiégé une seconde fois, et emporté d'assaut après un siége meurtrier. Presque toutes les places se rendirent à discrétion aux Impériaux. Ils gagnèrent la bataille de Herfan, prirent Esseck, et entrèrent en Bosnie. Mahomet n'était pas plus heureux contre les Vénitiens : Morosini fit la conquête du Péloponèse.

Abaffi, intimidé par les progrès rapides des Impériaux, trembla pour ses propres états. L'empereur, maître des deux tiers de la Hongrie, pouvait entrer en Transilvanie, et punir ce prince de m'avoir secouru. Les Turcs, accablés de toutes parts, lui parurent moins redoutables que Léopold, et il traita avec lui.

Ce fut alors que le grand-seigneur sentit la faute qu'on avait faite en m'arrêtant. J'avais fait subsister ses armées; mes Hongrois seuls avaient eu des succès, et le visir se trouvait sans ressources dans un pays reconquis. Il n'avait à opposer, à des troupes aguerries et encouragées par des victoires, que des soldats accoutumés à fuir au premier choc; il devenait même incertain qu'il pût se retirer par la Transilvanie. Le divan crut que je pouvais tout relever par ma présence, et mon rappel fut décidé.

Toutes mes idées, tous mes vœux se portaient sur Montgatz. Je rêvais profondément aux moyens de tenter avec succès une seconde évasion, lorsque je fus distrait par un bruit extraordinaire qui se fit à ma porte. Je l'ouvris : quel fut mon étonnement! c'était le bacha qui venait me rétablir dans mes honneurs, et me déclarer que l'intention de sa hautesse était que je m'embarquasse sans délai pour Constantinople, d'où je me rendrais à l'armée. J'étais indigné contre la Porte, et je fus tenté de tout refuser. Mais l'intérêt de ma femme et de mon fils l'emporta sur mon ressentiment. Peut-être l'appât séduisant des grandeurs entra-t-il pour quelque chose dans la facilité avec laquelle je me rendis. Quoi qu'il en soit, je me prêtai aux vues du grand-seigneur, et je partis pour m'exposer de nouveau aux proscriptions, aux hasards de la guerre, et à l'ingratitude de la Porte.

J'ai toujours été persuadé que la bonne intelligence des chefs est le premier garant des succès d'une campagne. J'abordai le visir avec les égards dus au premier officier d'un vaste empire; je parus avoir perdu le souvenir de sa conduite passée; je m'efforçai de lui donner des marques d'amitié, auxquelles il répondit avec assez d'aisance, et, sans doute, avec aussi peu de sincérité. Enfin je le quittai pour lever des troupes en Hongrie, et nous nous séparâmes, très-satisfaits l'un de l'autre, du moins en apparence.

Je répandis plusieurs manifestes pour réveiller la haine et le courage des Hongrois, et je vis avec douleur le peu d'effet qu'ils produisirent. Ce malheureux peuple avait tant souffert de la part des Impériaux et des Turcs, il était si las des uns et des autres, et mes ressources paraissaient si incertaines, qu'après beaucoup de peines et d'intrigues, sept à huit mille hommes au plus reprirent les armes. Je ne pouvais rien entreprendre avec d'aussi faibles moyens.

Cependant Amalie continuait la plus belle défense. Caraffa, le fils de cet infâme qui avait trahi envers nous les droits de l'hospitalité, Caraffa commandait alors le blocus, et il n'avait fait aucun progrès : la garnison adorait mon épouse et ne trouvait rien d'impossible. Pour comble de bonheur, Belleski, qui s'avançait avec quelques bataillons et un convoi considérable, avait fait prendre le change à Caraffa, et il était entré dans Montgatz. Cette place, ainsi pourvue, pouvait résister long-temps encore à toutes les forces de l'empire.

Cette nouvelle, que j'appris peu de temps après, ramena le calme dans mon ame : j'étais tranquille sur mon sort, quand je ne craignais pas pour mon Amalie. Je m'étais retranché sous le canon du Grand-Waradin ; j'espérais que ma petite armée se grossirait insensiblement, que je pourrais alors percer dans la haute Hongrie, délivrer Montgatz, et opérer une puissante diversion dans cette partie, pendant que les Turcs occuperaient les Impériaux sur les bords du Danube.

Vains projets, que l'imagination saisit avec avidité, qu'elle embellit de ses chimères, et qui se réalisent si rarement, combien de fois m'avez-vous abusé ! Mon armée ne passa jamais dix mille hommes. Je n'avais plus de caisse ; je fus obligé de me mettre à la solde du grand-seigneur. L'empereur, maître de presque toute la Hongrie, en fit sacrer roi l'archiduc Joseph son fils. Cette cérémonie, suggérée par la meilleure politique, se fit à Presbourg, capitale du royaume. L'éclat, qu'on affecta d'y donner, attira toute la noblesse, qu'on acheva de gagner, par des présens ou des promesses. Dès-lors mon parti tomba tout-à-fait, et je ne fus plus qu'un simple officier de la Porte, qu'on cessa de ménager dès qu'on n'en attendit plus rien.

J'opposai à cette défaveur le courage opiniâtre, qui jusqu'alors ne m'avait pas abandonné. J'étais par-tout, où il y avait du danger et de la gloire à acquérir. Mon petit corps ne perdait pas une occasion de se signaler, et le changement qui arriva à la Porte releva un moment mes espérances.

Les malheurs continuels, qui avaient accablé Mahomet IV, indisposèrent la nation. Les janissaires, qui les attribuaient à son indolence, résolurent de le déposer. Le caïmacan, gouverneur de Constantinople, Mustapha Kuprogli, le schérif de la Mosquée de Sainte-Sophie, et le nakif, garde de l'étendard de Mahomet, vinrent déclarer au sultan qu'il fallait descendre du trône, et que telle était la volonté de la nation. Soliman, son frère, fut tiré de la prison où il était détenu depuis quarante ans, et Mahomet fut renfermé dans l'intérieur du sérail. Le grand-visir perdit la tête, et Mustapha Kuprogli le remplaça dans cet éminent et périlleux emploi. Cette révolution, qui dans un état chrétien eût coûté des flots de sang, se termina aussi aisément et aussi vite qu'une affaire domestique.

Le nouveau sultan fit, pour la forme, quelques propositions de paix à l'empereur. Elles étaient telles, qu'il ne pouvait les accepter sans honte, et ou se prépara, de part et d'autre, à continuer la guerre.

Soit que Soliman crût que sa présence encouragerait ses troupes, soit qu'il voulût donner à ses peuples une haute idée de son courage, il prit le commandement des colonnes qu'il avait fait rassembler sur les rives du Bosphore, et il se réunit aux corps nombreux, mais découragés, qui lui restaient encore en Hongrie.

L'armée impériale, commandée alors par l'électeur de Bavière, se disposa à passer le Danube, pour faire le siège de Belgrade. Un coup d'éclat pouvait seul sauver cette place, la clef de la Turquie européenne. Jéghen bacha se présenta avec intrépidité, et entra dans le fleuve avec toute la cavalerie, déterminé à disputer la victoire. Eugène était alors lieutenant-général, et son nom seul était redoutable. Il remonta le fleuve avec dix à douze escadrons, et il brusqua le passage, pour venir ensuite attaquer Jéghen sur ses derrières, et décider la défaite des Turcs : cette manœuvre était décisive. Il fallait battre Eugène, ou laisser assiéger Belgrade. J'accourus, avec ma cavalerie hongroise. Eugène avait fait la moitié du trajet, lorsque moi et les miens nous nous précipitâmes dans les flots. J'eus l'honneur de voir et de combattre, corps à corps, cet homme étonnant, à qui le fastueux Louis XIV avait refusé un régiment, et qui le fit repentir, le reste de sa vie, de n'avoir pas deviné un héros.

J'attaquai Eugène le sabre à la main, et je lui dis mon nom. Vainqueur ou vaincu, j'acquérais des droits à son estime, et l'estime d'Eugène valait une victoire. Il ne me répondit pas et se mit en défense. Parfaitement montés tous deux, tous deux dans la force de l'âge, égaux en adresse, et peut-être en valeur, le succès fut quelque temps incertain. Eugène me porta enfin plusieurs coups de suite, que j'eus beaucoup de peine à parer. Je fus contraint à faire une volte, et le courant s'opposant au mouvement que je donnais à mon cheval, il s'abattit sous moi. Eugène eut la générosité de pousser le sien d'un autre côté, et j'aime à publier que je lui dois la vie.

Je remontai à cheval. Nous chargeâmes les Impériaux, nous les renversâmes les uns sur les autres, et j'allais exécuter le projet qu'Eugène avait conçu, je passais le fleuve et je prenais l'électeur de Bavière en flanc, lorsqu'un coup de carabine me cassa la cuisse. Je tombai dans le fleuve, le courant m'entraînait; j'allais périr. Quelques seigneurs de ma suite s'exposèrent pour me sauver. Ils me portèrent à la rive d'où nous étions partis, et de là au quartier de Soliman.

Dès que mes troupes cessèrent d'être animées par ma présence et mon exemple, la fortune changea. Tout céda à l'ascendant d'Eugène. Il passa le Danube, mit Jéghen en déroute, et trois jours après, l'électeur ouvrit la tranchée devant Belgrade.

Je souffrais beaucoup de ma blessure, et la fièvre de suppuration m'accabla tout-à-fait. Je fus, pendant plusieurs jours, aussi incapable de conseiller que d'agir. Lorsque la fièvre fut calmée, et que j'eus recouvré la tranquillité d'esprit et une certaine suite dans les idées, je m'informai de la position des armées. J'appris que Belgrade était emportée d'assaut. La garnison avait été passée au fil de l'épée, et les flots ensanglantés du Danube avaient roulé à la mer les cadavres de tous ces malheureux.

Une autre perte m'affligea plus sensiblement. Le prince Louis de Bade était entré en Bosnie, et venait d'y battre un corps considérable commandé par ce même Méhémet, mon émule et mon ami, qui avait défendu Bude avec moi. Cet homme, digne d'un meilleur sort, avait été entouré dans la déroute par dix cavaliers allemands, qui le sommèrent de se rendre. Il se défendit courageusement, il en tua deux, et se fût probablement échappé, s'il n'eût été renversé d'un coup de pistolet dans la tête. On s'aperçut qu'il n'était pas mort, et on voulut le prendre en vie. Il se releva sur ses genoux, tira son poignard, fendit le ventre au premier qui l'approcha, et écarta les autres. Les cavaliers, irrités de son opiniâtreté, le tuèrent à coups de carabine. Ainsi périrent depuis, les armes à la main, tous ceux qui m'avaient été attachés. J'ai eu le malheur de leur survivre.

A cette suite de désastres succéda le coup le plus terrible que j'eusse à redouter. Amalie avait épuisé ses munitions de guerre et de bouche. La famine se faisait sentir dans la place, et on manquait absolument de poudre et de boulets. Il fallait en prendre dans le camp des Impériaux, ou se rendre : l'épouse de Tékéli ne pouvait pas balancer. Elle fit une sortie terrible; Caraffa recula d'abord près de deux cents toises; mais ses troupes, honteuses de fuir devant une femme, se rallièrent, et repoussèrent à leur tour les assiégeans. Belleski tomba mort à côté d'Amalie, qui, après des prodiges de valeur, rentra dans Montgatz, avec deux mille hommes de perte. Elle tint huit jours encore, en proie aux horreurs de la famine, et sans autre moyen de défense que les quartiers de rochers qu'on roulait sur les bataillons ennemis. Son fils, tombant d'inanition à ses yeux, éteignit en elle tout sentiment de gloire et de vengeance. Elle oublia un moment son époux; elle demanda à capituler. Elle était mère : qui pourra la condamner ?

Elle exigea d'abord que je fusse compris dans la capitulation. Je détestais Léopold; mais la satisfaction de revoir mon épouse et mon fils, après cinq ans de la plus pénible séparation, pouvait encore me tenir lieu de tout. Caraffa ne consulta point les vrais intérêts de son maître. Il lui assurait la possession paisible de la Hongrie, en me détachant du parti des Turcs, et il lui conservait vingt mille sujets, qui périrent dans le courant de cette guerre. Il voulut que ma femme se rendît à discrétion. Cette infortunée céda enfin aux larmes de son fils, aux instances réitérées de sa garnison. Elle ouvrit ses portes, et fut conduite en triomphe à Vienne, où, sans égard pour son âge, sa beauté, sa valeur, on la jeta dans une prison, où la douleur et le besoin terminèrent ses jours et ceux de son déplorable enfant.

Je commençais à me rétablir, lorsque je reçus ces funestes nouvelles. L'effet en fut terrible. Une fièvre violente me saisit. Je désirais, j'appelais la mort. On observait tous mes mouvemens, et on eut la cruauté de me sauver de moi-même. Qu'avais-je besoin de vivre ? Mon pays, presque tout entier, était retombé sous le joug de ses premiers oppresseurs ; ma femme, mon enfant, mes amis étaient au nombre de leurs victimes ; j'avais épuisé tous les malheurs, que la fortune peut rassembler sur un seul homme, et je sentais qu'il est des circonstances où la vie est un insupportable fardeau. Jéghen ne me quittait presque pas : « Oublies-tu, me dit-il, que les morts ne « peuvent plus se venger ? » Ce mot me rendit à moi-même. Je ne proférai plus une plainte, et je jurai de ne faire aucun quartier aux Impériaux qui tomberaient dans mes mains.

L'électeur de Bavière assiégeait et prenait Peterwaradin, et le grand-seigneur ne pensait pas à sortir de ses lignes. Le prince de Bade, qui était rentré en Hongrie, vint l'y chercher. Il jeta un pont sur la Morawe, et s'avança vers nos retranchemens. Les Turcs décampèrent avec leur précipitation ordinaire, et notre arrière-garde fut taillée en pièces dans des défilés, où deux régimens, avec quatre pièces de campagne, n'auraient jamais dû être forcés.

Quelques jours après, le même prince de Bade vint encore nous attaquer à Paranguia, village près de Nizza, que nous avions couvert par des coupures et des abattis. Je reposais dans ma tente, et je fus réveillé par le bruit de l'artillerie. Je me fis mettre sur un brancard, et j'ordonnai qu'on me conduisît au fort de l'action. Les janissaires se battaient en braves gens, et je me mis à leur tête. Les deux chevaux, qui portaient mon brancard, furent tués d'un même coup de canon. Des Hongrois le relevèrent et le portèrent alternativement sur leurs épaules. Il en tomba onze autour de moi, et je montai à cheval, malgré mon extrême faiblesse. Nous fîmes plier l'infanterie allemande, et je comptais sur la victoire, lorsque les spahis nous abandonnèrent, et s'enfuirent tout-à-coup. Les janissaires, étonnés, se rompirent à leur tour, et l'ennemi en fit un carnage affreux. Entraîné par la foule, il fallut fuir malgré moi, et je ne m'échappai que par un bonheur inconcevable, ou plutôt par cette fatalité qui me réservait à de nouvelles infortunes. Nizza, entourée d'une simple muraille et d'un fossé, se rendit le même jour.

Le grand-seigneur rassembla à quelques lieues de là les débris de son armée. Il campa dans une position défendue par des ravins et des défilés, où le prince de Bade n'osa entreprendre de le forcer. Le malheureux Soliman eut quelques instans de relâche, et cette inaction le livra tout entier au sentiment des pertes qu'il avait essuyées. Ce n'était plus ce prince orgueilleux, qui se vantait, en quittant sa capitale, d'asservir l'Allemagne, et qui s'était fait suivre par des chariots chargés des fers qu'il destinait aux vaincus. Une profonde mélancolie succéda à la présomption. Humilié par le souvenir du passé, tremblant sur l'avenir, il se conduisit envers moi comme l'avait fait Mahomet IV. Il entra dans mon quartier, conduit par Jéghen; il m'embrassa affectueusement, et me dit sans détours qu'il venait se jeter dans mes bras. Je fus sensible à cette démarche; mais je ne lui cachai pas qu'il m'accordait sa confiance un peu tard; que le désordre de ses affaires n'était pas facile à réparer. Cependant nos intérêts étaient les mêmes. Il avait à relever l'honneur de ses armes; j'avais à venger un père, une patrie, une épouse, un fils : Léopold était notre ennemi commun. J'avais conçu contre lui une haine irréconciliable, et, sans trop compter sur les Turcs, je promis à leur chef de diriger son inexpérience. Je lui fis espérer des succès, et je relevai son courage.

Un jeune ingénieur français, qui était avec moi, ouvrit tout-à-coup un avis, qui tenait du caractère de sa nation, et qui annonçait de vrais talens. C'était de s'avancer en Servie, de laisser derrière soi quelques corps, pour tenir les Impériaux en échec, de tourner brusquement sur la droite, de reprendre Belgrade, dont rien ne défendait les approches, de rentrer ensuite en Hongrie, et de couper la retraite au prince de Bade. Ce plan, qui pouvait réussir par l'excès même de sa témérité, me parut le seul à suivre, et je déclarai à sa hautesse qu'il fallait l'adopter et l'exécuter sans délai.

Nous nous occupions des mesures nécessaires à l'exécution de ce dessein, lorsqu'un courrier apporta la nouvelle d'une rupture entre la France et l'Empire. Louis xiv avait pris pour prétexte la nomination illégale du prince Joseph de Bavière à l'électorat de Cologne. Mais son véritable motif était le désir de conquérir les Pays-Bas, et d'affaiblir Léopold en Italie. Il était à présumer que ce prince, harcelé par les Turcs, et peu sûr des Hongrois, tiendrait difficilement contre tant de forces réunies. Le paquet, entre autres papiers, renfermait une lettre à mon adresse. Elle était du marquis de Torci, qui, sans dire un mot du roi son maître, m'annonçait la remise de trois millions entre les mains de l'ambassadeur de France à Constantinople. Cette somme était destinée à faire de nouvelles levées en Hongrie, et

J'entrai aussitôt dans la basse Hongrie avec trente mille hommes. Je dissipai quelques partis impériaux, je repris plusieurs places, sans que le prince de Bade, qui croyait avoir en tête toutes les forces ottomanes, sût rien de ce qui se passait derrière lui.

Quoique la saison fût très-avancée, je crus devoir profiter de ces premiers avantages. Je me disposai à passer le Danube et à tomber sur l'armée impériale, qui bloquait Jéghen dans ses retranchemens, et qui, se trouvant entre deux feux, devait être infailliblement détruite. Tout était prêt pour cette expédition, lorsque le fleuve, grossi par des pluies continuelles, se déborda et inonda le pays. Je n'avais pas de bateaux, il fallait du temps pour s'en procurer. Le prince de Bade ne pouvait ignorer long-temps la prise de Belgrade ; il savait trop bien la guerre, pour m'attendre dans une position désavantageuse, et je ne voulus pas risquer une bataille, dont la perte assurait celle des villes que j'avais reprises. Je mis mes troupes en quartier d'hiver ; je rejoignis le grand-seigneur, et je partis avec lui pour Constantinople.

Il donna ordre de lever de nouvelles troupes, et de tout préparer pour ouvrir la campagne prochaine avec éclat. Je touchai les sommes que l'ambassadeur de France avait à me remettre, et je retournai aussitôt à Belgrade. Je prodiguai l'or dans l'Esclavonie et la basse Hongrie. Trompé le marquis ajoutait que quatre-vingts vaisseaux de ligne et six corps d'armée, dont le moindre était de cinquante mille hommes, occuperaient tellement l'empereur et ses alliés, que le grand-seigneur serait maître absolu de ses opérations. Sa hautesse, à qui je communiquai sur-le-champ la lettre de M. de Torci, en conçut les plus brillantes espérances, et nous ne pensâmes plus qu'à suivre, de point en point, l'avis du jeune ingénieur.

L'occasion était favorable. L'empereur, effrayé des préparatifs formidables de la France, se hâta de faire filer des troupes sur les différens points que menaçait Louis XIV. Il opposa Eugène à Catinat, et le prince de Bade resta à-peu-près seul en Hongrie.

Nous décampâmes la nuit, et nous laissâmes Jéghen dans les retranchemens avec quinze mille hommes. Après trois jours de marche, nous repassâmes la Morawe, et cinquante mille combattans, qu'on croyait battus et dispersés dans la Servie, parurent subitement devant Belgrade.

Le comte Gui de Stahremberg, qui commandait dans la place, fut étonné de se voir assiégé par une armée, dont il ne soupçonnait pas même l'existence. Il fit néanmoins ce qu'on devait attendre d'un brave officier. Il se défendit autant que l'exigeaient l'honneur et son devoir; mais, sentant l'impossiblité d'être secouru, il demanda et obtint une capitulation honorable.

par les uns, mal servi par les autres, je ne rassemblai que neuf à dix mille hommes, dont le plus grand nombre était de ces aventuriers, qui n'ont rien à perdre, et qui se vendent au premier qui veut les acheter. Je ne pouvais pas compter beaucoup sur de tels soldats, et je voulus suppléer aux qualités qui leur manquaient, par une bonne organisation et la plus sévère discipline. J'incorporai, dans chaque compagnie, quelques-uns de mes anciens Hongrois, espérant que les recrues en prendraient l'esprit. Je les exerçai tout l'hiver, et à l'approche du printemps, je joignis l'armée ottomane à Sophia en Bulgarie, où le grand-seigneur avait fixé son rendez-vous général.

L'armée était nombreuse, et me parut être dans les meilleures dispositions. Les succès que j'avais obtenus à la fin de la campagne précédente, avaient relevé tous les courages. Je proposai à sa hautesse de profiter de l'ardeur des troupes et de rentrer en Hongrie. Le malheur l'avait rendu docile : il me chargea de donner ses ordres, et on décampa le jour même. Nous passâmes le Danube, nous entrâmes dans le comté de Temeswar, et je me portai en avant, avec mon petit corps, pour observer l'ennemi, et saisir les occasions favorables qui se présenteraient.

L'armée impériale s'était rassemblée à Vérismarton. Elle n'était que de cinquante mille hommes ; mais elle était commandée par Eugène, dont les talens multipliaient les ressources. Il détacha le jeune prince de Vaudemont, avec dix mille hommes, et lui ordonna de me chercher et de me combattre. Le jeune prince s'avança à grandes journées. J'étais instruit de sa marche, et je fus au-devant de lui. Nous nous rencontrâmes près de Zeige, et l'action commença aussitôt. Mes Esclavons s'enfuirent à la première décharge, et je me trouvai réduit à cinq mille hommes, dont je n'étais pas sûr, et avec lesquels j'avais à soutenir les efforts de dix mille Impériaux, que ce premier avantage avait encouragés. Je changeai aussitôt mon ordre de bataille. Je m'adossai à une montagne, j'appuyai ma droite à un bois, j'avais à ma gauche un marais impraticable, et le prince, malgré sa supériorité, ne put jamais m'entamer. Cette manœuvre, qui me sauva en ce moment, pouvait cependant avoir des suites funestes. Le prince avait aussi changé sa position, et il s'était placé entre l'armée turque et moi. Il fallait le battre, mourir, ou se rendre.

La nuit sépara les deux partis : ils avaient également besoin de repos. Les Impériaux couchèrent sur le champ de bataille, et je m'occupai des moyens de sortir du mauvais pas où j'étais engagé : c'était tout ce que je pouvais prétendre.

Je méditais profondément, lorsqu'on vint m'annoncer que deux mille des miens s'étaient jetés dans le bois, et que sans doute ils passaient à l'ennemi. Je courus à ma droite, que je trouvai en effet dégarnie. Je sentis que j'étais perdu sans ressource, si je ne prenais à l'instant un parti décisif. Je parlai à mes troupes ; je leur dis que je les croyais incapables d'imiter les lâches qui nous avaient abandonnés, et que j'étais persuadé qu'elles me seconderaient, ainsi qu'elles l'avaient fait jusqu'alors. Les trois mille hommes qui me restaient étaient presque tous de vieux Hongrois accoutumés à vaincre sous mes ordres. Un cri se fit entendre : *Vive Tékéli*. Je laissai mon artillerie et mes bagages à l'entrée du bois, je descendis en silence dans la plaine, et j'attaquai avec fureur les Impériaux. Des troupes surprises, à demi nues, au milieu des ténèbres, et pendant leur sommeil, sont nécessairement battues. Nous tuâmes, ou nous mîmes en fuite ce qui se présenta devant nous. Le prince de Vaudemont abandonna précipitamment son champ de bataille et ses équipages, et rassembla à une lieue de là ce qui lui restait de monde. J'enclouai ses canons, je tournai du côté de l'armée turque, et marchai le reste de la nuit.

Je n'avais perdu que quarante hommes ; j'en avais tué deux mille au prince de Vaudemont. Mais cet avantage était perdu, si j'étais obligé de soutenir un troisième combat : les Impériaux étaient encore assez nombreux pour m'accabler. J'avançai en toute diligence vers la Marosch, que j'espérais passer à Chouad, pour me réunir à la grande armée, qui n'en était pas éloignée. Le prince pénétra facilement mon dessein, et il ne me laissa pas le temps de l'exécuter. Il parut, au milieu du jour, avec quatre mille hommes de cavalerie, sur les hauteurs de Hédin. Je pouvais lui tenir tête, et je m'arrêtai. Mais une heure après, je vis toute son infanterie, divisée en deux colonnes, qui s'avançait sur les ailes, avec l'intention sans doute de me prendre en flanc, quand la cavalerie aurait engagé le combat : le courage et la prudence ne pouvaient rien dans une telle situation. J'avais six cents chevaux ; j'ordonnai à mes cavaliers de jeter leurs porte-manteaux, de prendre chacun un fantassin en croupe, et de passer la rivière le plus promptement qu'ils pourraient. Je piquai mon cheval, et suivi seulement de sept officiers je traversai la Marosch, et j'arrivai au quartier du grand-seigneur, sans armée, sans équipages et sans argent. Toute mon infanterie se rendit au prince, et mes cavaliers dispersés çà et là, furent presque tous tués ou pris.

Quelque affligeant que fût cet échec, c'était peu de chose, comparé à l'événement désastreux dont il fut bientôt suivi, et qui décida du reste ma vie. Nous avions résolu de faire le siège de Ségedin, place importante, qui nous rendait maîtres de la Teisse, et de tout le pays situé entre cette rivière et le Danube. Le prince Eugène s'avança pour couvrir cette ville, et vint camper à un mille de Zenta, petit bourg situé sur la rive occidentale de la Teisse. Son armée était très-inférieure en nombre, et j'opinai pour une affaire générale. Si nous étions vainqueurs, toute la Hongrie nous était ouverte; si nous avions du désavantage, Belgrade offrait une retraite sûre : personne ne soupçonna que nous pussions être complètement battus.

Nous marchâmes donc en avant, et nous passâmes la Teisse sur un pont de bateaux. Entre les villages de Perlek et de Zenta, est une plaine immense, dont le terrein, parfaitement égal, semble fait pour servir de théâtre aux horreurs de la guerre. Nous campâmes en cet endroit. Je connaissais assez les Turcs, et je redoutais trop l'activité d'Eugène, pour négliger aucunes précautions. Je fis faire deux forts retranchemens en avant de l'armée, qui était appuyée à la rivière, et je me flattai que le prince Eugène ferait enfin quelque fausse manœuvre, dont nous pourrions profiter : il en était incapable.

Quel fut mon étonnement, lorsque je vis l'armée impériale déboucher des montagnes, descendre dans la plaine et se mettre en bataille ! il était inouï que quarante mille hommes osassent en attaquer cent mille, dans des retranchemens de quinze pieds de haut, défendus par quatre-vingts pièces de grosse artillerie : Eugène seul pouvait l'entreprendre et réussir. Il s'avança malgré la défense expresse de l'empereur, qui ne voulait pas hasarder d'affaire décisive. Le grand-seigneur, effrayé de sa diligence et de sa témérité, donna l'ordre de repasser la rivière. Cette lâcheté m'indigna. Je lui annonçai qu'il serait attaqué avant que dix mille hommes seulement fussent à l'autre rive ; que cette retraite précipitée ne pouvait se faire sans beaucoup de désordre ; qu'Eugène ne manquerait pas d'en profiter, et que la campagne serait perdue. J'ajoutai qu'au lieu de repasser la rivière, il fallait couper le pont, et mettre ses troupes dans la nécessité de vaincre ou de mourir. Il sentit la solidité de ce conseil ; mais il n'eut pas le courage de le suivre. La crainte qui l'agitait fut remarquée des janissaires : la terreur se répandit dans les rangs ; on se pressa vers le pont ; sa hautesse passa la première avec mille chevaux. Je restai dans les retranchemens ; je tâchai d'y rétablir l'ordre et de faire renaître la confiance. Il restait à peine deux heures de jour : il ne paraissait pas possible qu'Eugène vainquît en aussi peu de temps. Il ne lui en fallut pas davantage.

Il avait recourbé ses deux ailes de manière à embrasser à-la-fois le centre et les flancs des retranchemens, et à les attaquer sur toutes les parties. Les Impériaux présentèrent alors un front tellement étendu, relativement à leur nombre, qu'il ne fallait que de la résolution pour les battre ; mais Eugène savait à quel ennemi il avait affaire. Dès que je lui vis faire cette manœuvre, je conçus l'idée de l'attaquer moi-même par son centre, et de faire charger ses ailes par toute notre cavalerie. J'ordonnai en conséquence à un corps de vingt mille janissaires de me suivre; pas un ne m'obéit. Je suppliai le grand-visir de les faire marcher; je répondais de la victoire sur ma tête : ses ordres ne furent pas plus écoutés que les miens, et dès-lors je jugeai la bataille perdue, même avant qu'elle commençât. Un sentiment d'honneur me décida seul à faire mon devoir.

L'affaire s'engagea par la gauche à six heures du soir, et en un instant elle devint générale. Ces mêmes janissaires qui avaient refusé de sortir des retranchemens, sentirent cependant la nécessité de les défendre. Notre artillerie, chargée à mitraille, fit un effet étonnant. L'aile gauche d'Eugène se rompit. Aussitôt il détacha de sa seconde ligne quatre régimens d'infanterie, quatre escadrons et plusieurs pièces de campagne. Ce renfort donna aux Impériaux le temps de se remettre. L'attaque recommença avec plus de vivacité. Bientôt il y eut des brèches considérables aux retranchemens, et l'ennemi monta à l'assaut en sept endroits différens. Après une heure de combat, le premier retranchement fut emporté. Nous nous retirâmes en désordre dans le second ; mais Eugène nous y suivit si vivement, qu'il me fut impossible de reformer les bataillons. Les Turcs se précipitèrent vers le pont, qui fut obstrué en un moment. Ceux qui échappaient au fer ennemi, et qui ne trouvaient pas de passage, se jetaient dans la Teisse, et périssaient. Les Impériaux n'éprouvant plus de résistance, firent un carnage affreux des vaincus. Le grand-visir et presque tous les bachas furent massacrés. Je n'échappai à cette boucherie qu'en me mettant parmi les morts. A dix heures du soir, le soldat, las de tuer, se rangea enfin sous ses drapeaux. Eugène fit sortir ses troupes des retranchemens, où le sang ruisselait. Je me levai alors, et je me glissai dans un taillis couvert d'un côté par la Teisse, et de l'autre par un bras de cette rivière, que je passai à la nage. Les efforts qu'on avait faits sur le pont en avaient détaché quelques bateaux. J'en trouvai un, arrêté dans des branches de saule, et je parvins à la rive opposée. Les armes, les effets de campement, les chevaux forcés, que je rencontrais de distance en distance, m'indiquèrent la route qu'avait prise le grand-seigneur. Je la suivis à pied, malgré la fatigue qui m'accablait, et je ne m'arrêtai qu'à Temeswar, à huit lieues de Zenta, où je rencontrai sa hautesse en proie au plus cruel désespoir.

Ce que perdirent les Turcs dans cette malheureuse journée, est incalculable. Le détail en paraîtrait romanesque, s'il n'était consigné dans l'histoire, et dans tous les mémoires du temps. Vingt mille hommes furent tués sur la place, dix mille se noyèrent dans la Teisse, trois mille furent faits prisonniers. Toutes les tentes de l'armée, et celle du grand-seigneur, estimée quarante mille florins d'Allemagne, neuf mille chariots chargés, quinze mille bœufs, six mille chameaux, sept mille chevaux, cent pièces de gros canon, et soixante pièces de campagne, sept queues de cheval et quatre cent vingt-trois drapeaux ou étendards, tombèrent le même soir entre les mains des vainqueurs. Ils trouvèrent le lendemain un cimeterre d'un prix inestimable, qui avait appartenu au sultan, son carrosse dans lequel étaient dix des femmes de son sérail, quarante-huit paires de timbales d'argent, vingt-six mille boulets, cinq cent cinquante bombes, cinq cents tambours de janissaires, et la caisse militaire qui renfermait trois millions de florins.

Le grand-seigneur, consterné de tant de désastres, n'examina point les ressources qui lui restaient. Uniquement livré à ses alarmes, il ne s'occupa que de la paix. Il députa secrètement Jéghen vers le prince Eugène, pour en obtenir une trêve. La demander, c'était se déclarer hors d'état de continuer la guerre : aussi le prince se borna-t-il à donner un sauf-conduit, qui permettait à deux officiers turcs de se rendre à Vienne. Deux bachas partirent aussitôt, pour aller négocier avec le ministre de l'empereur. Je m'opposai vivement à leur départ; je représentai inutilement que nous étions maîtres encore de Temeswar, de Belgrade et de plusieurs places importantes; qu'en retirant les différens corps que nous avions en Bosnie, en les incorporant aux détachemens nombreux qui arrivaient à chaque instant de

Zenta, on pouvait réorganiser une armée plus nombreuse encore que celle du prince Eugène, et la gendarmerie de France avait prouvé à ce grand homme, à la bataille de la Marsaille, qu'on n'est pas toujours invincible. Le découragement et la terreur étaient portés à l'excès, et il faut être maître de soi pour entendre le langage de la raison. Je m'aperçus bientôt que ma franchise avait déplu. Le grand-seigneur évita toute conférence particulière avec moi, et la froideur la plus affectée m'annonça ma digrace.

Je dévorais, chez moi, et l'humiliation de dépendre d'un tel homme, et le chagrin d'être réduit à vivre de ses bienfaits, lorsque Jéghen, cédant à l'estime que je lui avais inspirée, vint me trouver la nuit, et me révéla les secrets de son maître. Il m'apprit que les deux souverains avaient choisi Carlowitz pour y traiter de la paix; que leurs plénipotentiaires devaient incessamment s'y rendre; qu'il était du nombre de ceux qu'avait choisis sa hautesse, et que les instructions portaient de ne rien refuser à Léopold. Je le remerciai de la preuve d'attachement qu'il me donnait, et je ne dis pas un mot qui pût lui faire pénétrer les différens mouvemens dont j'étais agité.

Dès qu'il fut sorti, je réfléchis sérieusement à la position critique où je me trouvais. Je ne doutai pas que la paix ne se conclût : la facilité du sultan levait toutes les difficultés. Ainsi mes espérances étaient détruites sans retour. L'empereur irrité de la longue guerre que je lui avais suscitée, pouvait demander ma tête, et Jéghen devait tout accorder. Je ne sais par quel sentiment l'être le plus infortuné tient encore à la vie. J'avais perdu tout ce qui peut la rendre chère, et la mort, que j'avais bravée cent fois, que je fixais avec mépris, me parut affreuse sur un échafaud, où l'ame n'est plus soutenue par l'espérance et par l'honneur. Je me résolus à fuir, à m'envelopper d'épaisses ténèbres, à me dérober aux recherches et aux regards de tous les humains. J'éloignai mes esclaves, sous différens prétextes; je pris un de leurs habits, un peu d'or qui me restait, je quittai ma maison, et je passai le reste de la nuit sous le portique d'une mosquée. Aux premiers rayons du jour, je sortis de la ville à pied. Je passai devant ces mêmes postes où, peu d'heures auparavant, on me fatiguait d'hommages et d'honneurs : on ne m'accorda point la plus légère attention. O souverains! que seriez-vous sans l'éclat qui vous environne? Cette réflexion m'arracha un soupir. Je n'étais pas encore détrompé des grandeurs; mais j'étais assez fort pour me soumettre à ma mauvaise fortune.

Je m'arrêtai à quelque distance de la ville, et je pensai au parti que j'allais prendre. Ce roi si fier de sa couronne, ce général si souvent victorieux, et dont le nom avait rempli quatorze ans l'Europe et une partie de l'Asie, maintenant dépouillé de toutes ses dignités, calculait au pied d'un chêne combien de temps quelques misérables pièces d'or le garantiraient de la misère. C'est dans de telles circonstances qu'on est forcé de convenir que les hommes ont tous une même origine, qu'ils sont tous égaux, et que le travail est la première loi que leur impose la nature.

Je me levai en rêvant à ces grandes mais accablantes vérités, et, sans m'en apercevoir, je me trouvai sur les bords de la Têmes. Un marinier mettait son petit bâtiment sous voiles : toutes les routes m'étaient indifférentes, pourvu que je m'éloignasse des états de Léopold et des villes de Turquie, où j'étais trop connu. Je m'arrangeai avec le patron, je m'assis dans le fond de la barque, et je voguai sans daigner même m'informer où l'on me conduisait.

Nous n'étions que deux, et mon compagnon se communiquait aisément Il m'adressa plusieurs fois la parole, et je ne répondis que par monosyllabes. Fatigué de mon silence, il me laissa, et se mit à chanter : c'était moi que célébrait sa romance. J'avoue que je trouvai du plaisir à m'entendre louer par une bouche, qui n'était pas suspecte de flatterie. Je ne pus m'empêcher de lui demander s'il connaissait Tékéli. Il me répondit que c'était un brave homme, et que c'était tout ce qu'il en savait. Il continua son chant, et je n'eus pas assez de modestie pour l'interrrompre.

La Têmes se jette dans le Danube, un peu au-dessus de Belgrade. Je revis cette place, que j'avais prise un an auparavant, et j'y entrai par la porte même où le comte de Stahremberg était venu recevoir mes lois. L'hôtel le plus somptueux, l'ameublement le plus frais, la chère la plus délicate, tout m'était prodigué par les habitans humiliés devant moi : je fus alors trop heureux de trouver un caravanserail où je pusse me rafraîchir. J'entrai dans une chambre où étaient quelques janissaires. Ils parlaient de la bataille de Zenta, et se plaignaient amèrement que le grand-seigneur n'eût pas suivi mes conseils : c'était rouvrir mes blessures. Je passai plus loin, je pris un repas bien frugal, et j'allai m'embarquer sur une pinque qui descendait le Danube jusqu'à Artzar en Bulgarie.

Tous les lieux où je passai me rappelèrent ou des revers ou des succès. Ma cruelle mémoire me retraçait malgré moi la perte de quatorze années, écoulées au milieu des orages politiques, et des fureurs de la guerre. Par un retour naturel sur soi-même, je comparai mon sort actuel aux songes trompeurs, qui m'avaient si long-temps abusé, et je convins que l'obscurité peut avoir ses douceurs, pour l'homme qui sait se suffire. Cette idée me consola; elle me rendit insensiblement cette paix de l'ame, sans laquelle il n'est point de bonheur. Si le souvenir d'Amalie me tirait quelquefois des larmes, c'étaient de ces larmes douces qui soulagent le cœur sans le froisser; c'était pour moi une jouisssance nouvelle, étrangère à l'insensibilité des cours, et au tumulte des armes.

J'arrivai le dixième jour à Artzar, et l'aspect m'en parut délicieux. Soit que je commençasse à voir les objets avec d'autres yeux, soit que la situation de cette ville ait en effet quelque chose d'attrayant, je résolus de m'y arrêter, et d'y chercher des moyens d'existence. Le Danube s'y divise en différens canaux, qui forment de petites îles, plus riantes les unes que les autres. Je les visitai toutes, et j'achetai un coin de terre dans celle qui me plut davantage. J'y fis bâtir une maisonnette en bois. Un lit bien simple, quelques carreaux, un peu de vaisselle de terre, formèrent tout mon ameublement. J'avais pour voisins quelques pêcheurs, gens simples, mais honnêtes. Ils me parlèrent la langue de la nature, et ce langage m'alla au cœur. Ils me virent dans l'embarras; ils m'offrirent ce qu'ils avaient : je refusai leur argent; mais je leur demandai des leçons. Ils m'apprirent, en peu de temps, leur métier, qui n'est pas très-pénible, et qui leur procurait une honnête aisance. Je travaillais une partie du jour, j'allais vendre ma pêche à Artzar, j'en rapportais mes petites provisions, je soupais et m'endormais d'un sommeil de paix.

Trente ans s'écoulèrent ainsi. Tous les jours mêmes travaux, mais aussi mêmes jouissances. Rien ne troublait mon repos, qu'un désir inquiet, qui prenait insensiblement plus d'empire sur moi.

J'approchais de la tombe, et je ne voulais pas y descendre, sans avoir revu mon pays natal, sans avoir parlé ma langue maternelle : ce besoin est commun à tous ceux que le sort exile de leur patrie. Ma raison le combattait; mais que peut la raison sur le cœur? Léopold était mort; j'étais oublié depuis long-temps, et les années m'avaient rendu méconnaissable. Je parlai de ce projet à mes voisins, sans leur dire qui j'étais, ni où j'allais. J'avais vu mourir les pères, j'avais élevé les enfans, je leur avais rendu des services, bien faibles sans doute, mais que la médiocrité sait si bien apprécier. Dès que je parlai de les quitter, ils me marquèrent une douleur si vive et si vraie; leurs prières, leurs caresses naïves me touchèrent à un tel point, que je ne pus leur résister : je leur promis de finir mes jours avec eux. Un incident imprévu m'en a séparé et m'a conduit ici.

Jéghen venait d'être nommé séraskier de Bulgarie, et je l'ignorais. Il visitait son gouvernement, et s'arrêta quelques jours à Artzar. Le commandant, empressé de plaire à son nouveau gouverneur, lui donna une fête sur le Danube. On porta des rafraîchissemens dans plusieurs îles, et on prépara un repas somptueux dans la mienne, qui était la plus agréable. J'étais à la pêche, ma maison était ouverte : je n'avais rien à craindre de mes voisins. La propreté, qui y régnait, invita Jéghen à s'y reposer. Les lettres d'Amalie étaient sous mes carreaux; elles étaient écrites en allemand, et personne que moi ne pouvait les lire. Un esclave de Jéghen, en arrangeant les carreaux pour son maître, découvrit les lettres. Jéghen en prit une, et retrouva, avec plaisir, une langue qu'il avait apprise en Hongrie, et qu'il trouvait rarement l'occasion de parler. La lettre n'était que tendre; il la parcourut, et en prit une seconde : c'était celle que m'avait écrite Amalie, après sa retraite de Vienne à Montgatz. Elle était longue, et présentait des détails secrets sur les anciens troubles de la Hongrie. Jéghen fut étonné, et s'informa à qui appartenait cette maison. On lui répondit qu'elle avait été bâtie par un étranger, qui l'habitait depuis trente ans, et qui vivait de son travail. Il rapprocha les époques, ses idées se fixèrent, et il demanda à me voir. On courut, on me trouva, et on m'amena devant lui. Je ne le remis point, et je ne marquai que la surprise de voir mon domicile occupé par des inconnus. Jéghen me regarda long-temps avec la plus grande attention; il s'approcha de moi, me tira à l'écart, m'embrassa tendrement, et me dit du ton le plus affectueux : « Hé quoi! tu ne reconnais pas ton « ami Jéghen! » Je le fixai à mon tour; je démêlai ses premiers traits sous les rides qui les cachaient, et je tombai dans ses bras. Nous rentrâmes, et il me présenta au commandant d'Artzar comme un homme fort au-dessus de sa fortune, et à qui on devait les plus grands égards.

Nous continuâmes la conversation en allemand. Il m'offrit sa bourse et son crédit à la Porte. Je fus sensible à ses offres, mais je refusai tout : je n'avais eu de calme que depuis que je m'étais éloigné du tumulte, et des grands.

On servit, et Jéghen me fit asseoir près de lui. Nous nous racontâmes mutuellement ce qui nous était arrivé depuis notre séparation. Après le repas, nous fûmes nous promener ensemble sur le bord de l'eau. Jéghen me représenta que le genre de vie auquel j'étais assujetti était indigne de moi. Il me pressa de me rendre à ses instances ; je résistai. Je vis que je l'affligeais ; je l'en estimai davantage, et je lui promis de l'aller voir le lendemain à Artzar. Il se retira à la fin du jour, et je me retrouvai avec mes bons voisins, qui ne concevaient rien à ce qu'ils avaient vu. Un séraskier, comblant de marques d'amitié un pauvre pêcheur, l'admettant à sa table, et le faisant servir par ses premiers officiers, était pour eux une chose aussi nouvelle qu'étonnante.

L'amitié de Jéghen m'était chère ; mais je ne pouvais me déterminer à lui sacrifier la tranquillité, dont je m'étais fait une longue habitude, et je jugeai, à ses empressemens, que je ne serais pas long-temps inconnu. Je prévoyais qu'il me forcerait, en me nommant à Artzar, à recevoir ses dons, et peut-être à aller mendier ceux de la Porte ; et j'étais aussi peu disposé à être à charge à mon ami, qu'à ramper devant les rois.

L'espèce de nécessité où j'étais de quitter mon asyle, ranima le désir mal éteint de revoir mon pays. J'abandonnai, par un écrit en bonne forme, ma petite propriété à celui de mes voisins que j'affectionnais le plus. J'avais quelques épargnes; je les pris sous mon doliman, je les portai dans ma nacelle, et je passai à la rive orientale du Danube, sans inquiétude de l'avenir : l'homme travaille et vit partout.

J'abandonnai mon bateau au courant, pour qu'on ne sût pas la route que j'avais prise, et je me tournai vers mon humble toit, que je distinguais à peine à travers les arbres qui l'ombrageaient. Je le quittais pour ne le revoir jamais : cette réflexion me tira des larmes, mon cœur se serra, je fus tenté de retourner : je balançai un moment; mais la fermeté de mon caractère l'emporta sur mes regrets. Je m'éloignai, aussi promptement que mon âge me le permit, et je pris, un bâton à la main, le chemin de la Hongrie.

Je changeai à Almas mon costume grec contre un habit hongrois. Je passai à Témeswar, à Zenta, à Zeige, à Kiskore. Je voulus revoir des lieux, où tout me rappelait ma première jeunesse, mes succès et mes revers. Je soupirai à l'aspect de ces plaines, que j'avais arrosées de sang humain, et je me hâtai de gagner la forêt de Maklar. Je la visitai tout entière ; elle était si chère à mon cœur ! Je cherchai, je trouvai la petite esplanade, où j'avais passé trois jours avec Amalie, où j'avais connu les premiers plaisirs de l'amour. Je reconnus la place même... et je m'y reposai. Quels souvenirs chers et cuisans vinrent alors m'assaillir !

J'allai au château de Kewes; j'entrai dans la chambre où mon père était mort dans mes bras. J'y pensai avec attendrissement; mais cette sensation ne ressemblait pas à ce que j'avais éprouvé dans la forêt de Maklar.

Je tournai à gauche, et je vins à Gran : c'était ma première conquête. Je m'embarquai sur le Danube, et je le remontai jusqu'à Vienne, où je pleurai sur le tombeau de mon épouse et de mon fils. Je vis la cour de l'empereur Joseph, dont j'aurais pu occuper la place, si, au lieu de cette multitude de Turcs, j'eusse eu cent mille braves gens. Cette réflexion ne m'arrêta qu'un moment. J'étais obscur, j'étais pauvre; mais j'étais indépendant des injustices des hommes, et des vicissitudes de la fortune.

J'avais mis près d'un an à parcourir ces différentes contrées, et, quoique je vécusse avec une extrême économie, mes ressources diminuaient sensiblement. Je me préparai à quitter Vienne, et à m'éloigner des états de l'empereur, où je n'étais pas sans une sorte d'inquiétude. Je fus baiser, pour la dernière fois, la terre qui couvrait les restes d'Amalie. Je traversai la Bohême, la haute Saxe, et j'arrivai à Lunebourg. Ce pays, couvert de forêts et de rocs escarpés, me plut aussitôt.

La nature répand un charme touchant sur ses productions les plus bizarres. L'œil se plaît à mesurer ces masses énormes, qui semblent défier le temps, et ces volcans éteints me retracent l'image des secousses terribles qui agitent sans cesse les empires.

Ce terrain était inculte. Des reptiles se disputaient les plantes vénéneuses dont il était chargé. Je crus que personne ne me disputerait un bien que j'aurais acquis par mon travail, et j'en suis en effet paisible propriétaire. Après plusieurs mois de peines et de sueurs, j'eus un jardin, dont le produit suffit à ma consommation ; une chèvre me donne son lait ; le ruisseau, qui coule au pied du roc, me fournit du poisson, et son eau me désaltère.

Tékéli termina ainsi son récit, et il lut dans les yeux de Sophie et de Werner tout l'intérêt qu'il leur inspirait. « Êtes-vous satisfaits, leur dit-il, « après un moment de silence ? J'avais rompu « sans retour avec les hommes, et j'ai consenti à « vous voir. Vous avez voulu me connaître ; je « me suis rendu à vos désirs. J'ai refusé les dons « de mon compagnon d'armes, et je reçois les « vôtres. Je ne sais quel attrait puissant me fait « tout oublier auprès de vous, tout, hors Amalie « et mon fils. Nous vous les rendrons, lui ré- « pondit Werner. Amalie fut un bienfait de « l'amour ; l'amitié vous réservait Sophie. Mon « petit Charles a son cœur, il vous aimera comme

« elle. Qu'allez-vous exiger encore, reprit le vieil-
« lard? Nous n'exigerons rien, lui dit Sophie,
« avec ce sourire qui n'était qu'à elle. Nous
« prierons, et notre ami ne résistera point. »
Elle se leva, elle lui prit la main, et le tira doucement après elle. Tékéli se défendait ; elle serra sa main dans les siennes, et les yeux de Tékéli se fixèrent sur les siens. Ils étaient humides et supplians, et Tékéli fut ému. Il la regarda encore, il se trouva sans force; il la suivit, et fut établi aussitôt chez les jeunes époux.

Il y vécut heureux sous le nom d'Émeric (1). Les tendres soins, les douces prévenances de l'active amitié embellirent ses derniers jours, et des larmes sincères coulèrent sur sa tombe.

C'est ainsi que Sophie et Werner ennoblissaient la fortune. C'est en répandant le bonheur autour d'eux qu'ils ajoutaient au leur. L'estime générale devint le prix de cette conduite. Voulait-on donner un exemple de la sévère probité, unie aux connaissances et aux agrémens de l'esprit ; on citait Werner. Voulait-on peindre, d'un mot, la vertu sans orgueil, la beauté sans caprices, les graces sans apprêt ; on nommait Sophie. Ceux qui ne les connaissaient pas, voulaient les approcher; et ceux qui les avaient vus, voulaient être leurs amis. Ils en eurent beaucoup, et n'en per-

---

(1) Il s'appelait Émeric Tékéli.

dirent aucun. Que de gens n'en conservent point, et veulent bien s'en étonner!

Mais c'est assez nous occuper des rois, des empereurs, des sultans, personnages très-respectables, sans doute, mais qui ne sont pas fort amusans. Revenons au petit Baronnet, qui annonce un espiègle déterminé; ramenons sur la scène le brave et fidèle Brandt, continuant ses bévues et ses sottises, le tout par bonté d'ame.

TROISIÈME PARTIE.

CHAPITRE VII.

Le Baronnet entre dans les Pages du roi de Prusse.

Le temps s'écoule rapidement, quand on est constamment heureux, et qu'on sait varier ses jouissances. Charles avait quinze ans; Sophie et Werner étaient parvenus à l'âge mûr, et les espérances que donnait le jeune homme les dédommageaient des transports de l'amour, auxquels la nature met si sûrement et si promptement des bornes. Werner n'avait pas le bonheur d'être père, et Charles réunissait toutes les affections du couple honnête et sensible. Il était beau, comme sa mère; vif au-delà de toute expression; mais cette vivacité était tempérée par le respect filial et par la meilleure éducation. Sa mère choisissait les livres d'agrément, et Werner, pendant ses quartiers d'hiver, lisait avec lui des ouvrages instructifs; il en faisait disparaître la sécheresse, et en développait l'obscurité. Charles savait, à un âge aussi tendre, ce qu'ignorent beaucoup d'hommes faits, surtout dans la classe des Barons. Les mathématiques, le dessin, la géographie, l'histoire, la mécanique, lui étaient familiers. Il dansait avec grace, il jouait fort bien du violon; et quand il consultait son cœur, c'était l'enfant le plus aimable et le plus intéressant du canton.

Monsieur Joseph, son camarade, n'était pas, à beaucoup près, aussi avancé, quoiqu'il eût été présent à toutes les leçons, et qu'il eût partagé constamment les travaux de son ami. En récompense, il espadonnait à merveille, tirait parfaitement au vol, et buvait sec, ce qui lui arrivait toutes les fois qu'il pouvait escamoter quelques escalins au bonhomme Brandt, qui ne faisait pas semblant de s'en apercevoir, et qui répondait à sa femme, qui lui en faisait quelquefois des reproches, qu'il n'était pas fâché que son fils aimât le vin, parce qu'un buveur a toujours le cœur excellent.

Avec ces qualités, monsieur Joseph paraissait tout au plus propre à remplacer un jour monsieur son père dans l'emploi de *factotum*, et c'est à-peu-près à cela que se bornait son ambition. Le père Brandt n'était plus très-ingambe, et il était bien aise que Joseph l'aidât un peu, quoiqu'il n'en voulût pas convenir : les hommes de ce caractère n'aiment pas à vieillir, et aiment encore moins qu'on s'en aperçoive. Cependant il sacrifia ses avantages personnels à ce qu'il appelait l'avancement de son fils. Toujours occupé de ses manies de guerre, il voulait que Joseph eût l'honneur d'être soldat. Crettle s'y opposait de toutes ses forces. Elle avait son petit genre de vanité ; elle prétendait que le nom de Brandt était bon à conserver, et qu'on n'expose pas un fils unique comme un goujat. Le père Brandt, qui ne ménageait guère sa femme depuis qu'il n'en était plus amoureux, et il y avait déja des années qu'il était guéri de cette maladie-là, le père Brandt laissa dire sa femme, fit retourner un de ses vieux uniformes, et en affubla, un beau matin, monsieur son fils ; il lui pendit au côté son grand sabre de bataille, et lui dit d'un ton moitié tragique, moitié plaisant : « Mon ami « Joseph, ne le tire pas sans sujet, mais ne le « remets pas sans honneur », et il le présenta sur-le-champ à Werner, à qui il adressa cette harangue grivoise : « Mon colonel, je vous pré- « sente un jeune soldat, dont vous ferez ce que « vous pourrez. Je l'ai mis en état de pourfendre « son homme jusqu'à la ceinture ; vos leçons « feront le reste. S'il se conduit en joli garçon, « vous me le direz, et j'en serai bien aise ; s'il « fait des sottises, vous lui ferez administrer « quelques coups de plat de sabre : rien ne re- « dresse un jeune homme comme cela » ; et appelant sa femme : « Allons, Crettle, fais-lui son « sac, et qu'il parte pour la garnison. »

Werner interrogea le jeune homme sur ses dispositions. Celui-ci parut résigné, et on ne s'occupa plus que d'en faire un cuirassier. Crettle rangeait, dans un vieux sac de peau, quelques chemises de toile écrue, la couple de paires de bas, et la demi-douzaine de mouchoirs bleus. Elle rechignait et faisait la mine à chaque pièce qu'elle y fourrait ; elle s'arrêtait à chaque instant, et faisait de très-sages et très-utiles réflexions sur la manie qu'ont les princes de faire tuer, *selon leur bon plaisir*, des enfans qu'on a eu tant de peine à élever. L'idée de Joseph, coupé en deux d'un boulet de canon, tirait des pleurs de ses yeux maternels, et ses réflexions devenaient un *crescendo* d'injures et de malédictions, qui s'étendaient indistinctement sur tous les potentats. « Tu me fais pitié, reprit le vieux hus-
« sard, en fronçant le sourcil. Si les conquérans
« étaient tenus de rendre compte de leurs motifs
« aux femmes, aux filles, aux maîtresses de ceux
« à qui ils font casser la tête, les hommes se-
« raient toujours en paix. Alors plus de soldats,
« d'officiers, de généraux ; plus de meurtres, de
« pillage, d'incendies, de filles violées, et quel
« malheur pour les gens d'humeur guerrière !
« Que deviendraient les paresseux et les vau-
« riens, qui gagnent si commodément leur vie
« au bout de leurs sabres ? Que ferait un tas de
« fripons de toute espèce, qui s'enrichissent en
« une campagne, en ruinant une ou deux pro-

« vinces ? On blâme tous ces gens-là, quand on
« ne peut pas faire comme eux. Mais que ton
« Joseph revienne avec une valise, garnie des dé-
« pouilles de quinze ou vingt familles, et tu
« conviendras que la guerre est la plus belle
« chose du monde. »

En raisonnant, ou en déraisonnant, Brandt attachait le sac sur les épaules de monsieur son fils. Il lui fit embrasser sa mère pour la dernière fois, et le prenant par la main, il le conduisit jusqu'au *Sabot-Impérial*, cabaret fameux sur la route de Lunebourg. Là, on vida encore un vidercome ; Brandt embrassa brusquement son fils, lui tourna le dos, et reprit la route du château.

Il n'eut pas fait trente pas, qu'il se tourna vers le petit malheureux qu'il envoyait peut-être à la boucherie. Le jeune homme suivait son chemin, avec l'insouciance naturelle à son âge. Brandt le regardait aller ; il s'attendrit involontairement ; des larmes tombèrent de sa paupière éraillée. Comme il était seul, il ne craignit pas de se livrer à sa sensibilité : il s'assit sur le revers d'un fossé, et pleura tout à son aise. Ce tribut payé à la nature, ses yeux et sa moustache essuyés et séchés, il se retourna encore vers le chemin, et déja Joseph avait disparu. Il lui envoya sa bénédiction par la voie des airs, et il rentra chez madame Werner, en affectant un sang-froid, que démentait à chaque instant son cœur.

J'entretiendrais volontiers le lecteur des faits et des gestes du cuirassier Joseph ; mais comme la nature lui avait refusé l'originalité de monsieur son père, et qu'il ne fit jamais rien que d'assez ordinaire, j'userai du privilège que s'arrogent les romanciers de se débarrasser *subito* d'un personnage dont ils ne savent plus que faire. Je dirai tout simplement, et pour finir en deux mots, que monsieur Joseph traîna son existence militaire jusqu'à la bataille de Prague, où, ainsi que l'avait prévu madame sa mère, il mourut subitement avec tant d'autres héros de son espèce.

Charles pensait sérieusement au choix d'un état, ou plutôt il s'occupait des moyens d'embrasser le seul qui le flattât. Sa vivacité, son éducation, les entretiens de Tékéli et de Werner, les vieux contes de Brandt, tout avait contribué à tourner ses goûts vers les armes. Joseph s'était enrôlé sans trop savoir pourquoi ; Charles semblait ne respirer que pour la gloire. Le récit d'une belle action lui faisait éprouver une sorte d'enthousiasme ; son teint s'animait, ses yeux s'enflammaient ; ses jeux mêmes annonçaient une passion dominante, sur laquelle les remontrances et la raison ne pourraient rien. Il rassemblait les jeunes garçons du village ; on élevait, dans le jardin, des forteresses, dont on traçait les plans sous les yeux de Werner. On avait ramassé les vieilles armes du canton ; on se réunissait le dimanche, et on brûlait toute la poudre qu'il avait été possible d'acheter. Le général Charles réglait l'attaque et la défense ; il se jetait le premier à travers le feu et la fumée, et soit qu'il attaquât la place, soit qu'il la défendît, la victoire était toujours de son côté.

Brandt, adossé à un vieux prunier, observait tout, en fumant sa pipe. Il jugeait les coups, il souriait aux plus intrépides, il battait des mains aux actions d'éclat. Quelquefois de légères contusions, des sourcils, des cheveux brûlés faisaient faire la grimace aux combattans ; mais on oubliait cela en prenant, sur l'herbe fine, un goûter frugal, dont Charles faisait les honneurs, avec une grace et une modestie, qui faisaient pardonner sa supériorité.

Les sensations sont à-peu-près les mêmes dans tous les individus. Ils ne diffèrent essentiellement que par la manière d'exprimer ce qu'ils éprouvent. Madame Werner était livrée, à son tour, aux agitations et aux craintes qui avaient tourmenté Crettle. Beaucoup plus sensible aux jouissances du cœur qu'à celles de l'ambition, elle s'affligeait d'un penchant, qui se fortifiait tous les jours, et que Charles ne cachait plus. Werner lui représentait en vain qu'on ne gagne rien à combattre la nature ; que la naissance, la figure et les qualités de Charles lui promettaient un avancement rapide. Elle opposait à Werner les dangers qu'il avait courus à Peterwaradin, et Werner lui rappelait ce jour, où il déposa à ses pieds des trophées, que son amour lui rendait si chers. Elle était mère, elle soupirait et se taisait quand elle n'avait rien à opposer aux raisonnemens de Werner, et aux pressantes sollicitations de son fils.

Ces combats se renouvelaient tous les jours. Madame Werner devenait plus faible et ne s'en apercevait pas. On s'habitue insensiblement aux idées les plus sombres, et elles cessent à la fin d'affecter l'imagination. Elle adorait son fils ; mais elle l'aimait pour lui-même : elle balançait entre son bonheur personnel et un sacrifice qu'on ne se lassait pas de lui demander, lorsqu'un événement, qui influa sur l'état politique de l'Europe, acheva de la déterminer.

Deux hommes très-extraordinaires avaient fixé l'attention et l'admiration publiques : un roi de Suède, sobre par goût, continent par système, brave jusqu'à la témérité, inflexible dans ses vengeances, opiniâtre dans ses projets, supérieur aux événemens et même à la douleur, ruinant son peuple pour renverser et donner des couronnes, modeste au milieu des prospérités, et mourant en soldat, après avoir épuisé ce que l'infortune a d'affreux ; un czar, emporté, intempérant et cruel dans l'ivresse, mais voulant le bien, et s'en occupant sans relâche, tirant de la barbarie les plus vastes états de l'Europe, détruisant les préjugés, forçant ses sujets à cultiver les arts, et leur donnant en tout l'exemple : charpentier en Hollande, pour créer une marine au milieu des glaces du Nord, soldat dans ses propres armées, pour ployer à la discipline ses officiers et les seigneurs de sa cour, élevant jusqu'au trône une aventurière, qui, sur les bords du Pruth, sauva son bienfaiteur et la Russie, condamnant à la mort un fils qui n'était pas à craindre, et dont le crime caché était de n'être pas digne de son père, mourant lui-même peu regretté du peuple qu'il avait formé, mais placé par la postérité, toujours juste, au rang des plus grands hommes, Charles XII et Pierre Ier n'étaient plus.

Un prince, amant des sciences, des arts, protecteur déclaré des artistes et des savans, écrivant lui-même et écrivant bien, qui avait la valeur de Charles, mais qui ne prodigua jamais sa vie, qui était né laborieux comme Pierre, mais qui trouva un peuple civilisé, habile à saisir les circonstances et à en tirer parti, souvent original, mais toujours homme d'état, de goût et d'esprit, Frédéric II venait de monter sur le trône de Prusse.

Un baronnet, de la figure la plus heureuse, d'un esprit vif et cultivé, plein d'ardeur et de courage, devait être agréable à Frédéric, qui avait tort d'être roi, mais qui avait raison d'être un grand homme.

Werner avait été page de Frédéric-Guillaume. Cet emploi n'était recherché que par la bourgeoisie et la pauvre noblesse, et ne conduisait, en effet, qu'au grade de sous-officier. Le caractère brusque et bizarre de ce prince ajoutait aux désagrémens de ce genre de service. Il semblait au contraire, qu'un page de Frédéric II pouvait prétendre à tout. Il ne fallait qu'un mot heureux, qu'une aimable extravagance pour être remarqué, et marcher à la fortune.

Werner, en entrant aux cuirassiers, avait emporté les regrets du comte de Fersen, alors adjudant du roi, et gouverneur de cette jeunesse, si turbulente à Versailles, et si docile à Berlin. Fersen était devenu général, et Werner avait toujours été en relation avec lui. Il lui écrivit une lettre pressante en faveur de Charles ; et Fersen, ami solide et vrai, comme ceux qui aiment avec connaissance de cause, Fersen porta au roi la lettre de Werner.

Frédéric, despote comme tous les potentats réunis, mais accessible comme un magistrat républicain dans l'enfance d'une république, Frédéric accueillit Fersen, lut la lettre, et écrivit de sa main à la marge : « Si l'enfant est tel qu'on « le dépeint, qu'il vienne et j'aurai soin de lui ».

Werner avait compté sur les bons offices de son ami ; il s'était même flatté que Frédéric lui saurait quelque gré des services qu'il avait rendus à son père ; mais il était loin d'espérer une réponse aussi favorable. L'apostille du monarque porta la joie et l'espérance au sein de l'heureuse famille. Charles ne se possédait plus ; les saillies les plus piquantes se succédaient avec rapidité ;

les graces de son esprit ajoutaient à celles de sa figure. Sa mère le regardait à la dérobée, l'écoutait avec ravissement, et disait tout bas à Werner : « Oui, mon ami, il aimera cet enfant, s'il « est capable d'aimer quelque chose ».

Cependant le jour du départ approchait; tout était préparé, et madame Werner, que ces préparatifs avaient distraite d'un sentiment pénible, fit un retour sur elle-même. Prête à se séparer d'un fils, qui ne l'avait pas quittée depuis sa naissance, elle sentit que Werner n'occupait que la moitié de son cœur, et que rien ne remplirait le vide qu'elle allait éprouver. Werner lisait facilement dans cette ame, pure et toujours ouverte. Il vit ce qu'elle souffrait, et ne quitta plus son épouse. « Je te le rendrai, lui disait-il quelquefois, dans « ces momens, où l'on se rappelle qu'on a été « jeune, où l'on cherche à l'être encore, et où « l'on regrette de ne l'être plus. Mon cher ami, « répondait-elle, l'amour se nourrit quelquefois « d'illusions ; mais une mère ne rêve pas le bon- « heur. » De tous les sentimens, le plus solide, le plus tendre, le seul qui s'accroisse, par l'habitude et le temps, c'est l'amour maternel.

Une calèche, attelée de deux forts chevaux, s'arrêta enfin à la porte. Werner et sa femme se proposaient de conduire Charles jusqu'à Lunebourg, où il devait prendre la voiture publique. On compte les heures, quand on se sépare de ce qu'on aime, et quelques minutes de plus sont un vol, fait à l'absence, qui rapproche d'autant de l'instant du retour.

Werner était calme; mais ses expressions, le son de sa voix annonçaient sa sensibilité. Sa femme affectait un courage qu'elle n'avait pas, qu'elle ne pouvait avoir. Charles ne savait pas encore feindre, et son œil rayonnait de plaisir : il allait être page du roi de Prusse. Une sorte d'amertume se mêlait cependant à sa joie. Il fallait quitter sa mère, cette mère si aimante, et il convenait intérieurement que ses caresses lui manqueraient. Mais l'éclat de l'uniforme, l'amour de l'indépendance, des honneurs, qui ne se montraient à la vérité que dans l'éloignement, mais qu'on a le temps et l'espoir d'attendre à quinze ans, que de raisons de perdre la tête! et quels moyens de s'en défendre? Ces trois êtres, diversement affectés, se présentaient à la portière, lorsque Brandt arriva, son petit paquet à la main.

« Où vas-tu, brave homme, dit madame Wer-
« ner? — A Berlin. — Comment, à Berlin ! — Si
« vous le trouvez bon. — Et que vas-tu faire à
« Berlin? — Servir votre fils, comme j'ai servi
« son père. — Ah, mon ami !... s'écrièrent à-la-
« fois Werner et son épouse. — Cela vous étonne,
« je crois! Que deviendrait ce pauvre enfant, seul,
« dans un monde inconnu? que fera-t-il quand
« il ne sera pas de service, et que le précepteur
« des pages lui aura parlé une heure de ce que
« Charles sait déja sur le bout du doigt? Il ira

« courir la pretantaine avec ses camarades. Le
« jeu lui enlèvera un tiers de son argent, les
« filles un autre, et le chirurgien son reste. Il fera
« des dettes; on le mettra en prison. Vous pleu-
« rerez, et morbleu, tant que le vieux Brandt
« aura l'ame dans le corps, vous ne connaîtrez
« pas le chagrin. Je vous en prie, madame, lais-
« sez-moi partir. S'il n'a plus sa bonne mère, qu'il
« ait au moins avec lui son vieux camarade, son
« meilleur ami. Je ne lui parlerai pas si bien que
« vous ; mais, mort d'un diable, je lui donnerai, à
« ma manière, des conseils qu'il faudra bien qu'il
« suive. Je me logerai près du palais, je le verrai
« tous les jours, et peut-être qu'en allant et ve-
« nant, je pourrai glisser au roi un mot, qui ne
« sera pas inutile à mon Joseph. »

On pense bien que Werner avait adressé Charles à quelqu'un qui devait le surveiller. Cependant la proposition de Brandt fut accueillie comme elle méritait de l'être : c'était une preuve nouvelle de la bonté de son cœur, et de l'attachement le plus vrai. D'ailleurs, il n'était pas à présumer que celui, auquel Charles était recommandé, s'occuperait exclusivement de lui; et madame Werner était enchantée d'avoir quelqu'un qui le vît à chaque instant du jour, et qui pût lui rendre un compte exact de ses actions les plus indifférentes. Elle serra la main du vieux hussard, qui l'entendit à merveille, et qui sauta dans la voiture aussi lestement qu'un homme de vingt ans.

On parla peu sur la route : chacun réfléchissait conformément à sa situation. Madame Werner regardait son fils avec attendrissement; Werner se félicitait de l'éducation qu'il lui avait donnée ; le jeune homme faisait des châteaux en Espagne, et Brandt composait un discours burlesque, qu'il devait adresser au roi, la première fois qu'il le verrait. On cessa enfin de rêver, au bruit que firent les ponts de bois de Lunebourg, ébranlés par le trot des chevaux et la rapidité des roues. On descendit à la meilleure auberge, et Brandt fut retenir deux places au coche de Wittemberg, qui partait le lendemain matin.

Pendant qu'on apprêtait le souper, madame Werner donna ses derniers conseils à son fils. Ce que la probité la plus sévère, ce que la vertu la plus douce ont de touchant et de persuasif, coulait de sa bouche avec cette facilité et cette grace qui forcent l'attention. Charles promit à sa mère de ne jamais oublier ses leçons. Il était sincère en ce moment : il était encore sans passion.

Le souper fut triste. Werner seul rompait quelquefois le silence, et donnait à Charles quelques avis sur la manière de se conduire envers ses supérieurs et ses égaux. La mère applaudissait, de l'œil et de la main, aux sages réflexions de Werner. Le Baronnet avait les yeux baissés sur son assiette; et Brandt, en allant et venant, mangeait le reste d'une entre-côte, qu'il arrosait fréquemment de la plus forte bière brune qu'il avait pu se procurer.

On se coucha et on ne dormit point. Madame Werner se leva avant le jour, appela Brandt, lui répéta ce qu'elle lui avait déjà dit vingt fois, le remercia affectueusement de ce qu'il entreprenait pour elle, malgré son âge et quelques infirmités, lui donna une bourse assez bien garnie, et enfin lui recommanda l'économie, en ajoutant cependant qu'elle n'entendait pas que Charles manquât de rien.

L'heure fatale sonna enfin, et on sortit pour se rendre au coche. Les chevaux étaient déja mis. En les voyant, madame Werner frissonna, comme si elle ne se fût attendue à rien ; elle prit la main de son fils et la porta à sa bouche ; l'aimable enfant se jeta dans ses bras. Elle le pressait sur son sein ; leurs soupirs se confondaient, un baiser en appelait un second ; on ne les comptait pas. Charles s'éloignait en pleurant, il se tournait vers sa mère, il voyait ses larmes, il revenait, les essuyait, recevait et prodiguait de nouvelles caresses. Le claquement du fouet mit fin à cette scène de douleur et d'amour. Charles et Brandt montèrent, les chevaux partirent, et bientôt la triste mère ne vit plus que la place où son fils bien-aimé avait reçu et ses derniers adieux, et les dernières marques de sa tendresse.

Elle s'appuya sur le bras de Werner, et retourna à l'auberge. Je n'ai plus que vous, lui dit-elle en rentrant, et de nouvelles larmes, que l'œil des curieux cessait de contraindre, coulèrent avec plus d'abondance. Werner ne chercha pas à la consoler : il fit mieux, il s'affligea avec elle. Les raisonnemens ne peuvent rien sur les peines de l'ame : le temps seul ferme ces plaies-là.

Revenons à nos voyageurs. La voiture était composée, indépendamment de Charles et de Brandt, d'un capucin de Neubourg en Autriche, qui allait prêchant et gueusant dans les villages catholiques, prenant partout, et ne payant nulle part, ainsi que l'a prescrit son fondateur François; plus, d'une grosse réjouie de Munster en Westphalie, qui allait à Francfort-sur-l'Oder, toucher, disait-elle, le prix d'une trentaine de bœufs que son mari y avait vendus à la dernière foire, et dont il s'était réservé les cornes et les cuirs. Le capucin, en qualité de prêtre indigne, s'était emparé d'une place de fond; la bouvière, pénétrée de ce qu'on doit aux femmes, s'était assise à côté du révérend; Charles et Brandt, à qui il était égal d'aller en avant ou en arrière, s'étaient arrangés comme ils avaient pu.

Au départ du coche, le capucin salua à la ronde, d'un air modeste et benin, auquel un grand œil noir et des joues enluminées donnaient un démenti formel. Il tira son bréviaire de sa manche, toussa, cracha, et pria avec toute la ferveur dont il était capable, en lorgnant à la dérobée les robustes appas de sa voisine. Celle-ci s'aperçut de la manœuvre du frocard, se pinça les lèvres, arrangea ou dérangea son fichu, et chanta, avec des ports de voix et forces cadences perlées, une vieille romance avec laquelle on l'avait bercée. Brandt, qui ne se souciait plus des femmes, et pour cause, et qui n'aimait pas davantage les capucins, avait battu le briquet, allumé sa pipe, et crachait méthodiquement à la quatrième aspiration. Charles, qui n'avait pas encore perdu de vue le clocher de son village, regardait tout avec étonnement, à travers une lucarne de six pouces en carré ; il se récriait sur tout, et trouvait que le monde ne finissait pas.

« Ne vous serait-il pas égal, mon camarade, « dit le capucin à Brandt, d'attendre pour fumer « que nous soyons à la dînée ? — Je suis soldat, « et vous êtes moine, ainsi je ne suis pas votre « camarade ; vous êtes ici *gratis*, j'y suis pour « mon argent ; je fume parce que cela me dis- « sipe, et je me moque de quiconque y trouve « à redire. — Ah, mon cher frère ! je ne fais cette « observation que par égard pour madame. — Je « ne suis pas plus ton frère que ton camarade. « Ne me romps pas la tête, et poursuis ta lec- « ture. »

La conversation en demeura là ; mais la dame remercia sa révérence par un sourire, et à chaque cahot elle appuyait sa main sur son genou. La main d'une femme, courte, ramassée, rebondie, et passablement fraîche, produit toujours son effet, particulièrement sur un capucin, qui trouve rarement de pareilles aubaines. Le père *Sacrament* sentait les effets d'une grace irrésistible ; son bréviaire lui tomba des mains, et roula dans la paille qui enveloppait les jambes des voyageurs ; ses yeux s'allumèrent, et il appliqua saintement sur la joue de la dame un vigoureux baiser, en s'écriant : « *Ecce ancilla Domini.* « *Fiat mihi secundùm verbum tuum* », repondit pieusement la dame, qui avait reçu une éducation chrétienne.

Brandt les regardait faire avec un sérieux imperturbable ; mais à la seconde accolade, il tira sa pipe de sa bouche, et les regardant de travers : « Ne vous serait-il pas égal, leur dit-il,
« d'attendre à la couchée?—Madame est ici pour
« son argent, répondit *Sacrament;* elle m'em-
« brasse, parce que cela la dissipe, et elle se
« moque de quiconque y trouve à redire. —Sa-
« crebleu, reprend le hussard, je crois que tu
« fais le raisonneur. Vous ne savez donc pas,
« canaille que vous êtes, que vous avez ici Fer-
« dinand XVI, baron de Felsheim, qui voyage
« par le coche, parce que les plus nobles ne
« sont pas toujours les plus riches; que madame
« sa mère, ma très-honorée maîtresse, l'a mis
« sous ma direction, et que je ne souffrirai pas
« qu'une catin et un caffard prennent leurs ébats

« devant lui. » Le capucin, sans perdre une seconde, détache son chapelet à gros grains, orné de médailles, d'*agnus Dei*, d'un crucifix et d'autres brimborions en cuivre, et de toute la force de son bras il lance à la tête de Brandt ce foudre d'une espèce nouvelle. Brandt, désespéré de s'être laissé prévenir, saute à la gorge du capucin. La dame veut les séparer, et en un instant, son bonnet à dentelle, son fichu de batiste, et son tablier de taffetas-souci sont en lambeaux. Charles, qui continuait d'observer le pays, rentre sa tête dans la voiture, et voit son ami que le capucin, dans la force de l'âge, serrait d'une verte manière. Sans prévoir ce qui avait pu donner lieu à cette rixe, sans s'informer de quoi il était question, il tombe sur *Sacrament* et sa bouvière. Il saisit l'un par la barbe, l'autre par une oreille; il tire de toutes ses forces, les met à ses pieds, donne à Brandt le temps de respirer, et le combat recommence avec fureur. Les gourmades pleuvaient sans interruption; on se pochait les yeux, on se cassait le nez, et le cocher n'entendait rien, parce que le bruit du pavé absorbait celui des juremens et des coups. Le nourrisson de Saint-François et la servante du Seigneur étaient maltraités, éreintés, ensanglantés, lorsque le plancher de la voiture, cédant tout-à-coup aux efforts des combattans, les vainqueurs et les vaincus tombèrent ensemble sur la grande route.

Les chevaux, allégés, prirent le petit trot, et le conducteur jugea avec beaucoup de sagacité qu'il était arrivé quelque chose d'extraordinaire. Il tourna la tête, et vit ses voyageurs accrochés, pêle-mêle, par les cheveux, par les jambes, par les bras, se roulant dans la poussière. Étonnement, stupéfaction ! Brandt, incapable de lâcher prise, étranglait son capucin; Charles houspillait la westphalienne, et y prenait quelque plaisir. « Bien ! petit; bravo ! mon ami, lui criait le hus-
« sard, le pouce toujours fixé sur la gorge de sa
« révérence; fessez-moi un peu cette commère-
« là. » Charles n'aurait pas mieux demandé, et cependant il ménagea la vaincue. Tant il est vrai qu'une femme, fût-ce même une bouvière, conserve toujours des droits sur un cœur bien placé.

Le cocher, aidé de quelques paysans saxons, tira d'abord le père *Sacrament* des griffes de Brandt, et comme il avait incontestablement le droit de police dans sa voiture, il interrogea les délinquans, qui eurent tous raison, ainsi qu'il arrive toujours, quand il n'y a pas de témoins. Ce magistrat, en guêtres de cuir, en bonnet de coton, et en sarau de toile bleue, nageait dans une mer d'incertitudes, lorsque Brandt termina son plaidoyer par la péroraison suivante : « Ce
« drôle-là allait exploiter la donzelle dans ton
« poulailler, ce qui est contre les règles. Je l'ai
« prié honnêtement de se modérer, il a fait l'in-

« solent; je l'ai battu, et j'en ferai autant à tous
« ceux qui manqueront de respect à monsieur le
« Baron, qui veut bien entrer dans les pages du
« roi de Prusse, et que je conduis à la cour. Il y
« a un commandant prussien à Wittemberg, où
« s'arrête ton équipage, que Dieu confonde, et
« je t'y ferai passer une *rouffle* à la garde mon-
« tante, si tu ne me fais justice de cet enragé
« capucin. »

Le cocher, qui savait qu'il n'y a rien à gagner avec des pages et avec des commandans prussiens, qui n'avait d'ailleurs dans *Sacrament* qu'une très-piètre pratique, prononça comme tout autre aurait fait à sa place; il mit le capucin à pied. Il rajusta de son mieux le plancher du coche. Charles, Brandt, et madame Bouvillon y remontèrent, après s'être lavé le visage avec de l'eau fraîche. On s'observa respectivement, on se fit assez mauvaise mine; mais on arriva paisiblement au cabaret, où on devait dîner. Brandt, persuadé que monsieur le Baron n'était pas fait pour manger avec tout le monde, le conduisit dans la salle basse, et lui fit servir ce qu'il y avait de mieux. Pour lui, il se mit tout simplement à table d'hôte, avec le cocher et la westphalienne, et il but et mangea comme s'il ne s'était rien passé.

Il expédiait le reste d'un plat de choucroute, et allait mettre le couteau dans une éclanche de mouton, lorsque le capucin haletant, et couvert

de sueur et de poussière, s'arrêta à la porte du cabaret. Il aperçut Brandt, et se disposait à passer outre. Celui-ci, le meilleur humain de la terre, quand on faisait ses volontés, fut touché du piteux état de son adversaire, et se piqua de générosité. « Viens ici, frappart, lui cria-t-il, as-
« sieds-toi, bois, mange, et je paierai. » Le père reçut l'invitation avec une humilité vraiment édifiante ; il se mit au bas-bout de la table, où Brandt lui servit ce qu'il y avait de meilleur, et la réconciliation fut scellée le verre à la main.

« Ah ça, père, lui dit Brandt, pendant que le
« cocher harnachait ses chevaux, pour te prouver
« que je n'ai pas de rancune, je veux bien que
« tu remontes en voiture ; mais par la mort, ob-
« serve-toi. Ce n'est pas que tu puisses m'éton-
« ner, quoi que tu fasses : j'en ai vu bien d'autres
« dans ma vie. Mais monsieur le Baron ne doit
« encore rien voir de tout cela, et je te préviens
« qu'au premier acte de paillardise je te fais sauter
« par la portière. »

Brandt parlait comme s'il avait encore cette vigueur, qui le fit triompher dans trois ou quatre batailles, à Blèkède, à Marhek et autres lieux. Il ne réfléchissait pas que le frère était capable de l'assommer, et que si Charles ne s'était pas, le matin, mêlé de la partie, il s'en serait tiré avec les étrivières. Aussi le franciscain se moquait intérieurement de ses menaces ; mais il craignait le scandale, et surtout ses supérieurs. Il reçut donc la mercuriale avec une docilité qui lui concilia les bonnes graces de Brandt. On repartit: le hussard, qui avait un petit coup dans la tête, raconta longuement l'histoire de ses compagnes; *Sacrament*, celles des dévotes qu'il avait dirigées, avec l'énumération des bouteilles de liqueur, des pains de sucre, et des tablettes de chocolat qu'il en avait reçus; madame Bouvillon glissa à travers le tout quelques mots sur la stagnation du commerce; Charles, qui n'avait personne à qui il pût parler des sciences exactes et des beaux-arts, s'endormit, et c'est ce qu'il pouvait faire de mieux; enfin on arriva, sans s'en apercevoir, à Danneberg, où on devait coucher.

« Mon ami, dit Charles à Brandt en descen-
« dant du coche, vais-je encore souper seul? —
« Oui, monsieur le Baron; ces gens-ci n'ont pas
« trente-deux quartiers. — Mais ne vaut-il pas
« mieux manger avec eux que de m'ennuyer seul?
« — Non, monsieur le Baron; un homme comme
« vous doit savoir s'ennuyer quand les circon-
« stances l'exigent. — Au moins, mon ami, tu me
« tiendras compagnie. — Ce sera beaucoup d'hon-
« neur, si vous le permettez. — Comment donc!
« je t'en prie. Je ne fais le Baron que depuis ce
« matin, et je m'aperçois déjà que c'est un triste
« métier. — Je souperai avec vous. D'ailleurs je
« suis un vieux militaire, je vous ai élevé, et cette
« marque de bienveillance ne vous fera pas dé-
« roger. Holà, hé, la fille? voyons la plus belle

« chambre. » C'était une grande pièce carrée, dont les murs étaient à demi cachés par quelques lambeaux de point de Hongrie; et pour ameublement, deux lits à quatre colonnes avec des rideaux de serge feuille-morte, six escabelles, et une longue table couverte d'une nappe, assez régulièrement tachetée de graisse et de vin. « Deux
« couverts dans ce chenil, reprit Brandt qui était
« devenu difficile, des draps blancs s'il est pos-
« sible, et cette nappe retournée. — Que ferons-
« nous d'ici au souper, interrompit Charles ? —
« Tout ce que vous voudrez, monsieur le Baron.
« Buvez un coup, cela fait passer le temps. —
« Tu sais bien que je ne bois pas. — Si vous vou-
« liez essayer une pipe ? — Bien moins encore.
« Si j'avais mon violon, j'en jouerais. Oh, j'espère
« bien n'être pas désœuvré ainsi à Berlin. — Holà,
« hé ! la fille, un violon ? — Monsieur l'officier,
« nous n'en avons pas. — N'y a-t-il pas de musi-
« ciens à Danneberg ? — Nous avons un voisin
« aveugle, qui nous fait quelquefois valser. — Va
« chercher le violon de l'aveugle. — Il ne le prête
« jamais. — Dis-lui que c'est pour un page du roi
« de Prusse, qui le fera entrer dans la musique
« du régiment des gardes. — Mais c'est que... —
« Paix. — Je ne peux... — Paix, paix. Le violon de
« l'aveugle à l'instant, à la minute, ou je vais
« le chercher moi-même. — Hé ! mon vieux ca-
« marade, n'est-il pas plus simple d'envoyer deux
« ou trois florins à ce pauvre homme ? cela lève

« toutes les difficultés. — Je n'y pensais pas ; vous
« avez raison. Ce que c'est que d'être seigneur de
« village! Tiens, la fille, trois florins à l'aveugle, à
« condition que tu rapporteras le sabot. »

Il valait bien trois à quatre pièces de six fenins. Les cordes étaient fausses, l'archet n'avait que la moitié de ses crins. Charles se dépitait, frappait du pied, et produisait cependant des effets qu'il ne soupçonnait pas. Les filles de l'auberge venaient à la file écouter à la porte de la chambre ; les marmitons suivaient sur la pointe du pied ; l'hôtellier et madame son épouse se laissèrent également entraîner au charme de l'harmonie ; enfin le capucin et sa bouvière interrompirent une conversation très-animée, et se réunirent aux gens de la maison. On ne soufflait pas, on était tout entier au moderne Orphée, qui, piqué d'être au-dessous de lui-même, s'écria tout-à-coup : « Le maudit instrument! il n'est bon
« qu'à faire danser », et il joua la première valse qui lui passa par la tête. Les Allemands dansent comme ils boivent : ce sont deux dons de la nature qu'ils apportent en naissant. Dès les premières mesures, la porte s'ouvre, et chacun tenant sa chacune, entre dans la chambre en sautant. Le père *Sacrament*, la robe retroussée jusqu'au genou, cède lui-même à l'exemple, et agite dans tous les sens son épaisse Westphalienne. Brandt, indigné de ces manières libres, allait s'emporter.
« Hé, mon ami, lui dit Charles, laisse-les faire.

« Ne vois-tu pas que tout l'avantage est de mon
« côté? je leur procure un moment de plaisir.
« — Vous avez raison, toujours raison. Dansez
« donc, roturiers que vous êtes, puisque mon-
« sieur le Baron le permet. »

Brandt, qui ne dansait plus, mais qui n'oubliait rien, pensa que le souper souffrirait de la
valse, et il fut faire un tour à la cuisine. Pendant qu'il retournait les casseroles, et qu'il arrosait le rôti, un petit homme trapu, armé d'un
gros bâton noueux, entra, et demanda si le coche de Lunebourg était arrivé. « Oui, répondit
« Brandt, sans quitter la lèchefrite. — Et n'y
« avait-il pas, dans la voiture, une grosse et courte
« femme, au nez retroussé, au sourcil épais et
« à la peau blanchette? — En êtes-vous aussi
« amoureux, reprit le hussard en se tournant? —
« Non, monsieur, je suis son mari. Mais je juge
« à votre question qu'elle a fait des siennes en
« route. Croiriez-vous que cette malheureuse
« là m'a quitté, moi qui ne suis pas mal, pour
« courir après un trompette de gendarmerie,
« qui a passé son quartier d'hiver à Gluckstadt,
« et qui s'en retourne à Berlin? — Ah, monsieur
« est cocu? — Oui, monsieur, et ce n'est pas
« ce qui me fait le plus de peine. Ce qui me fâ-
« che, et très-fort, c'est qu'elle s'est munie d'un
« sac de cinquante ducats, que je voudrais bien
« rattraper, et c'est pour cela particulièrement
« que je suis à sa piste. Votre femme et votre

« sac valsent là-haut avec un père capucin. — Je
« vais leur donner de mon gourdin sur les oreil-
« les. — A vous permis, monsieur », et Brandt
continua d'arroser le rôti.

Le petit trapu de Gluckstadt entra dans la
salle de bal, et n'y trouva ni la dame au nez retroussé, ni ses ducats, ni le capucin. Ils s'étaient
éclipsés pendant la chaleur de la danse, et étaient
allés renouer leur conversation, je ne sais où. Le
petit homme se décida à faire une perquisition
générale, et revint proposer à Brandt de l'aider
à retrouver sa femme et son sac. Celui-ci prenait
fort mal la plaisanterie, et aimait assez à s'amuser
aux dépens des autres. Il mit de la cendre froide
sur les fourneaux, recula les broches, et suivit
le pauvre mari, sur la pointe du pied, et dans le
plus grand silence.

Ils entrèrent dans les chambres, les cabinets,
ils furetèrent les écuries, les granges, tâtonnèrent,
écoutèrent par-tout, et ne trouvèrent ni n'entendirent rien. « Nous aurions dû prendre une lampe,
« chuchotait le mari. Quand on veut surprendre
« son ennemi, il ne faut pas éclairer sa marche »,
mâchonnait le hussard, et ils traversèrent une
seconde fois la cour, pour arriver à un certain
hangard, qu'ils démêlaient à travers les ténèbres.
En approchant ce bâtiment, le seul qu'ils n'eussent pas visité, ils crurent entendre un soupir.
Ils redoublèrent de précaution, et s'arrêtèrent
derrière un des poteaux qui soutenaient la cou-

verture. Ils écoutèrent de nouveau, et un second soupir leur frappa distinctement le tympan « *Dif-* « *fusa est gratia in labiis tuis* », dit le père, dont Brandt reconnut aussi-tôt la voix, et quelques baisers, bien sonores, suivirent de près l'exclamation. « *Et Deus aperuit vulvam* », continua bientôt le luxurieux *Sacrament*. « *Sit nomen Domini be-* « *nedictum* », répondit une autre voix affaiblie et entrecoupée. — « Ah, coquine, je vous y prends », s'écria le petit homme qui savait un peu le latin ; et il s'élance sous le hangard, jouant du bâton, frappant à droite, à gauche, en haut, en bas, et ne rencontrant que le sol et la charpente, les poteaux et un tas de fagots.

Brandt avançait, le dos courbé et les bras étendus. Il fit soudain un saut en arrière, en poussant un cri du diable, occasioné par le gourdin, qui venait de lui tomber d'aplomb sur le poignet. Un coffre à avoine se rencontra fort à propos ; il s'assit dessus, en soufflant sur sa main, et en blasphémant à faire écrouler le hangard.

Le bruit du bâton, les imprécations du mari, les hurlemens de Brandt, attirèrent enfin les gens de la maison, qui ne dansaient plus, car on ne peut pas toujours danser. Deux ou trois lanternes éclairèrent à-la-fois le lieu de la scène, et en deux sauts le petit homme arriva au sommet du tas de fagots, où il ne trouva encore personne. Les marmitons, les servantes ne concevaient rien à ce qu'ils voyaient ; ils interrogeaient, ils piaillaient tous à la fois, et le petit homme fut obligé d'interrompre ses recherches, pour les mettre au courant de sa mésaventure. Il termina son récit, en les pressant d'aller inviter le fiscal général à venir constater les faits, et prononcer ensuite la séparation de corps et de biens.

A ces dernières et terribles paroles, le coffre, sur lequel Brandt était assis, s'agita sensiblement. Le hussard étonné, se lève, regarde; le couvercle part, le capucin s'élance, assène un vigoureux coup de poing sur l'oreille du vieux guerrier, le renverse, s'accroche au premier poteau, parvient à la couverture, et se laisse couler chez le voisin, au milieu des huées, et en dépit d'une grêle de pierres, qui pleuvaient sur lui de toutes parts.

Le maître de l'auberge, ayant vainement essayé de rétablir l'ordre, avait pris le parti d'aller chercher la garde, après avoir soigneusement fermé ses portes. Le petit homme châtiait conjugalement sa femme, tapie au fond du coffre; Brandt, revenu de son étourdissement, s'était armé d'une broche, et courait pesamment à la poursuite de son adversaire, auquel il jurait de ne pas faire de quartier, lorsque l'officier de police parut, accompagné d'une escouade.

A l'aspect du magistrat et des baïonnettes, le tumulte s'apaisa, et chacun attendit respectueusement ce qu'allait prononcer le magistrat saxon, à l'exception cependant du hussard, à qui le coup de poing tenait aux côtes. A l'aide d'un treillage, il avait monté le mur du jardin, et il fourrageait la maison voisine, sondant, avec la pointe de sa broche, les matelas, les paillasses, le foin, la paille, et jusqu'aux tonneaux vides, où il croyait probablement qu'un capucin pouvait entrer par le trou de la bonde.

L'officier de police commença son enquête. « Je suis cocu, dit le petit homme. — Il est cocu, « répéta tout le monde à-la-fois. La preuve, « reprit l'officier ? — Je les ai surpris dans ce « coffre. — Ce n'est qu'une forte présomption.— « Présomption !... présomption !... Savez-vous le « latin, monsieur de la justice ? — Question im-« pertinente. — J'ai entendu de mes deux oreil-« les : *Et Deus aperuit vulvam.* — Passage de la « Genèse. — Et ma coquine de femme a répondu « par un *sit nomen Domini benedictum.* — C'est « de l'office de la Vierge ; je ne vois pas là de « délit. — Il n'y en a pas, monsieur l'officier, « s'écria du fond du coffre la bouvière, qui com-« mença à se rassurer un peu, et ce coquin-là « m'a rouée de coups ; je ne peux remuer ni « bras, ni jambes, et je n'espère plus qu'en « vous, monsieur l'officier, je n'espère plus « qu'en vous. — Ah ! vous vous faites justice « vous-même, et les contusions déposent contre « vous ! Fussiez-vous cent fois cocu, les voies de « fait vous sont interdites. Cinquante coups de « bâton sur les fesses. »

Aussitôt deux soldats saisissent le petit homme, l'attachent en douze temps sur une planche, et le caporal lui administre, en mesure, la petite correction. « Je suis cocu et battu, dit le pauvre « diable, en se frottant le derrière. Je m'en con- « solerais, si vous me faisiez rendre au moins « mes ducats. — Qui te les as volés ? — Hé, par- « bleu, c'est notre femme. — Il vous ment, « monsieur l'officier. Je ne l'ai pas plus volé que « je ne l'ai fait cocu. Encore cinquante coups de « bâton, s'il vous plaît. — Ouais, c'est ainsi que « vous aimez votre mari ! il pourrait bien ne « s'être pas trompé. Au reste, je ne prononcerai « pas légèrement sur cette question incidente : « laissez-moi réfléchir... » Le magistrat se frotta le front, se gratta l'oreille, et d'un air de satisfaction, il demanda en quelle monnaie était la somme ? « En or, répondit la femme. Te voilà « prise, interrompit le mari. Il y a vingt reichs- « thalers (1) parmi les ducats. — Voyons le sac, « reprit l'officier. » La petite femme balbutia, divagua, déraisonna, et le magistrat ordonna à monsieur le caporal de faire l'inventaire des poches de la dame. Elle y porta aussitôt les deux mains, et en même temps elle s'écria, stupéfaite et terrifiée : « Ah ! le malheureux capucin ! « il m'a escamoté le sac, en chantant avec moi « l'office de la Vierge. »

---

(1) Le reichs-thaler vaut 3 livres 12 sols.

Ces mots ramenèrent l'attention sur le révérend, auquel on ne pensait déjà plus. Informations prises, le magistrat et sa troupe se mirent en quête, et cherchèrent le père pendant une partie de la nuit. Brandt, à qui le désir de la vengeance avait rendu sa première ardeur, marcha toujours en tête des limiers de la justice, qui désespérèrent enfin de retrouver le frocard.

Brandt s'en revenait tristement, et s'arrêta, fatigué, excédé, en face de la maison qui tenait à l'hôtellerie. Il s'appuyait sur sa broche, et regardait en soupirant le derrière du toit par lequel *Sacrament* s'était évadé. Quelque chose d'informe, que la faiblesse du crépuscule ne permettait pas de distinguer, pendait à la gouttière. Brandt fixe attentivement l'objet. Il cherche, il désire démêler des formes humaines ; il croit appercevoir le bas d'un corps nu, séparé des bras et de la tête. Tantôt il pense qu'un objet fantastique lui fascine les yeux ; l'instant d'après, il se persuade voir en effet des jambes et des cuisses : les premiers rayons du soleil terminent enfin ses incertitudes, et lui font pousser un cri de joie : c'était *Sacrament* en personne.

En glissant le long de la couverture, le fripon s'était pris par le bas de sa robe à un crochet de fer qui soutenait la gouttière, et au moment où il croyait sauter à terre, il s'était trouvé suspendu, sa robe retournée par-dessus sa tête. Vingt fois le hussard et les soldats avaient passé sous ce toit malencontreux, et *Sacrament* s'était tenu coi, malgré la gêne de sa situation. Il espérait qu'on se lasserait de le chercher, qu'on se retirerait, et que ses efforts le sauveraient du mauvais pas où il s'était engagé : la Providence en ordonna autrement.

Brandt, enchanté de sa découverte, ne pensa plus qu'aux moyens d'arriver jusqu'au père, et de lui passer sa broche au travers du corps. Il avait remarqué une longue échelle dans la cour de l'hôtellerie, et jugea d'abord que cet expédient était le plus bref et le plus sûr. Il allait dresser la fatale échelle, lorsqu'il fut arrêté par des réflexions admirables. Il se dit que, bien qu'il eût reçu un coup de poing, affront sanglant qu'un militaire ne pardonne jamais, il n'était pas généreux d'embrocher un ennemi sans défense; que l'honneur de sa vieille figure était indépendant de la main d'un moine, et qu'il était plus sage de laisser à la justice le soin de punir toutes ses fredaines à-la-fois.

En conséquence de ce raisonnement, il courut après l'officier de police et ses gens, il les ramena sur ses pas, leur montra le franciscain, qui fut aussitôt dépendu, fouillé, et convaincu d'avoir volé la bouvière. Les vingt reichs-thalers s'étant trouvés dans le sac, le tout fut remis au mari, qui ressembla parfaitement à cet homme, dont on a tant parlé pour avoir été cocu, battu et content. Enfin le magistrat termina cette longue séance par un arrêt motivé, dont on parle encore à Danneberg. Le voici, au *considérant* près, dont je juge à propos de faire grace au lecteur.

« Pour le scandale causé par le père *Sacrament*, cinquante coups de bâton.

« Pour l'argent volé par ledit père, cent coups de bâton.

« Total, cent cinquante coups de bâton, qui lui seront délivrés sur-le-champ; après quoi ledit père sera reconduit à son couvent par les archers, et ce, de brigade en brigade.

« Item, la délinquante, qui a évidemment dépouillé son mari, et qui a fait pis peut-être, sous le prétexte de chanter l'office de la Vierge avec un capucin, dans un coffre à avoine, sera mise en état de réclusion autant de temps qu'il plaira audit mari, ce qui pourra lui plaire longtemps.

« Item, comme il n'est pas impossible que ledit mari soit cocu, et qu'audit cas les contusions par lui faites à sa femme sont excusables, en raison du premier mouvement, la justice lui témoigne ses regrets de lui avoir fait macérer les fesses, et le déclare très-honnête homme, soit qu'il soit cocu, soit qu'il ne le soit pas.

« Le présent jugement sera affiché à Danneberg, au nombre de six exemplaires, aux frais du cocu présumé. »

Après avoir prodigué au magistrat de justes éloges, chacun se retira de son côté. Brandt, qui n'avait pas soupé, marcha droit à la cuisine, et trouva le rôti en charbons, les ragoûts desséchés, et les culs des casseroles brûlés. Il se dédommagea sur un volumineux fromage de Sandow, et monta, en cassant sa croûte, s'informer de la santé de monsieur le Baron.

Le petit Charles, fatigué de faire crier son violon, s'était amusé à relire quelques feuillets des propositions d'Euclide, qu'il avait trouvées sous un lit; et en attendant son vieux camarade et le souper, il s'était endormi à côté de sa lampe, les deux coudes sur la table, au moment même où *Sacrament* et la Westphalienne commençaient à réciter leur office, de sorte qu'il n'avait rien entendu du tintamarre infernal qu'on avait fait toute la nuit.

Brandt le retrouva dans la même position, le réveilla, le fit déjeûner tant bien que mal, et pour qu'il ne fût plus exposé aux scènes de cabaret, ni aux exemples contagieux qu'on rencontre assez communément dans les coches, il alla chercher un chariot de poste, et le second jour ils arrivèrent à Berlin, sans aventures et sans accident.

J'invite le lecteur à se reposer un moment. J'ai moi-même besoin de reprendre haleine avant de passer aux choses importantes, remarquables et attachantes dont je vais commencer la narration.

CHAPITRE VIII.

Le Baronnet entre en exercice, et commence ses fredaines.

Charles et son compagnon descendirent à *l'Aigle noire*, la meilleure auberge de Berlin, située sur la place d'armes, assez improprement nommée *Jardin du roi*. Brandt sentait à merveille que les premières impressions sont celles qui restent, et il ne doutait pas qu'un baron de quinze ans, descendu d'une chaise de poste à *l'Aigle noire*, y faisant pendant vingt-quatre heures la dépense d'une altesse, ne fixât aussitôt l'attention de la ville et de la cour. Il ne se disait pas ces choses-là précisément comme je les rapporte; mais c'était le fond de ses idées.

Il logea son jeune ami dans le plus bel appartement, ordonna un dîner de vingt couverts, et demanda le perruquier du roi. Une espèce de petit-maître, à serviette sur le bras, lui répondit en souriant, que le roi se faisait coiffer par son valet-de-chambre. « Eh bien ! dit Brandt, qu'on « me cherche un valet-de-chambre pour mon- « sieur le Baron. »

Pendant qu'on cherchait le valet-de-chambre, Brandt tira de la malle de Charles, son frac galonné en or, son chapeau bordé, ses bottes cirées, et son épée à monture d'argent. Il étala ces divers objets sur les fauteuils, et regardant le petit Baron, en riant dans sa moustache, il disait tout bas : « Quand le petit drôle aura un « joli coup de peigne, et tout cela sur le corps, « les femmes de la cour m'en diront des nou- « velles. »

Charles encore tout entier à la nature et à la reconnaissance, avait pris une plume et du papier; il écrivait à sa mère. Son style était simple comme son cœur; il ne pensait pas à avoir de l'esprit : aussi, pas une expression recherchée, et pas un mot qui ne peignît le sentiment.

L'aimable enfant cachetait sa lettre, lorsque la porte s'ouvrit. Le garçon servant introduisit un grand drôle, qui se présenta assez bien, et qui assura monsieur le Baron de son dévouement et de son respect. Brandt le fixa, et chercha à retrouver des traits, que le temps avait un peu altérés. Celui-ci observa le hussard à son tour, et parut éprouver une surprise agréable. Ils avaient l'air de se dire : Nous nous connaissons; mais où nous sommes-nous vus ? Enfin le *frater*, dont les yeux étaient les plus sûrs, parce qu'ils étaient les plus jeunes, demanda à Brandt s'il n'avait jamais passé à Marhek ? « Eh ! « sacrebleu, m'y voici, s'écria le hussard. Vous « êtes le sergent bavarois qui me fit esquiver « par la poterne, après que j'eus jeté un caba- « retier dans une chaudronnée de tripes. Embras- « sons-nous, mon cher Hantz. Je suis enchanté « de vous revoir. »

On pense bien que, sans autre examen, Hantz fut invité à entrer au service de monsieur le Baron. A l'instant même, il mit habit bas, papillota la plus jolie tête du monde, et pendant que ses *tortillons* refroidissaient, il raconta à son *ancien* comment il avait encore déserté des troupes bavaroises; comment il avait passé dans la petite Pologne, où il avait repris son métier de coiffeur; comment enfin il était rentré dans sa patrie, après l'amnistie que Frédéric II publia à son avènement. Il ajouta, qu'ennemi de toute contrainte, il n'avait voulu s'attacher à personne; qu'il peignait les barons et autres, qui descendaient à *l'Aigle noire;* mais que pour prouver à Brandt le cas particulier qu'il faisait de sa personne, il accédait à toutes ses propositions.

Un élégant fer-à-cheval, cinq à six boucles en aile de pigeon, une longue queue à rosette, prouvèrent bientôt les talens incontestables du sieur Hantz, et embellirent Charles, au point de le rendre méconnaissable à ses propres yeux. Le petit bonhomme se regardait avec complaisance dans la plus haute et la plus large glace qu'il eût encore vue, pendant que Hantz lui chaussait ses bottines, lui passait son frac vert, et donnait le coup de vergette à son chapeau.

Charles, rassasié enfin du plaisir de se voir, se disposa à faire deux visites, qu'il jugeait indispensables, parce que sa mère lui avait recommandé de ne les pas différer d'un instant : la première à monsieur de Spandock, ancien officier aux cuirassiers, qui devait veiller particulièrement sur lui; la seconde au général comte de Fersen, à qui il devait son admission dans les pages.

Ni lui, ni Brandt ne connaissaient Berlin. Hantz s'offrit à leur servir de guide. Il marcha en avant, et les conduisit dans le quartier de la Landschaft. C'est sans contredit la partie la plus resserrée et la plus mal-propre de la ville; mais enfin c'est là que demeurait monsieur de Spandock, à ce que disait la suscription de la lettre, et l'on ne dispute pas des goûts.

On arrive à la porte, on frappe, on demande à voir monsieur. « On l'ouvre, répond une vieille « gouvernante. — C'est de la part de son ami « Werner. — On l'ouvre, vous dis-je. — Mais j'ai « une lettre à lui remettre. — Ce jeune homme « est-il fou? Vous ne savez donc pas l'accident « qui lui est arrivé hier? — Non, qu'est-ce? — « Il est mort d'une goutte remontée. C'est égal, « dit Brandt, en prenant la missive et en la jetant « au nez de la gouvernante; voilà la lettre à son « adresse : faites-en ce que vous voudrez. »

Charles ne fut pas très-fâché de la mort d'un homme qu'il ne connaissait pas, et qui, à le juger par la rue qu'il avait choisie et la mine refrognée de sa gouvernante, ne devait pas être excessivement gai; et puis, le Baronnet, malgré sa modestie apparente, était quelquefois tenté de croire qu'il n'avait besoin de personne pour se conduire parfaitement.

Il restait à voir le général, que peut-être on n'ouvrait pas, et Hantz conduisit son nouveau maître dans la rue de Leipsick, où était l'hôtel du comte. Il était sorti à pied, pour se rendre à la parade, et nos voyageurs le rencontrèrent au détour de la rue. « Le voilà, dit Hantz, qui le « voyait quelquefois. » Charles l'aborda aussitôt, et lui présenta respectueusement le paquet de Werner. Le général l'ouvrit, et après avoir reconnu la signature, il examina le jeune homme de la tête aux pieds, d'un air sévère et froid. « Combien avez-vous passé de temps à votre « toilette, lui demanda-t-il sèchement ? » Charles interdit, ne savait que répondre. « Allez faire « couper ce toupet et ces faces, quittez cet ha-« bit galonné, et revenez me joindre sur la place « d'armes »; et il continua son chemin. Charles, la larme à l'œil, retourna à son auberge. Hantz, fidèle exécuteur des volontés du général, lui fit en un tour de main une tête à la prussienne. Le modeste habit de voyage remplaça le frac galonné, et on sortit pour se rendre à la place d'armes.

La ligne était formée, les sentinelles placées, et Charles ne savait comment pénétrer jusqu'au comte de Fersen. Brandt, qui ne doutait de rien, se présentait partout, annonçait partout son Baron, et trouvait partout des fusils en travers, des poignets fermes, et des figures rébarbatives qui ne permettaient pas d'aller plus loin. Brandt, plein de respect pour la consigne, grondait cependant entre ses dents, et ne concevait pas comment tous les passages ne s'ouvraient pas au seul nom du Baron de Felsheim, presenté par un homme tel que lui.

Un caporal du régiment des gardes s'approcha enfin, le dos de la main étendu sur le côté du chapeau, les talons joints, la poitrine ouverte et la tête fixe. Il demanda à Charles si ce n'était pas lui qu'attendait monsieur le général. D'après sa réponse, les rangs s'ouvrirent, et Brandt, à la faveur de son uniforme, passa avec son jeune ami. Le général s'avança au-devant de son protégé; il le considéra de nouveau, et ne dit rien. Il parut étonné de voir Brandt une seconde fois, et demanda qui il était. « C'est, répondit le jeune « homme d'une voix assurée, un brave soldat, « qui a fait toutes les guerres avec mon père, qui « a sauvé monsieur Werner à Petervaradin, qui a « élevé mon enfance, et qui me sacrifie le reste « de sa carrière. — Pourquoi, reprit monsieur de « Fersen, êtes-vous hardi, quand vous avez du « bien à dire des autres, et me répondez-vous « à peine quand je vous parle de vous ? ». Charles rougit et baissa les yeux. Le général lui frappa sur l'épaule, et le conduisit vers un gros d'officiers, au milieu duquel était un homme très-simplement vêtu. « Cet homme que vous voyez

« là, dit monsieur de Fersen en s'approchant,
« est le roi que vous allez servir. Il n'a ni fer-à-
« cheval, ni boucles à l'aile-de-pigeon, ni habit
« galonné.

« Est-ce là, demanda Frédéric, le jeune homme
« que vous m'avez proposé? — Oui, sire, et je
« puis répondre à votre majesté qu'il mérite le
« bien qu'on m'en a écrit. — Comment se nomme-
« t-il? — Felsheim. — Je le sais. Son prénom? —
« Charles. — Vous direz à mon adjudant de me
« l'amener demain à mon lever »; et il continua
de s'entretenir avec les généraux qui l'entouraient. « Le roi se lève à trois heures, dit mon-
« sieur de Fersen à Charles. Vous viendrez trouver
« le commendant de la grand'garde, il aura
« des ordres; allez. Ah, un mot encore. Vous
« viendrez me voir dans quinze jours. Je serai
« bien aise de savoir comment vous êtes avec
« le roi. »

Charles se retira tout pensif. Il ne savait s'il devait s'applaudir ou se plaindre de l'accueil qu'il avait reçu. Ce n'étaient plus ces douces prévenances, ce tendre intérêt qu'on lui prodiguait à Felsheim. Il ne voyait autour de lui que des maitres, dont rien ne tempérait la sévérité. Il sentit ce que valent de bons parens, et il soupira.

Brandt vint le tirer de sa rêverie, en lui annonçant qu'il aurait le plaisir de dîner avec tous les pages possibles. Il avait abordé ceux qu'il avait trouvés dans le cercle, et les avait invités à venir faire connaissance, le verre à la main, avec leur nouveau camarade. Les pages du roi de Prusse ne font pas une chère splendide : ces messieurs ne furent pas fâchés de se dédommager un peu de leur frugalité forcée, et il se promirent surtout de s'amuser du nouveau débarqué, en buvant son vin. Ils avertirent promptement ceux qui n'étaient pas de service, et le roi était à peine sorti de table qu'une quinzaine de jeunes gens de quatorze à dix-huit ans entrèrent à l'*Aigle noire*.

La figure et le maintien de Charles plurent au premier coup d'œil. Il parut timide et même embarrassé un moment; mais quelques mots heureux, et le ton du grand monde firent avorter les projets de persiflage. On se disait à l'oreille que la nouveau venu avait l'air bon enfant; on lui fit des avances avec cette cordialité qui distingue cet âge heureux, et au bout de dix minutes on se parla comme si l'on s'était connu depuis dix ans.

On servit un dîner tout-à-fait différent de celui que Brandt avait dirigé au château de Felsheim, seize ans auparavant. La somptuosité et l'élégance de celui-ci surprirent agréablement le hussard, et les éloges de messieurs les pages mirent le comble à sa satisfaction. Charles joua parfaitement le rôle de maître de maison. Il fit les honneurs avec une grace, une amabilité et une politesse qui lui méritèrent des applaudissemens unanimes. A chaque mot flatteur, Brandt versait à la ronde et assaisonnait son vin de quelque trait plus ou moins plaisant. On y répondait, il allait son train, et bientôt la conversation se monta sur le ton le plus gai.

Les vins étrangers ajoutèrent à la belle humeur. On rit, on parla, on chanta tout ensemble. Les espiègleries sucédèrent aux chansons. On se faisait des niches, on s'échappait, on se poursuivait, on renversait les meubles; rien n'était joli comme cela.

Le temps s'écoulait; on ne pensait pas que le roi montait à cheval à quatre heures : il en était trois et demie. L'écuyer cherchait les pages, et ne les trouvait pas. Il sortit sur la place d'armes, et les éclats de voix qui partaient de *l'Aigle noire* le mirent d'abord au fait. Il tremblait que ces étourdis ne fussent ivres; ils n'étaient heureusement qu'échauffés. Il entra dans la chambre, où se passait l'orgie, avec le sérieux et la morgue d'un officier subalterne. A son aspect la gaîté s'évanouit; on se lève, on se heurte, on se presse, c'est à qui sortira le premier. On entraîne après soi les tréteaux, la table, les bouteilles, les porcelaines, les cristaux; tout est renversé, tout est en pièces; mais qu'importe? on a franchi l'escalier, volé à travers la place; on entre à l'écurie, on bride son cheval, on saute en selle, et le roi n'a pas paru encore.

Brandt n'avait pas entendu faire les choses avec autant de magnificence. Il comptait simplement restaurer ces messieurs, et il n'était pas disposé à renouveler les ustensiles de la maison. Il resta pétrifié à la vue des débris qui couvraient le parquet. Son œil se porte douloureusement sur un ameublement de damas gris-de-lin. Les liqueurs, les sauces en ont couvert une partie; les bottes ont mis le reste au noir de fumée. A cet aspect, Brandt trépigne, jure, sacre, tempête, il a des crispations. « Ne te fais pas de peine, mon ami, « lui dit Charles, cela ne remédie à rien. Je ne « vois qu'un parti à prendre, c'est de payer et « de se taire. — Ni l'un ni l'autre, corbleu. — « Prends donc garde que tu vas me compromet- « tre. Le roi, dit-on, n'entend pas raillerie sur « les sottises de ses gens. » Brandt ne savait pas répliquer, dès qu'il s'agissait des intérêts de son Baron, et il demanda la carte.

Dix frédérics d'or (1) pour un dîner! Brandt ne concevait pas que douze à quinze jeunes gens eussent pu manger autant d'or : cependant il paie les dix frédérics. On lui présente aussitôt un second mémoire pour effets cassés, meubles gâtés, etc. le tout réglé en conscience à trente frédérics. « Sacré mille canons, s'écrie-t-il en res- « serrant son or, si je paie cela, que le diable « m'extermine! Je casserai plutôt ce qui reste « dans la maison. — Joli expédient! pense donc « que le roi... — Le roi... — Le roi!... — C'est bien

---

(1) Le frédéric d'or valait 20 livres.

« pour ne pas vous brouiller avec lui que je lâche
« mes espèces. Pauvre bourse ! elle était si ron-
« delette tout-à-l'heure, et il n'y reste presque
« rien. J'avais bien besoin de vous faire jouer
« l'altesse ! Imbécille ! avec les meilleures intentions
« du monde, je ne fais jamais que des sottises. »

L'hôtellier s'était retiré en faisant de profondes révérences, que Brandt n'avait pas seulement aperçues. Il était étendu sur un canapé, tenant toujours, sa pauvre bourse ; il la tournait la retournait, et la regardait en soupirant. Il tire enfin un petit sac de peau de la doublure de son gilet ; il l'ouvre, pousse encore un profond soupir et le vide dans la bourse. — « Que fais-tu là ? dit Char-
« les ? — Je répare mes extravagances. — Cet ar-
« gent.... — Il est bien à moi ; ce sont mes pe-
« tites épargnes. — Mon ami, lui dit Charles en
« pleurant de tendresse, je ne le souffrirai pas.
« — Seriez-vous humilié de faire bourse commune
« avec moi ! ai-je rougi de vivre dix-sept ans des
« bienfaits de votre famille ? Moins de fierté, jeune
« homme ; ménagez le compagnon d'armes de
« votre père. » Charles ne le heurtait jamais que dans les choses où il pouvait se compromettre. Il l'embrassa avec une effusion d'ame, bien naturelle en un pareil moment, et il se promit de dédommager un jour son vieux ami de ce nouveau sacrifice.

Quand on fut un peu calmé, on se consulta sur ce qu'on allait faire. Il n'y avait pas d'apparence de rester plus long-temps dans une auberge, où on dépensait quarante frédérics en deux heures : on sortit pour aller chercher un logement, qui ne fût pas meublé de damas, et où on ne fût pas servi en porcelaine.

Charles et son valet-de-chambre devaient loger au château. Il ne fallait à Brandt qu'une chambre modeste et un bon lit. On trouva cela justement chez un charcutier, qui débitait du vin, situation tout-à-fait convenable aux habitudes du bonhomme. On y fit transporter les paquets et la malle, et on soupa, aussi modestement qu'on avait fait de fracas à dîner.

« Couchez-vous, dit Brandt à son Baron, en
« se levant de table. — Mais tu n'as qu'un lit. —
« Je dormirai demain. — Mais... — Hé, sacrebleu
« que de raisons ! Couchez-vous, vous dis-je. Vous
« présenterez-vous devant le roi avec les yeux
« abattus, la figure allongée, et lui répondrez-
« vous en lui bâillant au nez ? » Il fallut, bon gré, mal gré, que le jeune homme se laissât mettre au lit. Hantz et Brandt prirent une table et des tarots, ils mirent un pot de vin à côté d'eux, et commencèrent une partie, qui dura jusqu'à deux heures et demie.

« Allons, jeune homme, debout », cria le hussard, dès qu'il eut entendu l'horloge. Charles ouvrit les yeux, étendit les bras, se tourna du côté du mur et se rendormit : de sa vie il ne s'était levé si matin. Brandt prend le matelas, et le tire au

milieu de la chambre. « Levez-vous donc, mille
« morts! vous n'avez plus qu'une demi-heure à
« vous. » Charles bataillait encore avec son oreiller :
le bonhomme lui lève la chemise, et lui jette une
potée d'eau au derrière. Le Baron fait un saut,
jette un cri, court par la chambre, et rit de tout
son cœur, en prenant le linge sec que lui présentait son valet-de-chambre.

Dès qu'il fut prêt, il se rendit à la grand-
garde, accompagné de ses deux acolytes. L'officier du poste lui demanda ce que voulaient ces
deux hommes. « L'un, répondit Charles, ne m'a
« jamais quitté; l'autre est mon valet-de-chambre.
« — Les pages n'ont pas de valet-de-chambre,
« répondit l'officier en levant les épaules. Ils
« logent dans le même corridor, se peignent
« entre eux, s'habillent eux-mêmes, et donnent
« très-peu de temps à ces niaiseries. Quant à celui
« qui ne vous à jamais quitté, il faut vous en sé-
« parer : le roi n'en a pas besoin. Mais j'entends
« trois heures, marchons. »

Brandt se faisait une fête de voir l'accueil distingué que le roi ne pouvait pas manquer de
faire à monsieur le Baron : il fut très-choqué du
refus qu'il éprouvait. Il allait en témoigner son
mécontentement à sa manière accoutumée; mais
Charles le devina, lui serra la main, et le bonhomme se retira avec Hantz, sans proférer un
mot.

Ils rentrèrent à leur logement, et se couchèrent

dans les draps de monsieur le Baron. Ils étaient trempés, ainsi que les matelas; mais de vieux soldats n'y regardent pas de si près. Ils dormirent une partie de la journée, et arrêtèrent, le verre à la main, que, puisque les pages n'avaient pas de valets-de-chambre, Hantz continuerait à donner des coups de peigne à *l'Aigle noir*; qu'en raison de la conformité de leurs caractères, ils logeraient désormais ensemble, et que les économies, résultantes de cet arrangement, leur permettraient roquille de plus à chaque repas.

Le commandant du poste remit Charles à l'adjudant, qui l'attendait en se promenant en long et en large. « Vous allez paraître devant Frédéric, « lui dit ce dernier; peut-être vous interrogera-« t-il : de la présence d'esprit, et surtout des « réponses courtes et précises. » Le pauvre petit Charles ne savait où il en était. Ce qu'il voyait ce qu'il entendait, n'avait nulle espèce de rapport avec ses habitudes passées. Il fallait devenir un homme nouveau; il le sentit et se résigna.

Charles entra chez le roi. La simplicité de son costume, qui semblait dire à l'observateur. L'entourage n'est quelque chose que quand l'individu n'est rien; la facilité avec laquelle on l'approchait, le feu perçant de ses regards, ce que la renommée publiait déjà de ce prince, tout s'accordait pour pénétrer le jeune homme d'étonnement et de respect. Il se tenait debout contre la porte, ses mains jointes par-dessus son chapeau ; il retenait son haleine ; le cœur lui battait avec une force incroyable.

Le roi avait devant lui une carte de la Silésie. Il réfléchissait profondément, et écrivait quelques notes de sa main. Il se tourna enfin du côté du jeune page, et lui fit signe d'approcher de son bureau. « Quel âge avez-vous ? — Quinze ans et
« demi. — Que savez-vous ? — Bien peu de chose,
« sire. — Point de mots. Que savez-vous ? — Un
« peu de mathématiques, de dessin, de géogra-
« phie, d'histoire, de musique. — Voyons cela.
« Comment prenez-vous la surface d'un cercle ?
« — En multipliant la circonférence par la moitié
« du rayon. — Qu'est-ce que la peinture ? —
« L'art d'imiter les objets, par le moyen des om-
« bres et des clairs. — Quelle est la première
« forteresse de la Silésie du côté des états de
« Brandebourg ? — Glogau. » Le roi se tut un moment, et regarda Charles très-fixement. L'enfant, embarassé au-delà de toute expression, ne savait quelle contenance prendre. « Levez les
« yeux et regardez-moi. » Charles se remit un peu. « Savez-vous lever un plan ? — Je n'ai jamais
« essayé. — Êtes-vous en état d'en copier ? —
« Oui, sire. — Savez-vous monter à cheval ? —
« Ma mère n'a pas voulu permettre... — Savez-
« vous monter à cheval ? — Non, sire. — Crai-
« gnez-vous les chevaux ? — Je ne crains rien. —
« Voilà comme j'aime qu'on me réponde. Mon-

« sieur l'adjudant, je place ce jeune homme
« dans les pages de ma chambre. Il ne suivra
« pas les leçons du précepteur. Vous le ferez
« monter à cheval deux heures le matin, et au-
« tant l'après-dîner. Je veux qu'il puisse me
« suivre avant un mois. Allez le faire habiller. »

L'adjudant d'Herleim était un vieil officier, qui avait passé par tous les grades, sous le feu roi. Son exactitude ne s'était jamais démentie. Il avait un sens droit, et une sensibilité, qu'on trouve rarement dans ceux qui ont vieilli sous les armes. La figure de Charles l'avait prévenu en sa faveur, et la manière, dont il venait de répondre au roi, lui inspira un intérêt qui augmenta chaque jour. Il donna au jeune homme des conseils, fondés sur la connaissance intime du caractère du prince ; il l'assura qu'il avait plu ; il lui apprit que le roi n'admettait dans les pages de sa chambre que les jeunes gens qui lui paraissaient dignes de ses bontés, enfin il lui répondit de sa fortune, s'il était sage et laborieux.

Le ton brusque et imposant de Frédéric ne promettait rien de bien avantageux : Charles était loin de se croire si avancé. Il était sorti de chez le roi le cœur serré, et il avait besoin de quelqu'un qui compatît à sa situation. La bienveillance et la familiarité de l'adjudant lui parurent d'un prix inestimable : il était le seul qui eût daigné se mettre à la portée de son âge. Charles, sensible comme sa mère, s'attacha sincèrement à M. d'Herleim. Heureux, si la fougue de la jeunesse lui eût toujours permis d'écouter cet homme prudent, et de suivre ses avis !

Monsieur d'Herleim fit venir le tailleur et l'écuyer, et exécuta les ordres du roi. Dès que Charles eut fini avec le premier, le second s'empara de lui, le conduisit au manège, et lui donna sa première leçon. Après l'équitation, les pages allèrent déjeûner, et se firent un plaisir de fêter à leur tour le nouveau camarade. Le plus joli et le plus éveillé de tous, après Charles, le jeune Théodore, qui était aussi de la chambre du roi, le conduisit aux écuries, dans les corridors, à la salle d'étude ; il lui fit voir ce qu'il y avait de remarquable au château, dans les jardins ; il lui conta quelques anecdotes de cour, tourna ses supérieurs en ridicule, avec beaucoup de gaîté et de finesse ; enfin, il lui offrit son amitié, et lui demanda la sienne.

Charles reçut, avec transport, les offres de son camarade. Ils se promirent de passer ensemble tous les momens, dont ils pourraient disposer. Le jeune Baron avait trop peu d'expérience pour sentir que celui qui plaisante ses chefs ne les estime pas, et que le mépris de ses supérieurs conduit insensiblement à la négligence et à l'oubli de ses devoirs. Il ne voyait dans Théodore qu'un extérieur agréable, que des saillies vives et spirituelles rendaient plus piquant encore ; il était séduit surtout par une conformité de goûts et d'humeur, à laquelle on ne résiste pas dans la première jeunesse.

Cette nouvelle liaison ne lui fit pas oublier encore ce qu'il devait à la reconnaissance et à la nature. Dès qu'il fut seul, il courut chez Brandt, et lui raconta avec ravissement les événemens de la matinée. Le bonhomme l'écoutait, la bouche ouverte, les yeux humides; il se transportait dans l'avenir; il voyait Charles général-major pour le moins. « Si je pouvais vivre jusque-là, « disait-il, en le tirant entre ses jambes et en le « pressant contre sa poitrine: Écrivez, monsieur « le Baron, écrivez tout cela à madame, comme « vous venez de me le conter. » Charles écrivit, et n'omit pas un mot de ce que lui avait dit le roi, et de ce qu'il avait répondu. Il remercia Werner, dont les soins avaient préparé son avancement; il finissait en assurant sa mère que rien n'altérait son bonheur que le regret d'être séparé d'elle. Il envoya la lettre à la poste, et revint partager le dîner de ses camarades.

Les pages mangent dans une salle commune. Ils sont soumis à l'adjudant, pour tout ce qui a rapport à leur service; la police intérieure est confiée à un précepteur, qui les élève le moins mal qu'il lui est possible, et qui occupe le haut bout de la table, pour y maintenir l'ordre. Charles s'était placé à côté de son ami Théodore, et ils faisaient à voix basse leurs petites observations sur l'air capable et important de monsieur le précepteur. Celui-ci avait trouvé fort extraordinaire que Charles fût dispensé d'assister à ses leçons; il le regardait un peu de travers, et, à la fin du repas, il lui fit quelques questions avec le ton tranchant d'un cuistre de collège. « Pourriez-vous me dire, monsieur, lui demanda-t-il entre autres niaiseries, où se réuniraient deux lignes parallèles prolongées à l'infini ? — Pourriez-vous m'apprendre, vous, quand vous trouverez la quadrature du cercle ? » Les pages partirent d'un éclat de rire, le précepteur se mordit les lèvres, et se promit bien d'humilier Charles à la première occasion.

On allait se lever, lorsqu'un valet-de-pied vint dire au petit Baron que le roi le demandait. Frédéric, servi moins somptueusement qu'un simple marquis français, ne restait à table qu'une demi-heure, parlait peu, et s'occupait sans cesse des grands projets, qui éclatèrent au bout de quelques mois.

Charles courut, comme on peut le croire. Il trouva chez le roi une table dressée, du papier de Hollande, des couleurs et un étui de mathématiques. « Copiez-moi ces deux plans, lui dit Frédéric; et, sur votre tête, ne parlez à personne du travail que je vous fais faire. » Ces plans étaient ceux de Glogau et de Breslaw. Ils étaient exacts, mais usés, déchirés même en plusieurs endroits. Charles appliqua une feuille de papier sous le premier plan, et se disposait à

piquer. « Si j'avais voulu des plans calqués, vous
« n'auriez pas trouvé ici d'instrumens. — Cette
« méthode abrège beaucoup. — Croyez-vous me
« l'apprendre ? — Pardon, sire... — Copiez et
« taisez-vous. »

Charles commença, et ne dit plus un mot. Le roi se remit à son bureau, travailla de son côté, et de temps en temps il se levait, et venait s'appuyer sur le dos de la chaise de Charles. Il examinait sa méthode, le laissait faire, et retournait à sa place. Vers la nuit, il sonna et demanda monsieur d'Herleim. « Monsieur l'adjudant, lui
« dit-il, Théodore est de semaine ; mais de quel-
« ques jours je n'aurai pas besoin de ses ser-
« vices. Charles couchera ici, et je lui enverrai
« de ma table ce qui lui sera nécessaire. »

D'Herleim sorti, le roi prit sa flûte : la tête d'un prince a besoin de relâche comme celle d'un goujat. La musique délassait Frédéric, et lui rafraîchissait l'imagination. Charles, passionné pour cet art, oubliait Glogau et Breslaw. Il écoutait, il battait la mesure, et applaudissait à certains traits assez brillans. « A propos, dit le roi, qui
« avait toujours les yeux sur lui, vous m'avez dit
« que vous êtes musicien. De quel instrument
« jouez-vous ? — Du violon, sire. — Passez dans
« ce cabinet, et prenez-en un. Bon. Je vais vous
« donner le *la*. Voyons ce *duo*. — Oserai-je, sire...
« — Voyons ce *duo*. — C'est abuser.... — De ma
« patience. Obéissez. »

Voilà donc le monarque et son page, oubliant l'un son rang, l'autre son infériorité, faisant de la musique, et rivaux en talens. « Bien, fort bien, « disait quelquefois Frédéric. — Au mieux, à mer-« veille, sire! s'écriait Charles un instant après. « — Et tu n'as que quinze ans et demi, dit Fré-« déric à la fin du *duo?* — Pas plus, sire. — Qui « a fait ton éducation? — Le colonel Werner. — « Il s'est distingué à Peterwaradin? — Oui, sire. — « Il y a près de seize ans de cela? — Oui, sire. « — Et il est resté colonel? — Oui, sire. — Et « tu n'as pas eu d'autre maître? — Non, sire. » Le roi prit une plume, écrivit quatre lignes, et serra le papier dans sa poche. « Allons, Charles, « c'est assez faire les virtuoses; remettons-nous « au travail. »

Huit jours s'écoulèrent ainsi. Charles bâillait quelquefois sur ses forteresses, et dessinait à la dérobée quelques carricatures; mais enfin le neuvième jour il avait terminé ses deux plans, et mis au net un manifeste, que le roi comptait publier au moment où il entrerait en Silésie. Frédéric, qui avait trouvé au jeune homme un jugement assez avancé, et qui peut-être se laissait aller au petit amour-propre d'auteur, demanda au page ce qu'il pensait de son Manifeste « Ma « foi, sire, je l'aurais fait beaucoup plus court. — « Ah, ah! et comment aurais-tu fait? — Le voilà, « sire : Mes ancêtres ont renoncé à la Silésie, « parce qu'ils étaient les plus faibles; je la re-

« prendrai parce que je suis le plus fort. — Tu
« as raison, mon ami; je n'ai fait qu'amplifier et
« colorer cette idée. Mais il faut aux peuples de
« grands mots et de longues phrases : c'est avec
« cela qu'on les mène. »

Le dixième jour au matin, le roi regarda Charles
en souriant; Charles sourit à son tour. Le roi
passa et repassa auprès de lui, se frottant le
menton et souriant toujours : enfin il lui demanda s'il avait bien dormi. « Fort bien, sire. —
« Et tu n'as pas rêvé? — Non, sire. — J'ai rêvé,
« moi, qu'il était arrivé à l'auberge de la *Couronne*
« quelqu'un que tu ne serais pas fâché d'y trouver.
« Vas voir un peu ce qui en est. Tu dois avoir
« la tête fatiguée ; je te donne *campo* pendant
« quatre jours. » Le page ne se le fait pas répéter:
il range ses papiers, prend son chapeau; il allait
sortir, le roi le rappelle. « Qu'en passant le seuil
« de cette porte, vous ayez oublié ce que vous y
« avez fait : il y va du sort de toute votre vie. »
Charles avait appris de bonne heure que la discrétion est une des premières qualités qui constituent un honnête homme. Il assura le roi de
son entier dévouement, et partit comme un trait.

Il se souciait fort peu de ceux qui étaient ou
n'étaient pas à l'auberge de la *Couronne*; mais il
était bien aise de courir par la ville avec un uniforme, couvert d'or, que, sans s'en douter, il embellissait encore. Il passa par la salle d'étude, dit
deux mots à son ami Théodore, qu'il n'avait pas

vu depuis *des siècles*, lui donna rendez-vous pour le soir dans la rue *des Arbres*, sortit du palais et arriva en deux sauts à la chambre de Brandt. Le bonhomme était sorti; il n'était que six heures du matin, et Charles ne savait que faire. Ce n'était pas le moment d'être vu : tous les gens *comme il faut*, hors le roi, dormaient encore. Charles entra dans un estaminet, et se fit servir un déjeuner, qu'il prolongea le plus long-temps qu'il put. Enfin le désœuvrement et peut-être un peu de curiosité, le poussèrent à la *Couronne*.

Il demanda s'il n'était arrivé personne la veille. On lui répondit qu'on avait reçu un officier-général, commandant de Stavenow. « Qu'ai-je de
« commun, disait Charles, avec le commandant
« de Stavenow? Qui sont les autres personnes que
« vous avez chez vous? — Quelques marchands
« de Leipsick. — Je ne connais pas de marchands.
« Et comment s'appelle votre général? — Les
« postillons m'ont dit ce qu'il était; mais j'ignore
« son nom. — Où est-il logé? — Au grand appar-
« tement, au premier. »

« Monterai-je, se disait Charles?... ma foi, non;
« car enfin que dirai-je à ce général?... Cependant
« il n'y a pas d'apparence que le roi ait voulu se
« moquer de moi. Et puis, que lui répondre, s'il
« m'interroge?... Oui, je monterai. Que risqué-je
« après tout? avec l'habit que je porte, on est tou-
« jours bien reçu. » Il arrive à l'appartement, il écoute, il réfléchit encore, il frappe enfin. Per-

sonne ne répond. Il ouvre, traverse l'antichambre et un salon. La porte de la chambre à coucher était entr'ouverte ; il la pousse, il entre, et se laisse aller sur un fauteuil, accablé par la joie et la surprise : c'étaient sa mère et Werner.

Le nouveau général était venu prendre les ordres du roi, et le remercier de cette dernière faveur. Madame Werner avait profité de l'occasion ; elle n'avait pas vu Berlin : on se doute bien de ce qu'elle y venait voir. Vous, qui me lisez, si vous êtes père, vous pressentirez aisément ce que cette entrevue eut de charmes pour l'aimable famille.

On ne connaissait pas les usages de la cour ; on n'avait su par qui, ni comment faire appeler Charles ; mais, au point du jour, on avait mandé Brandt. Le brave homme était accouru, et, pendant deux heures consécutives, il n'avait cessé de parler du Baronnet ; il avait glissé sur l'aventure du coche, et sur le dîner de *l'Aigle noir*; du reste rien n'avait été oublié : un mot, un geste, un regard, tout était rappelé avec la plus scrupuleuse exactitude, et on avait attendu, en s'entretenant du joli page, le moment heureux de l'embrasser. Charles, toujours attaché au vieux hussard, saisit en homme habile ce moment, ou une mère ne sait rien refuser. Il parla des quarante frédérics, du désintéressement du brave homme ; il pressa, baisa sa maman sur les deux joues, et le petit sac de peau fut remis dans son premier état.

Werner comptait se faire présenter par le comte de Fersen. Charles se faisait un plaisir secret de prouver qu'il avait déjà du crédit en cour. « Ve-
« nez, venez, dit-il, ne dérangez personne. Je
« vous présenterai, moi, et j'espère que vous
« serezbien reçus. Allons, maman. » Madame Werner se défendait. «Venez, vous dis-je; le roi
« ne sera pas fâché de connaître ma mère. —
« Mais, mon enfant, il faut se coîffer, s'habiller.
« Non, non, dit Charles, en leur prenant la main
« à tous deux. Frédéric n'a ni fer-à-cheval, ni
« boucles à l'aile de pigeon, ni galon sur son
« habit. »

En traversant les appartemens, Charles se donnait des airs de courtisan; il faisait l'important avec les uns, l'aimable avec les autres; il parlait à tous, il les nommait à sa mère, et en quatre mots il lui faisait leur portrait. Il trouva son vieux ami, monsieur d'Herleim, dans l'antichambre du roi, et lui présenta son beau-père. Après les premiers complimens, l'adjudant dit quelques mots à l'oreille de Werner, et Charles, qui avait l'œil au guet, jugea à la manière dont on le regardait, qu'on ne disait pas de mal de lui. La maman, à qui rien n'échappait, fit la même observation, et sourit à l'aimable enfant.

Il entra chez le roi, et annonça sa mère et le nouveau général. Le roi se leva et fit quelques pas au-devant de madame Werner. « Vous
« m'avez fait un vrai cadeau, lui dit-il, et j'ai cru

« devoir vous en marquer ma reconnaissance, en
« avançant un officier, auquel vous prenez quel-
« que intérêt. » Madame Werner attendrie et hors
d'elle, ouvrit ses bras pour embrasser un enfant
si cher : le respect, et un geste de son mari l'arrêtèrent. « Allez, allez, dit le roi en poussant
« Charles par les épaules, suivez l'impulsion de
« la nature. » Il donna à Verner un papier qui
renfermait ses instructions, et se remit à son bureau.

On sortit. Werner alla faire une visite à M. de
Fersen. Il le ramena avec lui, on dîna, et on
passa une partie de la journée ensemble. Charles
se plaisait beaucoup avec ses parens ; cependant
il pensait au rendez-vous de la rue *des Arbres*.
Pendant dix jours, il avait fait l'ingénieur, le di-
plomate ; il avait envie de faire un peu le page.
Il demanda une heure à sa mère, et fut joindre
son camarade.

Le jeune Théodore, bien plus avancé que
Charles, d'un *certain côté*, se promenait, en attendant son second. Le chapeau sous le bras, et un
gros bouquet à la main, il parcourait les allées,
et fixait toutes les jolies femmes. Il souriait à
celles qui avaient trop de réputation ; il affectait
de passer et de repasser auprès de quelques autres,
qui étaient d'un rang à ne pas craindre les espié-
gleries d'un page, mais qui étaient assez intéressantes pour mériter son attention.

Le petit fripon cherchait à se fixer, et il savait

déjà que l'orgueil de la naissance ne tient pas contre les graces d'un joli homme. Il prit Charles sous le bras, et, en deux tours de promenade, il le mit au fait de mille petits *riens*, que celui-ci avait bien soupçonnés, mais qui n'avaient pas encore exercé son imagination. On va vite en plaisir : tout est précepte, tout est exemple, et il n'est rien qu'à seize ans on ne brûle de réaliser. Charles était né avec des dispositions trop marquées, pour ne pas avancer rapidement sous un maître comme Théodore.

La soirée était belle. Ce qu'il y avait de mieux à Berlin était réuni dans la rue *des Arbres*. Ce n'est pas, à beaucoup près, la plus belle promenade de cette capitale : le parc, qui touche aux portes de la ville, n'aurait rien en Europe qui pût lui être comparé, sans le double inconvénient du sable, où l'on ne peut s'enfoncer qu'en bottes, et des cousins, qui piquent indistinctement la princesse et la petite bourgeoise. La mode, d'ailleurs, étend partout son empire, et il était du bon ton de se montrer dans la rue *des Arbres*. Charles qui ne connaissait encore que quelques villages de la Basse-Saxe, fut étonné en voyant une multitude de femmes, parées de tout ce que l'art peut ajouter à la nature. De l'étonnement, il passa à l'admiration. Bientôt les expressions véhémentes de son ami, les attraits qui s'offraient à lui, à chaque pas, et qui semblaient défier le plus sévère observateur, portèrent le trouble dans son ame : une vie nouvelle semblait l'animer; le désir et la pudeur, qui se combattaient encore, coloraient ses joues d'un incarnat si vif, et donnait à ses traits un charme si touchant, que la femme la plus insensible s'en fût difficilement défendue.

Une jeune personne, dans l'éclat de la beauté naissante, fixa particulièrement ses regards. Elle était assise à côté d'une dame âgée, qui, selon les apparences, était chargée de veiller sur elle. Un instinct naturel fit sentir à Charles que la vieillesse est l'ennemie des plaisirs et des amours. Il s'observa; il craignit d'élever le soupçon. Ce n'était qu'à la dérobée qu'il regardait cette femme intéressante; mais comme il la regardait ! ses prunelles embrasées et humides, portaient le désordre et le feu dans le sein de celle qu'il adorait, sans s'en douter encore. Une femme ne se trompe jamais sur les sentimens qu'elle inspire, et celle-ci s'applaudit de son triomphe. Il était si beau, ce petit Charles ! il était si bien tourné, ses yeux étaient à-la-fois si expressifs et si doux, qu'on ne pensait pas à lui disputer la victoire. Au cinquième ou sixième tour, on était à-peu-près d'intelligence, quoiqu'on ne se fût pas dit un mot. On suivait Charles, autant que la foule et la distance pouvaient le permettre; on le cherchait encore quand on l'avait perdu, et on l'attendait au retour.

Il n'est point de novices en amour. Il jugea qu'il avait plu ; un soupir soulagea son cœur; il s'embellit encore de l'espoir du succès. Sa démarche devint aisée, ses mouvemens souples et gracieux. Le sourire de la volupté vint errer sur ses lèvres, et la jeune personne, bien innocente, bien incapable de réfléchir, lui sourit à son tour.

Charles tremblait qu'elle ne fût remarquée de Théodore. On est si neuf, on est si gauche quand on aime pour la première fois ! Il semble que l'objet qu'on préfère ait droit aux hommages de l'univers ; on ne voit que des rivaux, on ne prévoit que des obstacles. Cependant l'heure de se retirer approchait : Charles ne pouvait faire attendre sa mère. Il était dur de ne pas connaître celle qui était tout pour lui ; il était cruel de ne savoir où la retrouver. Il affecta l'air et le ton de l'indifférence, en demandant à son ami qui était cette jeune personne. On ne sait pas feindre à seize ans, et plus Charles faisait d'efforts, plus il était facile à pénétrer. Théodore, qui ne manquait pas d'usage, le plaisanta d'abord, l'encouragea ensuite, et le força ainsi à le mettre dans sa confidence. Il promit de découvrir bientôt la beauté qui avait sur lui tant d'empire, et les deux amis se séparèrent, après être convenus de se retrouver le lendemain au même endroit. Théodore alla faire son service, et Charles retourna à *l'Aigle noir*.

Il soupa peu et ne dormit pas : on n'aime point impunément à cet âge. Son inconnue était plus forte que la fatigue et le sommeil. Il voyait sa chevelure blonde, sa taille svelte, son pied mignon ; son œil voluptueux et timide brillait à travers les ténébres. Il voyait ce sourire enchanteur, qui avait porté dans ses veines le feu du désir, et les douceurs de l'espérance. Tantôt il tremblait de ne pas la revoir, tantôt il comptait sur l'exactitude de ses recherches. Quelquefois il attribuait au hasard ce qu'il avait pris pour l'effet d'une sympathie marquée ; l'instant d'après il se flattait qu'on n'attendait que son aveu pour se déclarer à son tour ; enfin le jour le surprit dans ces anxiétés. Il se leva et passa chez sa mère.

Les ordres que Frédéric avait remis à Werner portaient, entre autres choses, que sans le moindre délai il se rendrait à son commandement. On devait partir le lendemain pour Stavenow, et la famille était invitée chez le comte de Fersen. Werner seul avait accepté. La digne mère avait opposé des apprêts, des embarras ; elle voulait être seule avec son fils. Une mère aime partout ; mais les caresses les plus innocentes redoutent les témoins : on ne jouit vraiment que dans la solitude et le silence.

Charles trouva à peine un moment vers le soir. Il court, il vole à la rue *des Arbres*. Il en parcourt les différentes allées ; il va, il vient, il cherche ; il ne trouve que Théodore, et déjà l'amitié ne lui suffit plus. Il se plaint de l'absence de son amante, il se plaint avec plus d'amertume encore, quand il sait que Théodore n'a rien découvert. Ce dernier s'était engagé inconsidérément, et avait promis plus qu'il ne pouvait tenir. La confiance et la présomption accompagnent toujours la jeunesse.

Charles ne pouvait se résoudre à s'éloigner. Il espérait encore voir paraître son inconnue. L'illusion parait de ses charmes celles à qui l'éloignement donnait quelque ressemblance avec l'objet de sa tendresse. Il courait au-devant d'elles, et à mesure qu'il s'approchait, la ressemblance et l'espoir s'évanouissaient à la fois. Sa mère partait au point du jour; il n'avait que peu d'heures à passer avec elle. Il balança quelque temps entre la nature et l'amour. L'amour céda enfin à la nature; mais ce sacrifice fut le dernier.

Monsieur et madame Werner étaient à peine partis, que Charles, libre encore pendant deux jours entiers, s'occupa uniquement de son amour. Il parcourut la rue Guillaume, celle de Leipsick, il retourna *aux Arbres*, il traversa le Parc, il entra dans les églises, aux spectacles, il marcha enfin au hasard dans les différens quartiers de Berlin. Il s'arrêtait devant les maisons qui avaient un peu d'apparence, il examinait les croisées, il interrogeait les commissionnaires du coin, et n'était pas plus avancé. Il se désolait, et ne concevait pas qu'on pût vivre à Berlin et ne pas connaître sa belle. Ceux à qui il en parlait, ne concevaient rien non plus à l'opiniâtreté d'un jeune homme, qui ne se lasse pas de chercher une femme qu'il n'a vue qu'en passant, à qui il n'a point parlé, et dont il ne sait pas même le nom. Ceux-là n'étaient point amoureux.

La seconde journée se passa de la même manière, et avec aussi peu de succès. Le devoir rappelait Charles au palais, et il renonça malgré lui aux plus agréables chimères. Il revenait triste et pensif, et suivait la rue aux Ours, habitée par cette espèce de femmes, qui n'ont d'autre métier que de n'en faire aucun. Charles n'était pas encore corrompu. Il s'étonnait qu'elles offrissent leurs faveurs, qu'elles se prêtassent à ce que la débauche peut imaginer de plus dégoûtant, qu'elles bravassent les mauvais traitemens, l'infamie, et la misère qui les attend plus tard, et cela pour une misérable rétribution, qui fournit à peine aux besoins de la journée. Il donnait de l'argent à celles qui l'accostaient, et leur parlait raison et morale. On prenait son argent, et on se moquait de sa morale et de sa raison.

Théodore, moins délicat, sortait de chez une de ces dames, et fut stupéfait de trouver son ami prêchant au milieu de la rue. Un page missionnaire est en effet un phénomène dans toute l'acception du mot. Il rit aux éclats de la candeur du camarade, et lui conseilla, en l'emmenant, de prendre le monde comme il est. Charles n'entendait pas raillerie là-dessus, et citait tous les apophthegmes moraux qui lui revenaient à la mémoire. Théodore le convainquit, en le prenant par son côté faible : « Les tempêtes, lui dit-il,

« purifient les airs; les poisons deviennent sa-
« lutaires entre les mains d'un médecin habile;
« les vices, qui infectent une partie des humains,
« sauvent l'autre partie de la contagion, et, sans
« les filles de la rue aux Ours, ta belle inconnue
« et celles qui lui ressemblent ne seraient nulle
« part en sûreté. Vois les travers de ton siècle
« d'un œil indifférent, jouis de ce qui te plaît,
« laisse ce qui te répugne, et surtout ne te fâche
« de rien. »

Ils allaient sortir de cette rue, lorsqu'ils s'aperçurent qu'un homme, assez bien mis, les suivait de très-près, et leur parlait à demi-voix. Ils prêtèrent l'oreille. On leur proposait de se joindre à des messieurs, très-honnêtes, qui se rassemblaient dans une maison voisine. Une assemblée d'honnêtes gens dans la rue aux Ours! Théodore sentait bien qu'un homme estimable pouvait, parfois, s'y égarer un quart-d'heure. Mais que la probité, les talens, la décence pussent s'y réunir, voilà ce qu'il ne comprenait point.

Il proposa à Charles de voir un peu ces prétendus honnêtes gens, auxquels on s'agrégeait avec tant de facilité. Celui-ci, indifférent sur tout ce qui n'était pas amour, se laissa entraîner. Le conducteur officieux leur fit enfiler une allée longue et obscure. On arriva à un escalier difficile et étroit, qui conduisait à une porte épaisse, au milieu de laquelle était un guichet. Le guide frappa trois coups. Un grand drôle à moustaches regarda par le guichet, et à l'aspect de l'introducteur la porte s'ouvrit. Nos jeunes gens, un peu déconcertés par cet air de mystère, ne savaient s'ils entreraient ou s'ils reculeraient. La curiosité, et la confiance qu'inspire l'uniforme, les déterminèrent à suivre l'aventure. En effet, il n'était pas probable qu'on fît, sans raison, un mauvais parti à deux pages de Frédéric. Ils avancèrent dans une vaste chambre magnifiquement meublée, qu'éclairaient trente bougies. Le plus profond silence y régnait, quoiqu'on y fût les uns sur les autres. On était debout et rangé circulairement. Charles et Théodore s'approchent du cercle, et aperçoivent enfin une longue table couverte d'un tapis verd, sur lequel étaient rangés des rouleaux d'or et des piles d'écus. Ils étaient dans un tripot.

Le roi de Prusse, quand il avait besoin d'argent, établissait des impôts, qui pèsent également sur tous. il ne vendait à personne le droit infâme de dépouiller l'inexpérience et la faiblesse. Les maisons de jeux étaient sévèrement procrites dans tous ses états, comme dans tous ceux où l'on conserve quelqu'apparence de moralité. C'est d'après la sévérité connue du prince, que ceux, qui transgressaient ses réglemens, prenaient les précautions les plus sûres, pour échapper aux recherches.

On jouait dans ce repaire un jeu infernal, appelé *trente et quarante* : jeu à-peu-près égal, en apparence, où il semble que l'unique bénéfice de la banque soit établi sur le refait du *trente-un* ; mais où l'opiniâtre délire des perdans et la timidité de ceux que la fortune favorise, doivent, à la longue, attirer tout du côté du banquier. C'est là que se rassemblent l'opulence et la misère, le maître et le laquais, l'insensé qui a volé son père, le père trop faible pour résister à ses passions, l'escroc, le filou, les fripons de toute espèce que la société rejette de son sein ; c'est là que l'ivresse d'une joie folle, et que les convulsions du désespoir se développent alternativement sur tous les visages ; c'est là que l'honnête homme égaré vide d'abord sa poche, use ensuite de ses ressources, en vient aux moyens honteux, s'endurcit le cœur, oublie ses devoirs, les liens de l'amitié, ceux du sang, et perd enfin l'honneur et quelquefois la vie. Et il est des pays où ces antres sont publiquement ouverts, où ils sont protégés !

Charles et Théodore s'amusèrent quelque temps des bizarreries de la fortune. Plusieurs coups brillans les éblouirent ; ils furent tentés de courir les hasards : ils résistèrent cependant. On expose difficilement son premier écu ; celui-là perdu, il est impossible de prévoir où l'on s'arrêtera. Tous deux convoitaient l'or, qui était étalé devant eux, tous deux avaient la main sur leur argent ; Théodore cède le premier : il jette un reichs-thaler sur le tapis. Il gagne, il double, tous ses coups sont heureux. Charles n'est plus maître de lui ;

il joue et gagne aussi. En une demi-heure ils font soixante frédérics. Il semble que la fatalité, toujours aveugle, devine, démêle ses victimes, et se fasse un plaisir cruel de les séduire par l'appât du gain.

Nos jeunes gens, étourdis par des succès qui passaient leurs desirs, en auraient suivi le cours, si le coucher du roi ne les eût rappelés. Ils sortirent, en regrettant le temps qu'ils allaient donner au devoir. Ils étaient moins sensibles à leur bonheur présent, qu'aux bénéfices immenses qu'ils se promettaient encore. La cupidité régnait déjà dans deux cœurs, qui ne devaient connaître que des sentimens doux : ce n'étaient plus les mêmes hommes.

Charles, fatigué de projets établis sur sa fortune à venir, s'endormit enfin. L'amour, qui peu d'heures auparavant était sa seule affaire, fut subordonné à la frénésie, qui s'emparait de lui. Il négligea le bonhomme Brandt, ne vit presque plus monsieur d'Herleim, oublia tout-à-fait monsieur de Fersen, chez qui il devait aller, et ne parut devant le roi que lorsqu'il y fut absolument obligé. Avait-il un moment à lui, il courait au tripot. Pouvait-il se dispenser d'une partie de son service, il courait au tripot. L'adjudant lui reprochait-il sa tiédeur, il s'en consolait au tripot. Le tripot, toujours le tripot.

Le bon hussard ne se doutait de rien. En apprenant à jouer, Charles avait appris à mentir, et quand son vieil ami se plaignait de ses longues absences, il avait toujours une défaite, qui lui fermait la bouche. Cependant il semblait avoir fixé la fortune. Malgré la manière folle dont il jouait son argent, à la fin du premier mois, il avait cinq cents frédérics. Théodore, à peu de chose près, avait été aussi heureux.

Une somme aussi forte est du poison entre les mains de deux jeunes gens. A quoi l'employer, quand on est logé, vêtu, nourri? C'est au vice qu'appartient l'argent que le vice procure, et un excès mène toujours à un autre. En passant et repassant dans cette malheureuse rue *aux Ours*, Charles s'accoutuma insensiblement à l'impudence de ces femmes, qui l'avaient d'abord révolté. La beauté timide de son inconnue avait perdu tous ses droits; l'amour délicat lui parut un travers; il avait de l'or, il voulut des plaisirs faciles. Arrête, infortuné, tu te perds... Le mal est fait. Deux de ces misérables sont tirées de la fange. Elles habitent un logement agréable, leur ameublement est recherché, la soie et les dentelles les couvrent, et des lèvres flétries recueillent les premiers baisers de l'innocence. C'est entre ces créatures et le jeu que se partageaient Charles et Théodore.

On voit avec douleur un enfant, qui donnait de si belles espérances, exposer son état et sa réputation. Puisse au moins son exemple être utile à ceux qui peuvent rétrograder encore! Une liaison dangereuse a égaré Charles : jeunes gens, apprenez à choisir vos amis.

CHAPITRE IX.

Suite d'erreurs. L'inconnue reparaît sur la scène.

Brandt ne voyait presque plus son Baron; il n'avait Hantz que la nuit et aux heures des repas; il était désœuvré, et s'ennuyait à la journée. Il jugea que la société lui était nécessaire, et il se lia avec quelques soldats du régiment des gardes. Ils passaient les après-dîners dans un petit cabaret situé derrière l'église de Jérusalem. Là, on pouvait boire, chanter, jurer, sans être entendu du palais ; et par un hasard, assez singulier, Charles et Théodore, qui craignaient, avec plus de raison, l'œil vigilant de leurs chefs, avaient logé leurs princesses dans le même quartier.

Un jour le roi fit manœuvrer son régiment plus long-temps que de coutume. Brandt, toujours exact à l'heure, attendait ses compagnons. Il n'aimait pas à boire seul, et comme il faut passer le temps à quelque chose, il s'amusait, en fumant sa pipe, à feuilleter quelques gazettes, aussi platement insignifiantes à Berlin qu'ailleurs. *Eine' l'uzer* (1), entre autres, mérita son atten-

---

(1) Le *Fanal*, qui n'éclaire personne.

tion : son style d'antichambre le mettait tout juste à sa portée. Le docte rédacteur, par égard pour ses abonnés, que la lecture des nouveautés eût pu trop appliquer, réimprimait très-exactement les précédens numéros de ses confrères, quoique son prospectus eût, selon l'usage, promis *monts et merveilles*, et quand il n'avait rien à prendre aux autres, il farcissait sa petite feuille des petits vers rocailleux d'un petit poëte de société (1), qui se gonflait du plaisir d'être imprimé *tout vif*, et de celui, surtout, de dire du mal de gens qui ne pensent pas à lui, et qui ne sont pas réduits encore à cacher leurs opuscules dans une méchante gazette.

Les bâillemens prirent à Brandt, bien qu'il eût fait toute sa vie le plus grand cas de ce genre de poésies, notamment des devises rimées des marchands de bonbons. Pour ne pas s'endormir tout-à-fait, il se leva, se promena de long en large dans la salle enfumée, et, fatigué de se promener, il fut s'asseoir à la croisée. Les premiers objets qui s'offrirent à lui, furent Charles et Théodore, marchant d'un air affairé, et tournant de temps en temps la tête, de manière à faire croire qu'ils ne se souciaient pas d'être vus. Le bonhomme, naturellement franc, avait pris pour argent comptant tous les contes qu'il

---

(1) Baourd, ou Balourd.

avait plu à monsieur Charles de lui faire. Cependant les précautions des deux pages, la rapidité de leur marche, une sorte de contrainte, qui ne leur était pas ordinaire, le frappèrent, et lui donnèrent l'idée de les suivre. Il sortit, rasa les boutiques, se tint à une distance convenable, et les vit entrer dans une maison d'assez mince apparence. La prudence et la politesse voulaient qu'il s'informât dans le voisinage de ceux qui habitaient cette maison, de leur conduite, de leurs habitudes, sauf à prendre ensuite les mesures nécessaires. Mais Brandt, qui était aussi fin que le rédacteur du *Fanal*, et à-peu-près aussi poli, entra droit après les pages, monta sur la pointe du pied, et tomba comme une bombe dans l'appartement, où ces messieurs se disposaient à prendre leurs ébats.

La confusion de Charles est inexprimable; il rougit, balbutie, se trahit. Théodore, qui ne perdait pas aisément la tête, aborda Brandt d'un air aisé, le présenta, comme un militaire respectable, à la baronne Ferlick et à la baronne Ferlock, qui voulaient bien les recevoir, pendant que leurs époux étaient à leur garnison. Charles, un peu remis, commenta, paraphrasa l'histoire, et Brandt, confus, à son tour, de sa précipitation et du jugement qu'il avait porté, fit de très-humbles excuses à ces dames, et se retirait avec une profonde révérence. La baronne Ferlick, qui avait eu des relations avec la moitié de l'armée prussienne, et qui aimait toujours la soldatesque et le ton grivois, répondit très-lestement au compliment de Brandt, le fit asseoir, sans autre formalité, à une table sur laquelle était une très-jolie collation, et s'assit elle-même sur les genoux de Charles. Théodore présenta la main à la baronne Ferlock, avec un respect et un sérieux qui firent rire tout le monde à gorge déployée, à l'exception de Brandt, qui ne savait de quoi on riait, et qui ne s'en embarrassait guère.

Les deux baronnes, que deux ou trois mots à l'oreille avaient mises au fait, soutinrent assez bien leur personnage pendant quelques instans. Le vin fumeux du Rhin monta bientôt la conversation sur le ton plaisant. Quelques mots des halles, quelques jurons échappèrent par-ci par-là. Les deux pages alors serraient vivement le pied de leurs princesses, et les ramenaient à l'ordre. *Chassez le naturel, il revient au galop.* Le moment d'après les jurons repartaient de plus belle. Brandt était un peu étonné ; jamais la baronne de Felsheim n'avait parlé ce langage ; mais il n'était pas impossible que ce fût celui des baronnes de Berlin : ce pouvait être un ton de cour. Ces dames d'ailleurs étaient si bien logées et si bien mises, les deux pages étaient si réservés avec elles, qu'il n'était pas possible d'avoir des soupçons.

Cependant, deux ou trois baisers assez vifs,

appliqués sur les joues rosées de Charles par la baronne Ferlick, parurent un peu extraordinaires au bonhomme ; mais il réfléchit que ces caresses d'une femme, moins jeune que le page, pouvaient n'être qu'amicales ; que d'ailleurs ces dames avaient un petit coup dans la tête, et qu'une baronne, en cet état, devient un peu femme du peuple ; qu'à tout prendre enfin il fallait tôt ou tard que Charles payât le tribut à l'amour, et qu'une baronne est le fait d'un baron. Il se retira discrètement, charmé des politesses et de la popularité des deux dames, et félicita en sortant son jeune ami de la jolie connaissance qu'il avait faite.

Le brave homme, en s'en allant, pensait que les bonnes graces du roi, et la bienveillance d'une femme titrée, ne pouvaient manquer de faire incessamment de Charles un personnage distingué. Il avait vu mourir le père, il se croyait certain de voir l'élévation prochaine du fils : cette idée le rajeunissait, et lui montait l'imagination. Il rentra aussitôt chez lui, et, pour ne pas perdre un beau moment d'enthousiasme, il prit la plume, et écrivit la lettre suivante :

« Madame, et très-honorée protectrice,

« Notre petit Baron devient tous les jours plus
« beau et plus rangé. Il passe ses heures perdues
« chez les baronnes Ferlick et Ferlock, dont les
« maris sont à l'armée, et qui sont assez jolies,

« quoiqu'un peu sucées. Elles jurent quelquefois,
« ce qui leur donne beaucoup de grace, et elles
« servent d'excellentes collations, ce qui vaut
« mieux encore. La baronne Ferlick, qui est
« connaisseuse, a pour Charles une affection
« toute particulière, et je vous réponds que ce
« garçon-là ira loin. »

Madame Werner était sortie lorsque la lettre arriva. Le commandant de Stavenow l'ouvrit, et ne fut pas trop de l'avis de Brandt sur le compte des prétendues baronnes. Des femmes bien nées qui logent dans le quartier de Jérusalem, qui reçoivent des pages, en l'absence de leurs maris, qui leur donnent des collations et qui jurent, lui parurent furieusement suspectes. Il compulsa le nobiliaire des Marches de Brandebourg, et n'y trouva n'y baron Ferlick, ni baron Ferlock : il sut alors à quoi s'en tenir. Il supprima la lettre du hussard pour ne pas alarmer sa femme, qui, ayant toujours été sage, croyait fermement qu'un jeune homme doit parvenir à l'âge de trente ans, sans faire de sottises. Werner, qui connaissait le monde, était plus indulgent, et se sentait disposé à fermer les yeux sur une passade, qui ne blesserait ni les mœurs publiques ni les convenances. Il voulait s'assurer au moins que les galanteries de Charles fussent de ce genre. Brandt n'avait ni l'adresse, ni l'usage nécessaires pour apprécier tout cela : il écrivit directement à l'adjudant d'Herleim.

Il le priait de laisser aller les choses, si ces femmes étaient de celles qu'un galant homme peut voir sans se déshonorer. Si au contraire, ce qui lui paraissait vraisemblable, c'étaient de ces créatures, à qui des pages peuvent très-bien convenir, mais qui ne conviennent à personne, il le pressait d'arrêter le désordre, et de mettre le jeune homme en prison.

Les deux pages ne se doutaient pas que Brandt eût écrit, et ils se livraient, en toute sécurité, aux écarts et aux excès d'une jeunesse déréglée. Charles, celui dont le naturel était le plus heureux, avait quelquefois réfléchi à la suite des pertes, assez considérables, qu'il avait essuyées au tripot. La fortune se lassait déja de le favoriser, et le malheur est souvent un grand maître. Des réflexions, il passa aux regrets, et ensuite au dégoût de la vie qu'il menait. « Nous sommes
« des dupes, disait-il à Théodore. Faits pour
« sentir et pour inspirer un penchant honnête,
« nous ne connaissons encore que la brutalité.
« Mon inconnue m'a souri, et ce sourire, cette
« aimable rougeur, dont ces créatures n'ont pas
« même conservé d'idée, me poursuivent jusque
« dans leurs bras. Eh! que trouvons-nous auprès
« d'elles? une complaisance aveugle et stupide ;
« point d'éducation, nulle sensibilité, un esprit
« grossier, et des faveurs bannales qui n'ont
« aucun prix quand on les achète. Les plaisirs
« des sens ne sont rien, quand le cœur reste froid.

« Le cœur, mon ami, le cœur; c'est là qu'il
« faut en revenir, quand on veut être heureux. »
Il pouvait l'être encore, s'il eût suivi la voix
intérieure, qui lui parlait avec tant de force; mais
Théodore avait pris sur lui un ascendant qu'il ne
pouvait vaincre.

Théodore n'était pas né méchant; il aimait
sincèrement son ami, mais son cœur était gâté,
et la sagesse n'était à ses yeux qu'un ridicule. Il
riait des scrupules de Charles, le plaisantait si
agréablement, déraisonnait avec tant de graces,
présentait le vice sous des formes si séduisantes,
que le faible Baron passait, à son gré, des remords
à une chûte nouvelle. Un incident imprévu
faillit détruire l'empire de Théodore, et rendre
Charles à lui-même et pour jamais. Il sortait du
manège, et traversait la place d'armes; un équipage brillant le coupe; son œil se porte dans le
fond du carrosse : c'est son inconnue qu'il voit,
qui passe comme l'éclair, mais qui le reconnaît,
et qui avance la tête pour le revoir encore.
Femme honnête et sensible, tu ne soupçonnes
pas que cette figure enchanteresse cache une
ame dépravée.

Charles, étonné, hors de lui, s'arrête, regarde, soupire, et la voiture est déjà loin. Il
court autant que ses forces le permettent, il
suit l'objet, qu'il a un moment oublié, mais qu'il
n'a pas cessé d'aimer. L'équipage tourne, prend
une autre rue; Charles arrive, tout a disparu.

et il ne sait plus quelle route tenir. Pas de livrée, pas d'armoiries, nul renseignement à prendre : Charles est au désespoir. « Elle est « encore à Berlin ; je la découvrirai, disait-il, « se cachât-elle à tous les yeux. Je suis aimé, je « le crois, je me plais à le croire, et, dussé-je « n'en jamais rien obtenir, sa tendresse sera « pour moi la félicité suprême. C'en est fait, ces « viles prostituées ne me reverront plus. »

Son mauvais génie, Théodore, l'aborda en ce moment, et se servit de ses argumens ordinaires. L'impression, que l'inconnue avait produite, était trop forte pour que rien alors pût la balancer. Théodore fit de vains efforts, pour le persuader de retourner chez leurs maîtresses : il l'entraîna au tripot.

La séance fut cruelle. Le sort poursuivit les deux amis, avec un acharnement qu'ils n'avaient pas encore éprouvé. Le malheur leur ôta bientôt le jugement et la raison. Des poignées d'or passaient, de leur poche, sur le tapis, et du tapis à la banque. Plus ils perdaient, plus ils se laissaient égarer par l'espoir dangereux de rétablir leurs affaires. Leur ruine fut complète ; ils laissèrent jusqu'à leur dernier écu, et ils sortirent en maudissant leur fatale imprudence.

Théodore chercha à s'étourdir un moment dans le sein de la débauche. Charles alla porter sa douleur sur les bords de la Sprée. « J'avais, « disait-il, une somme qui passait de beaucoup

« mes besoins et mes desirs; j'en pouvais em-
« ployer une partie à faire chercher ma céleste
« inconnue; il me serait resté de quoi être heu-
« reux long-temps, de quoi ajouter au bien-être
« de ce brave, de ce digne Brandt, qui a tout
« fait pour moi. J'aurais été en paix avec ma
« conscience; j'aurais acquis de nouveaux droits
« à l'amitié des uns, à l'estime des autres, et je
« n'ai plus rien... rien. Il ne me reste que d'im-
« puissans regrets... Malheureux que je suis! »
En parlant ainsi, son sang s'allumait davantage,
son cœur se froissait, et cependant il n'avait à se
reprocher encore que l'abus de l'opulence, et la
perte de quelque argent, qui ne coûtait rien à sa
respectable mère.

Le grand air, la fraîcheur de la soirée, le calmèrent insensiblement. Il rentra au palais, profondément affecté, mais assez tranquille. Il ne
dormit pas : le sommeil et les passions n'habitent
pas ensemble. Le matin, il alla faire son service
chez le roi, et de là il passa chez Brandt : il l'avait
oublié quand il roulait sur l'or; l'infortune le
rapprocha de lui.

Il était sans un sou, et il ne pouvait se passer
d'argent. Il n'hésita pas à en demander : il n'en
avait pas pris depuis long-temps. Le bon homme
lui donna une douzaine de ducats, et lui recommanda de les bien ménager. Ils causèrent affectueusement, et déjeûnèrent ensemble. Charles,
très-décidé à réformer sa conduite, et se croyant

bien sûr de lui, quitta le vieux soldat pour aller monter à cheval. Théodore était aussi au manège. Cruel jeune homme! que tu as fait de mal! que tu vas en faire encore!

Piqué du revers qu'il avait éprouvé, Théodore, après avoir passé quelques minutes chez leurs maîtresses, était allé au palais. Il avait emprunté sept à huit frédérics à cinq ou six de ses camarades, et il avait été les jouer et les perdre. Furieux de ce dernier échec, et incapable de se corriger, il brûlait de jouer encore. Il n'avait pas de fortune, et ne connaissait que Charles qui pût alimenter cette fureur : il lui demanda ce qu'il avait. Charles, sans défense, lui donna sa bourse, et une demi-heure après, la banque avait tout dévoré.

Notre jeune Baron ne se repentit pas d'avoir obligé son ami. Il n'avait pas joué ce jour-là, et se trouvait assez bien avec lui-même ; mais il ne savait comment s'y prendre pour tirer une seconde fois de l'argent du hussard. Le revenu de sa mère était borné ; elle avait ajouté, à la première somme, les quarante frédérics dépensés à *l'Aigle noir;* il n'y avait pas d'apparence qu'elle pût fournir à de semblables prodigalités. Charles d'ailleurs n'avait aucun besoin réel, qui légitimât la demande de nouveaux fonds ; il fallait donc se restreindre.

Cependant un jeune homme, un page doit avoir quelque chose dans sa poche. Charles surmonta sa timidité ; il retourna chez Brandt, et lui déclara ingénument qu'il avait prêté ses ducats à son camarade. Il se garda bien de lui dire l'emploi que Théodore en avait fait, et cette réserve le jeta dans de nouveaux périls : le bon sens du brave homme suffisait peut-être pour maintenir et fortifier ses résolutions chancelantes. Charles sentait sa faiblesse, et devait chercher un appui. Un amour-propre déplacé l'empêcha de s'ouvrir à son vieux ami. Il prit dix frédérics et sortit, décidé à résister aux insinuations de Théodore. Il passa le reste de la matinée avec monsieur d'Herleim, qui l'accueillit avec sa bonté ordinaire, et l'après-midi il eut quelque envie d'aller voir le comte de Fersen. Mais depuis trois mois qu'il était à Berlin, il n'avait pas paru chez lui, quoiqu'il en eût reçu l'ordre de sa mère, et que cet officier l'y eût invité lui-même : il craignit une mercuriale, et s'alla promener dans la rue *aux Arbres*.

Son inconnue n'y était pas ; il s'ennuya bientôt de la promenade. Il aborda quelques-uns de ces hommes, qui ouvrent la portière à ceux qui montent en carosse ou qui en descendent. Il leur dépeignit celle qu'il cherchait, sa voiture, ses chevaux ; il promit un salaire honnête à ceux qui lui en donneraient quelques indices ; et, toujours occupé de son inconnue, quelquefois pensant à sa mère, l'instant d'après réfléchissant aux inconvéniens, aux dangers du jeu, il parcourut encore le parc et les princiales rues.

Il marchait au hasard et sans dessein. Il était incapable de commettre une faute, qu'il aurait prévue et méditée ; mais son imagination ardente l'emportait avant qu'il eût réfléchi. Sans s'en apercevoir, et par une espèce d'instinct machinal, il approchait de la rue aux Ours ; il s'en éloignait avec une sorte de frayeur ; il y revenait par un détour ; une force irrésistible le poussait malgré lui. Deux fois il s'arrêta devant le tripot ; deux fois, frappé d'une terreur subite, il s'éloigna à grands pas. Il fallait sortir de cette détestable rue ; il fallait fuir, et n'y revenir jamais : il le sentait, et n'en eut pas le courage. Il revint une troisième fois ; il pensait à la somme qu'il avait perdue, et qu'il pouvait regagner en une taille. Cependant il était retenu encore par la crainte d'essuyer des pertes, qu'il ne pourrait cacher ni à Brandt, ni peut-être à sa mère. « C'est un parti pris, dit-il enfin, je ne joue-« rai pas ; mais je peux me procurer le plaisir de « voir la partie. Que risqué-je ? je suis sûr de « moi. » En finissant ces mots, il était dans le coupe-gorge.

Théodore avait fait ressource ; il jouait, et la fortune lui était favorable. Il montra à Charles son chapeau plein d'or et d'argent. « Pourquoi « ne gagnerais-tu pas comme moi, lui dit-il ? « nous avons toujours perdu et gagné ensemble. « Tu n'as que quelques frédérics ; hasarde cette

« bagatelle. Si tu n'es pas heureux, tu disposeras
« à ton tour de ma bourse. » Il n'en fallait pas
davantage pour déterminer un malheureux, qui
était déjà à demi vaincu. Charles joua et perdit
tout. Il s'en affecta peu : Théodore était toujours
en veine. Il reprit les douze ducats qu'il lui avait
prêtés le matin, et après quelques alternatives,
ils disparurent encore.

Ce fut alors qu'il se reprocha amèrement sa
faiblesse. Il fallait encore avoir recours à Brandt,
avouer son inconduite, et peut-être éprouver
un refus. Quelle humiliation ! le moyen de s'y
résoudre ! C'était pourtant le parti le plus sage :
il préféra de courir après son argent. Il emprunta
quelques pièces d'or à son ami, en jurant sur
son honneur, et par son inconnue, de ne plus
remettre les pieds dans cette maison infernale,
s'il réparait ses pertes. Vain espoir. Bientôt il fut
réduit à emprunter encore. Sa raison s'altéra à
mesure qu'il perdait ; il ne connut plus de bornes.
Il devait cinquante frédérics à Théodore, et il lui
en demandait encore.

La chance avait tourné. Théodore s'était *coulé*
aussi rapidement qu'il s'était refait. Une sombre
fureur s'empara alors de Charles ; il sentit la profondeur de l'abîme où il s'était jeté : il ne restait
pas chez Brandt beaucoup au-delà de ce qu'il
devait. Il sortit, l'œil égaré, la démarche chancelante ; sa main passée sous sa chemise, serrait,

meurtrissait son sein. «Voilà donc, disait-il d'une
« voix étouffée, voilà donc les tourmens qu'éprou-
« vent les joueurs ! et on peut jouer, et on peut
« tout sacrifier à ce penchant destructeur ! »

Théodore, toujours léger, toujours irréfléchi, ne connaissait pas ces retours, qui annoncent au moins un cœur honnête et sensible. Il cherchait à consoler Charles, en lui montrant un avenir plus heureux. « Non, répondait celui-ci, je ne
« me pardonnerai jamais. Ma mère se prive pour
« moi des plus simples jouissances, et quels sont
« les fruits de ses sacrifices? Ce qu'elle épargne,
« pour me faire paraître convenablement dans le
« monde, va s'engloutir dans cette caverne. Je
« suis un ingrat, un monstre.... Ah! ma mère....
« ma mère!... »

Théodore lui opposait tous les moyens, lui présentait toutes les ressources que lui fournissait une imagination fertile en expédients. Il lui promit de ne pas exiger le paiement des cinquante frédérics, avant le temps où il pourrait commodément les lui rendre. Il le pressait de reprendre la fermeté qui convient à un homme, et de se montrer supérieur à l'adversité. Charles écoutait sans entendre. Il suivait Théodore, la tête baissée sur sa poitrine ; il ne proférait pas un mot ; un ver rongeur le dévorait.

Monsieur d'Herleim venait de recevoir la lettre de Werner. Il pensa absolument comme lui, à la réserve des voies de rigueur qu'on lui conseillait d'employer. Ces moyens lui paraissaient dangereux, avec un jeune homme emporté, que le châtiment aigrirait et ne ramènerait pas. D'ailleurs il ne pouvait le mettre en prison, sans rendre compte au roi de ses motifs. Ce prince n'était pas indulgent ; Charles était au mieux avec lui, et un aveu de cette nature pouvait le perdre dans son esprit. Monsieur d'Herleim se flatta qu'une réprimande sévère et des conseils sages suffiraient avec un jeune homme, qui était né bon, et qui ne pouvait avoir contracté encore l'habitude du vice. Il fit venir le jeune page, et l'interrogea sur les prétendues baronnes. Le moment était favorable. Charles, accablé sous le poids du remords, ne pensa pas à dissimuler. Il avoua cette faute, avec une franchise, une candeur, qui ne permirent pas à monsieur d'Herleim de porter plus loin la sévérité qu'il avait mise d'abord dans son maintien et son langage. Il attribua à la honte d'une semblable liaison le repentir et la confusion de Charles : il ignorait qu'il eût d'autres torts aussi graves peut-être. Il fut touché de son état, et lui parla en père mécontent, mais désarmé et sensible. Charles, touché jusqu'aux larmes, par des marques de bonté, dont il ne se sentait pas digne, fut prêt à faire la confession entière de ses erreurs, et à en solliciter le pardon. Cette idée seule soulageait son cœur ; il se sauvait, s'il l'eût suivie. Mais il sentit qu'un mot livrait à des peines infamantes ceux qui tenaient le tripot, et peut-être ceux qui le fréquentaient. Le rôle de délateur répugnait à sa délicatesse. Il se tut et se retira.

Monsieur d'Herlseim savait combien peu la jeunesse a d'empire sur elle-même. Il était bien persuadé que Charles était sincère en ce moment ; mais il ne voulait pas l'exposer à une chûte nouvelle. Il jugea que le moyen de la prévenir était de sévir contre les deux femmes. Il n'avait pas leur adresse, Werner n'avait pu la lui donner ; mais il avait indiqué Brandt, et monsieur d'Herleim l'envoya chercher.

Le hussard ne savait à quoi attribuer un message de cette importance. Quoiqu'il eût assez bonne idée de lui-même, il ne concevait pas que sa présence fût nécessaire à la cour. Cependant il passa à la hâte la chemise blanche, l'uniforme des dimanches, et courut chez l'adjudant du roi.

Celui-ci lui reprocha sèchement de ne pas surveiller les démarches du jeune homme qu'on lui avait confié. Il lui apprit que les baronnes Ferlick et Ferlock étaient des malheureuses, qui avaient exposé la réputation de Charles, et qui auraient fini par ruiner sa santé. Il le rendit responsable de toutes ses actions, et le menaça de son ressentiment, si Charles se livrait à de nouveaux excès.

Brandt, étourdi d'une mercuriale aussi vive, perdit l'usage de la parole. Il resta cloué sur le parquet, la bouche ouverte, la main à son bonnet, et monsieur d'Herleim eût péroré une heure, qu'il n'eût pas pensé à l'interrompre. Il était enragé contre les Ferlick et les Ferlock, envers qui il s'était confondu en politesses, et sa fureur, pour être concentrée n'en était pas moins sensible. Ses joues étaient pourpres, ses sourcils froncés se touchaient, sa moustache s'agitait dans tous les sens, ses yeux ressemblaient à des escarboucles. Le sérieux de monsieur d'Herleim ne tint pas contre cette figure grotesque ; il se tourna pour rire, et termina l'entrevue, en prenant la demeure exacte de mesdames Ferlick et Ferlock.

Dès que le hussard fut sorti, l'adjudant écrivit au lieutenant de police, le pria de faire enlever ces filles, de les enfermer à l'hôpital, et de séquestrer leurs effets. Quelque diligence que fît la police, un autre en fit encore davantage.

Brandt n'était pas homme à souffrir que deux gourgandines eussent dérangé Charles, et se fussent moquées de lui. Il leur devait, en outre, la boutade de l'adjudant, et ne pouvant se mesurer avec un officier de marque, il alla passer sa colère au quartier de Jérusalem. Il arriva chez nos nymphes, pouvant à peine jurer, tant il était essoufflé et furibond. Il commença l'explication à grands coups de pieds dans le derrière, cassa les vitres et les meubles, déchira les satins et les dentelles, en frotta les lambeaux à la plaque de la cheminée, et fit autant de dégât que le plus violent incendie. Il est, dans toutes les grandes villes, de ces femmes qu'on a vues dans la boue, à qui l'on a fait bassement la cour, et qu'on devrait bien traiter de la même manière.

Ferlick et Ferlock tenaient beaucoup à leur mobilier, quoiqu'il ne leur eût pas coûté cher. L'exécution militaire de Brandt les anima, à leur tour, d'une fureur surnaturelle. Les pelles, les pincettes volent à la tête du hussard; des juremens épouvantables, poussés d'une voix aigre, se mêlent aux siens et font *le dessus*. Brandt, que rien n'intimide, va son train, et brise, sans miséricorde, jusqu'à la dernière pièce. Ferlick alors, la grande, la valeureuse Ferlick, lui imprime ses dix ongles sur la figure, et Ferlock s'attache à des parties plus délicates encore. De deux tours de poignet, Brandt les envoie rouler sous un lit, et des cris perçans se font entendre, et ce vacarme infernal, qui s'entendait d'un bout de la rue à l'autre, ameute les passans et les voisins.

Bientôt ces demoiselles, à qui le désespoir n'avait pas ôté le jugement, craignirent les suites ordinaires de ces scènes scandaleuses. Elles connaissaient les manières brusques de la police, et n'ayant plus rien à craindre de Brandt, qui n'avait plus rien à détruire, elles songèrent à leur sûreté.

Elles se disposaient à sortir, à se glisser dans la foule, et à disparaître à la faveur de la nuit, lorsque la Ferlick aperçut, à la lueur des flambeaux, un limier de police, suivi de dix à douze estafiers. Tout est perdu, s'écrie-t-elle, et elle se sauve au grenier. Tout est perdu, répète la Ferlock, et elle se jette dans la cave. Brandt s'imagine que la garde arrive, pour rétablir l'ordre et arrêter le tapageur. Il croit qu'il vaut mieux être pris pour la partie plaignante que pour la partie coupable. Il ferme la porte à double tour; il s'affuble d'un jupon piqué, d'une robe de *gros de Naples*, il cache son front chauve sous un *battant-l'œil*, il couvre sa moustache d'un voile de gaze noire, il se jette dans un fauteuil, un éventail à la main, et répète, devant les débris d'une glace, les airs d'une femme au désespoir.

L'inspecteur et *ses observateurs*, que le public, mal élevé, confond sous le nom de *mouchards*, avaient eu quelque peine à se faire jour à travers la foule. Ils arrivèrent enfin à la porte de la maison, où on laissa deux drôles éprouvés, pour arrêter les fuyards, et le reste de la *pousse* monta à l'appartement. Deux fois ces mots terribles *de par le roi* avaient sifflé à travers la serrure : Brandt, qui voulait jouer la petite santé, les attaques de nerfs, et qui craignait l'effet de sa voix rauque, ne bougeait et ne soufflait pas. Deux ou trois coups de pieds font sauter la porte, on entre, et l'on trouve une guenon grosse et courte, à tournure hétéroclite, en robe déchirée, en jupon blanc-sale marqueté de suie de cheminée, se frappant la tête sur ses genoux, et jouant à outrance de l'éventail. Ces messieurs ne doutent pas qu'ils n'aient trouvé l'abbesse du lieu, ou quelque autre appareilleuse. Quatre des plus vigoureux empoignent cette beauté mâle, l'emportent malgré ses efforts, la jettent dans un carrosse de place, et la tiennent immobile sur son banc.

L'inspecteur continuait ses recherches, avec une vivacité et un zèle vraiment dignes d'éloges. Les infortunées Ferlick et Ferlock furent trouvées à la fin, mais dans un état déplorable. Ferlick s'était tapie dans un tas de charbon, et était noire de la tête aux pieds; Ferlock avait sauté dans une futaille défoncée, où l'on avait mis de la lie de vin, et elle était rouge depuis la ceinture jusqu'en bas. Elles furent saisies, et traînées à la voiture, au milieu des huées et des ris immodérés des spectateurs.

Les ténèbres les empêchèrent de reconnaître leurs vêtemens, qui couvraient la maman Brandt. Elles la prirent pour quelque femme de l'*état*, que l'inspecteur avait ramassée en route. Brandt, de son côté, n'avait garde de se faire reconnaître. En qualité d'ancien militaire, il eût été traduit devant le gouverneur de Berlin, l'officier le moins traitable des états prussiens : il craignait la bastonnade et le cachot. Il jugea que, puisqu'il était pris, le parti le plus prudent était de voir venir.

La voiture s'arrêta à la porte de l'hôpital. Ferlick et Ferlock connaissaient le local, et se rendirent d'elles-mêmes à la salle qu'elles habitaient ordinairement. Le hussard, qui ne savait où il était, ni ce qu'on voulait faire de lui, restait dans le carrosse, et attendait, avec assez d'inquiétude, le dénouement de l'aventure.

L'inspecteur tira à part une petite vieille ratatinée, bossue, borgne et boiteuse, mais ferme et têtue, et qui gouvernait la maison. « J'ai en-
« core là, lui dit-il, une femme que je vous re-
« commande ; c'est une maîtresse commère : vous
« ferez bien de prendre des précautions. Il est
« tard ; je reviendrai demain savoir les noms
« et les qualités de vos nouvelles pensionnaires,
« et je rédigerai mon procès-verbal. »

Les quatre hommes, qui avaient contenu Brandt, le descendirent, le portèrent sous la première porte, lui firent passer le second guichet, et le laissèrent au milieu de cinq à six femmes, qui, bien que luthériennes, et étrangères à toute espèce d'institution monastique, vivaient en communauté, d'une manière régulière et édifiante.

La supérieure portait une lanterne sourde, et ordonna à Brandt de la suivre. Il s'aperçut alors qu'il était dans une maison de filles. Il s'applaudit de ne s'être pas fait connaître ; il se promit bien d'avoir bon marché de cette garde femelle. Cependant il fallait, avant d'agir, arranger un petit plan d'évasion. Il suivit donc la supérieure, en observant exactement les lieux par où on le faisait passer.

On lui fit descendre une trentaine de marches, qui conduisaient sous une voûte étroite et longue, au bout de laquelle était une petite porte de quatre pieds de haut et de six pouces d'épaisseur. La supérieure fait crier d'énormes verroux, la porte s'ouvre, et, à la faible lueur de la lanterne, Brandt distingue un méchant lit, un pot à l'eau, un rouet, une quenouille et une ample provision de chanvre. Il fait un saut en arrière : « Dis donc, vieille sorcière, où diable me four- « res-tu là? — Pas de raison, entrez, reprend « la supérieure, un peu étonnée de la voix forte « de sa prisonnière. — N'as-tu pas dans ta mai- « son de logement plus gai que cela? — Entrez, « vous dis-je, repentez-vous, priez et travaillez. « — Va-t'en au diable, toi, ton eau, ton sermon « et ta filasse. — Ah! la malheureuse, elle mourra « dans l'impénitence finale », et la vieille se met en devoir de pousser Brandt dans le cachot. Celui-ci se retourne, et lui applique une taloche sur l'oreille. « Ah, rébellion! tu paieras ce soufflet-là », s'écrie la geôlière en reculant à son tour, et lâchant une porte à serrure saillante, qui coupait le souterrain par le milieu, et que Brandt n'avait pas vue, parce qu'elle était arrêtée contre le mur.

Brandt enfermé, seul, sans lumière, se moquant des menaces de la supérieure, et bravant toutes les sœurs du monde, Brandt, fatigué des exploits de l'après-dîner, gagna son grabat, en tâtonnant. Il se déshabilla, et n'ayant plus son bonnet, il garda le battant-l'œil de la baronne Ferlock. Il remua une paillasse humide, il fit un traversin de son gilet et de son pantalon, un drap de sa robe de *gros de Naples*, et un couvre-pied du jupon piqué. Il se tourna le nez au mur, pour éviter les vents coulis, qui venaient par-dessus et par-dessous la porte, et il s'endormit très-tranquillement, après s'être promis de prendre les clefs de la sœur qui lui apporterait son déjeûner, de la mettre elle-même sous les verroux, et de s'échapper à petit bruit, pour éviter tous démêlés avec monsieur le gouverneur.

La supérieure, outrée de la tape qu'elle avait reçue, s'était hâtée d'assembler la communauté. Elle donna, à cet outrage, la tournure importante qui devait fixer l'attention, le caractère effrayant qui devait porter à des mesures extraordinaires; enfin elle prouva la nécessité d'un exemple avec l'éloquence du ressentiment.

Le conciliabule nocturne, après avoir invoqué les lumières du Saint-Esprit, arrêta ce qu'on pouvait décider sans l'intervention du ciel : ce fut de consulter les statuts, sur la peine due à un crime, inouï jusqu'alors dans la maison. Le bouquin poudreux est tiré de son étui. La supérieure, ses lunettes braquées, l'ouvre, le compulse, le commente, l'interprète, et deux balais neufs sont apportés sur la table de la salle du conseil. On les délie, on en fait six paquets, qui sont distribués aux plus jeunes et aux plus vigoureuses; d'autres se munissent de nœuds coulans, qui devaient servir en cas de résistance; enfin la supérieure, sa lanterne à la main, marche en tête de ses amazones, et on prend en silence la route du souterrain.

On ouvre les portes aussi doucement que le permet la rouille, qui ronge les serrures et les gonds; on se range autour du lit, où reposait, dans sa première attitude, la tendre victime qu'on allait excorier, et que le bruit du canon n'eût pas réveillée.

La supérieure donne le signal en frappant ses mains décharnées. La couverture est enlevée, Brandt est tourné sur le ventre, et les six poignées de verges frappent à-la-fois. Il jette un cri, qui retentit au loin, et fait résonner les voûtes solitaires, et d'un coup de poing il casse la dernière dent de la supérieure. Aussi-tôt deux ou trois subalternes se jettent sur chacun de ses membres, les nœuds coulans lui serrent les pieds et les mains, les cordes sont fixées aux quatre coins du lit, et la fustigation recommence avec une nouvelle vivacité. Brandt, écumant de fureur, faisait des efforts incroyables pour se soustraire à un genre de supplice, piquant de toutes les manières. Il criait à tue-tête : « Vous vous méprenez ; je « suis un homme. Retournez-moi, et jugez-en « par vous-mêmes ». L'acharnement des satellites, qui avaient à venger la mâchoire de leur mère; le mélange de vingt voix qui chantaient pieusement un psaume, pour couvrir les gémissemens de la patiente, ne permettent pas au hussard de se faire entendre, et l'exécution va son train.

Un mouvement terrible de douleur et de rage rompt la corde qui lui tenait la main droite. D'un bras désespéré il saisit une sœur, la met sous lui, et jure qu'il va l'étrangler. Il cherche son cou, et rencontre sa gorge rondelette; il la regarde, elle était jolie... La fustigation produit un effet nouveau. Brandt, étonné, éprouve un autre genre de fureur, et la satisfait à l'instant. Ses mouvemens précipités sont attribués à la violence du mal. On continue de frapper, et lui de se venger, jusqu'à ce qu'enfin les forces manquent à tout le monde.

Brandt profite de cet intervalle pour lâcher les nœuds, qui lui tenaient encore un bras et les deux jambes. Il saute nu au milieu du cachot, et s'empare de la porte. A l'aspect de sa moustache, et de quelque autre chose plus masculine encore, les saintes filles sont saisies d'effroi. Sœur Christine, résignée à la volonté de Dieu, restait gisante sur le grabat, et paraissait s'attendre à un nouvel assaut. Sœur supérieure, jadis très-usagée, pressentit son triste cas, s'approcha, tremblante pour l'honneur de la maison. « Ah, ma mère ! dit Chris« tine, vous m'avez laissé violer. » La supérieure remet ses lunettes, approche sa lanterne, et s'écrie : « Elle est violée ! Elle est violée ! » répètent en chœur toutes les autres. « Vous voudriez bien,
« friandes que vous êtes, que je pusse vous violer
« ainsi toutes, reprit Brandt, barrant toujours la
« porte. Il y a quinze ans, je vous aurais procuré ce
« petit divertissement ; mais à défaut de celui-là, je

« m'en réserve un autre. Vous m'avez fessé, vous
« le serez à votre tour. Qu'on m'apporte des ver-
« ges, et qu'on vienne à la file me présenter son
« postérieur ».

Quelle proposition pour des femmes, qui se piquaient de chasteté ! Elle fut rejetée à l'unanimité. Les plus jeunes se pressaient dans un coin du cachot; elles tenaient leur derrière à deux mains, et se disaient à l'oreille : « Violées, « passe; mais fouettées, et par un poignet comme « celui-là, c'est une infamie. »

« Savez-vous que je m'ennuie d'attendre? con-
« tinua Brandt du ton d'un potentat. Qu'on m'o-
« béisse à l'instant, à la minute, ou je vous en-
« ferme ici, je mets le feu à la maison, et je vous
« grille toutes vives ».

Il prononça ces dernières paroles d'un ton de vérité, qui intimida ces dames. On tient à son postérieur; mais on tient encore plus à la vie. Sœurs Rupert, Eustase, Eudger, Balbine, affligées de seize à dix-huit ans, troussent leurs cottes de bure, et se présentent, leurs petits culs à l'air. Sœur supérieure, qui doit en tout l'exemple, et les anciennes qui se font gloire de l'imiter, s'empressent, et offrent au hussard leurs respectables ruines. Il les traite en vainqueur irrité; l'osier siffle, et laisse des traces sanglantes : il tombe devant la jeunesse et la beauté. Le hussard punit aussi ces dernières; mais sa main désarmée flatte, caresse, et la vengeance pour être plus douce n'en est pas moins complète.

Brandt enfin se fait apporter ses habits. Il oblige la supérieure à lui remettre sa lanterne et ses clefs; il souhaite le bonsoir à la communauté; il ferme par-dessus lui la porte de la rue; et, pour avoir le temps de se retirer, il bouche la serrure avec du tabac haché; enfin il regagne sa chambre, et se couche à côté de Hantz, sans se vanter de ce qui s'est passé.

Monsieur d'Herleim affectait, avec Charles, une froideur, qui lui rappelait ses torts passés, et la nécessité de les réparer. Cependant il s'occupait sans cesse de lui, et travaillait, à son insu, à le sauver des séductions d'un ami dangereux. Le roi faisait de grands préparatifs pour l'invasion de la Silésie; il levait quelques régimens nouveaux: d'Herleim saisit cette occasion. Il demanda et obtint une lieutenance pour Théodore.

C'est à propos de ces nouvelles levées, que Frédéric écrivait à un seigneur, qui sollicitait de l'emploi pour quelques gentilshommes italiens:

« Mon cher colonel,

« J'aime beaucoup les Italiens, et je le prouve
« assez par les gros gages que je donne aux chan-
« teurs de mon opéra. Mais, dans mes armées, je
« craindrais la mollesse qu'on leur reproche. Ainsi
« remerciez les supplians avec politesse. »

Charles ne soupçonnait pas l'importance du service qu'on lui rendait, en le séparant de Théodore. Il ne vit que la privation d'un ami, qui partageait ses affections avec son inconnue, à laquelle il pensait toujours, et qu'il ne trouvait jamais. Une inquiétude, assez naturelle, ajoutait au chagrin d'une prochaine séparation. Théodore était sans bien, il avait son équipement à faire, et Charles lui devait cinquante frédérics. Théodore ne les demandait pas; mais Charles ne pouvait se dissimuler qu'il en eût un besoin pressant. Il n'était pas délicat, il était même injuste de laisser son ami dans l'embarras; il était cruel de s'ouvrir à Brandt. Charles connaissait la facilité et la tendresse du bonhomme; cependant il le craignait : son inconduite était si claire, si criante! Ce dernier parti étoit pourtant le seul auquel il pût s'arrêter : l'honneur et la probité l'y poussaient impérieusement. Après quelques combats, il se détermina à remplir cette pénible obligation.

Il arrangea un discours, qui réunissait tous les moyens possibles de persuasion. Sincérité, affection, repentir, prières, promesses devaient tour-à-tour attaquer l'ame sensible du hussard, et surtout l'engager à la discrétion, envers des parens, dont la douleur eût été pour Charles la plus rigoureuse des punitions. Depuis deux jours, il n'avait pas joué, et il comptait bien ne plus retourner au tripot. Cette résolution si sincère et si ferme, lui donnait quelque confiance, et soutenait son courage : on est fort du bien qu'on a fait ; on l'est déja de celui qu'on médite.

En arrivant chez Brandt, une légère palpitation le saisit, sa langue s'embarrassa, et à mesure qu'il montait, il faiblissait davantage. Ses argumens, qui lui paraissaient si vigoureux et si sûrs, n'étaient plus à ses yeux que des lieux communs, insignifians et rebattus. Cependant il fit encore un effort; il avança jusqu'à la porte de la chambre, en répétant sa première période. Brandt était sorti, et Charles respira avec plus de liberté. Il s'applaudit de l'absence du bonhomme ; il ne réfléchit pas qu'il lui en avait coûté à se décider, à se préparer, qu'il faudrait recommencer le lendemain, et passer la journée dans l'incertitude et la crainte. C'est ainsi qu'un enfant à qui l'on présente un breuvage amer, diffère de moment en moment, prolonge et accroît un dégoût, qui devient insurmontable.

Charles, incertain de ce qu'il devait faire, se consulta quelque temps sur l'escalier. Il pensa qu'il se soulagerait d'un grand poids, s'il évitait une explication verbale, qui lui paraissait si dure. Une lettre pouvait faire le même effet, et il ne serait pas témoin de celui qu'elle produirait sur le vieux camarade. Il résolut donc d'écrire, et fut prendre la clef chez le charcutier.

Brandt avait une méchante armoire, dans laquelle étaient entassés pêle-mêle ses habits, son argent, ses pistolets, son linge, son briquet et ses bottes. Hantz, qui ne s'était fait aucun scrupule de voler des engagemens à ses capitaines, était incapable de prendre à son camarade seulement une pipe de tabac; aussi ce dernier, pour lui marquer sa confiance, et peut-être par un reste d'insouciance militaire, laissait toujours l'armoire ouverte. Charles y chercha ce qu'il fallait pour écrire, et la bourse lui tomba sous la main. Il compta : cinquante-quatre frédérics, voilà tout ce qui restait. Il en prit cinquante en soupirant, se mit à une table, et prit la plume. Il avait à peine commencé sa lettre, qu'il fut distrait par une idée qu'il cherchait à éloigner, et qui se reproduisait avec une force nouvelle. Il n'allait plus rester que quatre frédérics, c'était bien peu de chose que cela, et cependant avec moins on pouvait gagner des monts d'or. Brandt ne s'arrêterait pas à quelques florins de plus ou de moins, et si la fortune le favorisait, il paierait Théodore, remettrait cet argent dans la bourse, et serait dispensé d'une démarche qui le couvrait de confusion.

L'appât était séduisant; il était difficile de ne pas s'y prendre. Charles hésita d'abord, il voulait sincèrement s'en défendre. Mais l'habitude du jeu, le desir de couvrir ses fautes l'emportèrent, et il céda. Il déchire son papier, il se lève, retourne à l'armoire, prend les quatre frédérics et court au tripot. Il joue, il perd. Ce dernier espoir déçu, il s'éloigne, il gagne la porte; il s'arrête, il écoute; le son de l'or arrive encore à son oreille, la flatte, la séduit; il revient... Il tire, en tremblant, un des frédérics qu'il devait rendre à Théodore... puis un second... puis un troisième. Ceux-là perdus, deux, quatre, dix, vingt, sont exposés sans interruption; la somme entière s'échappe de ses mains. Il est anéanti, les facultés de son ame son suspendues; il se laisse aller sur un canapé, dans un accablement profond et dans une insensibilité stupide! Les heures s'écoulent, et il reste courbé sous la verge du malheur. Tout-à-coup il se lève, et s'écrie du ton de la démence et de la rage : « Je n'ai que ce moyen. « Il faut en essayer, et mourir s'il ne réussit pas. » Il sort à grands pas, il retourne chez Brandt. Il cherche, il trouve le sac de peau, qui renfermait les épargnes du bonhomme; il le prend d'une main égarée, il l'emporte, il vole à son repaire, il vide le sac sur l'affreux tapis. Le banquier va tirer... Charles, sans pouls, sans haleine, en proie à des angoisses affreuses, attend son arrêt : il est prononcé. « C'est la mort », dit-il d'un accent terrible, pâle, défiguré, couvert d'une sueur froide, et parvenu au dernier terme du désespoir. Il était déja loin, et parmi tant d'êtres, qui sacrifiaient à l'intérêt, et dont se jouait aussi la fortune, pas un n'avait donné la moindre attention aux transports frénétiques, qui agitaient ce malheureux jeune homme.

Il avait remarqué les pistolets de Brandt : il prononce le genre du supplice. « C'est là, disait-il,

« que je me suis dégradé, déshonoré par un
« larcin; c'est là que les armes mêmes de celui
« que j'ai dépouillé lui feront justice du cou-
« pable. »

Il entre, et l'instrument fatal est entre ses mains. Étendu sur le carreau, le bout du canon entre les dents, le doigt sur la détente, il va terminer à-la-fois et sa vie et sa honte : il se relève, frappé subitement d'une idée déchirante.
« Je vais mourir, dit-il, je le dois, je le veux :
« un lâche seul survit à son honneur. Mais cet
« homme, à qui j'ai tout ôté, à qui il ne reste
« que sa réputation, sera-t-il chargé du soupçon
« d'un crime, et poursuivi comme mon assassin ?
« Non, que le coupable périsse ; mais que l'in-
« nocence vive en paix. » Il écrit avec cette énergie, que donne le sentiment d'une bassesse à celui qui ne conçoit pas encore comment il a pu la commettre. Sa plume court, elle grave en traits de feu, et des larmes de sang corrodent le papier.

Brandt rentrait paisiblement à la suite de son petit goûter. Il demande sa clef : on lui répond que M. le Baron est venu trois fois, qu'il a paru très-agité, et que sans doute il lui est arrivé quelque chose d'extraordinaire. Le bonhomme monte doucement, et trouve sa porte ouverte : il approche, il se penche sur le dos de la chaise de Charles; il le voit, les cheveux hérissés, l'œil hagard, les joues agitées de mouvemens convulsifs. De la main gauche, il tient, il caresse l'arme meurtrière... Brandt est saisi d'effroi : il s'élance sur le pistolet, il renverse l'insensé qui lui résiste, et tire le coup par la croisée.

Charles sent qu'il sera gardé à vue, qu'il faudra vivre, et sa vie ne peut être qu'un long supplice. Il tombe aux pieds du hussard, il les presse, il les mouille de ses larmes, il est suffoqué par des sanglots. « Tu me désarmes, lui dit-il;
« fais-moi donc oublier l'opprobre dont je me
« suis souillé. Je suis venu, j'ai enlevé l'argent
« de ma mère; je suis rentré, je t'ai volé le tien;
« je l'ai joué, je l'ai perdu, et tu ne veux pas que
« je meure !... La mort... la mort... ô ma mère...
« ma mère !... »

Brandt est pétrifié. Ce n'est plus cet extravagant, qui porte à l'excès les ridicules et les travers; c'est un brave soldat, un honnête homme, que la seule idée d'une bassesse révolte, et à qui elle donne cette éloquence de l'ame, à laquelle on ne résiste pas. Il regardait Charles d'un air indigné; il n'était touché ni de ses pleurs, ni de sa posture humiliante. « Vous demandez la mort, lui dit-il
« enfin; c'est ce que vous méritez. Sans cette
« mère, dont vous osez encore prononcer le
« nom, je vous rendrais l'arme que je vous ai
« ôtée. Mais qu'a-t-elle fait pour qu'on la pu-
« nisse ? Cachons-lui des fautes, qui empoison-
« neraient le reste de sa vie : que je sache seul
« que vous êtes un homme sans honneur. Écrivez

« à votre mère que c'est moi qui ai joué, que
« c'est moi qui ai tout perdu. Elle me méprisera,
« elle me chassera, elle m'abandonnera; mais
« elle n'aura pas à gémir sur un fils indigne
« d'elle. » Le hussard ouvre sa chemise; il dé-
noue un cordon noir, auquel était attaché une
relique, qui ne l'avait pas quitté depuis la mort
du baron de Felsheim. « Voyez-vous, reprit-il,
« avec une force nouvelle, voyez-vous cette
« moustache? elle fut quarante ans dans le che-
« min de l'honneur. Des exploits, qui n'ont pas
« été récompensés, sont encore présens à ma
« mémoire. Quels sont les vôtres jusqu'à pré-
« sent? C'est au tripot, c'est avec des filles per-
« dues que vous faites vos premières armes;
« c'est le compagnon de votre père que vous
« payez d'ingratitude, que vous livrez à la mi-
« sère, que vous forcez à se charger du poids
« de votre infamie. O mon maître, mon ami !
« continua-t-il en baisant cette moustache, que
« vous êtes heureux de n'être plus! vous péririez
« de douleur d'avoir un tel enfant. »

Charles, immobile et terrifié, écoutait dans
un profond silence, et croyait entendre l'ombre
de son père. Il demeurait aux pieds de Brandt,
le front courbé jusque sur le carreau. Il ne pensait ni à se défendre, ni à s'excuser : il méritait
les reproches amers qu'il venait d'essuyer, et son
cœur lui en faisait de plus déchirans encore.

Brandt ne pouvait se roidir long-temps contre

le sentiment qui l'attachait à l'infortuné Charles. Avec lui, le premier moment était toujours terrible; mais son indignation, sa véhémence épuisées et satisfaites, l'état déplorable du jeune Baron, l'altération de ses traits, le désordre qui régnait dans toute sa personne, devaient bientôt attirer son attention, et le toucher sensiblement. Il réfléchit combien il est différent de prendre à un étranger, ou à quelqu'un qui nous est intimement attaché; il pensa que si Charles lui avait demandé son petit sac, il n'aurait pas eu la force de le lui refuser, et qu'il avait pu, en son absence, compter sur son amitié, sur son dévouement absolu; enfin, autant il avait d'abord déployé de sévérité, autant il s'empressait à chercher, à rassembler des raisons qui pussent le justifier. Bientôt il se reprocha la manière dure dont il lui avait parlé; il s'attendrit, il releva son malheureux ami, le serra dans ses bras, et mêla ses larmes aux siennes.

Avec quelle sensibilité, avec quelle reconnaissance Charles reçut ces caresses auxquelles il était loin de prétendre. Ses sensations étaient bien différentes de celles qui l'agitaient quelques instans auparavant. Il ne voulait plus mourir : ces crises, où la nature surmonte l'aversion du néant, sont aussi courtes que violentes. Il retrouva enfin des idées et des mots. « Tu me pardonnes, brave « homme, pourrai-je me pardonner ? — Oui... « oui, monsieur. — Tu n'as plus rien. — Et mes

« bras? Je travaillerai. Chaque jour aménera son
« pain. — Travailler à ton âge! — Ne vous in-
« quiétez de rien ; cela me regarde. — Et tes pe-
« tites jouissances? — Il faudra boire de l'eau.
« Cela sera dur ; mais j'épargnerai des peines à
« madame. — Ah! digne ami! — Hé, oui, je suis
« votre ami. Soyez donc aussi le mien ; ne me
« faites plus de chagrin. — Non... non... Mais
« travailler... se priver de tout!... et c'est moi...
« — Ne pleurez donc pas comme cela ; vous me
« fendez le cœur... Et puis tout ceci n'aura qu'un
« temps. Dans quelques mois nous pourrons rai-
« sonnablement demander des fonds. En atten-
« dant soyez sage, et prenez patience. »

Les deux amis étaient descendus, de l'extrême énergie, au point où l'ame fatiguée a besoin de se reployer et de se reposer sur elle-même. Charles était de semaine ; c'était l'heure du coucher. Brandt le prit par la main ; il se laissa conduire. Il suivit tranquillement le hussard jusqu'à la première grille, où ils se séparèrent.

Le roi travaillait, lorsque Charles entra dans sa chambre. Frédéric avait pour lui un prédilection marquée ; il se plaisait à oublier, avec le jeune homme, et son rang et ses projets ; il causait familièrement avec lui, ou bien ils faisaient de la musique. L'importance des objets, qui l'occupaient en ce moment, ne lui permit pas de penser à autre chose ; il resta à son bureau, et Charles n'en fut pas fâché : il n'avait pas la tête assez libre encore pour trouver ces tours heureux, ces saillies piquantes, qui faisaient sourire le monarque, et qui forçaient sa faveur. Il se coucha; il invoqua, il attendit le sommeil, en repassant, dans son esprit, les événemens de la journée.

Il avait oublié auprès de Brandt certains détails, qui se représentèrent dans le calme de la nuit. Il se rappela Théodore et sa dette, et l'impossibilité absolue de s'acquitter. Cette idée le tourmenta, le bourrela jusqu'à la pointe du jour, qu'il céda enfin à la fatigue de l'esprit et du corps.

Il dormit quelques heures d'un sommeil souvent interrompu, et agité par des rêves pénibles. Lorsqu'il se leva, Frédéric, qui ne s'était pas couché, le regardait d'un air affligé et mécontent. « Vous avez joué hier ? — Sire.... je ne sais.... je « crois... — Soyez vrai : vous avez joué. — Oui, « sire. — Dans la rue *aux Ours*. — Oui, sire. — « Vous devez cinquante frédérics, et vous en « avez perdu cent trente. — Je l'avoue, sire »; et le pauvre petit répondait en balbutiant, en tremblant. Le roi poursuivit avec ce ton sec et froid, qui annonçait toujours une disgrace, et qui ajouta à l'effroi du page : « D'où vous venait « l'argent que vous avez perdu ? —Je l'ai pris...— « Malheureux ! —Chez un homme de confiance, « que mes parens ont chargé de pourvoir à mes « besoins. — Vous lui avez donc menti ? — Il « ignorait l'emploi que je faisais de mon argent. « — Vous avez abusé de sa confiance, c'est pis

« encore. — Tenez, monsieur : remettez-lui ce
« qu'il vous a donné ; ce n'est point à votre mère
« à payer vos sottises : rendez les cinquante fré-
« dérics qu'on vous a prêtés ; et dites au lieute-
« nant de police de venir me parler. »

Charles sort ; il cherche Théodore, il le trouve, il s'acquitte. Il va chez Brandt ; il lui remet, en pleurant de joie, tout l'argent qui lui restait. La clémence du roi l'étonnait, il ne savait comment l'expliquer ; mais il en bénissait l'effet, qui mettait un terme à son inquiétude et à ses chagrins. Il eût desiré savoir par qui Frédéric avait été instruit. Son vieux ami avait seul son secret ; mais il n'était pas permis de le soupçonner. Charles le quitta, se rendit chez le lieutenant de police, et celui-ci le suivit au palais.

« Monsieur, lui dit le roi, il y a un tripot dans
« la rue *aux Ours* ; vous devez le savoir, et vous
« l'ignorez. Que dans deux heures cette maison
« soit saisie, la banque portée au trésor, et les
« banquiers au cachot. Sortez. Vous, Charles,
« montez à cheval, et portez ce paquet au com-
« mandant de Spandaw (1). »

Charles se défiait un peu du contenu de la lettre : le jeu était rigoureusement défendu. Frédéric ne pardonnait pas une désobéissance, surtout à ceux que son affection devait rendre plus

---

(1) Forteresse et prison d'état, à deux milles de Berlin.

dociles à ses volontés. Cependant quelque ordre qu'il eût à porter à Spandaw, il n'y avait pas à balancer : il partit. Il s'arrêta sous les croisées de Brandt, il l'appela, lui fit part de ses craintes, lui dit adieu, et prit assez tristement le chemin de la forteresse, en s'applaudissant intérieurement de laisser le brave homme à l'abri du besoin, et dispensé du travail.

Pendant que notre page avançait, le plus lentement qu'il lui était possible, Frédéric, qui n'oubliait rien, écrivait à Werner :

« Général,

« Charles commence à faire des sottises : ne
« vous alarmez pas; tous les hommes en font.
« Les siennes sont de nature à être punies, et
« je l'envoie à Spandaw. Soyez tranquille. Je vous
« le répète : le cœur est bon, ce sont ses regrets
« qui l'ont trahi pendant son sommeil. Cependant
« je le tiendrai en prison, jusqu'à ce que je puisse
« l'occuper de manière à ce qu'il ne trouve pas
« un moment à lui. »

Charles arrive, il demande à parler au commandant; on l'introduit dans le fort. Il remet son paquet d'une main peu assurée. L'officier l'ouvre, et lit à haute voix :

Monsieur le commandant,

« Je vous envoie un page dont je suis très-
« mécontent. Il ne sortira pas de sa chambre,

« où il sera au pain et à l'eau. Vous lui donnerez
« un traité et des instrumens de mathématiques,
« et tous les mois vous me rendrez compte de
« sa conduite.

« Frédéric. »

« Tous les mois, s'écria le petit malheureux!
« pendant des mois au pain et à l'eau!.... Au
« reste, je l'ai mérité. — Vous en convenez, c'est
« quelque chose, reprit le commandant. Com-
« ment vous appelez-vous? — Le baron de Fels-
« heim. — Oh! je vous attendais depuis quelque
« temps. — Comment, monsieur?... — Vous étiez
« recommandé à mon beau-frère le comte de Fer-
« sen, et vous n'avez pas été chez lui une seule
« fois. Un jeune homme qui évite les gens de
« bien, doit former des liaisons dangereuses, et
« vous voyez où cela mène. »

Le commandant laissa Charles dans son cabinet, et fut donner ses ordres pour sa nourriture
et son logement. Le jeune homme convenait bien
que sa punition était juste; mais la rigueur de
sa détention l'effrayait. Il s'assit, triste et pensif,
le dos tourné à la porte, et tomba dans des réflexions, très-profondes pour son âge, mais malheureusement un peu tardives.

L'arrivée du page s'était répandue dans le château. Cette qualité de page a toujours quelque
chose de piquant pour les femmes, et un page
malheureux est doublement intéressant. Le commandant de Spandaw était marié. Baltide Blu-

menthal sa fille, bien jeune et bien curieuse, s'était approchée de la porte du cabinet. Elle avait entendu les dernières paroles de son père, et dès qu'il fut sorti, elle entra sur la pointe du pied, poussée par je ne sais quel pressentiment. Le murmure de sa robe de soie la décèle, malgré ses précautions. Charles tourne la tête, il regarde... ô surprise, enchantement!... c'est son inconnue.

Baltide n'avait pas oublié la rue *aux Arbres*. Elle rougit, elle pâlit, elle recula quelque pas, et comme il fallait avoir l'air d'être entrée pour quelque chose, elle brouilla tous les papiers de son père, d'un air si gauche et si peu attentif! Elle avait les yeux baissés sur la table, et regardait sans rien voir ; elle cherchait à démêler ce qui se passait dans son petit cœur; elle ne savait encore si elle était fâchée ou contente de trouver, dans le pauvre captif, le page si joli, qui l'avait fait si souvent soupirer. Moi, je crois qu'elle en fut bien aise. Dans quelque position que soit son amant, on aime toujours à le revoir : qu'en pensez-vous, mesdames?

Charles, ardent, impétueux, n'avait pas été le maître de son premier transport. Dès qu'il la vit, il se leva, courut à elle, il allait lui prendre la main ; la timidité de son âge, la bienséance l'arrêtèrent. « C'est vous, c'est vous, s'écria-t-il,
« que j'ai tant désirée, tant cherchée, que je
« ne comptais plus... — Vous m'avez cherchée,
« monsieur, interrompit Baltide, ses grands yeux

« bleus toujours baissés, vous m'avez cherchée...
« — Par tout Berlin. — Excepté chez mon oncle,
« où j'ai passé quinze jours avec maman. — Chez
« le comte de Fersen, qui m'avait assuré de sa
« bienveillance, chez qui je pouvais trouver le
« bonheur, et un asile contre les écueils de
« mon âge! Combien je me reproche d'avoir
« désobéi à ma mère... Si du moins vous vous
« étiez aperçue du plaisir que j'ai eu à vous voir,
« si vous aviez pressenti ce que j'ai souffert
« quand je vous ai perdue, je ne serais pas
« tout-à-fait malheureux; je ne sais même si je
« me reprocherais plus long-temps des fautes
« qui m'ont conduit à vos pieds », et le petit
fripon était aux genoux de Baltide, et Baltide,
sans défiance et sans art, se laissait aller au
charme du moment. « Répondez-moi, de grace,
« reprit le séduisant Baronnet, avez-vous deviné
« mon secret! — Mais... je le crois, répondit
« Baltide avec un sourire si doux! — Et vous
« n'en avez pas à me confier? — Confie-t-on ces
« choses-là? — On peut au moins se laisser pé-
« nétrer. — Oh! je n'empêche pas cela. — Je
« vous entends, et je suis heureux. — Heureux
« et prisonnier! — Pensez donc que j'habite avec
« vous, que je respire le même air, que je vous
« verrai quelquefois, que vous me plaindrez;
« et vous intéresser, n'est-ce pas le bonheur? »

Le papa rentra : ces papas sont toujours importuns. Charles, caché par Baltide, eut le

temps de se relever et de se remettre. Baltide, plus embarrassée que jamais, retourna les paperasses, et le papa, beaucoup plus expert en tactique qu'en amour, ne se douta de rien, et ordonna à Charles de le suivre.

L'aimable page regarda encore Baltide; il ne pouvait lui parler : cependant elle l'entendit. Elle craignait le témoin redoutable; elle voulut ne pas répondre, et son dernier coup-d'œil n'en fut que plus expressif.

Monsieur Blumenthal savait avec quelle exactitude le roi voulait être obéi. Il avait su aussi du comte de Fersen, l'intérêt que Frédéric prenait au jeune homme : il crut remplir à la fois, et son devoir et les intentions du monarque, en donnant à son prisonnier les douceurs que l'ordre n'interdisait pas. Il le conduisit en conséquence à une chambre très-propre, dont la fenêtre, bien grillée, était de niveau avec une terrasse, riante et en bon air.

Charles y trouva précisément ce que le roi avait prescrit, des livres de mathématiques, un étui complet, du pain blanc comme la neige, mais du pain tout sec, de l'eau très-claire, plus une fiole de vinaigre, dont le roi n'avait pas parlé, mais que le commandant avait jugée propre à corriger la crudité de l'eau.

Charles n'avait encore rien pris. Après avoir fait l'inventaire de son mobilier, il tira son petit couteau à manche de nacre et à clous d'or, il entama sa ration du jour, et cassa gaîment sa croûte, en pensant qu'il n'est point de mauvais repas auprès de ce qu'on aime.

Il examina la terrasse. Un couvert de tilleuls, des plates-bandes garnies de fleurs, des treilles chargées de raisin, des allées sablées qui portaient encore l'empreinte du rateau, lui firent juger que ce jardin n'était pas à l'usage des prisonniers, pour qui, d'ordinaire, on ne prend pas tant de soins. Il pensa que cette terrasse était réservée au commandant, et, par une suite toute naturelle, il conclut que sa charmante fille s'y était promenée quelquefois, et désormais s'y promènerait souvent.

Spandaw n'a rien de bien récréatif, même pour son commandant, et on est trop heureux d'y trouver de quoi parler. L'arrivée du jeune Baron fournit à la conversation, pendant le dîner de monsieur Blumenthal. Baltide ne disait mot; mais elle écoutait avec une avidité! Le pain et l'eau lui parurent d'une dureté que rien, selon elle, ne pouvait justifier. Avec une figure si heureuse on ne commet pas de crimes, et un criminel seul méritait à ses yeux un pareil traitement. Elle demanda d'une voix timide ce qu'avait fait monsieur le Baron. « Je n'en sais « rien, répondit le papa, et ce ne sont pas vos « affaires. La fille d'un commandant de Spandaw « doit tout voir, tout entendre, et ne rien dire. « —Oh! ne rien dire, reprit la maman... —Non,

« madame ; ce n'est pas à quinze ans qu'on se
« mêle d'affaires d'état. A propos, mademoiselle,
« vous me ferez le plaisir de ne plus visiter mes
« papiers pendant mon absence. »

On quitta la table, et Baltide, sans faire semblant de rien, descendit à la cuisine. On avait desservi une caille rôtie, à laquelle on n'avait pas touché, et que la jeune personne convoitait violemment... Un si beau garçon au pain sec ! « Ma chère Suzanne, dit-elle à une vieille cui-
« sinière, que jamais personne n'avait essayé de
« séduire, ma chère Suzanne, tu ne m'as pas
« cueilli de roses aujourd'hui ; tu m'as fait perdre
« un baiser de maman. — Vous verrez que je
« n'aurai pas le temps de dîner. — Va, ma bonne
« Suzanne, va. — Et que n'y allez-vous ? — Je
« suis d'une maladresse ! je me pique toujours
« les doigts. » Suzanne sort en grondant, et aussitôt la caille est enveloppée dans un tortillon de papier.

C'était beaucoup de la tenir ; mais il fallait la passer au joli prisonnier, et c'était une grande affaire. On pouvait être surprise ; le papa était colère ; il y avait de quoi trembler. Cependant Charles, manquant de tout, fut plus fort que les considérations personnelles, et on résolut de se hasarder. Ce n'était pas l'amour qu'on brûlait de servir, on n'entreprenait rien que par humanité ; mais l'humanité à des droits si puissans sur les belles ames ! Baltide monte à la terrasse, son sac à ouvrage au bras, et la volatille en poche. Elle s'assied sur un banc de gazon, elle tire les manchettes qu'elle brodait pour le papa, elle travaille... comme on travaille quand on ne regarde pas à ce qu'on fait : ses yeux ne quittaient pas la fenêtre grillée.

Suzanne compléta enfin le bouquet le plus volumineux, et toujours grommelant, elle le donna à Baltide, et retourna à son dîner. La jeune personne partage le bouquet en deux : Charles y avait aussi ses droits. Elle se lève, elle se promène à l'aventure, elle chante la chansonnette : c'est la ressource des gens embarrassés. Un vilain soldat, en faction au haut d'une tourelle, découvrait toute la terrasse, et intimidait les amours. On le regarde en dessous, on l'épie ; il fait un demi-tour à droite, et crac, les roses et la caille tombent dans la chambre du petit ami.

Charles sait bien à qui il est redevable de ces soins. Il monte à la croisée ; Baltide était déja loin. Il l'entrevoit encore, et lui envoie un baiser, que le zéphyr jaloux intercepte au passage.

Le jeune homme avait pour boire une tasse de racine de buis. C'est dans cette tasse qu'il dépose, qu'il arrange chaque rose, après l'avoir respirée et baisée. Le gibier fut fêté à son tour : offert par Baltide, il devait être délicieux. Charles était content... mais content !... Spandaw allait être pour lui le séjour céleste. Il avait du papier et de l'encre, et les doigts lui démangeaient. Cependant écrire à Baltide, et si promptement, n'est-ce pas bien hardi ? Recevra-t-elle sa lettre ? Eh ! pourquoi pas, puisqu'elle a daigné l'écouter ? Mais comment la remettre ? L'amour y pourvoira. Il écrivit, rien que de très-respectueux, comme on peut le croire; mais son style était si aimable, si coulant, si chaud, que l'amour-propre, qui ne s'oublie jamais, lui arracha un sourire.

Madame Blumenthal vivait à-peu-près seule, et s'ennuyait honorablement dans son fort. Elle était privée de son fils, qui, depuis quelques mois, était entré au service. Son mari n'était pas fort aimable; toutes ses affections étaient réunies sur sa fille : Baltide et son jardin, c'étaient là ses plaisirs. Elle y rencontra la jeune personne qui se retirait lentement, et qui, forte de la présence de sa mère, ne pensa plus à s'éloigner. L'être le plus aimable le devient davantage encore par le sentiment du bonheur. Baltide amusait sa mère, l'intéressait, l'attachait par ses saillies naïves, par ses contes plaisans, et l'attentive maman ne s'apercevait pas qu'elle tournait autour de la fenêtre grillée, et qu'elle ne s'en écartait que pour y revenir. Charles à qui rien n'échappe, saisit un moment favorable, et laisse entrevoir son poulet. Le cœur bat à l'aimable fille. Le billet devait être si doux à lire ! on grillait de le tenir; mais décemment on ne pouvait le prendre. Au premier tour d'allée on revint jusqu'à la croisée; les plis ondoyans du taffetas en touchaient même les barreaux; le sac à ouvrage pendait très-bas, il était entr'ouvert : lorsque maman se retourne, Charles alonge le bras; la lettre est à son adresse, les cordons du sac sont tirés.

Mais je conte, je conte, et je ne m'aperçois pas que cette partie est assez forte pour l'intérêt de l'éditeur. Passez à la quatrième, citoyen lecteur, si les trois premières ne vous ont pas ennuyé.

QUATRIÈME PARTIE.

CHAPITRE X.

Suite des amours du Baron. Guerre de Silésie.

C'est quelque chose de la plus haute importance qu'une première lettre d'amour, écrite par l'objet qui sait plaire. C'est une bien pure jouissance que celle de la lire, de la relire sans témoin, sans être gêné par les bienséances. On s'entretient avec son amant, on lui parle sans se compromettre, on répond à ses caractères, on les étudie, on les caresse ; si l'on rougit, ce n'est que de plaisir, et l'écrivain charmant ne peut s'en prévaloir.

La jeune Baltide n'eut pas plutôt fermé le sac à ouvrage, qu'elle trouva un prétexte pour quitter sa mère. Elle court à sa chambre, elle s'enferme à double tour ; le papier divin se déploie sous ses doigts de roses. Chaque expression va au cœur, le cœur palpite d'aise, et le burin du desir y grave jusqu'au moindre mot.

Que faire de ce billet précieux, qu'on sait déjà

par cœur, et qu'on ne peut conserver sans danger? Le déchirer... Il est si bien tourné! ce serait trop cruel. Et puis, on ne voit point Charles; on ne peut ni lui parler, ni l'entendre, et le jour, la nuit, dans la solitude, au milieu des importuns, partout où l'on sera avec sa lettre, on croira être avec lui : il faut donc la garder. Mais où la mettre? On ouvre tous les tiroirs, on la cache de vingt manières, et elle n'est en sûreté nulle part. On a une mère indulgente; mais que dirait-elle, que ferait-elle, si elle découvrait le tendre mystère? Une fille de quinze ans se marie quelquefois; mais ce n'est pas à un homme de seize, à un page, et sur-tout à un page qui se fait mettre à Spandaw. Il faut donc une cachette, où la surveillance maternelle ne puisse arriver. On délace son corset, on écarte sa collerette, et le papier brûlant est déposé sous une gorge, naissante, qui doit s'embellir chaque jour.

On pressent que Charles, enhardi par son premier succès, avait toujours une lettre prête. On devine que Baltide était toujours disposée à la recevoir. Le moyen de s'en empêcher? La dernière était toujours la plus tendre. A gauche de la croisée était un myrte épais : c'est à ses branches, touffues et discrètes, qu'on confiait le secret des amours. Ce fut bientôt l'arbuste chéri; ce fut lui que Baltide cultivait de préférence.

Charles était aimé; il n'en pouvait douter : on prenait, on lisait ses lettres. Mais on n'y répondait pas encore. Il attendait, il pressait, il implorait le doux aveu. Sa situation était si déplorable, elle le rendait si digne de pitié, et quelle marque plus touchante d'intérêt que deux mots... Deux mots! cela coûte si peu, et fait tant de bien à celui à qui on les adresse! On ne se tait que quand on n'aime pas. Baltide ne pouvait résister long-temps à des raisons aussi fortes, aussi persuasives. Elle écrivit donc : « Si votre bonheur tient « à mes sentimens, vous n'avez rien à desirer. »

Cependant la jeune personne ne pouvait pas être tout le jour sur la terrasse, sans motifs apparens. Elle ne pouvait nourrir son tendre ami, sans éveiller enfin l'attention de l'acariâtre Suzanne. Il manquait toujours quelque chose à la cuisine, et il n'était pas possible de s'en prendre toujours au chat. Baltide persuada à sa mère que la vie, solitaire et oisive de Spandaw, ne convenait plus à une fille de son âge, et qu'elle éprouvait le besoin de s'occuper d'une manière agréable pour elle et utile aux autres. La botanique remplissait ces deux objets, et Baltide avait, disait-elle, un goût décidé pour la botanique.

Un autre jour, elle représenta qu'une demoiselle doit apprendre à mener sa maison, et qu'il convenait qu'elle se mêlât des détails du ménage. Il était temps d'ailleurs qu'elle remplaçât sa mère, dans des soins, qui ne sont pas toujours agréables, et qu'elle se reprochait de lui avoir laissé prendre si long-temps. La petite rusée!

Madame Blumenthal, qui ne voyait dans tout cela rien que de simple et d'ordinaire, s'y prêta facilement, et Baltide disposa du jardin et de l'office. Suzanne criait au gaspillage, le jardinier à la dévastation. Mais les commencemens en tout genre sont difficiles; il fallait bien que mademoiselle eût le temps de se mettre au fait : c'est ce que répondait madame aux plaintes de ses gens.

Baltide ne s'embarrassait pas de leurs criailleries. Elle parlait à tout le monde histoire naturelle et affaires de ménage, et en secret elle suivait son petit plan. Charles était dans l'abondance, la correspondance était vive et soutenue; Baltide était heureuse. Elle l'était sur-tout quand le jardinier, impatienté, jetait sa bêche, et s'en allait. Alors elle approchait des tristes barreaux, elle s'asseyait sous le myrte, son traité de Botanique sur ses genoux; elle passait sa main blanchette, et les lèvres de Charles puisaient et communiquaient une nouvelle vie. Était-on bien sûr de n'être pas surpris, on se regardait d'aussi près que le permettait l'impitoyable grille. Deux haleines parfumées se rencontraient, se confondaient, et portaient l'ivresse jusqu'au délire. Que d'extravagances, que de choses inintelligibles on se disait alors, et pourtant combien tout cela semblait raisonnable et clair! combien tout cela était joli!

Laissons nos amans à leurs délicieuses jouissances, et revenons au brave homme qui est resté à Berlin. Brandt n'avait rien compris à l'adieu précipité de Charles; il ne prévoyait pas ce qui pouvait l'inquiéter, dans le message dont le roi l'avait chargé. Cependant l'altération de sa voix était sensible, et son émotion, chimérique ou fondée, devait intriguer le vieux camarade : rien de ce qui intéressait son Baron ne pouvait lui être étranger. Qu'allait-on faire de ce cher enfant? L'emprisonner? Cela n'était pas présumable : il aimait les filles et le jeu; mais il faisait exactement son devoir. Au reste, Charles, parfaitement monté, devait aller et revenir en deux heures, et deux heures sont bientôt passées : Brandt fut les boire dans un cabaret, situé sur la grande route.

Les deux tiers de la journée étaient écoulés, et Charles ne paraissait pas. Les gens vifs se fatiguent moins à marcher qu'à attendre, et l'impatient hussard se mit tout bonnement en route pour Spandaw.

Il arriva à la barrière, harassé, excédé, et crut qu'il entrerait là comme dans sa chambre. Toute l'Europe est hérissée de baïonnettes, portées par des machines à quatre sols par jour, et les machines qui gardent les bastilles sont sourdes et muettes. Brandt eut beau se mettre en frais de politesses, l'impitoyable factionnaire n'y fit pas la moindre attention. Les prières, les menaces, l'offre séduisante d'une pinte de genièvre ne firent pas plus d'effet.

Brandt s'imagina que l'officier du poste serait

plus communicatif, et il entra au corps-de-garde. L'invalide ne répondit rien à ses questions multipliées, sinon qu'il lui était défendu de s'entretenir des prisonniers d'état. « Mais, sacrés mille « sacrés diables! s'écrie Brandt, est-il en prison, « ou n'y est-il pas? » A cette interpellation l'officier se fâcha, et Brandt cria plus fort; l'officier menaça, et Brandt lui proposa de tirer le sabre à la garde descendante; l'officier lui rit au nez, et Brandt l'envoya faire *lanlaire*.

La nuit approchait; le commandant faisait sa première ronde, et il entra au corps-de-garde, pendant le fort de la discussion. Brandt s'adressa directement à lui, et dans un discours, où le respect et la colère perçaient alternativement, il déclina son nom, ses qualités, et exposa les raisons qui l'intéressaient au sort de Charles. Pour toute réponse, monsieur Blumenthal ordonna à la garde de reconduire Brandt de l'autre côté du pont, et de faire feu sur lui, s'il se présentait encore. Le vieux hussard eut envie de sabrer la garde vétérante, et il était homme à l'échiner; mais cela pouvait nuire à Charles, et il se retira, en jurant qu'il verrait le roi, et qu'il aurait raison du commandant et de la garde incivile.

Il est des cas où la valeur n'est quelque chose qu'autant qu'elle est réfléchie, et où l'homme de cœur, enchaîné par les convenances, s'irrite de son impuissance; c'est ce qui arriva à Brandt. Il se mordit les poings, il s'arracha la moustache;

mais, comme cela lui faisait mal, et ne remédiait à rien, il prit le parti de retourner à Berlin, bien décidé à se présenter le lendemain à Frédéric, et à lui demander grace pour Charles, et justice pour lui.

Rien ne calme les humeurs comme un somme de huit ou dix heures. Brandt, en s'éveillant, ne s'écarta pas de son projet; mais il lui parut susceptible de modification : il crut qu'il convenait d'abord de voir l'adjudant d'Herleim, dont l'amitié pour Charles n'était pas équivoque. Il fut le trouver au point du jour, et monsieur d'Herleim lui confirma ce qu'il avait déja soupçonné, que le page était en prison, et il apprit que c'était pour avoir joué. L'arrêt parut à Brandt injuste et tyrannique, car enfin l'argent que Charles avait perdu était celui de sa mère, et il était fort étrange que Frédéric s'immisçât dans les affaires de famille. Brandt protesta qu'il allait écrire au roi, et qu'il lui écrirait de bonne encre. Il n'était pas homme à y manquer. Voici ce qu'il appelait un placet :

« Sire,

« La maison de Witikind est plus ancienne que
« la vôtre : vous avez donc un page plus noble
« que vous. Cependant vous le traitez comme un
« goujat, et vous le livrez à un commandant, le
« plus incivil de vos officiers : ce n'est pas ainsi
« que se conduit un roi qui sait vivre. Qu'a-t-il

« fait ce pauvre enfant? Il a joué, il a perdu :
« voyez le grand malheur! S'il vous arrivait de
« jouer une province à la bataille, et que vous per-
« dissiez la partie, trouveriez-vous bon qu'on vous
« mit à Spandaw ou à Magdebourg? Allons, sire,
« un bon mouvement; rendez-moi ce jeune homme,
« sans qui je ne peux vivre, et j'irai vous assurer,
« de vive voix, que je suis et serai toujours votre
« fidèle sujet et ami.

« BRANDT, vainqueur à Hochstedt, à Barcelone, à Ramil-
« lies, à Turin, à Malplaquet, à Petterwaradin, et prêt
« à se battre pour vous, quand cela vous fera plaisir. »

Le hussard s'était lié, nous croyons l'avoir dit, avec quelques soldats du régiment des gardes. Ceux-ci lui en avaient fait connaître d'autres, et il lui fut aisé d'approcher le roi à la promenade. Monsieur d'Herleim était alors auprès de lui. Il n'avait pas fait grande attention à ce qu'avait dit Brandt en sortant de chez lui; il avait regardé la menace d'écrire au roi, *et de bonne encre*, comme le propos d'un homme emporté, qui n'y donnerait pas de suite. Il fut très-étonné de voir le hussard aborder Frédéric, et lui présenter son papier avec ses grimaces ordinaires. Le roi lisait lui-même tous les placets : il mit celui-ci dans sa poche.

L'adjudant commençait à démêler les bonnes qualités de Brandt à travers ses formes grossières. Il savait que Werner lui était sincèrement attaché, et il craignit, non sans raison, que son style ne lui attirât des désagrémens. Il l'aborda, et lui demanda ce qu'il avait écrit. Brandt, encore plein du feu de sa composition, lui répéta mot pour mot le contenu de son placet. Monsieur d'Herleim fut effrayé. Il était dans le caractère du roi, ou de s'en amuser beaucoup, ou d'en être indigné. Il conseilla très-sérieusement à Brandt de se retirer et de se tenir caché, au moins pendant quelques jours. Brandt répondit qu'il ne s'était jamais caché en temps de guerre, qu'il se cacherait bien moins en temps de paix ; qu'il avait été sur le point d'être pendu à Blekède, et que cela ne l'avait pas fait trembler ; qu'il voulait ravoir son Baron, et qu'il écrirait jusqu'à ce qu'on le lui rendît. Monsieur d'Herleim, irrité de son opiniâtreté, lui tourna le dos, et l'abandonna à sa destinée.

La parade défilée, Frédéric entra au palais, et le hussard, à qui on avait voulu inspirer de la crainte, n'en fut que plus entêté. Il resta ferme sur la place, le jarret tendu, la main droite appuyée sur sa hanche, la gauche sur la poignée de son sabre, regardant fixement les croisées des appartemens, et semblant défier tous les rois de l'univers.

Quelques fortes que soient les résolutions des hommes, même les plus énergiques, la nature ne perd jamais totalement ses droits. Le sang de Brandt se rafraîchit ; il sentit que si le roi était de mauvaise humeur, il pourrait en effet lui faire un triste parti, et que cela ne tirerait pas Charles de prison. Il crut donc, toutes réflexions faites, n'avoir qu'à suivre le conseil de monsieur d'Herleim. Il jugea d'ailleurs qu'un homme, qui a attendu les évènemens pendant quarante minutes, a satifait à l'honneur, et n'a rien à se reprocher. Il fut tout droit faire son petit paquet; il prit congé de l'ami Hantz, et lui dit qu'en cas de besoin il le trouverait à Potsdam.

Frédéric, en rentrant au palais, s'était selon sa coutume, entretenu quelque temps avec ses officiers; ensuite il s'était mis à table, puis il s'était renfermé pour suivre son travail ordinaire. Ce fut alors qu'il tira les placets qu'il avait reçus dans la journée. Il devint furieux en lisant celui du hussard, et jura qu'il le ferait fusiller. Ce prince prétendait cependant au titre de philosophe; mais la philosophie, affectée ou réelle, n'est souvent que le manteau de la vanité.

Le premier moment passé, Frédéric réfléchit que rien n'est moins philosophique que l'abus de la force, que l'écrivain ne pouvait être qu'un original, et que, pour être original, on ne mérite pas d'avoir la tête cassée. Il fit appeler monsieur d'Herleim, lui donna le placet à lire, et lui demanda s'il connaissait le héros qui prenait si singulièrement la défense de Charles. D'Herleim tourna la chose en plaisanterie, et raconta au roi quelques-unes des facéties de Brandt. Frédéric finit par rire, et dit qu'il voulait voir le vainqueur d'Hochstedt et de Turin. On envoya chercher le bonhomme, et Hantz, comme on s'en doute bien, ne manqua pas de dire qu'il ne savait ce qu'il était devenu. On fit, pendant huit jours, des perquisitions dans les carrefours, dans les tabagies, et dans les casernes. Quelques soldats dirent enfin à Hantz que Brandt avait tort de se cacher, que le roi ne le cherchait pas pour le punir; qu'au contraire il s'amusait de sa lettre, qui était devenue publique, et que Brandt, en se présentant devant lui, obtiendrait peut-être la grace de monsieur le Baron.

Hantz, gagné par ces raisons, et confiant dans la droiture et la sincérité de ses camarades, partit pour Potsdam. Il courut les cabarets, et ne tarda pas à trouver le bonhomme. Il le rassura, le persuada, et le ramena.

Monsieur d'Herleim introduisit le hussard. « C'est donc toi, lui dit Frédéric, qui te permets « d'écrire ainsi aux têtes couronnées?... — Sire, « rendez-moi mon Baron. — Et qui prétends leur « apprendre à vivre? — Rendez-moi mon Baron. « — Je te trouve bien hardi. — Mon Baron, sire, « mon Baron. — Mais ce drôle-là ne m'écoute « pas. — Mon Baron, par grace, mon Baron. — « Je ne te rendrai pas ton Baron. Tout ce que je « peux faire, c'est de t'enfermer avec lui. — Eh « bien! soit. Je le consolerai, je lui ferai des « contes, j'adoucirai son état. — Pars donc pour « Spandaw, et porte cet ordre au commandant. »

Pendant que le roi écrivait, le bon hussard était à ses genoux. Il tenait le pan de son habit, et le baisait, avec des transports aussi vifs, que s'il eût obtenu le plus signalé bienfait. Quelques jeunes officiers riaient de cette scène, qui ne leur paraissait que plaisante. « Messieurs, leur dit sè-
« chement le roi, ce brave homme a fait les
« guerres de Flandre et d'Italie ; il joint la sen-
« sibilité à la valeur, et je voudrais avoir trente
« mille hommes comme lui. — Vous n'êtes pas
« dégoûté, répondit Brandt en se relevant. »

Tout ce qui était extraordinaire plaisait à Frédéric, qui lui-même ne ressemblait à personne.

Il était en train de causer, et il n'eût pas été fâché de prolonger l'entretien, peut-être pour humilier un peu cette jeunesse inconsidérée et présomptueuse. Mais le paquet fut à peine cacheté que Brandt disparut. Il avait enfilé les galeries et traversé les cours, avant qu'on pût le rappeler. Il courut à la poste et sauta à bidet pour arriver plus tôt en prison.

Le factionnaire de l'avancée le reconnut de cent pas, allant ventre à terre, et tenant son papier élevé au-dessus de sa tête. Fidèle obervateur de la consigne, donnée huit jours avant, le soldat crie : *Arrête*. « C'est de par le roi, crie Brandt de
« son côté, et il galope toujours. — Arrête, ou
« je tire. — Eh ! tire tant que tu voudras. » Le soldat fait feu, et fort heureusement manque son homme. La garde se met en bataille, et couche

le hussard en joue. Très-heureusement encore il n'était plus qu'à deux pas du peloton. Il pique de plus belle, passe sur le ventre à ceux qui ne se rangent pas assez vite, arrive, sans accident, dans l'intérieur de la forteresse, se jette à terre, abandonne le bidet à qui voudra le prendre, et porte son ordre au commandant.

C'était sa nomination à la place de concierge en chef : celui qui l'occupait devait passer à la forteresse de Custrin. Le commandant était, en outre, autorisé à faire servir à Charles l'ordinaire commun aux prisonniers.

La sévérité du roi avait fortement indisposé Brandt : cette manière d'accorder des graces le racommoda avec lui. Il était en effet difficile de garder de la rancune : l'emploi valait cent ducats, le logement et la table.

Le nouveau concierge était impatient d'embrasser son jeune ami. Il fallut, bon gré, malgré, recevoir de monsieur Blumenthal de longues et minutieuses instructions. Brandt s'ennuyait comme un abonné *du Fanal*, qui y trouve des vers de *Balourd* : il fallut faire bonne mine à mauvais jeu. Mais la leçon ne fut pas plus tôt terminée, que Brandt prit avec lui un porte-clefs, et se fit ouvrir toutes les chambres. Il trouva, à tant de précipitation, un prétexte plausible, la nécessité de connaître son monde et son local ; mais le rusé vieillard ne doutait pas qu'en allant de chambre en chambre, il n'arrivât enfin à celle de son cher Baron.

Lorsqu'il y entra, Charles était à la bienheureuse croisée. La tendre Baltide lui parlait, et Charles ne pouvait entendre qu'elle. Le bon hussard pleurait de tendresse, en le serrant dans ses bras, et le jeune homme n'avait été averti ni par le bruit des clefs, ni par celui des verroux : il tenait de sa mère ; il était tout amour.

Les Graces sont toujours timides. Elles cherchent la solitude et le mystère. L'aimable Baltide fut effrayée de l'apparition subite de la vieille moustache ; elle s'enfuit légère comme le zéphyr. Une écuelle de vermeil, meuble antique, mais à couvercle bien fermant, était, depuis quelques jours, le garde-manger du doux ami. Le vermicelle, la remoulade ne pouvaient s'en échapper, et la poche de bazin, toujours intacte et blanchette, trompait la vigilance de l'attentive maman.

Charles venait de prendre un repas, dont l'amour pur, et les soins délicats de Baltide avait fait les honneurs. Il avait rendu la vaisselle d'héritage, et la frayeur de l'amante, la rapidité de sa course firent tomber le malheureux couvercle sur le sable fin d'un allée, et la pauvre petite ne s'en aperçut pas. Éperdue et tremblante, elle remit le dessous à l'office, sans prendre garde qu'il manquait un dessus.

Pendant que Charles et Brandt s'entretenaient, avec cette chaleur, naturelle à des gens que l'infortune à séparés, et qui ne comptaient pas se revoir de sitôt, madame Blumenthal fut faire son tour de terrasse. Baltide, retirée dans sa chambre, cherchait tous les moyens de se persuader que le hussard ne l'avait pas aperçue, et sa mère, qui n'avait pas encore vu Charles, ne savait pas combien le fripon était dangereux pour une fillette de quinze ans. Elle était dans une sécurité parfaite; elle s'applaudissait même, en se promenant, du goût que Baltide avait pris pour l'étude, lorsque le perfide couvercle se rencontra sous ses pieds.

Ce n'était pas le jardinier qui l'avait apporté là; il n'entrait pas à l'office. Suzanne, pour cueillir des légumes, n'avait besoin que d'un couteau et d'un panier. Madame Blumenthal se rappela avec quel empressement Baltide l'arrêtait au jardin, avec quel art elle l'amenait à la croisée. Elle s'en approcha, conduite cette fois par le soupçon; elle jeta un coup-d'œil dans la chambre du Baronnet, qu'elle n'avait pas vu encore, et ce coup-d'œil expliqua tout. Le plus beau garçon des Marches de Brandebourg!...

En mère raisonnable et prudente, madame Blumenthal résolut d'éviter l'éclat, et même les remontrances. Les mots sont sans force sur un cœur prévenu, et ne valent pas les précautions. Il pouvait être dangereux d'ailleurs d'exposer Baltide aux procédés, ordinairement durs, de son père. Madame Blumenthal qui aimait beaucoup son mari, à ce qu'elle croyait, le redoutait au moins autant que le trop aimable Baronnet. Elle se flatta que l'absence et le temps guériraient sa fille : une mère se flatte toujours.

Elle prit la clef de la grille qui fermait la terrasse. Dès le lendemain, la bourrache, la centaurée, la guimauve furent impitoyablement arrachées, et remplacées, à la grande satisfaction du jardinier, par le petit pois, le haricot verd, la fève de marais. Baltide étonnée, fit des représentations ; madame Blumenthal répondit qu'elle croyait l'étude dangereuse, et qu'elle était persuadée que l'air de la terrasse était contagieux. Cela était trop clair pour que Baltide pût répliquer.

Cependant elle ne concevait pas ce qui avait donné lieu aux soupçons de sa mère : elle avait si bien pris ses précautions ! elle descendit à l'office : le malheureux couvercle était remis à sa place ; ainsi nul indice. Mais pour ne savoir à quoi s'en prendre, elle n'en sentait pas moins vivement l'amertume de cette séparation. Ne plus revoir son tendre ami ! il y avait de quoi se désoler. Ces fréquens entretiens étaient devenus une habitude, et femme, qui aime bien, ne renonce pas aisément à ces habitudes-là. Heureusement Brandt était à Spandaw.

Baltide passa le reste du jour dans sa chambre : elle donnait sur la terrasse. On ne découvrait pas la croisée de Charles ; mais on voyait moitié du myrte discret, et c'était quelque chose. On ne regardait pas le myrte sans se rappeler les tant douces lettres qu'il avait si souvent recelées, et puisqu'on était séparé de l'auteur, que faire de mieux que les relire ?

Ces lettres s'étaient multipliées, et l'étroit corset n'avait pu les renfermer toutes. Nécessité est mère d'industrie : on avait levé adroitement un carreau, on avait creusé dessous, et c'est là qu'on cachait son trésor.

Deux fois l'impatient Charles avait attendu, mais en vain, l'heure où il pressait la main de sa tendre amie. La journée s'était écoulée, et même une partie de la suivante : point de Baltide. Le jardinier s'offrit seul à ses regards toutes les fois qu'il revint à sa croisée, et que de fois il y revint! La plantation détruite, le petit râteau jeté dans un carré de choux, le traité de botanique abandonné à la rosée, inspirèrent à Charles cette mélancolie profonde, et pourtant douce, qu'éprouve l'amant des arts au milieu des ruines de la Grèce. L'imagination du voyageur lui retrace la splendeur des siècles qui ne sont plus : Charles se rappelait les plaisirs de la veille.

L'amour se nourrit d'espérances. Le passé n'est pour lui quelque chose, que lorsque l'avenir n'est rien. Charles se lançait dans l'obscurité des temps, et il ne prévoyait qu'obstacles et privations : les amans sont extrêmes ; ils voient tout noir, ou couleur de rose.

Il fallait pourtant savoir à quoi s'en tenir sur l'éternelle absence de Baltide. Était-elle inconstante? on ne manque pas à de si doux sermens!

Avait-elle été découverte? on s'attacha à cette idée : c'était la moins déchirante.

La fortune et l'amitié avaient amené un confident, le fidèle Brandt. Libre d'aller et de venir, il pouvait porter à Baltide les regrets d'un cœur qu'elle seule remplissait, et rapporter à ce cœur si tendre les consolations de Baltide. Lorsque monsieur le concierge fit servir le Baron, il fut engagé à renvoyer son porte-clef, et à rester quelques momens : le cher homme ne demandait pas mieux.

Charles, après quelques phrases préparatoires, lui déclara qu'il aimait. « Un moment, dit Brandt. « Est-ce encore une Ferlick ou une Ferlock? — « Ah! mon ami, que dis-tu? la fille de mon- « sieur Blumenthal... — Ma foi? — Quinze ans, « une figure céleste, une candeur angélique. — « Diable! — Et elle m'aime, mon cher Brandt, « elle m'aime! — Parbleu, je le crois ; elle serait « bien difficile ! il faut l'épouser. — J'en meurs « d'envie. — Je vais la demander au papa. — « Garde-t'en bien ; tu nous perdrais sans res- « sources. — Comment cela? »

Charles lui raconta, le plus brièvement possible, comment il avait vu Baltide à Berlin, comment son seul aspect lui avait tourné la tête, comment il l'avait inutilement cherchée, comment il l'avait retrouvée à Spandaw, et comment sa prison était devenue un palais. Il ajouta, avec un repentir sincère, que monsieur Blumenthal, beau-frère du comte de Fersen, devait être instruit de ses fredaines; il avoua, de la meilleure foi du monde, qu'on ne donne pas une fille qu'on aime à un petit mauvais sujet; que Baltide, qui s'était permis d'aimer, sans aveu de parens, aurait peut-être à souffrir de leur mauvaise humeur; qu'il ne devait penser qu'à réparer ses sottises, et qu'il convenait qu'il fût au moins capitaine avant que de se déclarer; que cependant il fallait s'aimer en secret, se l'écrire tous les jours, et tâcher de se le dire quelquefois.

Brandt, âgé de soixante ans, desirait d'embrasser, avant que de mourir le petit-fils de son frère d'armes, de son meilleur ami, de son bon maître: il se prêta à tout ce que Charles voulut. Sa place lui donnait des relations directes avec le commandant; et il ne manqua pas de prétextes, quand il eut une lettre à donner ou à recevoir. Il avait reconnu Baltide à son signalement, et la jeune personne, se prêtant de son côté avec une grace toute particulière, la correspondance s'était renouée, et se suivait avec la plus scrupuleuse exactitude.

Les journées sont longues en prison, quand on n'a d'autre occupation qu'une lettre à lire, et une réponse à y faire: cela ne prend au plus que la sixième partie du temps. La conversation de Brandt avait son genre de mérite, et Charles le voyait toujours avec un plaisir nouveau : il lui parlait de Baltide. Mais Charles n'avait Brandt qu'un autre sixième du jour. Que faire des huit heures qui restaient ? s'ennuyer ? triste passe-temps. Charles dit un mot, et le bon concierge, au risque de perdre sa place, lui procura de la société.

Au bout du corridor, où logeait le jeune Felsheim, végétait depuis dix ans un baron de Fridberg, qui autrefois vivait heureux du produit d'une assez belle terre, située au centre de la Silésie. Il avait toujours pensé que le gouvernement patriarcal était celui qu'indiquait la nature, que par conséquent il était le meilleur, et que le gouvernement républicain était celui qui se rapprochait le plus du gouvernement patriarcal. Tant qu'il ne fit que penser, on le laissa parfaitement tranquille.

Malheureusement pour lui, il ne s'en tint pas là. Il s'en fut à Berlin; il écrivit quelques pamphlets, qui s'imprimèrent et se vendirent clandestinement. Le peuple de Berlin n'est pas lecteur, et la noblesse n'est pas républicaine : les pamphlets tombèrent dans l'oubli, et Fridberg, qui n'avait pu se faire lire, voulut au moins se faire écouter. Il composa une comédie, qui n'était pas précisément anti-monarchique, mais qui attaquait directement certains abus de la monarchie.

Il se garda bien de présenter sa pièce au théâtre royal. Les comédiens de Berlin ne ressemblent pas à ceux de Paris, dont les auteurs font tout ce qu'ils veulent. Ceux-ci étaient fiers, sans savoir pourquoi; impérieux par habitude; quelquefois insolens par bêtise. Le républicain Fridberg n'était pas homme à faire antichambre chez monsieur l'amoureux, ou chez monsieur le décorateur. D'ailleurs le théâtre du roi n'était fréquenté que par la cour et ses adhérens, et ce n'était pas là que sa pièce pouvait avoir du succès. Il la porta tout bonnement aux marionnettes de la Landschaft, quartier peuplé de gens tout-à-fait propres à seconder les grandes vues de l'auteur.

Cette nouveauté, intitulée : *Polichinelle Savetier et Polichinelle Sultan*, fit un effet de tous les diables; aussi la police s'en mêla dès la seconde représentation. Les deux Polichinelles, leurs camarades de bois, les décorations, le théâtre, furent jetés au feu; le directeur et son compère passèrent aux baguettes; monsieur Fridberg, convaincu d'avoir suivi les répétitions, fut enfermé à Spandaw, par grace spéciale du feu roi, qui était bien le maître de le faire décoller, et qui avait quelque raison d'avoir de l'humeur : on en jugera par cette scène, prise au hasard.

Polichinelle Savetier, parfaitement ressemblant à Polichinelle Sultan, lui prend son sceptre et sa couronne, pendant qu'il dort dans une forêt à quelque distance de sa suite.

LE SULTAN.

Quel est donc le coquin qui m'ose réveiller?

LE SAVETIER.

Paix, ci-devant sultan, paix.

LE SULTAN.

Qu'appelles-tu ci-devant?

LE SAVETIER.

Sans doute. Tu n'étais rien que par ton bonnet, et avec ta coiffure je t'ai ôté tout ton mérite.

LE SULTAN.

Je vais appeler mes gens et te faire empaler.

LE SAVETIER.

Ils ne t'obéiront pas, ils ne te craindront plus.

LE SULTAN.

Ils me craignent, et ils m'aiment.

LE SAVETIER.

Imbécille! Ils craignaient ton autorité, ils aimaient tes trésors, leurs emplois; tu ne peux plus rien pour eux : serviteur, ils vont te tourner casaque.

LE SULTAN.

Et ils te reconnaîtront, toi? ma couronne passée sur ta tête opérerait ce changement?

LE SAVETIER.

Hé, mon ami! il n'y a souvent que ce petit meuble-là qui fait la différence d'un sultan au plus sot de ses sujets.

LE SULTAN.

Tout cela est bel et bon; je veux jouir de mes droits.

LE SAVETIER.

Et quels sont ces droits?

LE SULTAN.

Je dois être sultan, parce que je suis le fils de mon père.

LE SAVETIER.

Et il était sultan?

LE SULTAN.

Sans doute.

LE SAVETIER.

Mon cher ami, il y a bien des souverains qui sont fort heureux d'être fils de leur père. Au reste finissons, et prends ton parti.

LE SULTAN.

C'est bien aisé à dire. Hé! que deviendrai-je, moi?

LE SAVETIER.

Tu travailleras, mon ami, tu gagneras ta vie?

LE SULTAN.

Je ne sais rien faire.

LE SAVETIER.

Comment donc? est-ce que tu n'as pas eu un gouverneur?

LE SULTAN.

J'en avais un admirable, à ce qu'on dit.

LE SAVETIER.

Il ne t'a rien appris pour gagner son argent?

LE SULTAN.

Oh? que si fait. Il m'a appris que je serais le plus grand sultan de tous les sultans, et que mes sujets seraient trop heureux d'être mes petits serviteurs.

LE SAVETIER.

Je serai plus honnête que lui. Je sais un bon métier, et je te l'apprendrai *gratis*.

LE SULTAN.

Un métier! insolent... *Ici le sultan se fâche tout de bon.* Veux-tu me rendre ma couronne?

LE SAVETIER.

Non, ventrebleu! Je trouve une bonne place, je la garde. Je boirai, je mangerai, je dormirai. Je rejetterai mes sottises sur mes ministres, et je me ferai honneur de ce qu'ils auront fait de bien, comme cela se pratique.

LE SULTAN.

C'en est trop. Holà! janissaires, venez défendre ma majesté. Battez-vous pour moi, puisque je vous paie pour cela, et je vous regarderai faire, suivant l'usage des potentats.

En attendant les janissaires, le sultan, qui est vif, saute sur sa couronne; le savetier la retient; ils tirent chacun de leur côté. La couronne, très-vieille, se casse et tombe en poudre impalpable. Les janissaires arrivent, et ne reconnaissent plus de sultan; ils vont assiéger le château des Sept-Tours, en chantant un hymne à Mahomet.

Le spectacle finit par un pas de deux, dansé par le muphti, et notre saint-père le pape. L'Évangile et l'Alcoran sont rangés dans la bibliothèque des romans, et la toile tombe.

Le lecteur impartial conviendra qu'il n'est pas de roi qui pût rire à une pareille pièce, et qu'il en est peu qui pardonnassent à l'auteur. Aussi Frédéric Guillaume, le plus rancuneux de tous les princes, résista constamment aux supplications des parens et des amis du pauvre Fridberg. Il resta à Spandaw, et on était sûr au moins que s'il y faisait des comédies, il ne les ferait pas jouer.

Pendant sa longue captivité, Fridberg n'avait parlé encore qu'à son porte-clés, et on connaît ces messieurs-là. Hargneux, brutaux, impitoyables, ils font reculer le sentiment. Il avait donc fallu suffire à soi-même. Se suffire pendant dix ans! les premiers mois furent insupportables. Un penseur n'est jamais sans quelques ressources, et il est des hommes que le malheur n'abbat que lentement. Fridberg, toujours plein de ses grandes idées, toujours jaloux d'être utile, et ne voulant pas perdre l'habitude d'écrire, mit l'histoire romaine en madrigaux, méthode précieuse pour l'instruction des femmes et des enfans, qui se rappellent les faits à la faveur de la rime.

Il n'avait ni plumes, ni papier, ni encre. Mais ses murs étaient blancs, et le charbon de Spandaw est moëleux. Fridberg se fit une tapisserie de ses vers. Des vignettes bien noires représentaient les événemens principaux, et le baron républicain vivait au milieu des héros de l'ancienne Rome.

Cependant quand il eut charbonné ses quatre murailles, qu'il eut lu et relu ses madrigaux, il s'ennuya de ses illustres Romains : on s'ennuie de tout, quelquefois même de sa maîtresse. Depuis plusieurs années, il n'avait d'autres occupations que de bâiller, en regardant sa porte, et de maudire l'arrêt qui la tenait fermée.

Elle s'entr'ouvrit un matin, non à la liberté, mais à un jeune homme beau, aimable et instruit, qui demandait, comme une grace, la permission de venir quelquefois désennuyer le vieux reclus. L'offre fut reçue avec transport ; il n'est pas de demi-jouissances pour les malheureux. Tous les jours Charles et Fridberg, passaient quatre heures ensemble ; ils parlaient de leurs disgraces, et surtout de leurs espérances. Charles écoutait complaisamment des projets de réforme qui n'étaient ni raisonnables ni raisonnés ; Fridberg souriait aux peintures naïves des amours de Charles, et des charmes de Baltide. Bientôt malgré la disproportion d'âge, ils se lièrent d'une amitié intime : rien ne rapproche les hommes comme l'infortune. Le jeune page trouva l'occasion de s'attacher Fridberg par la reconnaissance. L'histoire romaine tombait tous les jours de la muraille sur le carreau : Charles la fit passer, en superbe coulée, sur papier de Hollande. Il en dessina les tableaux, avec cette grace qu'il savait mettre à tout, et l'auteur charmé ne douta plus que son ouvrage ne fît un jour l'admiration de la postérité. Il en aima davantage l'aimable jeune homme qui le sauvait de l'oubli.

Charles n'était pas tout-à-fait à plaindre. Sa correspondance, les soins de Brandt, la conversation souvent piquante de Fridberg, la facilité de lui parler sans cesse de sa douce amie, tout s'accordait à rendre sa situation aussi tolérable que peut l'être celle d'un prisonnier, dont le cœur ardent franchit à chaque instant les grilles et les murs qui l'environnent. Baltide, à beaucoup près, n'était pas aussi heureuse. La pauvre enfant n'avait personne à qui confier ses peines : elle ne voyait Brandt qu'à la dérobée, et elle craignait de lui parler, de peur de le rendre suspect.

Cependant il y avait un grand mois que la terrasse lui était interdite, que le silence et les privations étaient son unique partage. Les lettres de Charles ne la soutenaient plus, elles la brûlaient. A la faveur des dissipations, une fille sage s'étourdit dans le monde, sur ce que son état a de pénible ; mais à Spandaw, de quoi s'occuper, si ce n'était de Charles ? et comment penser sans cesse à lui, sans penser en même temps aux moyens de le revoir ? La crainte de ses parens, le joug des bienséances, l'arrêtèrent quelques jours. L'amour parla plus haut que tout cela : on lui cède à tout âge, on ne lui résiste pas à quinze ans.

Baltide ne pouvait conférer avec Brandt : elle lui écrivit. Son plan n'avait pas le sens commun, mais elle le trouvait admirable. Au reste, le voilà tel qu'elle l'avait conçu.

La terrasse n'était élevée au-dessus de la cour que de sept à huit pieds : un jeune homme leste franchit cela aisément. La grille de la croisée était enchassée dans un dormant de chêne à-peu-près pourri : on pouvait faire une entaille en avant d'un des barreaux, le dégager, le démonter, et une pièce adroitement rapportée devait remettre tout dans son premier état, et tromper les yeux les plus exercés. D'ailleurs on était sûr du concierge, et il avait le droit exclusif de visiter les serrures et les grilles.

La chambre de Baltide donnait sur la cour. Une croisée, qui s'ouvrait sans bruit, était peu élevée, et au-dessous on avait construit une loge en treillage, dont l'usage avait souvent varié, mais qui renfermait alors de tendres tourterelles, que nourrissait Baltide, et dont les carresses langoureuses lui peignaient le bonheur suprême, et lui donnaient sans cesse à penser.

Ce treillage, asile des amours, favoriserait son amant. Charles y monterait, la fenêtre s'ouvrirait. On se parlerait bien bas; Baltide avancerait sa main, Charles la saisirait peut-être ; il la presserait, la baiserait, la baiserait encore. S'il baisait celle de Baltide, Baltide aussi pourrait baiser la sienne, et l'innocence présiderait à cette scène de délices.

Telles étaient les idées qu'on confiait à Brandt. Le bonhomme n'entendait rien à tous ces raffinemens ; mais son gros bon sens jugeait assez sainement des choses. Il sentait les dangers que Charles aurait à courir, pour parvenir jusqu'à mademoiselle Baltide ; il pouvait être vu du factionnaire de la tourelle, recevoir un coup de fusil, se blesser lui-même, en sortant ou en rentrant, être surpris par le commandant ; et courir tant de hasards pour dire qu'on aime, pour s'entendre dire qu'on est aimé, lui semblait le comble de la démence.

Il se promit bien de ne pas se prêter à de semblables folies ; mais il était un peu bavard. Il eut l'indiscrétion de parler à Charles des fantaisies de Baltide, et celui-ci prit feu dès la première ouverture. Il ne voyait rien que de facile dans le plan de sa jeune amie. Il levait toutes les difficultés, il détruisait toutes les objections ; il priait, il suppliait, il conjurait, et Brandt ne savait pas résister à cela. Le bonhomme à demi vaincu, ne savait plus que répondre. Charles proposa de s'en rapporter à monsieur Fridberg, et Brandt accepta l'arbitrage. Le vieux baron fut facile à persuader : il aimait Charles de tout son cœur, et son intérêt personnel entra pour quelque chose dans sa décision. Les vignettes de son histoire romaine n'étaient pas terminées, et il pouvait être dangereux d'indisposer son peintre : voilà les hommes. Monsieur Fridberg décida que Charles pouvait converser avec sa future. Dans la journée l'aimable espiègle eut un ciseau et un maillet, et le soir même tout était disposé pour l'excursion nocturne.

On n'était convenu ni de la nuit qu'on choisirait, ni du signal que donnerait Baltide. Il faisait ce soir-là un clair de lune effrayant. Cependant il y avait trente jours, trente jours éternels que Charles n'avait parlé à sa maîtresse, et il ne voyait que la possibilité de s'en rapprocher. Elle n'était pas prévenue; mais on jeterait de petits cailloux à sa croisée; elle entendrait, et ouvrirait. Pourquoi remettre au lendemain quand on peut jouir à l'instant même, et comment résister à la tentation? L'impatience l'emporta sur la prudence et la raison.

Charles déplace son barreau; il se glisse, il fait un effort, et le voilà sur la terrasse, en petite veste et en pantalon blanc. La couleur n'était pas favorable pour le temps qu'il faisait; mais quand la tête est montée, on ne calcule rien. Il est apperçu de la tourelle; le factionnaire fait un mouvement. Charles, qui a l'oreille et l'œil au guet, voit qu'il est découvert; il s'arrête; le soldat et lui s'observent mutuellement. La sentinelle ne conçoit pas que monsieur Blumenthal se promène en veste à l'heure qu'il est; Charles ne conçoit pas davantage l'inaction de la sentinelle. Il s'enhardit, il avance, il met les tilleuls entre l'observateur et lui.

Il approche du mur, il s'assied sur le bord, se suspend à un bras, et se laisse couler dans la cour. Le saut n'était pas périlleux; mais il y avait assez d'élévation pour qu'on ne pût remonter sans secours. Charles en fit la remarque quand il fut en bas : il était bien temps! Voilà les amoureux. Que faire cependant? il faut aller en avant, quand on ne peut reculer. Il y avait peut-être quelque échelle, et Baltide seule pouvait la lui indiquer. Charles ramasse un tuileau. Il croit le jeter doucement, il le lance avec force : le trouble du moment lui a dérangé la main. Le malheureux tuileau frappe dans les vitres de la chambre voisine et les brise : c'étaient celles de monsieur Blumenthal.

L'officier, son épouse, Baltide, Suzanne, s'éveillent en sursaut, et sautent de leurs lits. Charles, effrayé de la rumeur qui passe de chambre en chambre, se jette dans la loge, et se tapit avec les tourterelles. Il avait à peine refermé la porte, qu'il entend ouvrir toutes les croisées. Le commandant avait trouvé le tuileau au bas de la sienne, et regardait d'où le coup pouvait être parti. Il s'épuisait en conjectures, pendant que Baltide, qui soupçonnait la vérité, tremblait comme la feuille.

Monsieur Blumenthal, las de conjecturer, se remit au lit. Baltide, qui ne vit personne dans la cour ni sur la terrasse, se rassura et se rendormit. Suzanne, qui croyait aux revenans, passa le reste de la nuit en prières. Charles cherchait quelques moyens de rentrer dans sa prison. Il n'en trouvait pas ; il se désolait, non pour lui ; mais Baltide serait convaincue d'être d'intelligence, et il était affreux de compromettre Baltide.

Il fatiguait son imagination de toutes les manières possibles, et n'était pas plus avancé. Il se rappela enfin avoir entrevu une grille qui fermait les degrés par où l'on montait à la terrasse. Cette grille était traversée et soutenue par d'autres barres de fer, peu éloignées les unes des autres. Il n'y avait qu'un parti à prendre ; c'était de franchir cette barrière, et il n'y avait pas de temps à perdre : deux heures encore, et le jour allait poindre. Charles sort bien doucement de la loge hospitalière, il s'avance vers les degrés, il monte, il s'élance après la grille. Déjà il en touche le faîte. Il écoute ; un silence profond règne partout : il se croit certain de regagner sa chambre, et de ne laisser nulle trace de son excursion.

Mais le mur, dans lequel était scellée la grille, avait considérablement vieilli. Du côté de la terrasse, il était chargé de terre sur toute sa hauteur, et l'humidité l'avait miné de toutes parts. L'élan, que prend Charles pour sauter de la cour dans le jardin, donne une secousse violente. Le plâtre décomposé se détache ; la grille surchargée vacille ; Charles, soutenu sur un pied, le corps et les bras en avant, sent tout-à-coup la grille manquer sous lui ; elle penche, elle s'écrase, elle l'entraîne, elle tombe, avec un fracas épouvantable. Il est trop heureux de n'être pas tué.

L'alarme se répand de nouveau au gouvernement. Suzanne, qui ne s'est pas recouchée, est la première à sa croisée. Elle voit un grand fantôme blanc, qui semble sortir de dessous terre, et qui s'envole par-dessus les tilleuls. C'était le malheureux page, qui se dégageait des ruines du vieux mur, et qui, clopin clopant, rentrait dans sa prison, sans prendre garde aux *qui vive* multipliés du factionnaire de la tourelle, qui ne savait que penser de tout ce tintamarre. Le barreau est remis à sa place ; Charles se jette dans son lit, moulu, brisé, mais sans blessure, et désespéré du triste succès de son entreprise.

Cependant Suzanne assurait à monsieur et à madame Blumenthal qu'elle avait vu le diable, et très-distinctement. Sur la description qu'elle en fit, Baltide devina quel était le charmant diablotin, qui effrayait les bonnes ames. Son père, qui ne croyait pas aux diableries, ne douta point que ses prisonniers n'eussent conçu un projet de rébellion, d'évasion, et qu'ils n'eussent procédé à l'exécution.

Il s'habille à la hâte, il fait battre la générale, il éveille Brandt et les porte-clefs. On entre chez tous les pensionnaires du roi de Prusse, les chiens-dogues en avant, les baïonnettes ensuite, et le commandant en troisième. Les pauvres détenus ne savent à quoi attribuer un réveil aussi brusque. Les uns s'imaginent qu'on vient les expédier *incognito*, et ils jettent des cris perçans ; d'autres se croient rendus à la liberté, et ils poussent des cris de joie. Tout le monde crie, personne ne s'entend ; le commandant lui-même ne sait plus ce qu'il fait, ce qu'il veut.

Pour cette fois, il crut ne devoir s'en rapporter qu'à lui de l'état de ses fortifications. Il examina, de ses propres yeux, ses verroux et ses portes ; il agita, de ses nobles mains, les barreaux des fenêtres ; tout était dans l'ordre, et ce qui s'était passé paraissait inconcevable. On avait relevé la sentinelle du donjon, et sa déposition s'accordait avec celle de Suzanne, à cela près pourtant que le prétendu fantôme ne s'était pas envolé par-dessus les arbres, mais courait par-dessous, comme s'il eût eu le diable au corps.

Il ne restait à visiter que la chambre de Charles, et l'infatigable commandant continue son inspection. A peine a-t-il touché le barreau du milieu, qu'il s'échappe, qu'il tombe, qu'il écorche une jambe, encore malade d'un reste de goutte. La douleur qu'il ressent ajoute à l'humiliation d'être joué par un enfant. La colère soulève, arrache la couverture, sous laquelle le tendre page fait semblant de roufler. On le trouve habillé, et dans un désordre parlant. Le plâtre incrusté dans le dos de sa veste, les manches et ses culottes tachées de rouille, une contusion au front, tout le trahit, et on ne peut plus douter que Charles ne soit le diable qui a fait toute la nuit son sabbat.

Le commandant le fait enlever. On le porte dans une chambre au troisième étage, qui ne reçoit le jour que par un entonnoir; on lui attache à la jambe un anneau de fer, tenant à une longue chaîne, dont l'autre bout est scellé dans une énorme pierre. Le commandant fatigué se retire enfin. Brandt interdit, affligé et silencieux, suit le commandant, et reçoit l'ordre d'amener le lendemain le prisonnier dans la salle du conseil, pour, en présence de l'état-major, être interrogé sur ses moyens d'évasion. Charles, resté seul, pleura amèrement. Plus de possibilité de voir Baltide, plus de papier pour lui écrire : c'est de ce moment que commençait sa détention.

Il faisait à peine jour, qu'il entendit crier ses verroux. On entra ; c'était le bon hussard, qui venait prendre Charles, pour le conduire au commandant, qui voulait lui parler à l'instant même. Brandt sanglotait, en détachant la chaîne, et il ne se permettait pas le moindre reproche : son jeune ami était trop malheureux, pour qu'il ne craignît pas d'ajouter à sa douleur. Charles descend; il se présente d'un air timide devant M. Blumenthal. Il s'attendait à subir un interrogatoire rigoureux, et il avait préparé des réponses, qui devaient éloigner le soupçon de Baltide : un homme, qu'il n'a pas le temps d'envisager, se précipite dans ses bras; c'est monsieur d'Herleim.

Frédéric avait révoqué l'ordre qui retenait l'aimable jeune homme à Spandaw. L'adjudant, qui savait distinguer les écarts de la jeunesse des vices du cœur, n'avait pas cessé d'aimer Charles, et malgré son âge, il s'était fait un plaisir de lui apporter cette heureuse nouvelle.

Il lui donna une de ces leçons, qui persuadent souvent, et qui n'offensent jamais. Il lui dit de prendre de Brandt l'argent qui lui appartenait. Charles et le vieux hussard se tinrent long-temps embrassés, et se dirent quelques mots à l'oreille : on se doute bien de qui ils parlaient.

La démarche de M. d'Herleim prouvait au commandant que le page n'était pas mal à la cour. Il se tut sur les événements de la nuit; il le quitta même avec des démonstrations d'affalité et d'estime, et le baron suivit le respectable adjudant. Ils traversèrent cette cour, où, quelques heures auparavant, ce tendre cœur avait été le jouet d'illusions, que le retour à la liberté dissipait, au moins pour long-temps. Charles soupira en regardant cette chambre, où reposait tout ce qui lui était cher. La trop sensible Baltide ne dormait pas; elle faisait mieux, elle pensait à son amant. Elle était loin de croire qu'on le lui enlevait ; elle eût couru à la fenêtre ; ils eussent pu se voir pour la dernière fois ; leurs yeux se fussent parlé encore : ils n'eurent pas cette consolation.

M. D'Herleim fit monter Charles dans sa voiture, le descendit au palais, et le conduisit chez le roi. « Monsieur, lui dit Frédéric, je vous ai traité
« sévèrement, pour n'avoir plus à vous punir.
« J'oublie le passé ; souvenez-vous-en pour vous
« corriger. Demain vous partez avec moi pour
« l'armée : allez faire vos dispositions ».

Elles n'étaient ni longues ni embarrassantes. Il n'avait que deux lettres à écrire. La première, à sa mère, était touchante, respectueuse, propre à lui rendre ses bonnes graces. La seconde, à Brandt, exprimait les inquiétudes, la tendresse, et était toute en recommandations. Il indiquait l'endroit où il cachait les lettres de Baltide. On pouvait les trouver ; il était urgent de les retirer, et comme c'était tout ce qui lui restait d'elle, il pressait le hussard d'en faire un paquet, et de le lui envoyer aussitôt ; il n'y avait pas de temps à perdre. Il se recommandait au souvenir de M. Fridberg ; il suppliait Baltide de lui rester fidèle, et de lui écrire quelquefois. Il finissait par quelques lignes pour Baltide elle-même. « D'après
« l'opinion que vos parens doivent avoir de moi,
« il faut des prodiges pour vous mériter. Je vais
« à l'armée ; c'est là qu'on en peut faire, et j'en
« ferai, n'en doutez pas. »

Cette dernière lettre ne fut pas confiée à la poste ; on ne pouvait prendre trop de précautions. Hantz fut chargé de la porter, et le soir même il revint avec le paquet si désiré. Brandt et Baltide y avaient joint chacun un billet.

« Battez-vous comme votre père, écrivait
« Brandt. Prouvez aux ennemis que vous êtes de
« bonne race, et rossez-moi ces marauds-là. Par-
« tez, mon petit ami, et n'oubliez jamais l'hon-
« neur ni votre maîtresse. Je lui parlerai de vous
« tous les jours, et si vous vous faites tuer, ce
« qui n'est pas impossible, nous vous pleurerons
« ensemble. »

« Ne vous exposez pas inconsidérément, écri-
« vait Baltide. Conservez-vous pour votre amie.
« Sa vie est attachée à la vôtre. Amour éternel. ».

Dans le billet de Baltide était un petit cœur de cristal. C'était ce qu'elle pouvait donner de plus précieux : elle l'avait porté. Charles le porta à son tour, et ne le quitta plus.

Il y avait à peine une heure que Hantz était de retour, lorsque Brandt parut inopinément. Il n'avait pu se décider à laisser partir son baron sans lui dire au moins un dernier adieu. S'il eût été permis aux pages d'avoir quelqu'un à leur suite, avec quel empressement il eût quitté sa place, avec quel plaisir il eût revu les camps et les batailles ! Il resta à Spandaw avec moins de regret, en pensant qu'il y serait utile d'une autre manière.

Charles, Brandt et le barbier, passèrent la nuit ensemble. Au point du jour, le page monta à cheval, et se rangea auprès du roi, qui se mit à la tête de son régiment des gardes. Le hussard et le baron se serrèrent encore la main; on partit, et le brave homme suivit son jeune ami des yeux, aussi long-temps qu'il put le distinguer.

Deux mots sur la situation politique de l'Europe. L'empereur Charles VI n'était plus. Si la mort du roi de Pologne, Auguste II, avait causé des troubles, celle du dernier prince de la maison d'Autriche devait amener de grandes révolutions. Les états de cette maison semblaient devoir être déchirés.

Marie-Thérèse, fille aînée de Charles VI, réclamait l'héritage de son père. L'électeur de Bavière, le nouveau roi de Pologne, celui d'Espagne, établissaient leurs prétentions sur des testamens, ou sur les droits de leurs femmes, qui descendaient des branches aînées. Louis XV aurait pu y prétendre à d'aussi justes titres que personne, puisqu'il descendait en droite ligne de la branche aînée masculine d'Autriche, par la femme de Louis XIII et par celle de Louis XIV.

Frédéric, comme nous l'avons déjà dit, prétendait à quatre duchés en Silésie. Il avait prévu dès long-temps la confusion générale, et avait tout préparé pour en profiter.

Il commença par faire proposer à Marie-Thérèse de lui céder la Basse-Silésie. Il offrait, en échange, son crédit, de l'argent et ses armes. Il lui garantissait le reste de ses états, et promettait la couronne impériale à son époux. Des ministres habiles prévirent que si la reine de Hongrie refusait de telles offres, l'Allemagne serait embrasée. Cette princesse était sans trésor, et presque sans armée. Quelques faibles corps étaient dispersés dans ses vastes états.

Cependant elle ne put soutenir l'idée de démembrer son patrimoine : elle était impuissante et intrépide. Le roi de Prusse, voyant qu'en effet cette puissance n'était qu'un grand nom, et que l'intérêt de différens princes lui donnerait infailliblement des alliés, se mit en marche pour attaquer la Silésie.

On avait voulu mettre sur ses drapeaux *pro Deo et patriâ*. Il raya *pro Deo*, en disant que Dieu ne se mêle pas des querelles des hommes, et qu'il s'agissait d'une province et non de religion. Il eût pu aussi rayer *pro patriâ* : un roi absolu n'a point de patrie, et quand il fait la guerre, c'est pour son compte particulier.

On portait, devant son régiment des gardes, l'aigle romaine en relief, au haut d'une pique dorée. Cette nouveauté lui imposait la nécessité d'être invincible. Enfin, il harangua son armée, pour ressembler en tout aux anciens Romains. Mais il eût conquis toute l'Allemagne, qu'il eût été aussi loin de la puissance de César qu'un gouverneur de l'Anjou ou du Maine l'était de celle de Louis XIV.

Nous rapporterons maintenant les évènemens de cette guerre, auxquels Charles eut quelque part, et nous renvoyons le lecteur qui veut en connaître les détails, à l'histoire de Frédéric.

CHAPITRE XI.

Conquête de la Silésie. Amours et aventure tragique de Charles.

La Silésie était sans défense. Glogaw, la première place forte du côté des états prussiens, n'avait que huit cents hommes de garnison. Frédéric dédaigna de l'assiéger en personne. Il en ordonna le blocus, et il arriva avec son corps d'armée devant Breslaw, qui ouvrit ses portes. La célérité de sa marche le rendit maître de la ville, et ses procédés lui gagnèrent les cœurs. Il combla d'attentions et d'égards les habitans de toutes les classes. Il donna des fêtes, il ouvrit des bals avec les plus belles femmes de la province. Le beau page était de toutes les parties; il en faisait les honneurs; il eut souvent celui de danser avec son maître. Frédéric réunissait les respects; Charles plaisait généralement, et ne s'en prévalait pas.

Le roi ne s'arrêta pas à Breslaw. Il poursuivit sa marche et ses succès. Après un mois de campagne, il était maître de la Silésie, depuis

Crossen jusqu'à Jablunka, et des montagnes aux frontières de la Pologne. Charles lui disait quelquefois : « Sire, quand nous battrons-nous ? « — J'espère, répondait Frédéric, que ces gens-« là se défendront : je n'aime pas à vaincre « ainsi. » L'occasion se présenta bientôt.

Les Autrichiens avaient rassemblé vingt-cinq mille hommes de troupes réglées, et déja aguerries. Le général Neuperg passa la Neisse à la tête de cette armée, et entra en Silésie. Frédéric marcha à sa rencontre avec trente bataillons, et trente escadrons. Il se présenta à l'ennemi en ordre de bataille. Les deux armées se trouvèrent en présence entre Molwitz et Pampitz, aux environs de Brieg.

Le roi examinait, du haut d'une éminence, la position des Autrichiens. Il avait mis Charles devant lui, et il avait appuyé sa lunette d'approche sur son épaule. Neuperg, qui avait aussi sa lunette, reconnut Frédéric, et fit aussitôt tirer une batterie avancée. Les boulets tombaient autour du roi et de son page, et les couvraient de terre. Ils n'avaient encore vu le feu ni l'un ni l'autre. Le prince était immobile et observait tout : Charles était inquiet; les boulets le tracassaient. Il en passa un si près, qu'il ne put s'empêcher de tourner la tête, en s'écriant : « Voilà « qui est impertinent. — Tu as raison (1), ré-

---

(1) Ce furent les propres mots du roi.

« pondit le roi en fermant sa lunette, qu'on
« m'aille dénicher ces marauds-là. » L'action s'engagea aussitôt.

Les Autrichiens n'étaient pas tout-à-fait formés, que déja les Prussiens canonnaient vivement leur aile gauche. Elle plia ; mais la cavalerie répara le désordre, et enfonça l'aile droite des Prussiens, après cinq charges consécutives. Le roi, dix princes de sa maison, le vieux adjudant d'Herleim, se portaient partout, se jetaient dans la mêlée, et cherchaient à rétablir l'ordre. Charles avait toujours sa botte collée à celle de Frédéric ; il le couvrait de son corps, et cette manœuvre n'échappa point au héros, qui jugeait des hommes sur les plus petites choses.

Les efforts de tant de braves chefs étaient devenus inutiles : la terreur panique est un mal qui gagne de proche en proche. La cavalerie prussienne se débanda, l'infanterie se rompit, et la bataille parut perdue.

Le prince Léopold répara tout. Il commandait la seconde ligne des Prussiens, et il arrêta les fuyards en faisant tirer sur eux. Il renforça la première ligne de plusieurs bataillons de grenadiers ; il se porta en avant avec tout son front, et reprit l'avantage sur l'infanterie autrichienne, que la cavalerie avait laissée découverte et sans appui sur ses flancs, en chargeant les Prussiens avec trop d'ardeur.

Neuperg détacha quelques régimens de dragons,

pour soutenir son infanterie. Ils balancèrent une seconde fois la fortune de Frédéric; mais le feu continuel de ses grenadiers les força de reculer, et après cinq heures de combat, les Prussiens restèrent maîtres du champ de bataille.

Cette journée coûta beaucoup aux deux partis. Nombre d'officiers de marque y périrent. Frédéric eut à regretter Schulenbourg, général de sa cavalerie, le margrave Frédéric-Guillaume, et son vieil adjudant d'Herleim. Il n'était pas sans inquiétude pour son page favori. Le jeune homme l'avait quitté pendant le fort du combat. Le roi ne le voyant point paraître, ne dédaigna pas de le chercher lui-même. Il le trouva assis sur l'affut d'un canon, écrivant tranquillement sur la forme de son chapeau.

Dès que les grenadiers s'étaient avancés, Charles sans expérience, mais déjà tacticien, avait osé compter sur la victoire, et il fut jaloux d'y contribuer. Il n'avait pris d'ordre que de son courage; il avait mis pied à terre, il s'était placé dans les rangs, et avait fait le coup de fusil jusqu'à la fin de l'action. « Oh, si elle me « voyait, disait-il, à chaque cartouche qu'il brû- « lait ! Si elle entendait les balles qui me sifflent « aux oreilles ! » Enchanté d'avoir été pour quelque chose dans le gain de la bataille, il avait tiré son écritoire de poche, et il écrivait à Baltide : « J'ai vaincu pour l'amour : qu'il soit ma « récompense. »

Le roi sut des officiers des grenadiers comment son page s'était conduit : on lui faisait la cour, en justifiant l'affection dont il honorait ce jeune homme. Il lui donna sur le champ de bataille une boîte d'or avec son portrait, et il lui dit : « Tu ne prends pas encore de tabac ; tu y « mettras des bonbons (1). »

La bataille de Molwitz prouva la supériorité de la tactique prussienne, et valut à Frédéric la conquête de la Silésie. Marie-Thérèse sentit alors la faute qu'elle avait faite en refusant ses offres. Elle lui fit proposer d'évacuer la Silésie, en se réservant la partie de cette province sur laquelle il avait des droits. Il était maître de la province entière : il changea de langage, et on devait s'y attendre. Il répondit (2) : « La somme des revenus, « que la maison de Brandebourg a perdus depuis « qu'on lui a ôté ses duchés, surpasse de beau- « coup la valeur de la Silésie. » Cela n'était pas vrai ; mais il savait écrire, parler et se battre.

La guerre fut donc continuée. Aux débris de l'armée de Neuperg se joignit un grand nombre de Hongrois, d'Esclavons et de Croates. Ces forces, commandées par le prince Charles de Lorraine, s'étaient rassemblées en Bohême, où il n'était pas à présumer que l'électeur de Bavière,

---

(1) Frédéric dit cela à un de ses pages.
(2) Historique.

élu empereur, et le maréchal de Belle-Isle, commandant pour Louis XV, nouveaux alliés du roi de Prusse, pussent se maintenir long-temps. Leurs troupes étaient affaiblies, et il était presque impossible de leur envoyer des renforts : Frédéric se porta en Bohême pour couvrir ses conquêtes. Le prince Charles crut devoir le prévenir, et empêcher sa jonction avec les troupes de ses alliés. En effet, une bataille perdue empêchait le roi de Prusse de pousser ses avantages, et les Bavarois et les Français étaient obligés de mettre bas les armes.

Les deux armées se rencontrèrent à Chotusitz, près de Craslau. La cavalerie prussienne était en tête de celle du prince Charles. Elle l'attaqua et la fit reculer. Les hussards prussiens la chargèrent avec tant d'impétuosité, qu'elle fut obligée de se former en bataillon carré pour faire face partout. Cette manœuvre la sauva, mais la sépara de l'infanterie.

Cette infanterie avait cependant chassé les Prussiens du village de Chotusitz, et leur avait pris seize drapeaux et quinze cents hommes. Charles, qui ne quittait plus le roi, devint furieux à cette nouvelle. Il cria qu'il fallait attaquer et reprendre le village : il assurait que le sort de la journée dépendait de cette opération. Le roi le pensait comme lui, et s'y était d'abord déterminé ; mais il sut bon gré au jeune homme d'avoir vu comme lui.

L'ennemi, retranché dans le village, opposa une longue et opiniâtre résistance. Mais l'attaque fut conduite avec tant d'art, les manœuvres se firent avec tant d'ordre et de prestesse, que tous les obstacles furent surmontés. Frédéric et le bouillant Felsheim entrèrent des premiers dans le village. L'élite des troupes les suivit : le carnage fut affreux. Les Autrichiens, après avoir perdu cinq mille hommes, cessèrent de disputer la victoire, et les Prussiens ne trouvèrent plus que des fuyards. Le roi de Prusse écrivit du champ de bataille à Louis XV : « Sire, le prince « Charles m'a attaqué, et je l'ai battu (1). »

Le fruit de cette seconde victoire fut la paix de Breslaw. Par ce traité, Marie-Thérèse abandonna à Frédéric la Haute et la Basse-Silésie, et le comté de Glatz.

Le roi revint jouir à Berlin de la gloire de ses armes, et le premier soin de Charles fut de courir à Spandaw. Pendant la campagne, il avait écrit régulièrement ; mais il n'avait pu recevoir de nouvelles de Baltide, à cause des marches, des contre-marches et de la rapidité des mouvemens de l'armée : on ne savait où adresser les lettres. Il était bien naturel qu'il allât chercher une réponse à toutes les siennes. Brandt le reçut comme un bon père, qui revoit un enfant chéri.

---

(1) Historique.

Il écouta avec enthousiasme le détail de ses exploits. L'aimable jeune homme en voulait une récompense, et il n'avait mis tant d'éloquence dans son récit, que pour amener Brandt au point de ne lui rien refuser. Il brûlait de voir Baltide, toujours présente à sa pensée, pour qui il avait bravé la mort, qui devait applaudir à sa gloire, et il espérait que Brandt s'exposerait à tout, pour faciliter l'entrevue si désirée.

Un évènement inattendu déjoua le tendre plan. M. Blumenthal était mort pendant la campagne. Sa femme et sa fille s'étaient retirées à Lignitz en Lusace, et le jeune Blumenthal continuait la carrière des armes. Baltide, en partant, était convenue avec Brandt qu'elle écrirait la première, et qu'elle indiquerait une adresse sûre pour les lettres de Charles. Elle n'avait pas écrit encore, sans doute parce qu'il fallait qu'elle formât des liaisons avant de choisir une confidente. Ce fut l'idée à laquelle Charles s'arrêta, et elle adoucit un peu le chagrin que tous ces contretemps lui faisaient éprouver.

Sa grande, son importante affaire, son amour, ne lui fit pas oublier l'amitié. Il s'informa de M. Fridberg, l'ancien dépositaire de ses peines et de ses plaisirs. Il était toujours à Spandaw, regrettant Charles, en parlant souvent, et n'ayant plus d'espérance de le revoir. « Nous nous rever-
« rons, dit le jeune homme au hussard, assure-
« le que nous nous reverrons. Avec le roi il ne

« faut qu'un bon moment, et je le trouverai. »

Les travaux et les dépenses de la guerre n'avaient pas éteint dans Frédéric le goût de la musique et des arts. Il donna des fêtes brillantes, où Charles était admis. Il fut souvent en tiers avec le roi et Voltaire, et il écoutait, avec une admiration, mêlée de respect, l'aigle de la littérature, le philosophe aimable, l'apôtre de la tolérance. Il semblait que son ame se montât au ton de celle du grand homme; et si sa vivacité naturelle lui arrachait quelquefois un mot, une saillie, Voltaire souriait, applaudissait, et Frédéric répétait, en se frottant les mains, le mot de Henri IV : « Je le présente avec succès à mes « amis et à mes ennemis. »

Ce fut à travers ces épanchemens d'une gaîté familière, que Charles hasarda quelques mots en faveur de monsieur Fridberg. Voltaire avait été à la Bastille : il plaida vivement la cause du prisonnier de Spandaw. Charles, fort d'un tel appui, devint plus chaud et plus pressant. Le roi estimait le premier, il aimait vraiment l'autre, et il céda d'assez bonne grace, pour donner à cet acte de justice les formes douces du bienfait. Charles reçut l'ordre de sortie, et s'empressa d'aller délivrer son ami.

En arrivant à Spandaw, il reçut le prix de sa bienfaisance, une lettre de Baltide. Elle était tendre; mais le style portait l'empreinte de la mélancolie. On était séparé peut-être pour des années; mais désormais on pourrait du moins s'écrire. Une marchande de modes de Lignitz voulait bien favoriser le commerce épistolaire. La lettre, adressée à Brandt, finissait ainsi : « On « dit qu'il s'est bien conduit à Molwitz. Que « Dieu me le conserve : je le baise sur les « deux joues. » Mélange d'héroïsme, de piété et de tendresse, le cœur d'une femme sait tout accorder.

Charles se contenta alors de parcourir cette lettre ; il la baisa deux ou trois fois, la serra dans son sein, courut chez le commandant, et se fit rendre son ami. Le bon Fridberg ne revint pas de son étonnement. Depuis des années, bien longues et bien tristes, la liberté n'était pour lui qu'une chimère. Lorsqu'il revit le soleil, qu'il respira le grand air, qu'il passa le dernier pont, qu'il aperçut dans la campagne la belle et riante nature, il crut entrer dans un monde nouveau. Il ouvrit ses bras à Charles ; il le tint long-temps pressé sur son sein. Il ne parlait pas ; mais ces étreintes avaient l'expression du sentiment.

Le bon, le généreux Felsheim le logea à l'*Aigle noir*, non pas à quarante frédérics par repas ; mais il lui procura les aisances de la vie que comportaient ses faibles moyens. Il paya partout, jusqu'à ce que M. Fridberg eût fait venir des fonds de Silésie.

Sa terre était située près de Glatz sur la Neisse. Depuis onze ans elle était abandonnée à un régisseur, et les armées prussiennes et hongroises avaient alternativement occupé le pays. Un régisseur et deux armées! c'est plus qu'il n'en faut pour dévaster un royaume. Aussi la terre du pauvre Fridberg était à défricher, et l'œil du maître était indispensable. Il quitta Felsheim avec une douleur sincère, et lui jura un attachement inviolable.

Tout favorisait notre jeune homme. Adoré de sa maîtresse, réconcilié avec sa mère, au mieux avec le roi, s'attachant de plus en plus ses amis par son amabilité et les qualités de son cœur, son sort était déja digne d'envie : la fortune lui réservait de nouvelles faveurs.

L'article du traité de Breslaw qui avait le plus affecté les ennemis de l'Autriche, était la neutralité promise par le roi de Prusse. L'armée française détruite, malgré la savante retraite de Belle-Isle, à qui on n'a pas rendu assez de justice; l'empereur Charles VII dépouillé de son électorat de Bavière, et son propre frère l'électeur de Cologne, passant du côté des Autrichiens ; le roi de Sardaigne, l'Angleterre et la Hollande unis à Marie-Thérèse, tout annonçait que la maison d'Autriche allait devenir plus puissante que jamais.

Frédéric avait voulu l'affaiblir, et ne prétendait pas l'écraser. Il fit la paix au moment où la France, mieux secourue, pouvait anéantir la constitution germanique ; mais il changea de système lorsque Marie-Thérèse parut à son tour menacer toute l'Allemagne. Il trembla pour ses nouvelles conquêtes; il traita secrètement avec Charles VII, Louis XV, le Palatinat et la Hesse, et se disposa à recommencer la guerre. Ainsi l'ambition de quatre ou cinq individus arma une partie de l'Europe, et l'arrosa de sang humain.

Quelques régimens prussiens avaient beaucoup souffert à Molwitz et à Chotusitz ; d'autres avaient été totalement détruits. Le roi ordonna de nouvelles levées, et fit un tableau des officiers qu'il jugea propres à former promptement des recrues. Il ne voulait pas ôter aux vieux corps les chefs qui avaient leur confiance, et peu de jeunes gens pouvaient remplir ses vues. « J'ai envie, dit-il un « jour à Charles, de te faire major d'un de mes « nouveaux régimens. — Je ne demande pas « mieux, sire. — On criera peut-être un peu; mais « tu feras taire l'envie à force de mérite. — Je « m'efforcerai, sire, de justifier votre confiance. « — J'aime mieux, quoi qu'on en dise, un jeune « officier capable de tout, qu'un colonel qui ne « doit son grade qu'à trente ans de service. C'est « une affaire finie ; tu seras major. »

En parlant, le roi marquait les différens points de rassemblement. Il se proposait d'entrer en Bohème, par la Saxe, à la tête d'une colonne ; le général Schwerin devait se porter, avec une division, dans le cercle de Kœnigsgrætz, et le prince héréditaire de Dessau était chargé d'introduire le reste de l'armée par la Lusace. Ces trois corps devaient se réunir devant Prague, et en faire le siége.

Felsheim avait l'œil sur la carte ; rien de ce que faisait le roi ne lui échappait. Il supplia Frédéric de le faire servir sous Dessau. Il était difficile que cette division entrât en Bohême sans passer à Lignitz, et quel plaisir de s'y arrêter, ne fût-ce qu'un jour, une heure, un instant !

Le roi, sans trop de réflexions, accéda à sa demande, et continua son travail. Il se reposait de temps en temps, et causait familièrement avec lui. Charles insinua qu'il serait avantageux de former les régimens dans la Lusace même ; que la proximité de l'ennemi anime les recrues, et leur donne une activité qu'elles n'ont jamais à l'intérieur du pays ; que ces troupes seraient fraîches en entrant en campagne, au lieu que celles qui viendraient des états de Brandebourg arriveraient aux frontières, harassées, et peut-être incomplètes.

Ce raisonnement était juste, et Frédéric en convint. Jusque-là tout allait bien ; mais Felsheim faillit tout gâter en citant sans cesse la ville de Lignitz comme une place propre à réunir huit ou dix mille hommes. Il n'y avait jamais été ; mais il était clair que si on y rassemblait la division, son régiment y serait avec les autres.

« Pour cette fois, mon ami, dit le roi, tu dé-
« raisonnes. On peut au plus cantonner deux
« mille hommes à Lignitz. » Charles fut embar-

rassé. Frédéric lui demanda pourquoi il désignait Lignitz plutôt que Crossen, Gorlitz, ou Mosqua, qui sont plus considérables. L'embarras de Charles augmenta. Le roi s'en aperçut; il réfléchit un moment, et trouva étrange que le jeune homme eût préféré la colonne de Dessau à celle que devait commander un maître dont il éprouvait sans cesse l'active bienvieillance. A cette objection imprévue, Charles se troubla tout-à-fait; le roi le pressa davantage; le jeune homme tomba à ses genoux, et le secret de son cœur s'échappa.

Le roi estimait le comte de Fersen, et il s'intéressait à sa nièce. Le papa Blumenthal n'avait été qu'un officier ordinaire; mais il avait servi toute sa vie, et les bienfaits, dont Charles serait comblé, devaient être la dot de Baltide. « Relève-
« toi, dit Frédéric. Si quelque autre motif t'eût dé-
« cidé, je ne t'eusse pardonné de la vie. On peut
« aimer sa maîtresse un peu plus que son roi.
« Allons, tu feras ton régiment à Lignitz... Mais,
« monsieur, que l'amour n'ôte rien au devoir. »

Charles n'eut pas de repos que tout ne fût prêt pour son départ. Il courait chez son tailleur, chez son bottier; il allait demander à monsieur de Fersen une lettre de recommandation pour sa sœur; il entrait chez un maquignon, et faisait sortir tous les chevaux de son écurie; il s'arrêtait chez Hantz, il écrivait à sa mère qu'il était major et qu'il lui fallait de l'argent; en allant et venant il pensait à perfectionner la manœuvre : pas un moment n'était perdu. Cent fois il eut envie de prévenir Baltide de son avancement, et de son arrivée prochaine à Lignitz. Il commmença trois ou quatre billets et les déchira tous : il ne trouvait pas d'expressions qui peignissent sa joie, son amour, son empressement. La tête lui tournait, et il ignorait que le désordre des idées est la seule éloquence du cœur. Quoi qu'il en soit, il se décida à surprendre l'aimable Baltide : peut-être n'était-il pas fâché de voir quel effet produirait son arrivée inattendue.

Il avait dépêché un exprès à Brandt; et le bonhomme, impatient de le féliciter, arriva à Berlin. Il jura que le roi, qui avait eu le bon esprit de faire son Baron major, était sans contredit le premier de tous les rois, et il protesta à Charles qu'il serait un jour le premier de tous les généraux. Il regretta d'être obligé de rester à Spandaw, pour recevoir les lettres de Baltide, et lui faire passer celles de son amant; mais quand il apprit que monsieur le major partait pour Lignitz, il ne fut pas possible de le contenir, et il refusa net de retourner à sa forteresse. « J'ai ac-
« cepté cette place, disait-il, pour me rapprocher
« de vous. Je l'ai gardée, après votre sortie, pour
« servir vos amours, et être utile à votre ami
« Fridberg. Rien ne m'arrête plus à Spandaw, et,
« sacrebleu, je ne suis pas fait pour être geolier.
« On dit que la guerre va recommencer; hé bien !
« mille bombes ! nous la ferons ensemble : j'aime
« toujours la poudre, moi. »

Les représentations, les prières de Felsheim ne purent le détourner de son dessein. Dès le même jour, il fit dire à son commandant qu'il pouvait confier ses clefs à qui bon lui semblerait, et qu'il aimait mieux manier une carabine que des verroux. Il mit ses pistolets en état, il fit donner le fil à son sabre, et leva un habillement complet à l'ancien uniforme de Felsheim. Il envoya le reste de son argent à sa femme, par la raison très-simple que s'il était tué, il valait mieux qu'elle héritât que l'ennemi, et que s'il ne l'était pas, il trouverait de quoi vivre dans les poches des Autrichiens. Il était si content de suivre la fortune de son jeune ami, il parlait bataille avec tant d'action, qu'il s'enivra complètement sans s'en apercevoir. Hantz, qui n'avait pas trouvé à glisser un mot, et qui n'avait pas cessé d'écouter et de boire, se trouva dans le même état, et à la fin du dernier pot, il ne restait plus un pouce de terrein à Marie-Thérèse, ni un grain de raison dans la tête de ces messieurs.

Le jour du départ arriva enfin. Felsheim reçut du roi ses dernières instructions, et monta un superbe cheval. Brandt marchait fièrement à ses côtés, et riait dans sa moustache en voyant les femmes et les filles extasiées de la bonne mise de son major. Le vieux barbier, devenu réellement valet-de-chambre, suivait, plus modestement monté, une énorme valise commune sur la croupe de son criquet. Charles s'arrêta à la porte du comte de Fersen; il prit la lettre que ce général lui avait promise pour madame Blumenthal, et le trio enfila gaîment la route de la Silésie.

On sait assez comment marchent les militaires. Rafraîchir ses chevaux, sans jamais s'oublier soi-même; faire quelquefois bonne chère, et souvent ne rien trouver; coucher une nuit dans un bon lit, et la suivante sur la dure; en conter régulièrement à toutes les filles de cabaret, c'est à peu près à cela que se bornent les incidens de ces sortes de voyages. Ainsi, pour ne pas abuser de la patience du lecteur, nous arriverons tout d'un coup à Lignitz, en laissant cependant au *Fanal*, ou à tel autre bavard, la faculté d'entrer dans les plus minces détails, et d'imprimer ce que personne ne peut lire.

C'est dans cette ville que s'ennuyait Baltide, qu'elle soupirait après l'amant chéri, qu'elle croyait à Berlin, et qui était dans une auberge à cinquante pas de sa maison. Et ses pressentimens ne l'avertissaient pas!

Le jeune major donna un quart d'heure à son valet-de-chambre; il se para de tout ce qui pouvait faire valoir ses agrémens personnels, et il envoya Brandt saluer de sa part madame Blumenthal, et lui demander la permission de lui présenter la lettre de son frère. Il la craignait à Spandaw; il était confiant à Lignitz. En effet, les circonstances étaient bien changées. Ce n'était plus ce page, enfermé pour ses fredaines, et les continuant même en prison. C'était un jeune homme, qui avait effacé, au champ d'honneur, jusqu'au souvenir de ses étourderies, à qui ses exploits avaient rendu la faveur du prince, qui avait un état, un rang, de la consistance dans le monde, et qui, d'après les apparences, pouvait compter sur une fortune brillante et rapide. Il n'était pas à présumer que madame Blumenthal désapprouvât sa recherche : il n'y avait donc pas d'inconvénient à laisser pénétrer ses vues, en réglant ses démarches d'après les bienséances et la délicatesse.

Brandt entra sans se faire annoncer : il ne tenait pas au cérémonial. Mais il fit son compliment avec une décence dont il n'avait pas l'habitude, et dont on pouvait lui savoir quelque gré. Ces dames travaillaient, et le jeune Blumenthal leur lisait une brochure nouvelle. Au premier mot du hussard, Baltide leva la tête, elle le reconnut et ne put retenir un cri de surprise et de joie.

Mais que devint-elle, quand elle apprit que son amant était major, que son régiment devait se former à Lignitz, et qu'il venait d'y arriver ! Felsheim à Lignitz, au moins pour quelques mois, était plus qu'on n'eût osé imaginer, dans ces momens où la douleur s'amuse de projets chimériques, et des rêves séduisans qui aident à supporter l'absence. Felsheim à Lignitz ! c'était un prodige de l'amour; mais l'amour ne devait-il rien à Baltide?

Madame Blumenthal observait sa fille; et son trouble, qu'elle ne pensait pas même à cacher, lui rappela le couvercle de vermeil, et confirma d'anciens soupçons que le temps avait écartés. Ce qui était inconvenant alors, présentait aujourd'hui des avantages qu'on ne pouvait se dissimuler. Charles était devenu un personnage important; Baltide ne pouvait espérer de parti plus sortable. Brandt reçut donc une réponse polie, c'est tout ce qu'on pouvait se permettre; mais en faut-il davantage pour encourager un page, un officier, un amant dans sa première jeunesse.

Felsheim se présenta, beau comme l'amour, fait à peindre, pêtri de graces, portant parfaitement l'uniforme, et persuadé de la nécessité de plaire à la mère, pour avoir accès auprès de la fille. Il s'était promis d'être charmant; il l'était lors même qu'il ne le cherchait pas. Madame Blumenthal l'écoutait avec un plaisir indicible; elle se félicitait intérieurement qu'un tel homme se fût attaché à sa fille. Baltide observait sa mère à son tour; elle tâchait de la pénétrer, et lorsqu'il lui échappait quelque marque d'approbation, son petit cœur palpitait d'aise, ses joues se coloraient, elle s'embellissait de ce que le désir et la pudeur peuvent ajouter à la beauté.

Le jeune Blumenthal, simple lieutenant, appliqué, modeste, sage, mais d'un caractère emporté, avait obtenu un congé, et le passait chez sa mère. Felsheim, revêtu d'un grade supérieur, avait droit à ses égards, et ne s'appliqua qu'à faire disparaître l'intervalle que la discipline militaire avait mis entre eux. Les prévenances, la cordialité, la franchise du jeune major gagnèrent le frère, et en moins d'une heure, la maison de madame Blumenthal ne lui offrit plus qu'une amante et de vrais amis : la nature l'avait formé pour aimer et pour l'être. Il se retira avec la permission, très-facilement accordée, de revenir quelquefois parler de monsieur de Fersen.

Il sentit que pour conserver dans cette maison une liberté honnête, il fallait n'en pas abuser. Il ne s'y présenta qu'autant que le permettait l'usage du monde, et il s'y comportait avec une extrême circonspection.

Madame Blumenthal ne lui marquait que cette politesse aisée, qui paraît ne rien signifier. Elle se gardait bien de laisser pénétrer ses vues ; mais elle faisait avec prudence tout ce qui pouvait en assurer le succès. Elle encourageait adroitement l'amitié qui commençait à naître entre les deux jeunes gens ; elle répétait souvent à son fils que le crédit du jeune major pourrait un jour lui être utile, et le tirer des grades inférieurs.

Le goût de Blumenthal le portait, plus encore que son intérêt, à cultiver l'affection de Charles. Celui-ci, de son côté, faisait tout pour s'attacher le frère de Baltide : bientôt ils devinrent inséparables.

Il est dans les convenances d'être réservé avec un homme qu'on ne connaît que par une lettre d'un frère ; mais il est aussi dans la raison d'accorder quelque familiarité à l'ami intime de son fils. Madame Blumenthal n'ignorait pas que l'amour est une flamme qui s'éteint faute d'aliment, et qu'on peut le nourrir, l'encourager même, par des moyens que ne condamne pas la décence. Cette dame avait quelque fortune ; elle recevait du monde. Charles devint l'ame de ces petites fêtes, dont la gaîté fait les frais et l'agrément, et jamais la prudente maman ne l'y invitait ; mais un mot, qui semblait dit sans dessein, en donnait l'idée à son fils, et la société trouvait tout naturel qu'il amenât son ami, et que sa mère ne blâmât point cette attention.

C'était à ces dîners simples, mais délicats, à ces petits bals, enfans d'une aimable folie, qu'on sentait croître un amour qu'on croyait ne pouvoir plus augmenter. Quelquefois, et comme par hasard, madame Blumenthal plaçait Charles à côté de Baltide. Les deux figures alors cherchaient à se composer ; mais on trouvait des dédommagemens. Un billet adroitement glissé sur des genoux qu'on presse légèrement ; des pieds, qui jouent et se caressent ; un pot de crême qu'on se passe après y avoir goûté ; des verres qu'on change ; des mots, qui ne signifient rien pour les autres, mais dont on saisit si bien le double sens, ou à qui on sait en donner un, lors même qu'ils n'en ont pas ; que de moyens d'attendre que le ménétrier donne, en s'accordant, le signal si désiré !

C'est alors que tout est jouissance. Chacun s'occupe de sa danseuse. Vingt couples sont isolés, et ne voient plus ce qui se passe autour d'eux. On tient la main de Baltide, et cette main répond par un doux frémissement. Un bras moelleux s'arrondit autour de la plus jolie taille, et le tendre cœur, qui palpite, lui marque sa place et le fixe. Et les yeux qui ne sont plus contraints ! et la gaze transparente, qui trahit les secrets de l'innocence ! et la fatigue qu'on prétexte ! et le petit coin où on se retire ! et les choses délicieuses qu'on y dit ! et la bonne maman, qui a l'air de ne rien voir, à qui rien n'échappe et qui sourit à son ouvrage, et mille autres riens, qui sont sans prix, et qu'on ne peut décrire ! n'est-ce pas là le bonheur, si le bonheur n'est pas une chimère ?

Malgré la manière dont s'observait madame Blumenthal, Charles ne tarda pas à pénétrer ses dispositions, et, de cette découverte aux démarches, il n'y avait qu'un pas, qu'on brûle de franchir quand on aime avec passion. Felsheim voulait se déclarer, et demander dans les règles la main de Baltide. Les jeunes amans se parlaient, se consultaient, et les raisons du major finissaient toujours par être les meilleures : elles

levaient toutes les difficultés. Il était clair qu'il serait colonel à la fin de la campagne prochaine, et un colonel se marie par tout pays. Il était d'un homme prévoyant de tout arranger d'avance pour l'entrée de l'hiver; c'était bien assez d'attendre jusque-là, et Baltide en convenait franchement. Elle fit seulement à son ami une observation qui lui parut assez raisonnable : c'est qu'avant de s'ouvrir à sa mère, dont il ne semblait pas qu'on dût craindre un refus, il était prudent de s'assurer de l'agrément de madame Werner, qui pourrait n'être pas aussi facile. Felsheim répondait d'elle. « N'êtes-vous pas charmante, disait-il
« à Baltide ? — A la bonne heure, mais vous êtes
« major... — Que m'importe cela ? — Et dans un
« an peut-être vous serez général. — Si j'étais
« roi, vous seriez reine. — Oui, si vous étiez
« votre maître. — Ma mère raffole de moi. —
« Qui n'en raffollerait point ? — Elle se rendra
« donc ? — J'en doute. — Vous ne la connaissez
« pas. » Baltide se taisait et n'était pas persuadée : on croit difficilement ce qu'on désire. Après avoir mûrement pesé ce qu'on pouvait espérer ou craindre, Charles se rendit au sentiment de sa belle amie : il écrivit à Stavenow.

Sa lettre fut un factum. Quatre pages sur les agrémens et les qualités de Baltide; six autres sur les services de la maison Blumenthal; un aperçu des biens de cette famille ; une dissertation sur la nécessité de marier les jeunes gens de bonne heure, pour les empêcher de faire des sottises ; enfin de très-belles choses sur la reconnaissance, et sur l'obligation de s'acquitter, envers monsieur de Fersen, des services qu'il avait rendus à Werner pendant sa jeunesse, telles étaient les divisions de ce volumineux mémoire.

Madame Werner, en ouvrant le paquet, s'attendait à trouver un nouveau traité de tactique, ou l'histoire détaillée de la conquête de la Silésie. Elle ne fut pas peu surprise de voir que son fils s'était donné tant de peine pour lui prouver que ce qu'elle pouvait faire de mieux, était de marier un jeune homme de dix-huit ans à une fille de seize. Elle et son mari s'amusèrent du factum pendant deux jours ; mais il fallait répondre, et c'était là le difficile. Si Charles continuait à se bien conduire, s'il développait les talens militaires qu'il annonçait déja, et que la faveur du roi ne se refroidît point, il pouvait prétendre un jour aux partis les plus distingués. Mademoiselle Blumenthal, jolie, intéressante, et tenant à une famille respectable, paraissait cependant au-dessous de ce qu'il devait espérer ; mais elle était de ces femmes à qui on doit des égards, et qu'on ne refuse pas positivement. Il était dangereux, d'ailleurs, de heurter de front un jeune homme, qui porterait peut-être la vivacité jusqu'à l'emportement. On chercha donc à gagner du temps. On se flattait que l'activité des camps, les plaisirs des garnisons, la légèreté naturelle à cet âge, affaibliraient insensiblement une passion, qui ne pouvait pas avoir encore jeté de racines profondes, et qu'enfin Charles écouterait des propositions plus avantageuses. Madame Werner oubliait qu'elle avait aimé comme Baltide, et qu'on avait déchiré son cœur. Werner ne se souvenait plus qu'à Konisberg, à Petterwaradin, il ne pensait, ne rêvait que Sophie : ils avaient vieilli l'un et l'autre. Autre temps, autre façon de voir.

La réponse de madame Werner fut adroite, et ménageait l'amour-propre de Baltide. Elle félicitait son fils d'avoir su plaire à une jeune personne aussi bien née ; elle l'engageait à persister dans le goût des choses honnêtes ; mais elle ajoutait qu'il n'était pas raisonnable de penser à se marier au moment d'entrer en campagne ; qu'il était au moins inutile de prendre, avec madame Blumenthal, des engagemens prématurés, que les hasards de la guerre pouvaient rompre, et qui ne serviraient qu'à ajouter aux regrets des deux familles ; enfin que son extrême jeunesse permettait d'attendre que les troupes prissent leurs quartiers d'hiver ; qu'alors on pressentirait madame Blumenthal sur une affaire, dont la réussite ne pourrait que flatter infiniment la maison de Felsheim.

Charles n'avait pas assez d'usage pour démêler les motifs secrets qui avaient dicté cette lettre. Il n'y vit qu'un consentement formel, et sa joie ne fut d'abord troublée que par les réflexions de Baltide. Plus pénétrante, ou plus timide, elle ne prévit que des obstacles. Charles s'offensait qu'on doutât de la sincérité de sa mère ; Baltide ne répliquait qu'en pesant l'une après l'autre chaque expression de la lettre, et il fut à la fin forcé de convenir que cette réponse était évasive. Il se crut joué ; il s'emporta. Baltide aimait tendrement ; son cœur navré se gonfla ; elle fondit en larmes. Ses pleurs aigrirent tout-à-fait un jeune homme qui souffrait difficilement les contradictions ; il se répandit en menaces contre Werner, à qui il attribuait le refus de sa mère. Dans la chaleur de son ressentiment, il oublia que madame Blumenthal était dans une salle voisine ; sa tendre amie ne s'en souvint pas plus que lui. Le ton véhément de Charles, les sanglots de Baltide la firent accourir à l'instant. Il fut impossible de lui déguiser la vérité ; il fallut lui montrer la lettre de madame Werner ; elle en parut choquée. « J'avais cru, dit-elle, que la fille d'un brave « officier, que la nièce d'un général pouvait « prétendre à la main du baron de Felsheim. Je « vous avoue même que j'aurais vu cette union « avec un plaisir bien vrai. Votre mère s'y re- « fuse : il n'y faut plus penser. — N'y plus « penser, répliqua vivement Charles, renoncer « à Baltide ! Jamais. M. Werner devrait se rap- « peler ce qu'il doit personnellement à M. de « Fersen ; il devrait se rappeler que cet officier

« seul m'a fait entrer dans les pages, que c'est
« de lui que je tiens la faveur du roi, mon grade
« de major, et l'espérance des premières dis-
« tinctions. Qu'il soit ingrat, puisqu'il le veut;
« jamais il ne me forcera à l'être. Baltide n'a pas
« dix mille florins de revenu; mais j'ai mon
« cœur, mon bras et mon épée. Jamais ma
« femme ne manquera de rien, et elle me tiendra
« lieu des dons de la fortune. Madame, je tombe
« à vos genoux. Approuvez notre amour, et re-
« posez-vous du reste sur le temps, ma persé-
« vérance, et peut-être sur le roi. — Sur le roi,
« interrompit madame Blumenthal! — Il sait que
« j'adore votre fille, et c'est à son indulgence
« que je dois mon séjour à Lignitz. Il estime
« votre famille, lui; il n'aura qu'un mot à écrire
« à la mienne, et ce mot il l'écrira. »

Madame Blumenthal sentit aussitôt les incon-véniens d'un semblable moyen. A la vérité, on ne devait pas craindre que madame Werner ré-sistât; mais aussi sa fille n'aurait que l'humiliant avantage de devoir cette alliance à la seule auto-rité du roi, et il est dur, pour une jeune per-sonne, d'entrer dans une famille qui la rejette. Si contre les apparences, madame Werner persis-tait dans son refus, le roi ne se permettrait pas la contrainte, et un mariage, proposé et manqué avec cet éclat, rendrait Baltide la fable du çan-ton. Sans doute elle eût préféré Felsheim à tout autre; mais, après tout, il n'était pas le seul qui pût convenir à sa fille, et elle ne trouverait pas toujours les mêmes obstacles à vaincre.

Si madame Blumenthal eût communiqué ces objections à Charles, peut-être les eût-il combattues avec avantage; peut-être l'affection qu'elle avait eue pour lui jusqu'alors, eût-elle repris ses droits ; mais l'amour-propre blessé évita une explication qui eût exigé des détails, toujours désagréables dans une telle circonstance. Tout ce que purent obtenir les jeunes amans, à force de prières et même d'importunités, c'est qu'elle écrirait à son frère, et qu'elle lui demanderait des conseils. Elle exigea de son côté que Charles ne s'adressât au roi que de son aveu, et qu'il rendît ses visites moins fréquentes, jusqu'à ce que cette affaire prît une tournure qui autorisât ses assiduités.

Charles quitta madame Blumenthal, le désespoir dans l'ame. Il se renferma chez lui ; il écrivit à Werner, comme à quelqu'un à qui il imputait ses disgraces, et il écrivit en homme qui ne sait rien ménager. Il porta l'oubli des bienséances jusqu'à lui rappeler que sa mère, en l'épousant, n'avait consulté que son cœur, et qu'il était inconcevable qu'elle ne lui permît pas de suivre son exemple. Il attribua à l'intérêt l'espèce de tyrannie qu'on lui faisait éprouver, et il offrait de renoncer à la succession de son père, moyennant un consentement pur et simple à son mariage. Il ajoutait avec fierté qu'un homme comme lui savait se suffire, n'avait besoin des secours de personne, et il terminait en donnant à entendre qu'il était capable d'arriver à son but par toutes sortes de moyens, et qu'on devait trembler de l'y contraindre.

Cette lettre fut à peine partie, qu'il sentit combien elle était déplacée. Sa cruelle mémoire lui retraça les soins que Werner avait pris de son enfance, les peines que lui avait données son éducation. Il convint que ceux qui s'intéressent à nous, peuvent sans crime supposer notre bonheur où il nous est impossible de le trouver jamais. Il se repentit d'avoir suivi son premier mouvement : il était trop tard.

Ses expressions, ses reproches, ses menaces affligèrent sa sensible mère. Son mari, qui n'était plus son amant, mais qui était toujours son meilleur ami, lui accorda volontiers le pardon d'une incartade, tolérable dans un jeune homme, dont l'amour a troublé la raison. Cependant Charles ne s'était pas encore porté à de semblables extrémités, et Werner se persuada que madame Blumenthal, jalouse de procurer à sa fille un établissement avantageux, poussait adroitement son amant à des démarches qui pussent alarmer sa famille, et la faire céder à la crainte des excès, plus condamnables, auxquels il pourrait se porter. Cette façon de voir était la suite de la résolution bien prise d'empêcher ce mariage. On aime à trouver des torts à ceux dont on veut s'éloigner;

on leur suppose ceux qu'ils n'ont pas, pour s'excuser à ses propres yeux, et on se flatte d'amener les autres à voir comme soi.

La lettre de Charles ne pouvait pas rester sans réponse : elle était adressée à l'époux de sa mère, et elle était outrageante. Werner écrivit au jeune homme, avec la dignité qui sied à quelqu'un qui n'a pas de reproches à se faire. Son style était sans aigreur; mais il rappelait les torts du baron, et l'avertissait que des parens, comme les siens, savent toujours ramener au devoir un enfant qui s'égare. Il l'invitait à ne pas le contraindre à se servir des moyens de rigueur, et surtout à se garantir des séductions de *certaines femmes*, dont la conduite ne lui paraissait pas délicate.

Charles lut les premières lignes avec assez de tranquillité : il s'était déja dit à peu près tout ce que lui disait son beau-père. Mais la fin de sa lettre, et surtout les derniers mots, le mirent en fureur. Il ne put souffrir qu'on accusât Baltide, dont il connaissait l'amour pur et désintéressé ; et par une inconséquence inconcevable, il courut, sans réfléchir à ce qu'il allait faire, communiquer cette lettre offensante à madame Blumenthal. Peut-être crut-il qu'elle cesserait de ménager sa famille, qu'elle s'unirait avec lui contre son beau-père, et qu'elle guiderait son inexpérience. Baltide ne se dissimula point que cette indiscrétion les perdait. Sa mère, dont on méconnaissait les principes, la délicatesse, ne pouvait pardonner cette offense; la jeune personne ne pouvait en solliciter l'oubli. Il ne lui restait que la certitude de son malheur.

On n'était pas plus à l'aise à Stavenow. Chaque jour ajoutait à l'inquiétude et aux embarras de madame Werner : Monsieur de Fersen, à la prière de sa sœur, venait aussi de lui écrire. On pense bien qu'il n'eut pas la maladresse de s'exposer à un refus formel : il se garda bien de rien proposer. Il se plaignit de l'amour de Felsheim pour sa nièce; il paraissait craindre que sa conduite, peu réfléchie, ne nuisît à l'établissement de Baltide; il priait madame Werner de défendre positivement à son fils d'inquiéter davantage une famille, dont elle n'avait pas à se plaindre, et qui méritait des égards.

Le comte de Fersen ne doutait pas qu'on ne l'entendît. En effet, cette manière de s'y prendre amenait naturellement madame Werner à des ouvertures claires et franches, si elle avait eu l'intention de former cette alliance, et dans le cas contraire, personne n'était compromis.

Ce fut avec une douleur véritable que Werner prévit qu'il allait en venir à une rupture ouverte avec son plus ancien et son meilleur ami. Sa femme et lui balancèrent long-temps. Vingt fois la reconnaissance et l'amitié l'emportèrent sur l'intérêt et l'ambition. A la fin ces deux passions, dominantes lorsque les années nous ont rendus insensibles aux sentimens doux, ces deux passions, erreurs de la vieillesse, imposèrent silence à toute autre considération. On répondit, sans rougir, à M. de Fersen qu'on s'empressait de se rendre à ce qu'il demandait ; qu'on défendrait expressément à Charles de se rien permettre qui pût déplaire à madame Blumenthal. Il reçut en effet l'ordre de ne plus se présenter chez elle.

M. de Fersen n'eût pas écrit, s'il ne se fût flatté de réussir, et tout devait le lui faire croire. Le résultat de sa démarche l'irrita d'autant, qu'il était plus loin de s'y attendre. Il enjoignit à sa sœur de rompre sans délai avec le jeune Felsheim, et cette dame lui interdit sa maison.

Tout autre que Felsheim eût cédé à tant de difficultés réunies : il se roidit contre les barrières qu'on lui opposait, et il jura de les franchir. Il respecta l'asile de madame Blumenthal ; dès ce moment il cessa de la voir. Mais son courage lui présenta des ressources, et l'espérance les multiplia. Il pouvait gagner sa mère ; il serait toujours le maître de solliciter l'entremise du roi ; le temps enfin amènerait sa majorité. Il ne s'occupa alors qu'à conserver la tendresse de Baltide. Il craignait que l'affront qu'elle avait reçu n'influât sur ses sentimens : qu'il était loin de rendre à ce cœur, toujours plein de lui, la justice qu'il méritait ! L'aimable enfant tremblait de son côté que Charles, découragé par tant de traverses, ne se refroidît bientôt, et ne finît par l'oublier. Des objets nouveaux qui s'empresseraient de lui plaire, des jouissances faciles, la réputation d'homme à bonnes fortunes, devaient le détacher d'une jeune fille, qui n'avait pour elle que son extrême sensibilité. Elle pleurait en faisant ces réflexions, et ces réflexions, et ces larmes solitaires la préparaient à tout faire pour son amant.

Charles s'était attaché, par quelques cadeaux, la marchande de modes, qui, quelques mois auparavant, avait facilité leur correspondance. Cette femme et Brandt étaient les seuls au monde qui s'intéressassent à leurs amours. Tous les matins, le hussard, touché des chagrins de son jeune ami, déposait tristement une lettre sur le comptoir, et s'en retournait plus tristement encore, sans la réponse, qu'il attendait tous les jours, et qui ne venait point. Ce n'est pas que ce moyen eût échappé à Baltide : fille qui aime n'oublie rien. Mais elle craignait la surveillance de sa mère ; elle redoutait surtout la vivacité du jeune Blumenthal. Il était trop raisonnable pour s'en prendre à Charles des procédés offensans de sa famille ; mais il partageait le ressentiment de la sienne, et il avait déclaré à sa sœur qu'il en viendrait à un éclat avec M. de Felsheim, si elle conservait la moindre relation avec lui. Elle était seule, sans consolation, sans espoir. Elle n'avait encore osé ni écrire, ni sortir sans sa mère. Certain pressentiment lui disait néanmoins d'aller chez la marchande de modes. Elle se flattait d'y trouver des lettres de Charles; elle sentait le besoin qu'il avait des siennes : mais comment faire ?

Elle résista quelques jours ; mais peut-on à seize ans combattre sans cesse ? La prudence la retenait ; l'amour seul fut écouté. Elle épia un moment favorable, et, à la hâte, elle griffonna quelques lignes. Peu de mots ; mais que de choses ! Elle était comme la feuille qui s'agite au moindre vent ; elle s'arrêtait, elle courait à la porte de sa chambre, elle passait sa charmante petite figure, elle revenait sur la pointe du pied, elle se remettait à son secrétaire. Le bruit de sa robe, un coup d'aile de son franc-moineau, un mouvement de son fidèle Pyrame, tout la fait frissonner ; elle abrège.... « Enfin je t'adore, et « je t'adorerai toujours ». Elle termine son billet et son supplice. Les cordons du corset de basin se détachent, et c'est entre deux boules d'ivoire, qui commencent à se prononcer, qu'on dépose l'objet de tant d'inquiétudes. Heureux corset ! tu cachas à Spandaw les secrets de l'amour, dérobe-les encore à tous les yeux.

Il fallait un prétexte pour aller chez la marchande, et il n'était pas difficile d'en trouver : une jeune demoiselle à toujours besoin d'un ruban, d'un bonnet. Mais il fallait en parler à sa mère, avec ce ton indifférent et froid, qui écarte le soupçon, et cela n'est pas si aisé. Elle rougit, elle balbutia. Madame Blumenthal crut démêler quelque intention : elle résolut d'accompagner sa fille. Elle était loin de penser que la marchande fût d'intelligence avec elle, et elle n'avait d'autre but que d'empêcher Charles de l'aborder, ou de la suivre. Elle prétexta à son tour la finesse de son gout dans le choix de ces jolis riens.

Baltide aimait tendrement sa mère ; mais il est des circonstances où une mère est vraiment incommode. Elle suivait la sienne d'un petit air boudeur, qui fut encore remarqué, et qui rendit la surveillance plus active. Madame Blumenthal regardait à droite, à gauche, et ne vit personne de suspect. Enfin on arriva chez la marchande, sans s'être dit quatre mots.

Celle-ci, femme adroite et intelligente, charge son comptoir de chiffons. Pendant que la mère et la fille retournent tout, et mettent de côté ce qui leur convient, une fille de boutique, qui promettait, roulait quelques aunes de ruban rose autour des lettres de Charles, qu'on avait provisoirement déposées dans un carton. Elle fait un signe à Baltide, et glisse le ruban avec les autres emplettes. Madame Blumenthal dit qu'on n'a pas choisi de ruban rose, qu'on n'en a pas besoin, qu'on n'en veut pas. La marchande est obligée de retirer le précieux rouleau ; la fille de boutique plaisante sur son étourderie ; Baltide se mord les lèvres, et, pour cette fois, la prévoyance de sa mère se trouve en défaut.

Ces dames sortent, et selon toute apparence, Baltide rapportera son billet, et les lettres de son amant resteront chez la marchande. Mais on a un éventail, et ce meuble-là sert à tant de choses ! Combien de fois à l'église, au spectacle, à la promenade, d'innocens bâtons ont-ils favorisé l'œil curieux, tendre, ou inquiet de la beauté timide ? Combien de fois la femme qui ne rougit plus, a-t-elle eu l'air de rougir, grace à son éventail ? Combien de fois a-t-il dérobé la véritable rougeur au père, à l'époux qu'elle eût éclairés, à l'amant qu'elle eût rendu téméraire ? Quelle ressource qu'un éventail pour le maintien, pour les graces, et pour la minauderie ! Quelle facilité pour la conversation ! Le doux aveu, le rendez-vous accordé s'échappent à travers la gaze légère, qui se déploie à propos, et trompe l'attention des fâcheux. Quel attrait que ces petits coups sur des doigts entreprenans, que la faiblesse même de l'arme encourage à de nouveaux larcins ! Je ne finirais pas, si je détaillais tous les avantages de l'éventail.

« Ah, mon dieu, s'écrie Baltide à quinze pas
« de la boutique, j'ai oublié !... — Quoi, ma fille ? »
Vous vous doutez bien de ce qu'elle a oublié : le meuble qui sert à tout. Il est resté sur le comptoir. Elle court, sans en dire davantage ; elle revient en quatre secondes, l'éventail à la main, les lettres de Charles dans sa poche, et son billet est tombé dans le carton.

Jusque-là tout allait bien. Mais l'extrême précipitation a toujours ses inconvéniens. La jeune personne n'avait pas pris garde que l'épingle qui tenait le ruban rose s'était détachée, et le bout perfide du ruban sortait par la fente de sa poche. Malheureuse Baltide! ta mère l'a aperçu, et tu ne le soupçonnes point; tu te flattes en vain d'un instant de bonheur. Non, tu ne t'enfermeras pas dans ton cabinet de toilette; tes yeux ne dévoreront pas ces lettres, après lesquelles tu as tant soupiré, tu ne les couvriras pas de tes baisers.

Madame Blumenthal monta à son appartement, et dit à sa fille de la suivre. Là, elle lui reprocha sévèrement de tromper sa confiance, et d'employer des moyens bas, pour entretenir une liaison, que sa fierté devait lui faire rompre. Baltide, interdite, déconcertée, veut cependant s'excuser et mentir. Une fille honnête est si gauche quand elle ment! sa mère, indignée, lui reproche plus durement encore sa dissimulation, et lui ordonne de tirer de sa poche le paquet de ruban rose. Baltide, convaincue et presque défaillante, n'a pas la force d'obéir. Madame Blumenthal s'avance; la tendre et inconsolable fille est dépouillée de son trésor. Elle se couvre le visage de ses mains, et sort pour cacher sa honte et sa douleur.

La marchande fut aussitôt mandée. On craignait qu'elle ne divulgeât ce qu'on avait tant d'intérêt à cacher: on lui parla avec ménagement; mais on employa tous les raisonnemens propres à la détourner de se prêter davantage à cette intrigue. Elle protesta n'avoir aucune connaissance de ce qui se passait ; elle rejeta tout sur sa fille de boutique ; elle promit de la renvoyer, et elle la renvoya en effet. Mais elle l'adressa au premier magasin de modes de Breslaw, où elle arriva avec une bourse assez bien fournie, que le jeune baron eut soin de lui faire tenir.

Madame Blumenthal lut ensuite les lettres qu'elle avait saisies. Elle n'y trouva que l'amour pur et innocent, et elle se rassura sur le passé ; mais elle n'était pas sans alarmes pour l'avenir. Il fallait sauver sa fille de sa propre imprudence, éviter l'éclat, qu'amèneraient tôt ou tard ses démarches inconsidérées, en la mettant dans l'impossibilité de s'en permettre de nouvelles. On abandonna les appartemens qui donnaient sur la rue, et on en brouilla les serrures ; Baltide fut gardée à vue ; on lui ôta tous les moyens d'écrire ; elle ne sortit presque plus, et si sa mère, toujours prévoyante, permettait qu'elle se rendît quelquefois aux instances de ses jeunes amies, à qui des refus réitérés auraient pu donner des soupçons, elle ne la quittait pas un instant. C'est auprès d'elle qu'il fallait que Baltide s'assît ; c'est de quelque ouvrage de mains qu'elle devait sans cesse s'occuper ; les mots à l'oreille étaient sévèrement interdits. Ce furent ces précautions même, qui semblaient soutenir la sagesse, qui causèrent les malheurs, dont les deux familles furent bientôt accablées.

Baltide souffrait cruellement; Charles se désolait, et évitait les maisons qu'elle fréquentait, de peur de rendre sa position plus pénible. Il n'osait s'ouvrir au jeune Blumenthal, qui le voyait peu, et lui marquait cette froideur qui inspire l'éloignement. La marchande était devenue inutile depuis que Baltide ne sortait plus; Brandt fumait quelquefois sa pipe, en se promenant dans la rue qu'habitait madame Blumenthal, et perdait son temps et ses espérances. Nos amans, dans la même petite ville, étaient isolés l'un de l'autre, comme s'ils eussent été séparés par les mers.

Pendant que ces incidens se succédaient, plusieurs régimens s'organisaient à Lignitz. Celui auquel Charles était attaché, se distinguait par la précision des manœuvres, la belle tenue et sa bonne conduite : le jeune major l'avait formé. Il s'était fait aimer de ses soldats, en tempérant ce que la discipline a d'austère, par l'affabilité qui la fait supporter. Il se flattait avec raison, que le roi distinguerait ce régiment, et lui tiendrait compte de ses travaux et de ses succès : c'est à la tête de sa troupe, qu'il oubliait quelquefois les peines de l'amour.

On était au mois d'avril. Encore quelques semaines, et ces différentes masses allaient s'ébranler. Le comte de Colberg, colonel du baron, arriva à Lignitz, peu de jours après que madame Blumenthal eut rompu toute communication entre sa fille et son amant. Il voulut voir son régiment sous les armes; Felsheim commanda l'exercice et les félicitations de son chef furent le premier fruit de ses soins.

Le comte de Colberg était un homme de quarante ans, d'une belle taille, d'une figure noble, inflexible sur tout ce qui avait rapport au service, d'un commerce aimable dans la société, immensément riche, généreux jusqu'à la prodigalité, et bien convaincu de son mérite.

Il se fit présenter dans les meilleures maisons de la ville. Madame Blumenthal, veuve d'un officier de marque, et sœur d'un général, fut celle qu'il vit la première, qui parut lui plaire davantage, et chez qui il revint de préférence. Il avait entrevu Baltide, et on ne la voyait pas sans chercher à la revoir.

C'est à cela seulement que se bornaient alors les desirs du baron. Un instant avec Baltide, même en présence de sa mère, eût comblé tous ses vœux. Il était assez bien avec son colonel pour lui ouvrir son cœur, et lui demander ses bons offices auprès de madame Blumenthal. Il pouvait croire que le ressentiment qu'elle affectait n'était pas sincère, qu'il céderait à la première démarche que ferait enfin sa famille, que les sollicitations d'un officier supérieur hâteraient ce moment, et adouciraient son sort. Il fut retenu, quelques jours, par la crainte de se mettre plus mal dans l'esprit de cette dame, en confiant à un étranger ce que personne ne savait encore à

Lignitz. L'amour malheureux l'emporta enfin sur de vaines considérations ; mais lorsqu'il voulut s'expliquer avec son colonel, il n'était déja plus temps.

Il entra chez lui, assez embarrassé sur la manière dont il s'y prendrait, pour le faire entrer dans ses vues. Monsieur de Colberg lui-même le reçut avec une sorte d'embarras. Tous deux voulaient parler; mais dans certains cas, le difficile c'est de commencer. Le comte demanda enfin à Charles s'il n'avait jamais été chez madame Blumenthal. « J'y ai été souvent. — Ah! tant mieux!...
« Sa fille est jolie. — Charmante. — Un esprit
« naïf... — Mais plein de graces. — Peu de for-
« tune. — Qu'importe ? — C'est ce que je pense.
« Mon ami, au métier que nous faisons, on n'est
« pas sûr du lendemain. Il faut se hâter d'être
« heureux, lorsqu'on n'a qu'un moment à l'être.
« — Que voulez-vous dire, monsieur le comte ?
« — Mon cher baron, j'attends de vous un ser-
« vice de quelque importance. J'aime mademoi-
« selle Blumenthal. » Charles pâlit, et le colonel eût parlé deux heures, qu'il ne l'eût pas interrompu. « J'aime mademoiselle Blumenthal; on
« plaît encore à mon âge, quand on joint, à un
« physique heureux, les avantages du rang et de
« la fortune; d'ailleurs une jeune personne bien
« née ne sait qu'obéir à ses parens : mais il est
« des démarches qu'on ne fait pas soi-même sans
« une sorte de répugnance. J'ai besoin de quel-

« qu'un qui se charge de pressentir madame
« Blumenthal, et j'ai jeté les yeux sur vous.
« Vous ferez cela pour moi, n'est-il pas vrai ? »
Charles, atterré par cette confidence, irrésolu,
muet, se fit répéter plusieurs fois la même
question. Forcé enfin de répondre, et incapable
de dissimuler, il déclara franchement ce qui
s'était passé entre lui, madame Blumenthal, sa
fille, et madame Werner. « Mon cher baron,
« reprit le comte en souriant, j'espère que notre
« rivalité n'aura pas de suites fâcheuses. Écoutez-
« moi. Si vos parens et ceux de Baltide donnaient
« les mains à cette union, je me retirerais sans
« plaintes, sans murmure : imitez-moi. Puisqu'il
« n'est pas possible que les deux familles se rap-
« prochent, qu'il l'est bien moins encore qu'une
« demoiselle aussi intéressante reste fille, qu'il
« faut enfin que quelqu'un l'épouse, il doit vous
« être égal que ce soit moi ou un autre. — Mon-
« sieur le comte, je ne crois pas qu'elle con-
« sente !... — Une jeune personne est toujours
« soumise, je vous l'ai déja dit. Au reste, nous
« verrons. » Jusque-là, on s'était renfermé dans
les bornes de la décence ; mais des rivaux les
franchissent promptement. La conversation prit
une autre tournure. Le comte y mit du per-
sifflage, Charles de l'emportement ; des expressions dures lui échappèrent, et son colonel l'envoya aux arrêts.

Charles ne s'était pas trouvé encore dans une

position aussi affligeante. Il s'était désespéré, lorsqu'on le sépara de Baltide, et cependant il savait qu'elle ne vivait que pour lui, et la certitude d'être aimé rendait son malheur supportable. Non-seulement il ne la verrait plus; mais elle allait, selon les apparences, passer dans les bras d'un autre, et cette idée le jetait dans des accès de fureur.

Il avait promis à madame Blumenthal, de ne s'adresser au roi que de son aveu. Mais ce moyen était l'unique qui lui restât. Il pouvait réussir, et ce n'était pas le moment de se piquer d'une fausse délicatesse. Il écrivit donc à Frédéric, et fit sa lettre aussi courte que le lui permit la surabondance d'idées qui s'accumulaient dans sa tête : il savait que le prince n'aimait pas les longues phrases. Il l'instruisait de la mésintelligence des deux familles, des causes qui l'avaient produite ; il se plaignait de la conduite peu généreuse de son colonel, et il finissait en protestant qu'il se ferait tuer à la première occasion, si sa majesté n'arrangeait pas tout cela.

L'infortuné jeune homme attendait avec l'impatience d'un amant l'effet que produirait sa lettre. Il se promenait dans sa chambre, il faisait des châteaux en Espagne, il se désolait, il espérait. Un officier entre, et lui saute au cou : c'était Théodore. Il arrivait à petites journées du fond des états de Brandebourg, et venait prendre une compagnie dans un des régimens de

Lignitz. Il ignorait que Charles y fût; mais il avait rencontré Brandt, et le brave homme lui avait tout conté, en ornant son récit d'imprécations contre les colonels qui abusent de leur autorité, et de plaintes contre les mères qui ne veulent pas marier un jeune homme d'assez bonnes mœurs pour vouloir bien se marier. Théodore était accouru. Charles oublia qu'il lui avait donné le goût du jeu et des filles; qu'il lui devait sa retraite de Spandaw; il ne vit que les services qu'il pouvait lui rendre alors. Il le pressa de s'introduire chez madame Blumenthal, et d'engager Baltide à une résistance opiniâtre. Théodore se prêta à ce qu'on attendait de lui, avec la facilité dont on le connait capable. Oter à une mère l'autorité que la nature lui a donnée sur sa fille, était pour lui une véritable jouissance : il n'y a que les imbécilles qui aiment l'ordre et qui connaissent des devoirs. Il fut arrêté entre les deux amis qu'ils n'auraient pas l'air de se connaître, de peur de rendre Théodore suspect. Brandt fut nommé intermédiaire, et devait s'entendre alternativement avec ces deux messieurs.

Le comte de Colberg, brouillé avec Charles, avait fait ce que tout autre eût fait comme lui. Il s'était adressé à un officier plus complaisant, et qui n'ayant aucun intérêt dans cette affaire, saisit avec empressement l'occasion de se mettre bien dans l'esprit de son colonel. Il fut trouver madame Blumenthal; il l'instruisit des desseins honorables du comte, fit un grand étalage de ses qualités, loua son désintéressement, et vanta son alliance. Il se tut quand il n'eut plus rien à dire, et attendit humblement la réponse qu'il devait rendre littéralement à son colonel.

Madame Blumenthal éprouvait, depuis quelque temps, la difficulté et le dégoût de garder une fille qui aime. Elle n'avait jamais été fort éprise de feu son époux, et n'en avait pas été moins heureuse. Elle crut qu'un prompt établissement, en la déchargeant d'un fardeau incommode, distrairait Baltide d'une passion dangereuse. Elle se flatta que le devoir ramènerait enfin à son époux un cœur qui avait besoin d'aimer : elle reçut donc les ouvertures de l'officier, avec une politesse affectueuse, et, le jour même, elle présenta le comte à sa fille, comme un homme qu'elle autorisait à prétendre à sa main.

Baltide accablée de ce coup inattendu, ne trouva pas un mot, pas un geste qui exprimât ce qui se passait dans un cœur déchiré par l'amour, et combattu par le respect filial. La tête baissée, l'œil fixe, les genoux tremblans, elle était prête à défaillir. Sa mère courut à elle; elle la reçut dans ses bras. Le comte, qui s'estimait infiniment, dit à madame Blumenthal qu'il s'était attendu à quelque résistance, et qu'il ne s'en effrayait point; que le mérite qu'on voulait bien lui accorder, ses égards soutenus, le luxe, les plaisirs effaceraient bientôt jusqu'au souvenir d'une fantaisie d'enfance, qui passe ordinairement comme l'éclair, dont elle a la vivacité. « Jamais, « jamais je ne l'oublierai », dit Baltide d'une voix étouffée, et elle s'évanouit.

La scène était trop forte. Madame Blumenthal pria le comte de se retirer, secourut sa fille, et lui laissa le temps de se remettre. Elle employa alors les plus douces caresses, elle fit valoir les agrémens du comte, elle exagéra les avantages de l'union projetée, elle rappela les sujets de plainte que lui avait donnés madame Werner, enfin elle conjura sa fille de ne pas l'affliger par une résistance qui abrègerait sa carrière.

La jeune personne était timide, et par conséquent docile. Elle n'osa se prononcer nettement : elle employa les armes de la faiblesse, les supplications et les larmes. Madame Blumenthal était mère. Elle ne vit pas sa fille à ses pieds sans une forte émotion. Elle se sentit touchée, elle s'attendrit; elle allait céder peut-être, lorsque son fils entra.

Il avait rencontré le colonel, et il revenait irrité de ce qu'il appelait les mauvais procédés de sa sœur. Il lui reprocha de sacrifier, à une obstination ridicule, le repos de sa mère, l'avancement de sa famille, et son propre bonheur. Il protesta que si elle ne se rendait, il s'en prendrait à l'auteur de tous ces troubles, et qu'il ferait repentir monsieur de Felsheim des chagrins qu'il répandait sur toute sa maison.

Baltide avait à peu près gagné sa mère ; elle essaya de fléchir son frère. Le jeune homme ne répondit qu'en prenant ses armes. Elle ne put soutenir l'idée d'un frère et d'un amant, s'entr'égorgeant pour elle. Elle prononça d'une voix éteinte ce mot terrible : *Je consens*, et elle tomba encore sans connaissance sur le parquet.

Voilà où en étaient les choses, lorsque Théodore se fit présenter chez madame Blumenthal. Il lui rendit quelques visites, sans pouvoir approcher Baltide. Elle ne quittait plus son appartement, où M. de Colberg seul était admis, et lorsque sa mère recevait du monde, son frère l'obsédait, sous le prétexte honnête de lui tenir compagnie.

Cependant le funeste mariage était fixé à la fin de la semaine : il ne restait plus que cinq jours. Felsheim, toujours aux arrêts, ne pouvait rien ; mais Théodore agissait. Il se rendit chez lui, au milieu de la nuit, et lui déclara qu'il n'était plus temps de soupirer, de se plaindre ; qu'il fallait en venir aux grandes mesures, et qu'il n'y avait pas un moment à perdre. Il ajouta qu'il allait se loger dans une maison adossée à celle de madame Blumenthal, en occuper tout le haut, percer le mur mitoyen, enlever Baltide, la remettre à Brandt, et la faire conduire chez son ami Fridberg, qui, ennemi juré du despotisme royal, devait haïr aussi l'abus de l'autorité maternelle.

Charles était disposé à disputer sa maîtresse à son rival par tous les moyens possibles. Cependant le projet d'un rapt lui répugna. « Si elle y
« consent, répondit Théodore, que t'importent
« ses parens ? Est-il possible d'ailleurs qu'ils te la
« refusent, quand cette escapade sera publique ?
« Ta mère pourra-t-elle t'empêcher de rendre
« l'honneur à une fille de ce rang ? — Mais j'ai
« écrit au roi, et peut-être... — T'imagines-tu que
« le roi se mêlera de tes amourettes, et en le
« supposant, agira-t-il avec assez de célérité
« pour prévenir ton colonel ? Tu peux demain
« t'assurer de ta maîtresse : enleveras-tu, dans
« quatre jours, l'épouse de ton chef ? Te flattes-
« tu qu'elle s'y prête, quand elle sera engagée ?
« D'ailleurs, que gagneras-tu à cela ? Tu te ren-
« dras odieux à toute l'armée ; les lois s'armeront
« contre toi ; tu seras obligé de fuir, de passer,
« avec ta belle, dans une terre étrangère, sans
« état, sans ressources : cela n'a pas le sens
« commun. Il faut l'avoir demain, ou l'aban-
« donner pour jamais à un autre... Ton choix est
« fait ; je lis dans tes yeux. Bon soir, mon ami.
« Demain matin, je m'établis dans la maison dont
« je t'ai parlé, et j'espère employer utilement la
« journée. »

Frédéric avait pris, aux chagrins de Charles, un intérêt beaucoup plus fort que le jeune homme eût osé l'espérer. Il était à un degré de faveur, tel, que rien de ce qui le touchait ne paraissait indifférent au roi. Il écrivit aussitôt à M. de Colberg.

Monsieur le comte,

« Un colonel punit son inférieur qui manque
« au service ; mais je ne connais aucun article
« du code militaire qui l'autorise à mettre son
« rival en prison. Vous ferez sortir le baron de
« Felsheim. ».

Il fit venir le général Fersen, et lui dit, sans détour, qu'on le désobligerait en mariant sa nièce à tout autre qu'à Charles. M. de Fersen rendit compte au roi de la démarche qu'il avait faite auprès de Werner, et la manière désobligeante dont il lui avait répondu. « J'écrirai à Sta-
« venow, lui dit Frédéric. Vous, écrivez à votre
« sœur de rompre sur-le-champ avec Colberg.
« Je ne veux pas que mon jeune major soit tour-
« menté plus long-tems. » Ils s'entretinrent ensuite, une partie du jour, des opérations arrêtées pour l'ouverture de la campagne. Le général se retira tard. Le courrier était parti. La poste de Berlin à Lignitz ne part que de deux jours l'un. La lettre de M. Fersen ne fut rendue à madame Blumenthal, que quarante-huit heures après celle du roi au comte de Colberg.

Werner reçut en même temps une invitation qui équivalait à un ordre. Frédéric, qui voulait fortement, et qui agissait à la minute, lui mandait que c'était avec son agrément que Charles avait recherché mademoiselle Blumenthal; qu'il désirait que ce mariage se fît à la fin de la campagne prochaine, et qu'il lui saurait gré de se rapprocher sans délai du comte de Fersen et de madame Blumenthal.

Werner et sa femme pouvaient encore se faire un mérite de leur prompte obéissance : ils voulurent au moins avoir celui-là. Des excuses honnêtes, des protestations affectueuses, la demande positive de la main de Baltide, furent adressées à une famille qu'on avait d'abord dédaignée. La félicité des jeunes amans paraissait assurée. Deux jours encore et les obstacles étaient levés. La précipitation de Théodore les replongea dans de plus affreuses calamités.

Le comte de Colberg avait jugé d'après le style du roi, que son major était un homme à ménager. Le jour même où Théodore se logea près de madame Blumenthal, il fut lui-même lever les arrêts; il chercha à se réconcilier de bonne foi avec le baron; mais il ne dit rien de Baltide, et c'est là que Charles l'attendait. Il conclut de son silence qu'il persistait dans son dessein. Il dissimula, et profita de sa liberté pour exécuter le sien.

Des habits d'homme furent préparés pour la demoiselle; une voiture et deux bons chevaux envoyés dans le faubourg. Brandt reçut ses instructions, et s'obligea, sur sa tête, à conduire Baltide partout où il plairait à son cher Baron. Hantz devait courir en avant, et préparer les relais. M. Fridberg se chargerait du reste.

Pendant que Charles faisait ses dispositions, Théodore travaillait sans relâche. Il détachait à petit bruit le ciment qui liait les pierres. La première levée, les autres n'opposèrent plus de résistance, et vers les quatre heures du soir, il y avait au mur qui séparait les deux greniers, un trou par lequel un homme pouvait passer avec facilité. Les gravas étaient ramassés et cachés dans deux mannes d'osier, qui paraissaient n'avoir pas servi depuis long-temps, et être tout-à-fait oubliées. L'ouverture, du côté de madame Blumenthal, fut masquée avec des futailles vides, et de celui de Théodore, par les mannes qui renfermaient les débris de la muraille.

Dès que Charles eut cessé d'agir, il pensa aux dangers dans lesquels il allait s'engager. Mille circonstances imprévues pouvaient faire manquer l'entreprise : le succès même l'exposait. Il était impossible qu'on ne le crût pas l'auteur de l'évasion de Baltide, et comment oser se présenter devant son colonel ? comment soutenir les reproches d'une mère, dont il ne se rappelait alors que les marques de la plus sincère tendresse ? La probité, la délicatesse, lui faisaient une loi de renoncer à son projet. Il le sentait, il en convenait intérieurement ; mais quand il se représentait son rival heureux, la possibilité de l'être lui-même, les scrupules s'éteignaient; ses craintes lui semblaient une faiblesse; l'amour aveugle et furieux obscurcissait sa raison : Baltide ou la mort, il ne vit plus que cela.

Décidé à poursuivre, une inquiétude d'une autre espèce le tourmentait encore. Baltide se livrerait-elle à lui? abandonnerait-elle sa mère? mépriserait-elle les bienséances, oublierait-elle la modestie pour n'écouter que son amour? Il était incapable de la contraindre, et le lieu, l'heure ne le permettaient pas. Que ferait-il, que deviendrait-il, si elle résistait?

La nuit vint, pendant qu'il était en proie à tous les combats, à tous les mouvemens opposés, qui peuvent bourreler le cœur humain. Théodore le joignit et l'emmena dans son appartement, où Brandt les attendait. Les habits destinés à Baltide étaient là. Hantz était déja dans le faubourg, où il veillait sur les postillons et la voiture.

On arrêta que Charles, qui avait vécu familièrement chez madame Blumenthal, s'introduirait dans la maison qu'il connaissait parfaitement; que Théodore le suivrait et s'arrêterait sur l'escalier, où il se tiendrait prêt à tout évènement, et que Brandt, dont on connaissait la mauvaise tête, resterait où il était jusqu'à nouvel ordre.

Minuit sonna, et Charles tremblant marcha à sa perte. Les pieds nuds, l'œil hagard, le sein palpitant, il franchit le mur, au-delà duquel il violait déja l'asile de l'innocence, la sécurité d'une mère, des droits qu'on n'enfreint nulle part sans s'exposer au supplice. Egaré, incertain, il cherche, il avance. La fatalité qui le poursuit, le pousse à la porte, qui devait être sacrée pour lui; il ouvre, il entre, il approche du lit que fuyait le sommeil, et que Baltide arrosait de ses larmes : il appelle à voix basse. La surprise, la joie, la terreur, ne permettent pas qu'on lui réponde. Il trouve, il presse, il couvre de baisers une main qu'on lui abandonne. L'obscurité, le silence, la force de l'âge, tout ajoute à son délire L'ivresse passe, de son cœur, dans celui de Baltide; elle ne pense pas à se défendre; le dernier attentat est commis. Ils se repentent tous deux; il est trop tard.

Il attesta vainement le ciel de la pureté de ses intentions; il la pressa inutilement de le suivre. Ce moment était tout entier au remords, et Baltide rejeta avec horreur la proposition d'un second crime. Elle l'accusa de celui qu'elle venait de commettre, elle le rejeta tout entier sur lui, elle le repoussa loin d'elle, elle le maudit. Son amant terrifié, marchant d'infortune en infortune, restait anéanti sous la malédiction de la vertu outragée. Théodore, qui sait combien les minutes sont précieuses, descend et arrive guidé par les sanglots étouffés, par les accens du désespoir. Malheureux jeune homme, si tu entraînas ton ami dans le précipice, ta présence du moins lui sauvera la vie.

Le comte de Colberg avait donné à souper au jeune Blumenthal. On avait passé les bornes de la sobriété, et lorsqu'on quitta la table, les têtes étaient échauffées. Le colonel reconduisit son convive, et celui-ci l'invita à entrer. Le bruit qu'on faisait au-dessus deux fixa leur attention. Blumenthal crut que sa sœur, incommodée, avait besoin de secours. Il allume des flambeaux, il monte. Le désordre de la victime ne lui permet plus de douter; la présence de Felsheim achève de le convaincre; il avait son épée : le Baron était sans armes.

Déjà le fer est levé sur sa poitrine. Théodore se précipite, il est en garde. Il faut que Blumenthal passe sur son corps pour arriver à son ami. Le tumulte, les cris, attirent le colonel. La mère, éveillée en sursaut, s'élance de son lit; elle accourt, elle entre chez sa fille... ses sens se glacent. Elle tombe entre son fils et Théodore, en invoquant leur pitié.

Blumenthal et Colberg ne voient dans le major qu'un lâche ravisseur, qui ne mérite pas qu'on suive avec lui les loix de l'honneur. Tous deux attaquent et pressent Théodore, qui le couvre. Il peut à peine parer les coups multipliés qu'on lui porte. Il ne lui reste qu'un moyen de salut. Il fait une volte, il soulève la mère inanimée, il la présente au fer des assaillans; Blumenthal et Colberg s'arrêtent; Brandt paraît le sabre à la main.

Étonné de ne pas revoir les deux jeunes gens, redoutant les hasards de cette nuit dangereuse, il s'était glissé dans les ténèbres, et bientôt le cliquetis des armes lui avait indiqué la route qu'il devait suivre. Il se range à côté de Charles, qui, indigné de voir ses amis prodiguer leur vie pour une cause qui leur est étrangère, saisit le poignet du hussard, lui arrache son sabre, et se met en ligne avec Théodore. Celui-ci jette madame Blumenthal dans les bras du bon homme, et le combat recommence avec fureur. Le Baron a en tête le frère de sa maîtresse; il ménage le sang de Baltide; mais Blumenthal furieux s'abandonne; il fond tête baissée sur son adversaire, il se perce lui-même de part en part. Colberg, désarmé par Théodore, demande et obtient la vie, en promettant, sur son honneur, de ne pas donner de suite à cette affaire.

Charles s'arrête à l'instant où Blumenthal tombe. L'état où il le voit, celui, peut-être aussi déplorable, de sa mère et de sa sœur, tous les objets qui s'offrent à lui, portent dans son sein, l'épouvante et l'horreur. Il jette son sabre sanglant, il sort en détournant la vue, il se trouve dans une rue qu'il ne reconnaît point, il avance, il court, poursuivi par l'image de Blumenthal mourant. Il est sorti de la ville, il erre dans la campagne et ne s'en aperçoit pas. Une forêt se présente; il s'y enfonce, y tombe de lassitude et de douleur. Le soleil reparaît; il vient rendre la vie à la nature, et ne peut le ranimer. Celui qui n'a pas l'habitude du crime, ne sait plus supporter la lumière. Il aperçoit un enfoncement sous une roche ; il s'y traîne, il cherche les ténèbres : il lui semble qu'elles le déroberont à lui-même.

Jeunes gens, qui de vous réunit autant d'avantages que Charles ? qui de vous est plus que lui incapable d'un forfait ? Réfléchissez et tremblez. Aujourd'hui peut-être, un passion, que vous croyez innocente, vous portera aux mêmes excès.

CHAPITRE XII.

Conclusion.

Théodore et Brandt se retirèrent, sans que le comte de Colberg pensât à les poursuivre. Il avait promis, et d'ailleurs tous ses soins s'étaient tournés vers la malheureuse famille. Sans doute, il ne pensait plus à s'unir à elle après l'évènement dont il avait été témoin ; mais l'humanité, que la dissipation n'éteint jamais entièrement, et qu'une telle catastrophe ne manque pas de réveiller, fit de ce seigneur un homme nouveau. Il se partagea entre les trois infortunés qui avaient également besoin de secours. Le jeune homme était près d'expirer ; les deux femmes étaient dans un état déplorable ; Colberg seul suffit à tous. Il joignit la prudence à l'activité : il se garda bien d'appeler les domestiques, qui reposaient loin du lieu de la scène; la réputation de mademoiselle Blumenthal dépendait du plus profond secret, et il était facile de persuader au public que l'accident de son frère était la suite d'une querelle particulière avec un officier de la garnison.

Lorsque les dames furent tout-à-fait revenues à elles, il aida à les habiller, il leur fit part de ses réflexions, les fit entrer dans ses vues, et ce fut alors seulement qu'on éveilla les domestiques. On leur dit que leur jeune maître s'était battu sur les remparts; que M. de Colberg l'avait rencontré et l'avait fait reporter chez lui, et on les envoya appeler les chirurgiens. Ils examinèrent la blessure, et madame Blumental et Baltide, plus mortes que vives, attendirent ce qu'ils allaient prononcer... Ils décidèrent que le blessé ne passerait pas la journée. Cet arrêt jeta la jeune personne dans un état effrayant; sa douleur, son délire étaient au comble. Sa mère trembla qu'un même coup lui enlevât ses deux enfans. Il fallut qu'elle oubliât ses propres peines, pour consoler sa malheureuse fille, et l'empêcher de se déclarer coupable du meurtre de son frère. Elle priait le ciel de lui conserver Baltide, et elle la croyait complice de l'attentat de Felsheim : peut-on cesser d'être mère?

Le pronostic des chirurgiens ne se vérifia que trop. Après plusieurs alternatives de bien et de mal, Blumenthal eut un moment de connaissance. Sa mère espéra, et fit sortir tous ceux qui étaient présens, dans la crainte qu'il ne divulguât ce qu'on voulait ensevelir à jamais. Il ne dit que quelques mots entrecoupés; il donna à entendre que sa sœur avait été surprise par son amant, et qu'elle était innocente. Il déclara positivement que Charles, dans le combat, n'avait cherché qu'à le ménager; que lui-même avait été au-devant du coup. Il demanda grace pour Baltide, et il expira en pardonnant au Baron.

Comment peindre la désolation de sa mère et de sa sœur? Il semblait impossible au destin de les rendre plus à plaindre, et de nouveaux coups frapperont encore les victimes. Au moment de l'inhumation, madame Blumenthal reçoit les lettres de messieurs Werner et Fersen. Elle apprend que le roi lui-même a prononcé le bonheur de Baltide, et le sang de son frère s'élève entre elle et son amant. Jamais elle ne peut être à celui qui l'a abusée; elle a perdu sans retour l'honneur et le repos. Elle cache soigneusement à sa fille ces dispositions, qui ajouteraient à ses maux. Les siens s'accroissent; elle en gémit; mais elle en gémit seule, et le poids, qu'elle ne partage point, lui paraît moins accablant.

Le même courrier avait apporté au comte de Colberg et aux autres colonels, l'ordre de partir dans les vingt-quatre heures, avec leurs régimens, et de filer sur Liébaw, où se formait une des colonnes qui devaient pénétrer en Bohême. La générale bat, le lendemain, dans tous les quartiers de la ville; les différens corps sont en bataille sur la place, et dans les principales rues; chacun est à son poste : le major Felsheim seul manque au sien. Colberg, magnanime depuis qu'il a cessé de prétendre à Baltide, va trouver Théodore à la tête de sa compagnie. « Oublions, lui dit-il, ce qui « s'est passé entre nous, et ne pensons qu'à votre « ami. Dans un quart d'heure, les troupes se met- « tent en marche, et il n'a pas paru encore. — « Nous ne l'avons pas vu depuis cette nuit mal- « heureuse. Je l'ai cherché par toute la ville; « son vieux hussard et ses gens courent mainte- « nant la campagne; on le trouvera sans doute : « par grace, ne précipitez rien. — Je me tairai, « Monsieur, aussi long-temps que mon devoir le « permettra : je ne sais pas accabler les malheu- « reux. »

Les régimens sont sur la route de Liébaw, et Charles ne s'est point présenté. Ils arrivent le troisième jour, et il n'a pas rejoint. Le colonel pouvait se perdre, en gardant plus long-temps le silence : il fit son rapport au prince de Dessau. L'intérêt que le jeune homme inspirait à la cour et à l'armée, était tel, que le prince lui-même résolut d'attendre un jour ou deux, avant de prendre aucune mesure. Un incident imprévu le mit dans la nécessité de dénoncer l'infortuné major.

Une division autrichienne s'était avancée pour couvrir Prague. Le général Festelitz, qui la commandait, détacha une forte avant-garde pour observer les Prussiens, et les empêcher, s'il était possible, de pénétrer en Bohême. Le comte Bathiani, général en chef des forces de Marie-Thérése, était resté au centre du pays, pour se porter où il serait nécessaire, et s'opposer à la jonction des trois colonnes prussiennes. L'avant-garde de Festelitz s'était avancée avec rapidité, et occupait les hautes montagnes qui séparent Liébaw de Schandaw. Le général Dessau se décida aussitôt à débusquer l'ennemi. Il marcha toute la nuit, il tourna les montagnes, et attaqua au point du jour. Les Autrichiens se défendirent vigoureusement ; mais les Prussiens emportèrent tous leurs retranchemens. Le régiment formé par Felsheim fit des prodiges, et le malheureux n'y était pas ! Festelitz, forcé dans ses gorges, se replia sur le corps d'armée, et le prince de Dessau entra dans la plaine avec toute sa divison.

Il avait à rendre compte au roi de ce premier avantage, et il n'était plus possible de lui cacher la désertion de l'officier chéri. Le prince savait combien Frédéric tenait à la discipline, et il craignit de se compromettre en n'observant pas les lois militaires, et en se bornant à instruire le monarque du délit : il assembla donc, avant d'écrire, un conseil de guerre. Il y exposa le fait, avec une extrême modération ; il chercha même à atténuer la faute : elle était évidente, et tous les membres du conseil opinèrent à la mort.

Le prince pleura en signant l'arrêt ; il pleura en le mettant dans son paquet, pour le soumettre à la ratification du roi... (1). Il recommanda le major à sa clémence.

Frédéric avait juré de ne jamais pardonner de fautes de cette nature. Plus il avait aimé Charles, plus il avait fait pour lui, plus il lui parut coupable. Ce prince, extrême en tout, oublia en un instant les qualités militaires et privées qui l'avaient si long-temps séduit ; il se livra à son ressentiment ; il ratifia la sentence, et fit expédier, à tous ses chefs de corps, l'ordre de la mettre à exécution, à l'instant même où on trouverait le major.

Ce jeune homme avait fixé l'attention publique, pendant la dernière campagne. Les journaux avaient célébré ses exploits : ils annoncèrent son jugement. Lignitz, où il avait brillé un moment, Stavenow, où ses parens étaient chéris, retentirent de cette triste nouvelle. Baltide et madame Werner l'apprirent des dernières ; mais elles la surent enfin. La jeune personne, déja affaiblie par une longue suite de revers, ne put soutenir cette nouvelle atteinte. Une fièvre violente la saisit ; elle fut sur le point de descendre dans la tombe, entr'ouverte pour son amant. Sa jeunesse, et les secours de l'art lui rendirent enfin la santé du

---

(1) Sous le règne de Frédéric II, on n'exécuta personne qu'il n'eût approuvé l'arrêt de mort.

corps; mais rien ne put rétablir sa raison aliénée, et si elle en jouissait par intervalles, c'était pour sentir plus vivement son malheur.

Madame Werner était dans un état peu différent de celui de Baltide. Heureusement, elle ignorait qu'elle fût la cause première de ces tristes évènemens. Elle ne se fût jamais pardonné d'avoir porté son fils à ces extrémités, en lui refusant ce qu'il aimait. Elle ne savait à quoi attribuer sa désertion. Il n'était pas possible d'y trouver un motif qui la rendît excusable, même à ses propres yeux : elle ne fit pas moins ce qui dépendait d'elle pour le sauver. Elle écrivit au roi la lettre la plus forte, la plus soumise, la plus persuasive. Werner joignit ses supplications aux siennes : Frédéric dédaigna de leur répondre. Elle ne prit conseil alors que de sa tendresse et de son courage. Elle monta en voiture, et partit pour l'armée.

Elle arriva devant Prague, au moment même où cette ville ouvrait ses portes, et où vingt mille hommes qui défendaient la place, venaient de se rendre au roi de Prusse : la circonstance paraissait favorable. Elle se jeta en larmes à ses pieds ; elle lui parla avec l'éloquence de l'amour maternel au désespoir. « Laissez-moi, madame, lui répondit « le roi. J'ai eu la faiblesse de l'aimer ; j'aurai le « courage de le punir ». Il lui tourna le dos, et il ne fut plus permis à cette dame de l'approcher. Elle revint à Stavenow, gémir sur le sort d'un fils, que son infortune lui rendait plus cher. Elle n'avait pas même la consolation de savoir où il s'était retiré, et de lui faire passer des secours.

Ce fut alors que madame Blumenthal arriva au dernier terme des calamités : elle était destinée à passer par tous les degrés de la misère humaine. Jamais elle n'avait pensé aux suites que pouvait avoir la dernière entrevue de Charles et de Baltide : elles se développaient lentement. Des signes, quelquefois trompeurs, firent d'abord soupçonner la vérité. Bientôt un accroissement sensible ne permit plus de douter, et Baltide fut la seule qui méconnut son état.

Il n'était pas possible qu'une femme vertueuse et délicate à l'excès, habitât plus long-temps une ville, où elle avait éprouvé tant de désastres. Elle résolut de dérober, à tous les yeux, la honte de sa fille et la sienne. Elle ne s'occupa plus qu'à réaliser ses biens, et à chercher un asile contre la malignité et la froide compassion, plus insultante encore. Le commandant de Glatz avait servi avec son mari. Elle le pria de s'informer si, dans les montagnes qui environnent cette ville, on ne pouvait acquérir un domaine quelconque. Elle le laissait maître des conditions, d'après la connaissance qu'il avait de sa fortune. Elle ne lui recommandait que la célérité.

C'est dans ce canton qu'était la terre de monsieur Fridberg. Le délabrement dans lequel il l'avait trouvée, le défaut de moyens, l'avaient forcé à des emprunts considérables, dont les intérêts absorbaient la moitié du revenu. Il lisait exactement la gazette de Breslaw : c'est une des principales occupations d'un gentilhomme campagnard. Il y trouva un jour l'invitation à ceux qui auraient à se défaire d'un bien de quelque importance, de se rendre chez le commandant de Glatz. Il crut devoir profiter de cette occasion pour se liquider en vendant sa terre, et jouir en paix de l'excédant du produit, qu'il comptait placer avantageusement. Il se rendit à Glatz, où il trouva quelques propriétaires, qui se présentèrent concurremment avec lui.

Après les informations d'usage, cet officier jugea que la terre de monsieur Fridberg était ce qui convenait le mieux à madame Blumenthal. Le prix qu'on en demandait, n'excédait pas son capital le bien était en plein rapport; la maison rebâtie à neuf, et la situation, agreste et solitaire, était telle qu'on la désirait. Le commandant se rendit sur les lieux; il rendit compte à son amie de ce qu'il avait vu, et, courrier par courrier, il reçut ordre de conclure. Monsieur Fridberg traita, de son côté, avec l'un des propriétaires qui s'étaient trouvés avec lui à Glatz, et les deux contrats furent passés en même temps.

Madame Blumenthal quitta Lignitz, sans éclat et sans regrets. Une même voiture renfermait, avec elle, la triste Baltide, la vieille Suzanne, et un domestique affidé. On marcha à petites journées : la vivacité est la compagne du plaisir ; la mélancolie produit la nonchalance. On ne s'arrêta à Glatz, que le temps nécessaire pour prendre des renseignemens indispensables, et on arriva, avec une sorte de satisfaction, au lieu où on devait vivre et mourir ignoré.

La maison était au bout du village. Elle était gaie et propre. Rien de recherché : c'était l'habitation d'un philosophe. Un appartement, au rez-de-chaussée, ouvrait sur un joli parterre, fermé par une grille de fer, qui communiquait à un assez beau parc, entouré de murs. C'est là qu'on logea Baltide. Elle jouissait, pendant le jour, de la promenade du parc ; le soir on fermait la grille, et quand la jeune personne ne reposait pas, elle prenait l'air dans le jardin. On ne voulait pas la contraindre ; on laissait ses portes ouvertes, et elle ne courait aucun danger : on avait comblé le bassin, et on avait arraché les treillages et les espaliers.

Indépendamment des domestiques que madame Blumenthal avait amenés, elle avait pris un jardinier et un valet de cour. La ferme était à vingt toises de la maison. Le fermier, ses gens, et ceux de la propriétaire étaient armés, et en assez grand nombre pour éloigner les craintes, qu'une dame, accoutumée au tumulte des villes, pouvait éprouver dans un lieu aussi retiré. Le village était habité par des gens simples, à qui on ne put cacher l'état de Baltide ; mais on leur fit aisément croire qu'elle était veuve d'un jeune officier tué au siége de Prague, et que sa démence était l'effet du chagrin qu'elle avait ressenti de cette perte.

La jeune personne, pâle, défaite, l'œil éteint, les cheveux en désordre, passait les jours, et presque toutes les nuits dans le parc, ou dans son parterre. Elle errait à l'aventure, indifférente à tous les objets; elle ne reconnaissait personne; la voix même de sa mère ne la frappait plus; elle était silencieuse, et si quelquefois un mot lui échappait, c'était le nom de Felsheim, qui se perdait dans le vague des airs.

Le moment où elle donna le jour à un fils, sembla apporter quelque changement à sa situation. Ses idées, qu'elle ne communiquait point, parurent se fixer. Son enfant l'occupa sans cesse, et c'est à lui seul que se rapportaient ses démarches, ses soins; c'est auprès de lui qu'elle retrouvait son cœur. L'amour maternel n'est pas né des institutions sociales; il est l'instinct de la nature.

Jamais on ne put séparer Baltide du fruit de ses tristes amours. Le perdait-elle de vue une minute, une seconde, ses traits se décomposaient, elle poussait des cris aigus, elle entrait en fureur. Il fallut loger la nourrice avec elle, et la barcelonette était placée entre les deux lits. Elle souriait, en effeuillant des roses sur l'innocent, qui sommeillait; elle le pressait dans ses bras, en appelant son père ; elle pleurait, en le voyant au sein de l'étrangère ; elle ouvrait son corset, elle cherchait, elle pressait sa gorge, et convaincue de sa stérilité, elle laissait tomber sa tête sur ses genoux, et restait des heures entières dans la même position, l'œil fixe, les bras pendans. Quelquefois elle prenait son fils, et le présentait à sa nourrice.

Eloignons-nous un moment de cette victime de l'amour. Revenons au malheureux, que nous avons laissé dans le creux d'un rocher, en proie aux remords, et détestant son existence.

Il passa une partie du jour dans cet état de stupeur et d'accablement. Ses forces s'épuisaient ; le besoin d'alimens se faisait sentir, et il avait résolu de ne pas le satisfaire : c'est là qu'il voulait finir. Une jeune fille faisait paître ses chèvres dans les environs. Elle les suivait, en filant au fuseau ; elle chantait, en marchant, une chanson rustique, qu'un jeune pâtre lui avait apprise. Elle passa devant le rocher ; ses yeux se portèrent dans la cavité : la jeunesse est toujours curieuse. Elle vit Charles, et elle eut peur : l'innocence est toujours craintive. Cependant il était si beau, il paraissait si faible, qu'il n'était pas à croire qu'il lui fît aucun mal. Elle s'approcha, en hésitant, elle lui parla et rougit : Charles souleva sa tête, et la laissa retomber sans lui répondre. Le dîner de la jeune fille était dans sa panetière. Elle se mit auprès de l'infortuné ; elle tira du pain d'orge et quelques fruits ; elle les présenta avec grace :

« Je ne puis vous offrir que cela ; mais je vous
« l'offre de bon cœur. » Charles lui serra la main,
et repoussa les alimens. « Mangez donc, beau jeune
« homme ; je vois bien que vous en avez besoin ».
Assise sur ses talons, elle coupait le pain et les
fruits par petits morceaux, elle les approchait
de la bouche de celui qu'elle voulait rendre à la
vie ; elle le priait, elle lui souriait ; la nature,
toujours impérieuse, la seconda. Charles mangea
enfin. Le lait de la chèvre favorite fut tiré dans la
corne de son chapeau. On l'invita à boire, et il
but.

Il était bien naturel de vouloir connaître celui,
auquel on avait eu le bonheur d'être utile. La
jeune fille interrogea Charles. Il tut son nom et
sa funeste aventure ; mais il laissa entendre que
de fortes raisons l'avaient éloigné de Lignitz, et
qu'il n'y retournerait pas, qu'il ne se fût concerté
avec un homme de confiance qu'il y avait laissé.
Il témoigna le plus grand désir de le voir. « Je
« ne puis l'aller chercher moi-même : il faudrait
« laisser mon troupeau, et ma mère me battrait,
« si ce soir il manquait seulement un chevreau.
« Mais, tenez, nous passerons la journée ensem-
« ble : après le soleil bas, vous viendrez avec moi.
« Nous vous donnerons des œufs frais, vous cou-
« cherez sur de la paille fraîche, et au point du
« jour mon frère ira à Lignitz. Il vous en coûtera
« quelque chose, car ma mère est intéressée. Du
« reste, c'est une bonne femme, et elle vous re-
« cevra bien. »

Le moyen de se refuser à cette affection naïve !
Charles accepta tout, et le lendemain le petit
paysan partit pour la ville. Le Baron lui avait
bien recommandé de ne parler à personne de la
rencontre que sa sœur avait faite, de ne s'ouvrir
qu'à Brandt, et surtout de le ramener avec lui.

Le hussard avait trouvé tout naturel que Charles
eût disparu au moment où Blumenthal tomba ;
mais il fut étonné de ne pas le voir le lendemain.
Quelle raison le déterminait à se cacher ? Monsieur de Colberg avait solennellement promis
de ne pas suivre cette affaire : madame et mademoiselle Blumenthal avaient le plus grand intérêt
à l'étouffer. Il fallait trouver le major, et l'instruire
de l'état des choses. Brandt le chercha chez Théodore, dans tous les lieux qu'il fréquentait habituellement, et ce ne fut qu'après avoir visité tous
les coins de Lignitz, qu'il réfléchit que le regret
d'avoir tué le frère de Baltide pouvait, en lui dérangeant le cerveau, l'avoir porté à quelque extrémité fâcheuse. Le brave homme, inquiet, sortit
de la ville avec Hantz ; ils coururent les villages
voisins ; ils questionnèrent tout ce qui se présenta,
et n'en surent pas davantage. « Pourvu encore,
« disait en pleurant le hussard, qu'il ne se soit
« pas jeté dans quelque puits, dans quelque rivière, et demandez-moi pourquoi ? Il a fait l'a-
« mour : hé bien ! tous les jeunes gens ne sont-
« ils pas amoureux ? Il a été surpris par un frère :
« cela ne peut-il pas arriver à tout le monde ?

« Ce frère est un brutal, qui ne s'explique pas,
« et qui débute par mettre l'épée à la main : un
« brave homme doit-il se laisser tuer comme un
« poulet ? Monsieur Blumenthal se fait passer
« mon sabre au travers du corps : tant pis pour
« lui, ce sont ses affaires. Je ne vois pas qu'il y
« ait là de quoi se désespérer. »

En pérorant, en disculpant, en blanchissant son cher major, Brandt continuait ses recherches pendant le jour, ne rentrait chez lui que très-tard, et se remettait en campagne vers l'aurore. Le petit pâtre le chercha à son tour, ne fut pas plus chanceux, et revint rendre compte au Baron du triste succès de sa course. Celui-ci le renvoya le lendemain, le surlendemain, et ce ne fut que le troisième jour qu'il apprit que le hussard occupait toujours le même domicile, et qu'il s'y retirait tous les soirs. Charles eut alors quelque envie de se déguiser et de s'introduire la nuit à Lignitz. Cette idée lui fit perdre encore vingt-quatre heures, et ce ne fut qu'après mille résolutions, qu'il renonça à un dessein qui lui parut enfin dangereux, sous tous les rapports. Il s'arrêta à celui d'écrire un mot à Brandt et de le faire remettre chez lui.

La bonne femme chez qui il était, n'avait ni papier, ni plume, ni encre : il fallut envoyer chercher tout cela à la ville ; encore du temps perdu. Le billet écrit, Charles pensa que si on avait commencé des poursuites contre lui, on saisirait vraisemblablement ce qui viendrait à l'adresse de Brandt, et qu'on reconnaîtrait son écriture : il crut devoir employer une main étrangère. Que de lenteurs ! et son régiment marchait à la gloire.

Aucun des bûcherons de la forêt ne savait écrire. La bonne femme envoya chercher son compère, homme honnête autant que pauvre : ces deux qualités sont quelquefois réunies. Il demeurait à quatre lieues de là, et cette journée était presque écoulée, quand il arriva. Charles lui dicta une lettre énigmatique, et donna au hussard un rendez-vous, à une grande lieue de la chaumière. Le jeune paysan devait aller l'y attendre ; il lui était facile de le connaître à la manière dont Charles le dépeignit, et il pouvait, sans inconvénient, le conduire à sa chaumière : tant de précautions n'étaient pas nécessaires ; mais le malheureux l'ignorait.

Brandt, fatigué de ses vaines perquisitions, douloureusement affecté du départ des troupes, prévoyait la perte de son jeune ami, et renfermé, depuis deux jours, dans sa chambre, il déplorait son sort. Etendu sur son lit, son mouchoir sur ses yeux, il était insensible aux consolations de Hantz : il était temps que le commissionnaire du baron entrât. Le brave homme prend et lit le billet, auquel il ne comprend pas grand'chose. Il interroge le pâtre : il apprend que le baron est vivant, qu'il est chez des gens honnêtes. Il se lève ; il court à l'écurie ; Hantz le suit. Les chevaux sont sellés, et tous trois prennent au grand galop le chemin de la forêt. Le hussard, malgré, son âge, saute le premier à terre ; il entre dans la cabane ; il aperçoit Charles, il se précipite, il le presse sur son sein. Il pleure, mais c'est de joie.

Le baron apprend que Blumenthal est mort, que l'affaire est assoupie ; mais que, depuis soixante heures, la division de Lignitz avance sur Liébaw, à marches forcées : cette dernière nouvelle est pour lui le coup de la mort. « Ne perdons pas une mi-
« nute, s'écrie-t-il ; courons, volons ; tâchons
« au moins de conserver l'honneur ». Il jette quelques pièces d'or dans la hutte hospitalière, il est à cheval, il part comme un trait ; Brandt et Hantz galoppent après lui.

On arrive à Lauban : on a fait à peu près dix lieues de France. Les chevaux, excédés, ont besoin de se refaire : le bouillant jeune homme envoie à la poste ; pas un bidet : tout est en course pour le service militaire. Deux heures se sont écoulées, et lui ont paru des siècles ; il est vingt fois descendu à l'écurie ; ses chevaux ne mangent pas assez vite ; il croit, en leur parlant, qu'ils partageront son impatience ; il ne tient pas contre tant de lenteurs ; il se remet en selle.

Il est à peine sorti de Lauban, que la grosse artillerie se fait entendre. Il se désespère ; il double de vitesse : il est encore à quinze lieues de Liébaw. Il n'en a fait que cinq, lorsque son cheval tombe de lassitude. Il a considérablement gagné sur Hantz et Brandt, qui ne sont pas aussi bien montés que lui ; il faut les attendre : ils arrivent enfin. « J'arriverai trop tard ; « je suis perdu, leur dit-il ; » et en effet le canon ne tire plus que de loin en loin. Il prend le cheval de Hantz ; il prête en courant une oreille attentive ; chaque explosion ranime et soutient son ardeur : bientôt un silence absolu succède au fracas et à la destruction. L'espérance s'éteint dans son cœur ; le désespoir le remplit tout entier ; il prend un de ses pistolets d'arçon... Brandt est derrière lui, il pousse sa monture, il détourne le canon avec son sabre, il le sauve une seconde fois de lui-même. « Vous n'irez pas « plus loin, lui dit-il. Il est égal maintenant que « vous arriviez quelques heures plus tôt ou plus « tard. Il faut attendre au premier cabaret des « nouvelles de l'armée. Commencez par me « rendre vos armes. — Jamais. — Vos armes, sa- « crebleu ! Vous me les rendrez, ou vous vous « en servirez contre moi ». Il approche le baron, lui arrache ses pistolets et son épée, prend la bride de son cheval, et lui fait quitter la grande route. Ils s'avancent dans la campagne ; ils descendent à la porte d'une maison isolée. Le maître se présente ; sa figure est ouverte ; elle inspire la confiance ; Brandt ne balance pas : il lui raconte la déplorable histoire du major, et lui en fait aussitôt un ami. On le met dans une chambre, où on le garde à vue. Le hussard enterre ses armes dans le fumier, et il retourne sur la route de Liébaw.

Les hôpitaux de cette ville n'avaient pu recevoir tous les blessés ; ceux qui n'y avaient pas trouvé place, étaient conduits à Lauban. Plusieurs voitures passèrent devant le bon homme ; il interrogea les conducteurs, et leurs réponses lui confirmèrent ce qu'il redoutait déjà. Il apprit les détails du combat : il ignora quelques heures encore la condamnation de son jeune ami. Il attendit Hantz, qui cheminait à pied ; il lui indiqua la retraite du major ; et il poussa jusqu'à Liébaw. C'est là qu'il sut qu'on avait tenu un conseil de guerre, et quel en était le résultat.

« Allons, se dit-il, du courage, Brandt ; surmonte
« ta douleur, si tu veux calmer la sienne. C'est
« à présent qu'il va te connaître. Le voilà mort
« au monde ; il ne l'est pas pour l'amitié. Je
« m'attache à lui ; je ne le quitte plus. Je n'em-
« bellirai pas sa vie ; je l'aiderai du moins à la
« supporter ». Il retourne, il revient, et dédaignant ces ménagemens, au-dessous d'un homme de cœur, il déclare à Charles qu'il est condamné, et qu'il faut pourvoir à sa sûreté. « Le pays est plein de
« troupes ; vous serez infailliblement découvert
« ici. Nous partirons cette nuit ; nous nous réfu-
« gierons dans les montagnes. — Je ne me cacherai
« point. Je mérite mon sort, et je le subirai. —

« Et Baltide ? — J'ai tué son frère. — Conservez-
« lui son époux. — Lui présenterai-je une main
« fumante de son sang ? Elle ne peut être à moi :
« j'ai la vie en horreur. — Et votre mère, ne lui
« devez-vous rien ? — Ah ! ma mère... ma mère !...
« —Vivez pour elle, si vous ne voulez plus vivre
« pour nous. Nous trouverons quelque moyen
« de nous échapper ; nous passerons en pays
« étranger; madame Werner dénaturera son bien,
« vous serez heureux encore, et si vous n'avez
« pas Baltide, hé bien ! sacrebleu, vous en épou-
« serez un autre. Il y a de jolies filles en France,
« en Angletere, tout comme en Allemagne. »

Charles, accablé, n'entendait et ne répondait plus rien. C'est un faible enfant, que tout effraie, et qui n'a pas de volontés. Brandt prit dès ce moment un ascendant sans bornes, et se chargea de tout diriger. Il fit d'abord partir Hantz pour Stavenow : il paraissait au hussard que le premier devoir était de consoler, de rassurer madame Werner.

On savait déja à Lauban que Charles était condamné. Sa livrée y fut reconnue par un officier blessé de son propre régiment : nos camarades ne sont pas toujours nos amis. Celui-ci, jaloux de son major, dénonça son valet de chambre. Il fut arrêté, emprisonné, et on lui notifia qu'il ne serait libre que lorsqu'il aurait déclaré l'asile de son maître. Il était incapable de le trahir; il l'eût voulu en vain : dès la même nuit, Brandt s'était enfoncé, avec lui, dans les montagnes les plus arides et les plus escarpées.

Leur confiance en ce domestique ne leur permit pas de douter qu'il ne remplît sa mission, et de ce côté-là, ils furent dans une entière sécurité. Hantz ne pouvait écrire à Stavenow, sans que sa lettre passât par les mains du geolier, qui ne manquerait pas de la lire, et d'en mésuser : il le sentit, et ne hasarda rien. Il attendit tout du temps, et ces diverses circonstances furent cause que madame Werner ignora près d'un an, ce qu'était devenu son infortuné fils.

Les crêtes des monts qui avoisinent Liébaw n'offrent aucune habitation, et ne sont fréquentées que par quelques pasteurs. Cette classe d'hommes, étrangère aux grands évènemens qui bouleversent le globe, vit insouciante et paisible. Ces bonnes gens ne paraissaient pas à craindre au vigilant hussard. Cependant la curiosité, un mot lâché sans intention, pouvaient exposer et perdre le baron : Brandt le déroba à tous les yeux. Ce fut au fond d'une carrière abandonnée, qu'un jeune homme de la plus belle espérance, comblé des dons de la fortune et de l'amour, naguère le favori d'un des premiers souverains de l'Europe, cacha sa tête poursuivie et proscrite. Le seul ami qui lui restât au monde, passait les journées avec lui, et l'entretenait, à sa manière, de ce qui pouvait le distraire de ses peines. Il parlait peu du passé ; il affectait de mépriser le présent ; il s'étendait avec complaisance sur l'avenir ; il le parait, l'embellissait, et il ne connaissait pas l'allégorie de Pandore.

Le soir, il allait à la découverte, et à la provision. Il garnit insensiblement la carrière des objets utiles qu'un homme seul pouvait y transporter. Des habits bourgeois remplacèrent les uniformes; des nattes et des couvertures servirent de siéges et de lits; un arrière-coin fut disposé pour la cuisine. C'est là qu'un feu de bruyères cuisait des alimens simples et sains. Brandt redevenait près du fils, ce qu'il avait été avec le père, trésorier, pourvoyeur, cuisinier.

Après avoir pourvu au nécessaire, il pensa à l'agréable. De la bougie et des livres, un violon et de la musique procuraient à Charles quelques momens de distraction, et l'aidaient à supporter l'ennui inséparable d'une telle condition.

Lorsque Brandt, à force de soins, eut calmé les premiers transports de son jeune ami, qu'il n'éprouva plus que cette mélancolie qui nous garantit des excès, par cela seul qu'elle nous ôte notre énergie et nos forces, le bon hussard étendit ses courses un peu plus loin. Il avait, en soupirant amèrement, rasé sa moustache, coupé ses cheveux en rond, endossé l'habit complet de grosse ratine grise. Le chapeau rabattu, et le gros bâton à la main, il ressemblait assez à un marchand de bœufs, et il passait partout sans être remarqué. Il prenait un état exact des routes, des ponts, des gués, de la disposition des différens détachemens. Il marquait les taillis, les ravins, les creux des rochers où on pourrait se retirer, si on était aperçu et poursuivi, lorsqu'on jugerait devoir s'éloigner. Il faisait, sans le savoir, les fonctions d'un maréchal-général des logis de l'armée.

Ce travail cependant ne pouvait être utile qu'à une époque, qu'on ne pouvait encore déterminer. Le roi de Prusse avançait en Bohême; mais il avait laissé des troupes dans ces gorges, pour s'assurer des positions au cas d'une défaite. Les premiers corps n'étaient pas éloignés de la carrière, et il était probable que si on en évitait un, on tomberait au milieu de quelque autre.

Le souvenir de son éclat passé, sa nullité actuelle, l'obscurité de ses destinées futures, affligeaient Charles, et altéraient sensiblement sa santé. Brandt, toujours affectueux, toujours attentif, le faisait sortir, quand la nuit était obscure et le temps serein. Il le menait respirer l'air salubre des montagnes, il l'engageait à prendre quelque exercice; il lui présentait des infusions de ces herbes si communes en Suisse, et qu'il trouvait çà et là, aux environs de Liébaw. Il grossissait les avantages de Frédéric, pour être en droit de conclure qu'il ne tarderait pas à retirer des troupes, qui devenaient inutiles dans ces défilés, et qui, réunies à son armée, lui assureraient de nouveaux succès. Il parlait de la facilité qu'ils auraient alors à suivre telle route qu'ils voudraient choisir; il vantait les vins de France, les agrémens, les graces lutines des Françaises, qu'il n'avait jamais vues, la satisfaction vive et pure qu'il goûterait à Paris, au moment où il embrasserait sa mère. Il répétait ses vieux contes ; il chantait ses romances chevaleresques, et il s'efforçait de les rendre nouvelles, en affectant une gaîté qui était loin de son cœur. Il faisait quelquefois sourire l'infortuné : il était alors le médecin du corps et de l'ame.

La vérité, qu'il cachait soigneusement au baron, car il faut savoir tromper et amuser son ami malheureux, la vérité est qu'il ne comptait pas pouvoir le tirer de là avant la paix. Il fallait, ou traverser les états du roi de Prusse, pour gagner les villes anséatiques, ce qui eût été d'une extrême imprudence, ou attendre que les Prussiens eussent évacué la Bohème, pour pénétrer en Italie par la Bavière et l'Autriche. Le temps d'effectuer ce dernier projet, le seul qui fût praticable, paraissait encore éloigné.

Les jours, les semaines, les mois se suivaient, et les deux amis menaient tristement la même vie. Le printemps, l'été étaient écoulés; l'automne tirait à sa fin; des pluies abondantes annonçaient l'hiver. Les eaux qui filtraient dans la carrière, la rendaient mal-saine et plus désagréable. L'infatigable Brandt avait donné de la pente au sol; il avait exhaussé la partie habitée. Malgré ses efforts, l'eau gagnait de jour en jour. « Qu'importe, disait Charles, que nous quittions « aujourd'hui ou demain cette demeure insup- « portable? il est évident qu'il faudra bientôt en « sortir. De ton aveu, les troupes qui nous en- « vironnent travaillent à se barraquer : cela « n'annonce point leur prochain départ, et il « vaut mieux mourir que de vivre plus long- « temps ainsi. » Il était faible, languissant; le chagrin pouvait amener une maladie grave, à laquelle l'amitié n'eût pu apporter de remède : Brandt craignit de perdre enfin le fruit de tant de soins et de travaux. Il consentit à partir.

De quel côté tourneront-ils leurs pas? Quel est l'asile qu'ils choisiront? Partout le danger est égal. Il faut cependant prendre un parti, et ne pas marcher au hasard. Brandt ne dissimula plus au baron les obstacles sans nombre qu'il faudrait surmonter. Il examina, avec lui, les notes qu'il avait recueillies dans ses courses; ils se consultèrent long-temps, et Charles convint de l'impossibilité de s'éloigner de leurs montagnes. Mais cette chaîne s'étend jusqu'à Glatz, où était la terre de monsieur Fridberg, qu'il avait tiré de prison, qui lui avait juré une amitié à toute épreuve, et qui le recevrait sans doute avec joie. On n'était éloigné de Glatz que de trente lieues environ. Ce trajet pouvait se faire en trois nuits, et il ne paraissait pas difficile de se cacher pendant le jour. Ils s'arrêtèrent à cette idée, la seule qui leur parût praticable, et ils disposèrent tout pour se retirer chez monsieur Fridberg, jusqu'à ce qu'ils pussent quitter l'Allemagne.

Brandt fut acheter des armes à Liébaw : ils n'étaient pas gens à se rendre. Ils voulaient réussir, ou se faire tuer. Il se munit d'un bissac pour porter des provisions, et le quinze décembre mil sept cent quarante-quatre, après le soleil couché, ils sortirent de la carrière pour n'y plus rentrer. C'est peut-être de l'adversité que naquit l'esprit religieux. Charles tomba à genoux ; il remercia le ciel de l'avoir dérobé si long-temps aux ennemis qui l'environnaient ; il l'invoqua pour le succès de son voyage ; il lui demanda que personne, après lui, n'eût besoin des meubles grossiers qu'ils laissaient dans le souterrain.

Les ténèbres, qui s'épaississaient à chaque instant, couvraient leur marche, mais la rendaient incertaine et pénible. Charles connaissait la position de Glatz ; il savait un peu d'astronomie. Il se dirigea par les étoiles, et s'il ne suivit pas la ligne la plus droite, au moins il ne s'égara pas. Les feux avertissaient nos voyageurs des cantonnemens des divers pelotons : ils faisaient alors un circuit, pour éviter les postes avancés, et au point du jour, ils se tapissaient dans un creux de rocher, dans des bruyères. Ils prenaient quelque nourriture, ils reposaient l'un après l'autre, et attendaient patiemment que l'obscurité leur permît de se remettre en route.

A la fin de la troisième nuit, Charles, ainsi qu'il l'avait prévu, distingua les clochers de Glatz. Il ne restait que quelques lieues à faire : les deux amis s'arrêtèrent encore, et réfléchirent à la manière dont ils s'introduiraient chez monsieur Fridberg. Charles se rappelait lui avoir entendu dire que son château, le seul édifice remarquable du lieu, était au bout du village de Neurode, situé à la gauche de Glatz. Il fallait passer sur les glacis de la place; il était donc nécessaire d'attendre la fin du jour. Il était prudent de convenir d'abord avec monsieur Fridberg des noms qu'on prendrait, et de l'histoire qui déjouerait les curieux et les malveillans, s'il s'en trouvait parmi des paysans laborieux. Il était donc indispensable de le voir, avant de parler à personne de l'endroit. En conséquence, nos voyageurs se déterminèrent à s'informer simplement à Glatz du chemin de Neurode, à y chercher l'habitation du seigneur, et à se faire annoncer, sans autre explication, par le domestique qui viendrait leur ouvrir.

Ils arrivèrent à l'entrée du village, ainsi qu'ils l'avaient projeté. La fortune semblait s'être lassée de les persécuter. Pas une maison ouverte, pas une lampe allumée ; tout était calme, tout reposait : la médiocrité dort toujours d'un bon somme. Ils avancent, ils se trouvent sous un long mur, au-dessus duquel s'étendent des branches touffues : c'était le parc. Des lumières qui brillent, à travers les croisées, leur indiquent le château. Ils n'ont plus que deux cents toises à parcourir, et ils vont être en sûreté ; ils s'en flattent au moins... Le tambour se fait entendre ; des flambeaux que portent des soldats, éclairent un bataillon qui entre à Neurode. Il vient à leur rencontre ; la rue est étroite ; ils ne peuvent éviter ce péril imprévu qu'en retournant sur leurs pas, ou en escaladant le mur du parc. La frayeur grossit les objets, que la présomption ne daigne pas même envisager : il n'était pas à présumer que des soldats fatigués fissent beaucoup d'attention à deux hommes très simplement vêtus, dont les armes étaient cachées : cependant Charles et Brandt ne pouvant se décider à rétrograder, s'entr'aidèrent et sautèrent dans le parc.

Le bataillon fila. Charles voulait repasser dans la rue, pour éviter les soupçons qu'ils donneraient aux domestiques, en se présentant par l'intérieur des jardins : Brandt lui observa que les tambours avaient sans doute éveillé les habitans, que le plus grand nombre sortait peut-être déja de ses chaumières, que les soldats eux-mêmes allaient se répandre çà et là, pour trouver où passer le reste de la nuit, que monsieur

Fridberg avait sans doute entendu parler de leur triste destinée, qu'en supposant qu'il marquât quelque surprise en les voyant, il serait facile d'en imposer à ses gens, enfin que de deux inconvéniens il fallait choisir le moindre, et il détermina son jeune ami à le suivre au château.

Madame Blumenthal avait pris pour jardinier un jeune homme assez bien bâti, amoureux d'une fille de Neurode. Son travail prenait toutes ses journées, et la régularité de la maison ne permettait pas que personne en sortît après souper. Le logement de Plumper était à l'entrée du parc; c'est en franchissant le mur qu'il allait, tous les soirs, causer une heure ou deux avec Babole, et il revenait par la même route. Il était à peine rentré dans le parc, lorsque le tambour se fit entendre. Il s'arrêta, et la lueur des flambeaux lui fit distinguer deux hommes, qui venaient d'atteindre le faîte de la muraille. Il ne douta point que ce ne fussent des voleurs. Il avait quelque fermeté ; il courut à sa loge, s'arma d'un fusil à deux coups, et chercha, dans les ténèbres, ceux à qui il supposait des desseins criminels.

Charles et Brandt étaient parvenus à la grille qui fermait le parterre, où était le pavillon de Baltide. Il y avait dans l'appartement des bougies allumées. L'intérieur, autant qu'ils en purent juger par les intervalles que laissaient les rideaux, leur parut meublé avec une sorte d'élégance. Ils ne doutèrent pas que cette partie fût habitée par monsieur Fridberg lui-même. Ils essayèrent d'ouvrir la grille ; elle résista à leurs efforts. Ils appelèrent à demi-voix ; personne ne répondit. Ils allaient pousser jusqu'au corps-de-logis, lorsque Plumper leur cria d'arrêter, en les couchant en joue.

Brandt se tourne, tire ses pistolets, marche droit au jardinier, lui ordonne de jeter son fusil, et jure que s'il tarde une seconde, il va lui casser la tête. Plumper, intimidé, balance. Charles, qui s'approche, d'un autre côté, répète l'ordre et la menace ; le jardinier tombe à genoux, et obéit.

« Qui es-tu, lui demanda Brandt ? — Le jardi-
« nier du château. — Conduis-nous à monsieur
« Fridberg, sans que nous soyons vus de per-
« sonne, et il ne te sera fait aucun mal. — Mon-
« sieur Fridberg n'est plus propriétaire de ce
« domaine. — O ciel ! s'écrie Charles... — Il l'a
« vendu depuis six mois à une brave dame, qui
« n'a ni or, ni bijoux, qui n'a jamais fait de
« mal à personne, et ce serait conscience à vous
« de lui en faire. Tout est perdu, reprit Char-
« les, perdu sans retour... Où aller... Que de-
« venir !... Du courage, monsieur, du courage,
« poursuit le hussard. Sortons d'ici, rentrons
« dans les montagnes ; il sera temps de se déses-
« pérer demain, si nous ne trouvons aucune

« ressource. Jardinier, n'y a-t-il point ici de
« porte qui donne sur la campagne?—Oui mes
« bons messieurs, et elle n'est point à trente
« pas. — Ouvre-nous, et retire-toi. »

Ils s'éloignaient, lorsque Charles croit s'entendre appeler dans le pavillon. Il s'approche de la grille... On prononce distinctement son nom... Il écoute : on n'articule plus que des mots sans liaison ; mais cette voix l'a frappé... Il revient à Plumper. « Comment se nomme la dame qui a
« acheté ce château ? — Madame Blumenthal,
« mon bon monsieur. — Dieu ! grand dieu !...
« C'est Baltide que j'ai entendue... C'est Baltide
« qui m'appelle !... Tu dois avoir une double clef
« de ce parterre ; donne-la-moi... donne-la-moi. »
Le jardinier résiste : Brandt le persuade avec ses argumens ordinaires. Plumper sent le bout d'un pistolet appuyé sur sa poitrine. La clef tombe ; Charles la ramasse, il ouvre la grille, il est dans le pavillon.

Le jardinier interdit, déplore le sort de sa jeune maîtresse. Brandt lui impose silence, le contient, l'empêche de faire un pas.

Charles était tombé aux genoux de Baltide ; il mouillait ses mains de ses larmes. Baltide paraissait l'écouter attentivement, et ne répondait rien aux prières, aux regrets, aux vœux d'un amour qui ne s'est jamais démenti. Étonné de ce silence inexplicable, Charles la fixe, et il est saisi d'horreur. Ce n'est plus cette jeune fille si tendre, si naïve, si jolie, si fraîche, si folâtre. Ses yeux sont ternes, ses joues livides, sa maigreur effrayante; elle n'est plus que l'ombre d'elle-même. Elle parle enfin, elle parle, et Charles sent tous les maux qu'il a causés. Sa santé perdue, sa raison aliénée, tout cela est son ouvrage.

Il se lève, il s'éloigne, il sort de ce lieu, où tout lui reproche ses crimes. Il rejoint Brandt, il le rejoint égaré, hors de lui. Baltide, par un mouvement machinal, prend un flambeau; elle trouve les portes ouvertes, elle sort de son pavillon, elle s'avance gravement, elle paraît sur les marches de la grille. Sa longue robe blanche, ses cheveux, flottans sur sa gorge desséchée, la flamme vacillante de la bougie, qui répand sur ses traits une teinte verdâtre, tout se réunit pour porter au dernier degré la terreur et le saisissement. Charles, sans pouls, sans haleine, sans force, étend les bras vers Brandt, le rencontre, s'appuie sur lui, et cache sa tête dans son sein.

Baltide s'approche; elle appelle Felsheim, Felsheim qui est devant elle, et qu'elle ne connaît plus. Elle l'accuse de lui avoir ravi son innocence, elle lui reproche sa fuite, elle parle de son fils... « Mon fils !... mon fils ! » s'écrie Charles... Il ignorait qu'il fût père. Un sentiment prompt comme l'éclair, un mélange subit d'amertume et de joie le rend à lui-même. Il se tourne vers Baltide... il veut voir son enfant, l'embrasser...

il presse, il supplie, il promet de s'éloigner à l'instant même, et pour toujours. La tendre mère le repousse. « Jamais, jamais, dit-elle, « un étranger n'approchera mon fils... Vois-tu, « vois-tu l'état où ma réduite son père ?... Bour- « reau de son amante, il le serait aussi de son « enfant... Il t'a peut-être envoyé pour me pri- « ver de ce qui m'attache encore à la vie. » Bourrelé par ce qu'il voit, par ce qu'il entend, suffoqué par ses sanglots, mais voulant au moins être père un instant, Charles retourne au pavillon ; Baltide est sur ses pas. Elle saisit son habit, il se dégage ; elle croit l'arrêter, il l'entraîne ; elle pousse des cris affreux. La nourrice, qui repose paisiblement, et que le baron, dans son trouble, n'a point vue à côté de Baltide, la nourrice s'éveille au bruit que fait sa jeune maîtresse ; elle regarde autour d'elle, et ne la trouve plus. Cette femme, effrayée à son tour, sort par une porte, qui communique avec le corps-de-logis ; elle appelle madame Blumenthal et les domestiques. Les tambours, qui ont battu sous leurs croisées, les ont aussi éveillés. Ils sont debout, ils s'alarment, ils accourent, ils traversent le pavillon, le parterre... Ils s'arrêtent devant Baltide, étendue en travers de la grille, et cherchant encore à en défendre le passage ; ils voient près d'elle un homme en délire, et qui cependant paraît la respecter. Ils relèvent l'infortunée ; ils s'approchent de l'audacieux...

Madame Blumenthal et lui se reconnaissent... C'est la foudre pour tous deux. Charles se jette la face contre terre ; il prie le ciel de l'engloutir. Madame Blumenthal étend aussi ses mains vers l'Être des êtres ; mais c'est pour invoquer, pour appeler ses vengeances sur le meurtrier de son fils, sur le séducteur de sa fille ; elle le maudit, elle rentre. Les domestiques referment la grille, transportent Baltide, et croient que sa mère a aussi perdu la raison : c'est la première fois qu'elle a accusé Felsheim en leur présence.

Le jeune homme est resté dans la même position. Dans les convulsions qui l'agitent, il arrache l'herbe autour de lui, il gratte la terre, il semble chercher à l'entr'ouvrir. Pour la première fois, Brandt perd le jugement ; il est incapable de penser et d'agir. Tout à coup le tocsin se fait entendre à Neurode et dans les villages voisins. Les soldats, qui viennent d'arriver, se rassemblent et crient aux armes. Les malheureux habitans emportent ce qu'ils ont de meilleur, et chassent leur bétail devant eux. Les mères prennent dans leurs bras les enfans à la mamelle, et excitent les plus grands à les suivre. On marche, on erre à l'aventure ; la crainte et la confusion sont partout. Expliquons cet incident nouveau.

Le roi de Prusse avait éprouvé des revers en Bohème. Le prince Charles, à la tête de quatre-vingt-dix mille hommes, avait d'abord balancé ses succès. Bientôt ses talens, et les hasards de la guerre, avaient forcé Frédéric à évacuer la Bohême, et à porter toutes ses forces en Silésie. Marie-Thérèse, fière de ces premiers avantages, espérait l'en chasser encore (1).

Le prince Charles s'avançait sur Breslaw avec la grande armée; le comte de Bathiani, à la tête de douze mille hommes, avait forcé les Prussiens dans les montagnes de Schandaw; il filait le long de ces gorges, où il croyait que rien ne pouvait l'arrêter; il espérait arriver dans les plaines de Glatz, s'y déployer, et mettre Frédéric entre deux feux.

Neurode était le dernier village de ces défilés. Ce passage était autrefois défendu par une forteresse, qu'on avait depuis abandonnée, mais où on pouvait encore établir des batteries, et où quelques compagnies suffisaient pour arrêter une armée, qui ne pouvait marcher que sur six de front. Frédéric, qui prévoyait tout, y avait envoyé un bataillon et quelques pièces de campagne : c'est tout ce qu'il crut devoir exposer pour la défense d'un poste, sur lequel il ne comptait pas. Campé lui-même sur les bords de la Neisse, il attendait avec vingt mille hommes que Bathiani débouchât des montagnes; il comptait fondre sur lui, avant qu'il eût le temps de se mettre en bataille, et se joindre, après l'avoir

---

(1) Historique.

battu, au prince de Dessau, qui allait au-devant de Charles de Lorraine, pour le tromper par ses manœuvres, et le tenir en échec.

Cependant Bathiani approchait de Neurode, et les paysans, qui fuyaient devant lui, avaient répandu l'alarme dans ce dernier village. Brandt, remis des sensations poignantes que lui avait fait éprouver la scène dont il avait été témoin, avait laissé Charles à la garde de Plumper, qui n'avait pas tenu contre quelques ducats. Il était allé s'informer de la cause du tumulte qui régnait dans le village. Il apprit que les Autrichiens s'approchaient en vainqueurs, et il conçut une idée dont il pressa sur-le-champ l'exécution.

Il revient dans le parc, où il a laissé le baron sans mouvement; il le relève, il le caresse, il lui parle. « Allons, ventrebleu, lui dit-il, voilà
« le moment. Empêchons ces paysans de fuir;
« faisons-en des soldats; mettons-nous à leur
« tête; disputons à la troupe de ligne l'honneur
« de cette journée; conservons à madame Blu-
« menthal sa fortune, à votre enfant la vie,
« au roi la Silésie, ou faisons-nous tuer comme
« de braves gens. Marchons, sacrebleu. Laissez-la
« vos lamentations, et souvenez-vous de Molwitz
« et de Chotusitz. »

A ces mots Charles revient à lui. L'amour de la gloire rentre dans son cœur; son œil s'anime, ses joues se colorent. Le voyez-vous dans le village, oubliant sa sûreté personnelle, arrêtant les fuyards, les rassemblant autour de lui, les haranguant, avec cette force et cette précision que les héros seuls connaissent, et leur communiquant enfin l'enthousiasme dont il est rempli ? Voyez-vous ces villageois, un instant avant faibles et pusillanimes, devenir, en l'écoutant, des hommes nouveaux, le nommer leur chef, leur sauveur, s'armer de ce qu'ils trouvent sous leurs mains, et lui demander des ordres ? Voyez-vous le colonel prussien, étonné de ces dispositions, reconnaître l'homme de génie, et venir avec franchise se concerter avec lui ? Le voyez-vous enfin, cédant à l'ascendant qu'a toujours Charles sur ceux qui l'écoutent, s'honorer de suivre ses conseils ?

Tout obéit à la voix et à l'exemple du brave major. Soldats, paysans, officiers, tout est ouvrier, tout travaille. La bêche, la pique résonnent de tous côtés. Les murailles du vieux château sont crénelées; le bataillon prussien en garnit l'intérieur, et doit arrêter l'ennemi par son feu soutenu, sans être exposé au sien. La seule route que peut prendre Bathiani est défendue par des coupures et des abattis : c'est là que Charles fait placer l'artillerie. Quatre pièces vont prendre les Autrichiens en tête et les renverser. S'ils poussent la valeur jusqu'à la témérité, s'ils avancent sur la batterie, les paysans placés sur les hauteurs, qui bordent le ravin, les écraseront sous les quartiers de roche qu'ils ont détachés des flancs de la montagne. Madame Blumenthal, sa famille, les femmes, les enfans de Neurode, les troupeaux sont en sûreté dans la forteresse. En trois heures tout est prêt pour recevoir Bathiani. On ne forme plus qu'un vœu, c'est de le voir paraître.

Au point du jour, les tirailleurs autrichiens se montrèrent sur les hauteurs, et se répandirent çà et là, pour reconnaître le terrein. Charles, avec une partie des gardes-chasses, des braconniers et des fraudeurs, était posté sur un des côtés du ravin ; Brandt avec le reste de ces gens, occupait le revers opposé. Tous étaient ventre à terre, leurs fusils auprès d'eux.

Les tirailleurs approchent avec sécurité. Nulle apparence qu'il y ait du monde dans le château, personne dans le chemin creux. La fumée qui s'élève des cheminées, où on a exprès allumé des feux, leur persuade que les habitans, tranquilles dans leurs maisons, n'ont aucune connaissance de leur marche. Ils avancent, en se promettant de commencer par mettre le village à contribution.

Aussi-tôt qu'ils ont dépassé deux jalons plantés de chaque côté du chemin, Charles et Brandt, ainsi qu'ils en sont convenus, se lèvent avec tout leur monde. Chacun choisit son homme à cinquante pas, l'ajuste et lâche son coup. Soixante Autrichiens tombent ; le reste s'arrête. La troupe de Charles et de Brandt se reploie le long des rochers ; elle prend une autre position, et dérobe cette nouvelle manœuvre à l'ennemi, à la faveur des genêts et des touffes de ronces, qui abondent sur ces montagnes.

Revenus de leur première surprise, les Autrichiens veulent savoir au moins à quel nombre ils ont affaire. Ils se présentent de nouveau; mais avec plus de circonspection. Ils se sont éloignés du ravin, et paraissent vouloir tenter une reconnaissance sur Neurode. Brandt les laisse passer devant lui : il a vu que Charles les a pénétrés, et qu'il s'est placé derrière les haies qui bordent les jardins du village. Ce jeune homme, aussi prudent que courageux, attend qu'ils se livrent eux-mêmes ; il fait sur eux une décharge à bout portant, et les met une seconde fois en déroute. Ils fuient, ils repassent devant le hussard, dont ils essuient encore le feu, qui achève de les détruire. De deux cents hommes, quarante à peine rejoignent l'armée, et ils rapportent au général que les gorges de Neurode sont défendues par l'élite des troupes prussiennes.

Le comte de Bathiani avait fait vingt-cinq lieues dans ces chemins difficiles. Il était engagé trop avant pour penser à la retraite. Il craignait que les bataillons, qu'on disait postés aux environs de Neurode, ne le prissent, en queue et en flanc, dans des défilés, où il ne pourrait se défendre. Il n'était plus qu'à une demi-lieue de Neurode. De tous les partis, celui qui lui parut le moins dangereux fut de forcer le passage, et il s'y détermina.

Il fit porter en tête de sa colonne des obusiers et des pièces de campagne. Il en plaça entre chaque bataillon, et il continua sa marche en jetant, à droite et à gauche, une grande quantité d'obus. Cette arme, inconnue aux paysans, jeta d'abord l'épouvante parmi eux. Brandt, qui était aussi calme au feu qu'au cabaret, trouva un remède sûr contre la terreur panique : il fit distribuer du genièvre à ses gens; il les éloigna assez les uns des autres pour ne pas craindre que les obus produisissent un grand effet. Ces tubes, dirigés au hasard, ne faisaient en général que du bruit; ceux mêmes qui portaient sur le roc nu, se relevaient, éclataient en l'air, ou retombaient au milieu des Autrichiens.

Aucun coup n'était encore tiré du côté des Prussiens. Ils attendaient en silence que Charles, qui était allé commander la batterie, leur donnât le signal. Bathiani prévoyait quelque ruse de guerre; il ne doutait plus qu'il ne perdît beaucoup de monde; mais il ne désespérait pas de franchir cinquante toises qui lui restaient à parcourir. Déjà ses premiers bataillons sont sous les murs du château, et à cent pas de l'artillerie prussienne, qui est masquée et qu'il ne devine pas. Quatre coups de canon partent soudain, lui démontent deux pièces, et lui enlèvent des files entières. La mousqueterie du château fait aussitôt un feu roulant sur ceux que le canon a épargnés ; des quartiers de roche pleuvent dans le ravin ; ils écrasent les hommes, les affûts, les caissons et les chevaux. L'ennemi intimidé s'arrête ; Charles a le temps de recharger ses pièces ; elles tirent pour la seconde fois, et avec le même succès.

Les Autrichiens, sans défense, se renversent les uns sur les autres ; ils n'entendent plus la voix de leur chef ; ils se hâtent de sortir du ravin, où la mort fond sur eux de tous côtés. Ils montent en foule sur les revers du chemin ; Charles et Brandt vont être enveloppés par toute une armée, à la vérité en désordre, mais à qui leur petit nombre ne pourra résister. Charles, sans perdre un instant, fait monter son artillerie au château. Brandt espère aussi s'y retirer : moins heureux que le Baron, il est coupé par un gros d'ennemis. Il n'a que le temps de se jeter dans l'église de Neurode, et d'en fermer les portes. Il monte sur la plate-forme de la tour avec les plus braves, et il ose s'y défendre. Les assaillans, honteux et irrités d'avoir été arrêtés, culbutés par une poignée d'hommes, s'avancent à travers les balles jusque sous la tour, où les coups ne peuvent plus les atteindre. Ils essaient d'enfoncer les portes. Elles résistent aux baïonnettes, aux crosses de fusil. Toute leur artillerie est restée dans le ravin : ils n'ont qu'un moyen pour chasser Brandt de l'église ; c'est d'y mettre le feu. Le plus grand nombre se répand dans le village, et cherche, dans les maisons, des matières combustibles. Le hussard les voit de loin chargés de paille, de bourrées, de liqueurs spiritueuses : il prend sur-le-champ son parti. Il fait de nouveau circuler le genièvre, il parle aussi à ses gens, il les échauffe, il les persuade, il ouvre brusquement les portes, et fond tête baissée sur l'ennemi, que cette attaque imprévue déconcerte et fait reculer. Il avance à grands pas vers le château. Les Autrichiens le suivent, tirent, et chargent en marchant. Ses compagnons tombent autour de lui, ou se débandent, et l'abandonnent. Très-heureusement pour lui, la frayeur les égare, ils se dispersent, ils courent au hasard, ils occupent les Autrichiens, qui les poursuivent avec acharnement, et qui les tuent en détail. Brandt, toujours maître de lui, continue sa route. Il découvre le château; déjà la mousqueterie des Prussiens le protége; il arrive, couvert de sang, de sueur et de poussière. Il entre par les derrières, boit un coup, et va prendre sa part du combat furieux que son ami livre aux forces réunies du comte de Bathiani.

Ce général était bien le maître de se retirer par les hauteurs, et d'entrer sans obstacles dans les plaines de Glatz; mais sa grosse artillerie et ses bagages étaient dans le ravin. Il fallait que ces trains passassent sous le château de Neurode, d'où on les démonterait infailliblement les uns après les autres. S'il les abandonnait, ils tomberaient aussitôt au pouvoir des Prussiens, et quel moyen de tenir la campagne, privé de ces ressources essentielles? Il était donc indispensable d'emporter ce poste, avant d'aller plus loin.

Il fit monter, du défilé sur les hauteurs, huit petites pièces et quatre obusiers. Cette opération se fit à bras, prit du temps, et coûta des peines incroyables. Les Autrichiens établirent enfin leur batterie, et commencèrent à canonner le château. Charles ripostait vivement, et défendait les approches de sa place. Il était à la fois général, ingénieur, et canonnier. Cependant l'artillerie autrichienne, plus nombreuse et mieux servie, entama facilement des murailles qui tombaient de vétusté. Les brèches, à chaque instant, devenaient plus considérables. Charles prévoyait un assaut, qu'il sentait bien qu'on ne pourrait soutenir dans une forteresse ouverte de tous côtés, et à demi remplie de femmes et d'enfans. Il était persuadé d'ailleurs que des troupes, qui attendent l'ennemi dans leurs retranchemens, sont sûrement battues : il osa concevoir l'idée de prendre lui-même l'offensive.

Il proposa au colonel de sortir avec tout son monde, et de se faire jour jusqu'à la batterie des Autrichiens, de la détruire, et de rentrer dans le château, où on n'avait rien à craindre de la mousqueterie. Il jugeait, avec raison, que l'ennemi avait monté sur les hauteurs toutes les pièces qu'il avait pu manier, et que les autres reste-

raient dans le ravin. « Si cette attaque réussit,
« ajouta-t-il, nous tiendrons aisément le reste
« du jour. Nous dépêcherons un exprès à l'armée
« prussienne, et demain, dès l'aurore, nous aurons
« des renforts considérables. Alors l'armée en-
« tière de Bathiani est perdue. Son artillerie,
« ses équipages, sa caisse militaire, tout est à
« nous. »

Le colonel, digne en tout de seconder Charles, sent la justesse de ces vues ; il donne ses
ordres en conséquence, et quinze cents hommes
vont à découvert en attaquer douze mille, qui,
je dois l'avouer, n'ont pas daigné se former
régulièrement encore, mais qui doivent envelopper, prendre, ou passer les Prussiens au fil
de l'épée.

Ce brave régiment marche au pas redoublé,
sans tirer un coup de fusil. Une grêle de balles,
l'effet du canon chargé à mitrailles, rien ne l'arrête. Des files entières tombent ; les rangs se
resserrent. Le colonel, la plupart des officiers
sont tués ; Charles prend le commandement, et
sa fortune ne l'abandonne pas.

Il joint l'ennemi à la baïonnette, il en fait à
son tour un carnage affreux. Il tue les canon-
niers sur leurs pièces ; il les tourne contre les
Autrichiens ; elles protégent sa retraite, qu'il
commence en bon ordre, faisant face de tous
côtés, et écartant les plus intrépides avec leur
propre artillerie.

Ce fut alors seulement que le brave, l'inappréciable Brandt le joignit à travers mille périls. Il le croyait perdu sans ressource; il venait mourir avec lui. Quel fut son étonnement de le trouver vainqueur ! « Sacré mille morts ! s'écria-t-il, en
« s'arrachant quelques cheveux qui lui restaient
« encore, vous avez fait tout cela, et je n'y étais
« pas !... Allons morbleu, encore un effort, et
« nous rentrons chez nous, et ces coquins-là ne
« nous en chasseront pas. » Ils rentrèrent, en effet, mais après avoir perdu huit cents hommes. Ils en avaient tué trois mille dans ces différens combats.

Charles s'est conduit en guerrier réfléchi, entreprenant et valeureux : il va couronner la journée, en se montrant père tendre, et amant fidèle.

Les obus que les Autrichiens avaient lancés sur le château, étaient tombés en partie sur un corps de casernes rempli de femmes et d'enfans. Les époux, occupés à combattre, ignoraient qu'un de ces globes eût percé le toit et le premier plancher. Il avait éclaté dans une galerie, dont on avait fait plusieurs chambres, et dans une desquelles madame Blumenthal s'était retirée avec Baltide et le fils de Charles. Des faisceaux de feu, des parties de fer embrasé, s'était attachés aux cloisons d'un sapin sec et résineux, et préparaient un violent incendie. Il se manifesta avec fureur, lorsque Charles, rayonnant de gloire, rentra dans le château. Déja les flammes communiquaient à la chambre où était Baltide; sa mère éplorée, au désespoir, appelait au secours de sa fille, que sa propre faiblesse ne lui avait pas permis d'aider, des hommes que l'humanité touche, mais que le danger effraie. Elle presse, elle supplie, elle promet sa fortune à celui qui sauvera le dernier de ses enfans... Charles se présente. « C'est à moi seul, dit-il, « qu'est réservé l'honneur de vous la rendre... « O mon Dieu, encore ce succès. » Il s'élance, il pénètre, il monte, il arrive. Il prend son fils sur un bras; de l'autre, il soutient, il guide sa mère. Il les croit sauvés; il s'applaudit d'un dévouement qui doit désarmer madame Blumenthal... O malheur, ô rage... l'escalier embrasé s'abîme devant lui, les flammes l'environnent, il est forcé de rétrograder. Il ouvre une croisée; il regarde; l'élévation le fait frémir : il ne sait à quoi se résoudre... Mais Brandt, trop pesant pour le suivre, Brandt n'a cessé de veiller sur lui. L'enfant est reçu mollement sur des manteaux que le hussard et quelques soldats tiennent fortement tendus sous la fenêtre. Baltide s'avance d'elle-même et suit son fils ; Charles saute après elle. Il tombe aux pieds de madame Blumenthal, qui se détourne, embrasse ses enfans, et s'éloigne avec eux du bâtiment qui s'écroule. « Elle « vous pardonnera, disait le bon homme. — Je « ne l'espère plus, répondait tristement Charles. »

Aussitôt que ce jeune homme, exaspéré par cette foule d'incidens, put se reconnaître et réfléchir, il redevint soldat. Il donna un cheval à Brandt; il le fit partir avant que l'ennemi coupât les communications; il l'envoya trouver le roi sur les bords de la Neisse, et l'engager à venir achever la victoire. « Je connais ton affection, « dit-il au hussard; je sais comment tu lui par- « leras de moi; mais rappelle-lui que le vain- « queur de Neurode est le même page qu'il « aimait autrefois, que depuis il a condamné à « mort, qui ne demande pas la vie, mais qui le « supplie de lui rendre l'honneur. — Sacredieu ! « reprit le hussard, en partant au galop, si « ce n'est pas un tigre, il vous rendra l'un et « l'autre. »

Le jour tirait à sa fin. Bathiani irrésolu, n'osait rien entreprendre, et Charles préparait tout comme s'il devait être attaqué. En établissant ses postes, en allant, en venant, il rencontre Baltide, Baltide qui s'est dérobée à sa mère, qui le cherche, et qui le reconnaît enfin. Charles lui parle, elle répond juste; il s'étonne, elle le prévient : « Tant de malheurs, dit-elle, avaient altéré « ma raison; des maux plus grands me l'ont « rendue. J'ai vu mon fils prêt à devenir la proie « des flammes : son danger a causé en moi une « révolution terrible, subite, inattendue. La « violence de la secousse m'a rendue, en un « instant, à mon état naturel. J'ai voulu vous

« remercier de m'avoir conservé mon enfant, et
« je vous quitte pour jamais. Vous avez tué mon
« frère : je ne peux plus être à vous » Elle
s'éloigne en poussant un profond soupir, et en
essuyant des larmes, qu'elle ne peut dérober à
son amant.

Cependant Frédéric, campé au plus à six lieues
de là, avait entendu une canonnade, dont la
prolongation lui paraissait étonnante. Il ne concevait pas comment un régiment tenait contre
une armée, dans un poste qu'il croyait devoir
être emporté d'un coup de main. Rangé en
bataille, il attendait Bathiani au débouché des
montagnes, lorsqu'enfin la durée inconcevable de
l'action lui fit juger que les Autrichiens avaient
fait quelque faute majeure, dont les siens tiraient
avantage. Il prit vingt escadrons, il ordonna à
chaque cavalier de monter un fantassin en croupe,
et il marcha lui-même à la tête de ce détachement, impatient de profiter des circonstances.

Il n'était plus qu'à vingt pas de Neurode,
lorsque Brandt l'aperçoit, le joint, saute pesamment à terre, embrasse sa botte, et lui raconte,
en le suivant à pied, les exploits de son cher
baron. Le roi, qui, dès les premiers mots, à
senti combien les momens sont précieux, le fait
remonter à cheval, et lui prête une oreille attentive. « Tout cela est-il bien vrai ? demanda-t-il
« au hussard lorsqu'il eut terminé son récit —
« Que l'arc-en-ciel me serve de cravatte, si j'im-

« pose à votre majesté : elle en jugera par elle-
« même. — Oui, c'est ainsi que j'aime à juger.
« Au grand trot, marche. »

Ils arrivent à la nuit tombante sous Neurode. Le roi fait metttre pied à terre à tout son monde; il charge Brandt, de guider les tirailleurs, et il entre seul au château.

Un sergent vient dire à Charles, qu'un inconnu décoré de l'ordre de l'Aigle noir, visite tous ses postes. Le jeune homme court... c'est le roi qu'il n'attendait que le lendemain, c'est lui... Charles est à ses genoux. « Levez-vous, monsieur. —
« Mon pardon, Sire... — Ce n'est point de cela
« qu'il s'agit. Levez-vous, vous dis-je. Je ne con-
« nais point le pays; j'amène dix mille hommes;
« prenez-les, et servez-vous-en pour ma gloire
« et pour la vôtre. »

Charles les range aussitôt sur les deux côtés du ravin, où les Autrichiens découragés s'étaient réunis pour garder leurs bagages. Il attend le jour pour engager l'affaire. Il espère que l'ennemi consterné, n'opposera pas une résistance inutile: il veut épargner le sang.

En effet, au lever du soleil, Bathiani s'aperçoit qu'il est cerné, et que seize pièces d'artillerie sont pointées sur ses troupes sans défense: il demande à capituler. Charles le reçoit avec la distinction due à un officier aussi brave qu'habile, mais que le sort a trahi; il le présente à Frédéric, qui lui impose des conditions qui doivent être remplies dans une heure. « Votre armée, lui dit

« le roi, mettra bas les armes et se rendra pri-
« sonnière de guerre. Vous retournerez à Vienne,
« sur votre parole : cela vous convient-il?—Mais,
« Sire... — Cela vous convient-il ? — De grace...
« — Oui, ou non. — Permettez-moi du moins...
« — Monsieur, interrompit le roi en se tour-
« nant vers Charles, remettez le comte où vous
« l'avez pris, et attaquez à l'instant. » Bathiani ne
répliqua plus, il signa la capitulation, et Charles
eut aussitôt l'honneur de l'exécuter.

Lorsqu'il rentra au château, le roi était avec
madame Blumenthal et Baltide. On se tut en le
voyant; mais le jeune homme jugea, à l'attitude
de Frédéric, à la rougeur de Baltide, et à l'embarras de sa mère, que la conversation avait été
animée, et que probablement il en était l'objet.
Il attendit respectueusement, mais avec fermeté,
ce qu'il plairait au roi d'ordonner de son sort.
Ce prince le regarda quelques instants d'un air
sévère, puis il lui dit : « Le major Felsheim a été
« justement condamné. J'ai ratifié l'arrêt, je ne
« lui pardonnerai point. » Charles et Baltide firent
un mouvement. « Approchez-vous, monsieur le
« comte de Holbourg, poursuivit Frédéric, en
« présentant la main au jeune homme. La race
« de Felsheim est éteinte, et celle de Holbourg
« commence. Que dis-je? après ce qu'a fait aujour-
« d'hui le comte, elle est déjà au rang des plus
« anciennes familles. » La surprise, la joie des
deux amans leur ôtent l'usage de la parole; ils
tombent aux pieds du roi. Il les relève, et se

livrant à l'affection qu'il a toujours eue pour Charles, il l'embrasse tendrement, et il lui dit : « Tu as commandé dix mille hommes, tu ne « dois pas rétrograder : je te fais général-major. « Madame, ajouta-t-il, en se tournant vers madame « Blumenthal, Felsheim a tué votre fils, qui l'avait « attaqué; le général Holbourg a sauvé votre « fille; il l'aime, il en est aimé; qu'on appelle « un chapelain; que la cérémonie se fasse dans « ce château, où tout est plein de sa gloire. » Madame Blumenthal fit quelques légères observations; elle opposa des raisons de convenance. Le roi termina tout par ces mots : *Je le veux.* La mère forcée d'obéir, et s'en applaudissant peut-être, présenta Baltide à son époux.

Ceux qui ont un peu lu savent comment finit cette guerre. Ceux qui l'ignorent, et qui veulent le savoir, peuvent consulter le siècle de Louis XV par Voltaire, ou l'histoire du roi de Prusse par je ne sais qui. Pour moi, qui conte depuis longtemps, et qui, en vérité, suis las de conter, je finirai en disant que le bonheur rendit à Baltide la santé et la fraîcheur, que rien ne troubla plus la félicité de Charles, que son changement de fortune prolongea la carrière de madame Werner, et que Brandt passa, auprès d'elle, une vieillesse heureuse, que charmèrent l'estime, la reconnaissance, et l'amitié généreuse de ceux qui lui devaient tout.

FIN DES BARONS DE FELSHEIM.

TABLE

DES CHAPITRES CONTENUS DANS CE VOLUME.

PREMIÈRE PARTIE.

Chapitre Ier. Ce que c'est que les Barons de Felsheim .... Page 5
Chapitre II. Le Baron forme sa maison. Grande fête au château 27
Chapitre III. Le Baron se marie et fait des prodiges 57
Chapitre IV. Le Baron meurt, on l'enterre; un Baronnet le remplace 108

DEUXIÈME PARTIE.

Chapitre V. Guerre entre l'Empereur et la Porte. Bataille de Petterwaradin. Évènement prévu. 141
Chapitre VI. Évènement assez ordinaire. Histoire d'un roi sans États 177

TROISIÈME PARTIE.

Chapitre VII. Le Baronnet entre dans les Pages du roi de Prusse 291

Chapitre VIII. Le Baronnet entre en exercice, et commence ses fredaines............ Page 326
Chapitre IX. Suite d'erreurs. L'inconnue reparaît sur la scène........................ 363

QUATRIÈME PARTIE.

Chapitre X. Suite des amours du Baron. Guerre de Silésie........................ 412
Chapitre XI. Conquête de la Silésie. Amours et aventure tragique de Charles............ 452
Chapitre XII. Conclusion.................... 507

FIN DE LA TABLE.

www.ingramcontent.com/pod-product-compliance
Lightning Source LLC
Chambersburg PA
CBHW070828230426
43667CB00011B/1718